罗马人的故事

IX

贤君的世纪

［日］盐野七生◎著　计丽屏◎译

ローマ人の物語

中信出版社·CHINA**CITIC**PRESS·北京·

金币故事

纵览整部罗马史，我们可以清楚地看到罗马在共和制时代处于快速发展期，到元首制时代进入平稳发展期，直至后期帝制时代开始走向衰退。公元1、2世纪被认为是元首制时代，其中后一个世纪又被称做"五贤帝时代"。个中缘由只要看看货币就会明白，而且一定会让你心悦诚服。这一时期的金、银、铜币，首先，质量上乘，材质无可挑剔，金属含量高，丝毫没有辱没罗马帝国主要货币的名声。其次，铸造技术高超，能够体现出罗马历史上处于最鼎盛时期的技术水平。最能反映一个国家国力的难道不正是货币吗？

几乎在所有历史教科书中，都会说图拉真皇帝时代的罗马帝国版图最大。其实，在始于他的五贤帝时代的这个世纪里，罗马帝国在所有方面都达到了登峰造极的程度，而不仅仅是版图如此。在罗马，人们喝葡萄酒通常要兑水。如果不兑水直接饮用，会被说成酗酒。如果说，公元1世纪的罗马皇帝中提比略酗酒的话，那么，到了公元2世纪酗酒的皇帝就是图拉真。也许，要做到名至实归的"至高无上的皇帝"，需要比常人有更充沛的精力，所以不得不直接喝纯葡萄酒。

盐野七生
2006年7月于罗马

金币故事

在欧美知识分子中有这样一种普遍倾向：他们之所以关注作为罗马帝国最高权力者的皇帝，是因为这些皇帝对文学和艺术也有着浓厚的兴趣。他们只看到了哈德良皇帝在这方面取得的成就，事实上，哈德良远非只是这样一个人。

通过战争，图拉真使帝国拥有了最大的版图。继他之后成为皇帝的哈德良，没有发动过一次战争，但凭这一点就让人感到其不一般的气魄。当然，哈德良不是纯粹的和平主义者。在他的整个统治期间，他耗费了绝大部分时间巡视帝国的边境，为维护"罗马统治下的和平"不遗余力。作为帝国最高权力者，他前往各地时不需要军队随行保护，这难道不是帝国天下太平最有说服力的证明吗？

他对于艺术的爱好给人类留下了宝贵的遗产。陈列于欧美博物馆中的希腊时代的雕像，大部分都是罗马帝国时代仿制的。但是，这些雕像的制作质量之高已经超越了一般意义上的仿制。它们中的大多数仿制于哈德良时代。如果不是那个时代对仿制品质量要求极高，不可能留下那么多精美的雕塑品。正是因为那个时代对高质量的追求，才使得那时的能工巧匠有了施展才华的机会。刻有哈德良皇帝肖像的货币做工极为精美，也从另一个侧面很好地反映出当时的制作工艺水平。在完成本书的写作后，我把这枚硬币做成了首饰。当然为了不引起他的不满，我找了一家技术最好的珠宝店。

盐野七生

2006 年 7 月于罗马

金币故事

图拉真皇帝喝葡萄酒时从不兑水。那时，哈德良年纪尚轻，总会陪伴他畅饮到最后。与前两位皇帝不同，安敦尼·庇护皇帝绝对不会这样做，因为凡事他都不会做得过于极端。在写这位皇帝的时候，我会不由自主地联想到后来的英国乡绅形象。安敦尼·庇护皇帝行事中庸，也正因为如此，他是个缺少激情的人。在这一点上，他完全有资格成为后来的绅士们效仿的榜样。

图拉真皇帝不仅在多瑙河流域打过仗，也在幼发拉底河流域作过战，因为连年征战，他不到64岁就离开了人世。哈德良皇帝为了到各地视察，足迹踏遍了帝国的疆域。与图拉真相仿，他去世的时候，年纪也不算老。与前两位皇帝算不上长的寿命相比，安敦尼皇帝的寿命算是长的。这是因为，一方面他从未离开过首都罗马，包括罗马的近郊；另一方面，他非常注意保养自己的身体。在这一点上，他同样可以成为后来的大英帝国绅士们的榜样。让我们为以和平方式实行统治的安敦尼·庇护干杯！当然，我们饮用的酒要像古罗马上流社会人士喝的那样，是用纯净之水兑出来的、醇香扑鼻的上等葡萄酒。

盐野七生
2006年7月于罗马

目录 Contents

推荐序1　为什么是罗马？（王石　万科集团董事长）　/ 001
推荐序2　向往古罗马文明的精神特质（王巍　中国金融博物馆理事长）　/ 004
给中国读者的序　/ 007

致读者　/ 008
第一章　**皇帝图拉真**
　　　　（98年1月27日—117年8月9日在位）/ 015

第二章　**皇帝哈德良**
　　　　（117年8月9日—138年7月10日在位）/ 161

第三章　**皇帝安敦尼·庇护**
　　　　（138年7月10日—161年3月7日在位）/ 321

大事年表　/ 346
参考文献　/ 355
图片版权　/ 370

推荐序1　为什么是罗马？

这是一部煌煌15册的巨著，作者盐野七生写了15年，我曾整整读了一年。读后，逢人就推荐。我读的是台湾出版的繁体横排本，当时感到奇怪：为什么这样的书，在大陆却看不到？没想到，现在就有了简体中文版。大概是因为此前我在各个场合不遗余力地推荐，中信出版社希望我能为之写篇序言。

过去我也读过罗马史，比如《罗马帝国衰亡史》，但这类史书，更多的是从政治、军事的角度来理解罗马帝国。盐野七生不同，她以现代史观的方法论来解读罗马，其间涉及国家与民族、君主与公民、宗教与人性、权力与秩序、科学与技术、领导与公关等方方面面，视野极广，见人所未见。正如她自己所说："别的研究者是写自己知道的，而我则是写我想知道的。"

我是从事房地产行业的，所以对书中所讲罗马帝国的城市与建筑极为关心。在第十册《条条大路通罗马》中，作者专门讲了罗马的道路建设：与其说"条条大路通罗马"，倒不如说"条条大路起罗马"。罗马是这个庞大帝国的心脏，而这些四通八达的国家公路，有如血管脉络，把政令和资源高效率地传输到帝国的每个角落。

盐野七生说，东方帝国在修建长城的时候，罗马人正在修建罗马大路。接着，她就告诉读者，2000年过去了，罗马修的大路现在还在使用。这时，你会很自然地想：中国的长城，现在除了收门票之外，还有没有用？我们现在能看到的长城，主要是明朝修建的，而且从工程的角度讲，也有很多质量问题。同样是国家主导的巨型工程，哪一个对国家和人民更有用？

当然，这些都是我的联想。为什么罗马修的路现在还能用？作者展示了一张罗马大路的剖面图，告诉我们这条路是怎么修的，为什么能连续使用上千年。这样的图示还有很多。作者很愿意从科学与技术的角度解释，罗马帝国有其与众不同的力量，而建筑在其中占有相当重要的地位，因为建筑给市民和士兵带来极大的安全感。

在作者的描述之下，罗马帝国宛如一个强大的跨国企业，《罗马法》就好比这个企业的内部规章。这个企业有自己的核心价值、企业文化、思维惯性、话语系统、人力资源储备，甚至还有自己的保安系统。制度、人才、资源配置等等，都是罗马得以长盛不衰的原因。这也是为什么这部书会被国外一些研究者拿来当做领导者论、组织论、国家论的现成教材。

盐野七生贯穿始终地自我设问，并希望回答：为什么只有罗马人能成就如此大业？为什么只有罗马人能够建立并长期维持一个巨大的文明圈？一望而知，作者认为罗马帝国经久不衰的根本原因，与它所秉持的价值取向和施政目标有关。

作者认为：罗马的力量，来自保障国民安全的基础设施和贵族行为理应高尚的传统。国民最需要的是安全系统，其次是尊贵和快乐的生活。罗马皇帝努力满足了国民的需要。一切政令、公共设施、对外战争，都是为了满足国民的安全感和享受需要。

其次，罗马人智力不如希腊人，体力不如高卢人，经商的本事不如迦太基人，却能一一打败这些部族，而且在战后还能与这些部族有秩序地和睦共处。为什么？你会发现，罗马帝国的强大，归根结底是因为它的宽容开放，它的兼收并蓄。

罗马帝国是多神教的国家，罗马人把被帝国征服的民族的神，全部当做自己的神来供奉。这样的神有 30 万个。罗马甚至赋予被征服者公民权，历届罗马皇帝里有很多被征服者。试想，这在东方帝国，可能吗？

这些分析让我非常受启发。对于国家来说，自由与宽容，这才是罗马帝国的立国之本，对于跨国企业来说，宽容开放、兼收并蓄应当是它的核心价值观念。正是这些基本的价值取向和目标，赋予罗马帝国强大的力量，并成为西方文明的一个重要源头。这也是我向朋友们力荐这本书的原因。

作为一个先睹为快的中国读者，我只能谈一点浅见，算是对作者盐野七生的感谢。如果这篇小文又能够对读者有小小的帮助，会令我更加高兴。

是为序。

王石　万科集团董事长

2011 年 8 月 8 日

推荐序2　向往古罗马文明的精神特质

多年前，在朋友处看到台湾出版的一本书，《我的朋友马基雅弗利》，借来后一口气看完。文笔的清美，布局的平实，让我印象深刻，特别是作者起笔的角度真是别开生面：

◇马基雅弗利看到了什么？由此展开了佛罗伦萨当时的历史背景和事件。
◇马基雅弗利做了什么？由此展示了马基雅弗利一生的经历和事变。
◇马基雅弗利想到了什么？由此发掘了马基雅弗利的成就和遗憾。

这是一本历史，也是一本游记，还是一本政论，更是一本优美的散文集。日本女作家盐野七生就这样让我铭记在心。她年轻时就爱上了意大利，一住就是大半生，写了很多书，获了很多文学奖，在日本有几百万的铁杆粉丝，近年来在英语世界也声名大振，大陆读者久闻大名，翘首以待。

感谢当年资深书友衣锡群兄专门从香港带回两大袋书，这便是台湾版的《罗马人的故事》全集15本。我如饥似渴地读完。掩卷长思，深深敬佩。一位日本女人这样如痴如狂地写古罗马，发掘2000年前的往事，娓娓道来。她的细腻描写让你身临其境，她的逻辑铺陈促你遐思当下因缘。我读过许多不同作者的罗马史，只有盐野七生女士真正带我走进历史。

我去过意大利四次，也自驾游过西西里岛两次。曾带着盐野手绘的地图在佛罗伦萨四处寻觅马基雅弗利的故居。意大利作为政治国家的历史很短，不足200年，作为文化国家的历史却波澜壮阔地上溯到3000年前。在维罗纳的一个酒店里，看到一幅将意大利历史描绘为一棵盘根错节的古树，展示了几十个诸侯公国，几百个影响欧罗巴文明的政治、艺术、哲学、科学、军事等名流的来龙去脉。一瞬间，我体验到了卑微和崇拜，也叹服盐野女士把握历史的勇气与能力。

意大利有两个历史的骄傲：一个是古罗马的鼎盛，是当时世界上幅员辽阔的强盛帝国；一个是文艺复兴的辉煌，它直接启发并推动了全球现代文明的兴起，而这个复兴就是以回归古罗马为道德旗帜。此后一代代的意大利人梦寐以求地希望光荣历史得以重演，统一意大利的民族英雄马志尼如此期许自己，不到40岁便一举颠覆了民主政府的墨索里尼也这样激励自己。此外，法国的拿破仑和德国的俾斯麦都以古罗马的恺撒大帝自居。"条条大路通罗马"，地球上各个角落的部落都这样厘清自己的文明坐标。

古罗马成为意大利人的永远图腾，也成为欧罗巴大陆高度默契的文明血脉。继承希腊文明的古罗马的法典、礼仪、艺术、建筑等构成了当下西方世界主流价值的表达，也潜移默化地影响中华文明的演进。百年以来，中国知识界始终在希腊文明中捕捉思辨的知音，在印度文明中寻求失落的安慰，但却是在罗马文明中锲而不舍地吸收普世价值体系。我饶有兴趣地注意到，日本作家盐野女士不断用东方的思维来探寻古罗马的蛛丝马迹，体现了类似的精神焦虑。

阅读盐野笔下的罗马史与罗马人，时空穿越2000年，体验着人类文明中顽强生长并趋同的精神动力。尽管语言、宗教、习俗、体质和自然环境有千差万别,但内在的思辨、伦理、行为、愿景和组织制度可以彼此熟悉和理解的。现代人往往以仍然蓬勃发展的中华文明与曾经衰落的罗马文明进行比照,发掘出许多文明之谜和文化冲突的理念。不过,从更高的时空立场上看,罗马文明仍然在一波波地前行,荡涤着不同社会形态的隔阂。同样,中华文明也是从另一个角度进化成长,与前者共同汇成当下全球文明的主流。"青山遮不住,毕竟东流去。"

我读盐野的罗马人故事,看到了主导当时文明的精神特质,也是传承至今的进化基因,更是鞭策中华文明的动力。我也希望读者能与我一起用心体验至少这样几点:

◇自信与宽容:罗马人的生活态度和对异教对外族的接纳与吸收。
◇竞争与开放:罗马人的生存立场和对制度对风险的尝试与面对。
◇人性与权利:罗马人的生命价值和对快乐对自由的追求与捍卫。

去年在东京本来有机会见到盐野女士。索尼集团的前董事长出井伸之先生与她是好朋友,愿意安排见面。得知她正在赶下一系列关于十字军故事的书稿,我惶恐无知会浪费她的时间,借口推脱了。我有机会写上几句,真是非常荣幸的事情。期待我能将这部中文版亲手呈给盐野七生女士。

王巍　中国金融博物馆理事长
2011 年 8 月 6 日

给中国读者的序

对于以超级大国为发展目标的当代中国,在欧洲历史上可作为借鉴的,唯有古罗马帝国了。

生活在当代中国的读者,如果读了我写的《罗马人的故事》,对书中的内容不知会作何感想呢?若细细品味读者的感受,必将看到中国未来的发展趋势。这也是作者我最关心的事情。

盐野七生

2011年夏于罗马

致读者

事实上,我现在非常困惑。用一个比喻来说明,我想大概是这样一种感觉。

上罗马史课的学生中,有一个名叫塔西佗的优等生。为什么说他是优等生呢?因为对于教授提出的问题,在其他学生分别阐述了各自的想法后,他提出的意见无论是其风格的简洁还是词汇选择的准确性,都好像他亲眼所见。他的描述非常有现场感,其见解远高于其他人。认为他是天才、向他脱帽表示敬意的不光有学生,连教授也不禁深表赞许,对他频频点头不已。

这时,坐在教室后面的我举手要求发言。我会说,如此这般的史实也都考虑进去的话,难道没有可能有另外一种与塔西佗的意见不同的见解吗?事实上,正是因为有他的《编年史》,我才得以完成《罗马人的故事7·臭名昭著的皇帝》这部作品;正是因为有他的《阿格里科拉传》和《同时代史》,才有了我的《罗马人的故事8·危机与克服》。

暑假结束后回到学校,校园里却不见了这位优等生。问其他同学,说是因为他父亲的任职地调动,他已经转校。哎呀,这究竟是怎么回事,我一时感到非常困惑。

在本书中,我要讲述图拉真、哈德良和安敦尼·庇护这三位皇帝,时间是公元98年至161年。因为据说塔西佗是公元120年离世的,所以自然没有可能向他索要有关这三位皇帝统治情形的著作。但是，对于公元98年到117年图拉真皇帝的统治，只要他有心写，完全有可能。事实上，对于写图拉真，塔西佗不是一点想法都没有。《同时代史》的内容始于公元69年的内乱，虽然留存到现在的也只剩下对这一年的叙述，但是，这部作品很可能写到公元96年图密善皇帝被杀为止。因为在这部作品的开头有这样一句话：

> 写完这部作品以后，如果我还活着，我想用我的晚年时光来书写神君涅尔瓦和皇帝图拉真。

遗憾的是，塔西佗没有兑现对读者的承诺。不是因为他封笔不再从事写作，而是因为他在完成《同时代史》后执笔写了《编年史》，讲述的事件始于第一代皇帝奥古斯都去世，终于皇帝尼禄自尽，却没有去写涅尔瓦和图拉真。

历史学家塔西佗出生于公元55年，过世于公元120年。如果用图表的形式来展示他的一生与所处时代及其著作之间的关系，请详见下表。

塔西佗著作一览（年代全部为公元后）

拉丁语书名	汉译书名	涉及的年代	写作时期	当时在位的皇帝	写作时的年龄
Agricola	《阿格里科拉传》	40—93	98	涅尔瓦、图拉真	43岁
Germania	《日耳曼地方志》	至1世纪	97—100	图拉真	43—45岁
Historiae	《同时代史》	69—96	106—109	图拉真	51—54岁
Annales	《编年史》	14—68	115—117	图拉真	60—62岁

说明： 公元55年出生并于公元120年去世的普布利乌斯·科尔涅利乌斯·塔西佗（Publius Cornelius Tacitus），其担任公职生涯是这样的：在韦斯帕芗皇帝时代（69—79），他担任过相当于副军团长的大队长（Tribunus）；在提图斯皇帝时代（79—81），他当选过财务检察官（Quaestor）；在图密善皇帝时代（81—96），他当选过法务官（Praetor）；在涅尔瓦皇帝时代（96—98），他担任过候补执政官（Consul Suffectus）。按惯例，结束财务检察官的任期后，通常都会进入元老院。所以，塔西佗进入元老院，一定是在图密善皇帝时代，那个时候他已经过了30岁。

在那个时候，只要担任过执政官，即便是候补执政官，在经过10年的停职期后，等待他的应该是行省总督的职位。

但是，到了公元107年，塔西佗还是没有当选行省总督。他没有孩子。第一代皇帝奥古斯都为"防止人口减少"，制定过一项政策。政策规定，同等资格的候选人中，优先考虑有3个以上孩子的有过执政官经历的人。所以，很可能塔西佗就卡在这一点上了。但是，话虽如此，因为皇帝认可其能力而不受这条规定约束的事例也不少。所以，可以想象，对图拉真来说，尽管塔西佗是一位优秀的文人，却不是一位不可或缺的行政官员。有意思的是，作为文人的塔西佗，在遭到他无情谴责的皇帝在位期间一次次地被启用任职，但在贤君图拉真皇帝在位期间，他却没有受到过什么重用。这不禁让人思考这样一个问题：人的才能的高低究竟是如何来衡量的呢？

对于一位历史学家来说，55岁前后到60岁出头是他写作的最佳时期。按照编年顺序来看的话，作为《同时代史》的续篇，塔西佗最有可能写的应该是涅尔瓦和图拉真，那么为什么在这个最佳的年龄段里，他没有写这两位皇帝，而是选择了去写《编年史》呢？毕竟这部作品只能算是《同时代史》的前篇。

现代研究者中有人提出，也许因为记述尚在世的皇帝会有诸多不便。所以就算是塔西佗这样的学者，最终也选择了讲述已故皇帝们的故事。比塔西佗年轻一代的苏维托尼乌斯所著《罗马十二帝王传》也只从尤里乌斯·恺撒写到图密善，没有涉及涅尔瓦以后的皇帝。所以这一推测也许是有道理的。

塔西佗说过，完成《同时代史》的写作之后，如果还活着，打算写涅尔瓦和图拉真两位皇帝。就在同一个地方，塔西佗还写了这样的话："这是一个少有的幸福时代，不仅史料丰富，而且无论作出怎样的评价，用什么样的方式讲述，都无须担心自身的安全。"然而，尽管如此，他终究没有下笔。也许是计划在写完起初并未打算写的《编年史》后再写，但此时他的生命之火已经燃尽。

话虽如此，我总觉得还有一种可能。这是在认真研究塔西佗作为历史学家的性格后所作出的推测。

执笔写历史的动机，大体可以分为如下三种：

一、生来具有强烈的好奇心，喜欢讲述受好奇心驱使而探究到的事情；

二、以史为鉴——让历史成为现在或将来的前车之鉴；

三、对于经受了痛苦磨难又在感情上难以自拔的同胞们怀有强烈的、充满悲愤的情绪。

第一种类型的典型代表是希腊人希罗多德，他是《历史》一书的作者。第二种类型的典型代表是英国人吉本，他是《罗马帝国衰亡史》的作者。第三种类型的典型代表大概只能首推《伯罗奔尼撒战争史》的作者修昔底德。为什么物质和精神都应该占优势的祖国雅典竟会败给斯巴达？作为一个雅典市民，修昔底德无法把自己心中深深的悲哀和强烈的愤怒宣泄到写作以外的其他地方，于是就有了他所写的这部历史著作中的巅峰之作。

在我的想象中，塔西佗这位罗马帝制时期最杰出的历史学家，身上或许是融合了第二、第三两种类型。更准确地说，应该是融合了四分之一的第二种类型和四分之三的第三种类型。也就是说，他可能是一位需要用发自内心的愤怒来唤醒自身创作欲望的作家。

如此一来，我想既然他说图拉真时代是"少有的幸福时代"，那么他没有写图拉真时代的原因也就有了推测的依据。尽管塔西佗总在批评自己的同胞，但骨子里他终究是一位爱国者。所以，图拉真统治下的幸福时代，对他来说，反而失去了写作的冲动。也正因为如此，虽然他公开表示要写图拉真，最终还是选择了写从提比略到尼禄时代的《编年史》，因为他们让他找到了创作的动力——愤怒的情绪。

尽管如此，塔西佗并没有为我们留下他不写图拉真时代的真实原因。所以我的上述想法，归根结底只是一种推测。但是，不管真正的原因是什么，事实只能有一个，那就是有关图拉真统治的、可信的文献资料完全不存在。尽管人们对他的评价是如此之高，不仅后世称他是五贤帝之一，甚至同时代的罗马人也盛赞他是"Optimus Princeps"（至高无上的皇帝），元老院还一致同意把这个称呼作为他的正式称号。

图拉真时期的统治状况，同时代的塔西佗和苏维托尼乌斯没有写，200年后，为了给苏维托尼乌斯的《罗马十二帝王传》写续篇，戴克里先皇帝时代的6位历史学家共同完成了《皇帝传》（*Historia Augusta*）这部历史巨著。《罗马十二帝王传》只写到图密善，作为其续篇，《皇帝传》从哈德良皇帝开始写起，但是中间就像掏了一个洞似的略过了涅尔瓦和图拉真。就算涅尔瓦因为在位只有一年半时间可以忽略掉，但图拉真的统治整整持续了20年，更何况在此期间，他在所有领域都取得了骄人的成就，竟然没有一位罗马时代的历史学家去写他。

不对，我们还是找到了这样一个人。此人生于小亚细亚，是一个希腊人，名叫狄奥·卡西乌斯。他是元老院议员，担任过行省总督。只是在此人的著作中，可信的只是他本人作为"现场见证人"的对塞维鲁王朝时代的记述。其余部分只要没有确切可信的旁证，其可信度就很低。这是后世研究者们一致的看法。既然如此，可以说只信赖文献资料的、吉本时代的罗马史研究者们感叹史料太少，也就无可厚非了。毕竟，对于优等生塔西佗转校最感困惑的，应该是那些对他的见解佩服至极的教授和学生。

罗马史的研究者们习惯把后世的研究著作称为"二手资料"，他们称做"一手史料"，或称"原始史料"，又称"初始出处"的有以下六类：

一、文献资料（罗马时代的人留下来的文章）；

二、考古学家发掘并整理出的成果；

三、碑文（石碑、铜板等等）；

四、金、银、铜币等货币；

五、以建筑及肖像为代表的造型艺术；

六、写在纸草纸上的文章（仅限以埃及为中心的中东一带）。

第二类至第六类史料开始受到关注是在进入19世纪中叶以后。这对研究对象为2000年前的古罗马人的人来说，这种关注史料的方式可以说还只是近期的事情。因此，现代的我们不需要像吉本时代的人那样大发感慨，因为他们只能依赖第一类史料。无论是提比略、克劳狄乌斯，还是图密善，他们都受到了塔西佗无所顾忌的犀利评判。他们之所以现在能够被重新认识，正是因为有了第二类至第六类史料作为研究参考的结果。

既然文献资料的重要性没有减弱，那么，对于后世的我们来说，塔西佗的"转校"依然是一件让人深感遗憾的事情。

对历史的叙述必须倾注全部的理性、感性和悟性，否则很难弄清真相。而塔西佗无论从哪个方面来说，其最佳年龄段43岁至62岁是在图拉真皇帝的统治之下度过的。在涅尔瓦皇帝统治期间，塔西佗最后一次当选候补执政官，以后没有再担任公职。所以他的精神状态应该是放松的，时间也应该是充裕的。虽然我们知道他把时间和精力都投入了《阿格里科拉传》、《日耳曼地方志》、《同时代史》和《编年史》的写作中，但是为什么他偏偏不写图拉真皇帝的统治，而只写下了"少有的幸福时代"这一句话呢？尽管这是他可以用他成年人成熟的眼光亲眼看到的时代。

无论如何，塔西佗的这句话决定了后世历史学家对图拉真的看法。同时，考古学、碑文、货币、造型艺术以及纸草纸文献也都证实了他们对图拉真的这种看法。

同时，尽管我无法依赖塔西佗这句话作为研究的"基础"去展开讨论，却也决定了我的态度。在《罗马人的故事7·臭名昭著的皇帝》和《罗马人的故事8·危机与克服》中，皇帝们被说成是昏君，是否果真如此呢？我是带着这样的疑问来展开的。相反，在本书中，好像众人一致认为这些皇帝都是贤帝。那么贤帝究竟是什么样的？为什么罗马人盛赞他们是贤帝？这些成了我思考的核心问题。

不管怎样，虽然把那个时代称做五贤帝时代的是后世，但是同时代的罗马人同样把这一时期叫做"Saeculum Aureum"（黄金世纪）。

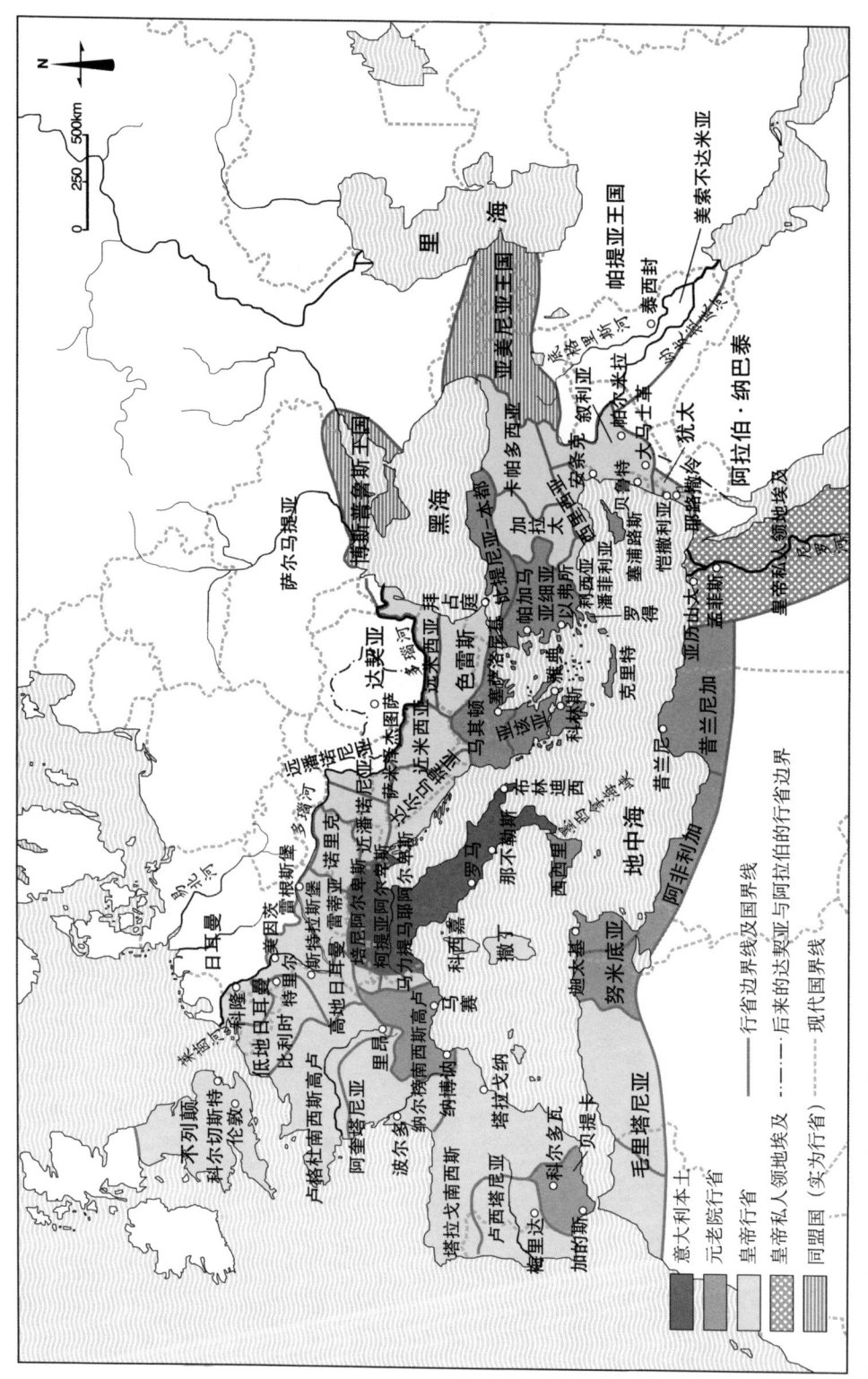

罗马帝国全图（图拉真皇帝即位之前）

第一章

皇帝图拉真
（98年1月27日—117年8月9日在位）

NON **UNO DIE**
ROMA AEDIFICATA EST

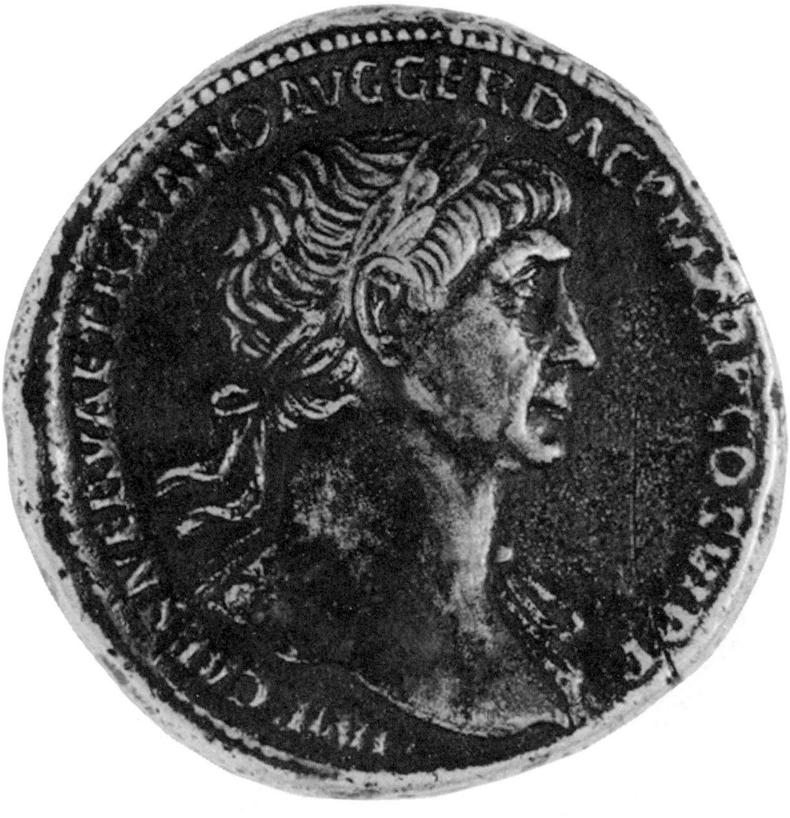

通向皇位之路

在王政时代已是名门贵族的尤里乌斯·恺撒自不必说,"尤里乌斯—克劳狄乌斯王朝"的诸位帝王——恺撒的养子、第一代皇帝奥古斯都,其后的提比略、卡利古拉、尼禄等——都出身于首都罗马。尼禄皇帝自杀后,爆发内战的一年里,相继出现了加尔巴、奥托、维特里乌斯这三位皇帝。他们的"原籍"也是罗马。

终结内乱后登上皇位的韦斯帕芗,最先打破了帝国最高统治者都出身于首都罗马这一传统。被称为"弗拉维王朝"的韦斯帕芗、提图斯、图密善三位皇帝,他们的"原籍"是位于罗马东北约60公里处的列阿特(今瑞耶提)。奥古斯都皇帝把帝国的主体意大利半岛分成了11个州。首都罗马加上那不勒斯是第一州,瑞耶提属于第四州。因此,出生于此地的韦斯帕芗只能算是外乡人。但是,在他儿子图密善遭暗杀后继承皇位的涅尔瓦,其"原籍"是首都罗马,所以看似潮流又回来了。但是,正是这位涅尔瓦,对这股潮流的走向起到了决定性的作用。

正是涅尔瓦皇帝指定马尔库斯·乌尔庇乌斯·图拉真(Marcus Ulpius Traianus)为其皇位继承人。图拉真出生于公元53年9月18日,出生地是意大利卡(Italica),属于西班牙南部行省贝提卡。现在,这座城市依旧沿用罗马时代的名字——意大利卡。意大利卡位于距罗马时代的西斯帕里斯(今塞维利亚)西北8公里的地方。但是它不是一座毫不起眼的地方小镇,因为从地中海到大西洋贯通伊比利亚半岛的、当时的主干道之一要穿过意大利卡市中心。从加的斯经由塞维利亚和梅里达北上的大道,也要穿过意大利卡的市中心。罗马人虽然兴建了四通八达的道路网络,遍及帝国全域,却唯独缺少修建环形道路的意识。在罗马人的思维中,所谓道路,无论是在城市,还是在城镇,或者是在乡村,都应该通往人类居住的中心区域。即便是小小的城镇意大利卡,人和运载物资的车辆穿梭于大道上的情形一定是司空见惯的。

而且,意大利卡还有其他城镇所没有的特殊性。所谓"意大利卡",意思是意大利人居住的城镇。正像这个地名所表示的那样,这是罗马人在本土之外建起来的第一座殖民城市,建于公元前206年,是西庇阿·阿非利加努斯决定兴建的。

正是他在4年后的扎马会战中战胜名将汉尼拔并取得布匿战争的胜利。当时，恰逢布匿战争打得最难解难分的阶段，罗马与迦太基之间一次次地上演着你死我活的生死决战，伊比利亚半岛刚从迦太基手中夺来成为罗马的领地。为了让来到这里的士兵们在期满退役后有个定居点，于是兴建了殖民城市意大利卡。

当时罗马军团中的士兵全部是出身于意大利本土的罗马公民权所有者。由于服兵役期间不允许结婚，所以，可以认为被送到这里的所有的人都是单身。留在意大利卡的退役士兵们，也像后来的其他罗马殖民城市的男性一样，一定是跟当地女子结婚的。结婚对象可能是西班牙原住民中的女孩，也可能是频繁来往于狭窄的直布罗陀海峡（古代称为"赫丘利之柱"）的北非姑娘，还可能是身上流着迦太基血液的女子。因为在成为罗马领土之前，统治伊比利亚半岛的是迦太基人。没听说有人特意从意大利本土接女孩子过来的事例，这是因为，罗马人与希腊人不同，这个民族对于与其他民族通婚不会有抵触情绪。因此，尽管图拉真的祖先毫无疑问是出身于意大利本土的罗马公民，但是他一定是混血。正因为如此，对于第一个出身于行省的罗马皇帝图拉真进行大书特书就有了特殊的意义。

上面所讲的内容，对于我们理解罗马人有非常重要的作用。罗马帝国最高权力者的出身在相当长的时间里仅限于罗马，后来变成了意大利本土的地方城市，接着又变成了行省，这一过程充分显示出罗马帝国与后来的其他各帝国之间有着截然不同的观念。也就是说，作为胜利者的罗马不是对曾经是失败者的行省实施奴役，而是通过把曾经作为失败者的行省拉进来，创立一个大的共同体，共同构建罗马帝国。在皇帝出身的变化过程中，这一点得到了最具体形象的体现。

因为图拉真出身于行省，所以关于他青少年时期的经历，可以说我们几乎一无所知，甚至连他母亲叫什么名字我们也不清楚。在罗马历史上，"图拉真"的名字开始登台亮相已经到了他父亲那一代。但是，即便在这个时候，后来的皇帝图拉真也只是28个罗马军团之一的军团长的儿子而已。

在发生于公元66年至70年的犹太战争中，与他同名的父亲在总司令官韦斯帕芗的指挥下，率领第十军团参加了战斗。到了耶路撒冷攻防战之时，总指挥是提图斯。他父亲作为负责进攻的 4 个军团之一的军团指挥官，在这场战斗中取得了辉煌的战绩。这个时期，儿子到了已经举行或即将举行 17 岁成人礼的年龄。也许，当时的他就在第十军团的军团长营帐前，遥看了作为犹太教大本营的大神殿被大火毁于一旦，从而宣告耶路撒冷彻底沦陷的全过程。在当时的罗马，权贵阶层人家的孩子成年前通常由母亲负责养育，成年后这一任务改由父亲负责。

图拉真很可能是在老家意大利卡接受初级教育，在贝提卡行省的首都科尔多瓦接受中等教育，然后才被送到在帝国东方执行军务的父亲身边的。作为现实主义者，罗马人很重视实地教育。无论父亲的现任职位是什么，进行实地教育的地方通常都是军团。财务检察官的职位是进入统治者阶层的龙门，若要参加此官职的竞选，通常需要历练 10 年，少则也需要三四年的军团履历。刚刚告别少年阶段的图拉真虽然经历了攻陷耶路撒冷的胜利，但是，之后的他很可能没有回故乡，而是继续留在了军团，只是我们不清楚他所在的军团在哪个前线。因为他父亲率领的第十海峡军团在犹太，所以他也有可能就在他父亲身边度过了其见习期。他跟随被召回的父亲到罗马，第一次亲眼见识帝国首都罗马可能也是在这个时期。皇帝韦斯帕芗不仅推荐这位曾经的部下、图拉真的父亲为元老院议员，还让他加入了贵族的行列。

韦斯帕芗是第一个出身于意大利地方自治体的皇帝，但是，他并没有特别关照那些属于与自己同一阶层出身的人。倒是出身于帝国西方西班牙的图拉真的父亲，尽管出身于行省，却因为韦斯帕芗的推荐，进入了元老院。像他这样进入元老院的行省出身的人，就像《罗马人的故事 8·危机与克服》中已经讲到过的那样，也有很多来自帝国的东方。图拉真即皇帝位后掀起的意大利本土和行省平等化的浪潮，实际上在 30 年前就已经开始了。

青年时代的图拉真因为父亲的高升，身份也随之改变。公元 75 年，他父亲受命出任叙利亚行省总督，前往官邸所在地安条克。随父亲一同前往的图拉真也在结束见习期后，升任了"大队长"。他的这个职位不是军团基层锻炼者经过百人队队长之后才能得到的大队长（Tribunus）之职，而是 10 个大队长中的首席，也叫"副军团长"（Tribunus Laticlavius），直译叫"穿红披肩的大队长"。这个名称的缘由，首先是因为首席大队长的红色披肩与元老院议员的托加颜色相同；其次，只有这个身份的人才可以把披肩从肩上垂下来。担任首席大队长是元老院议员子弟才能享有的特权，但同时也要承担相应的责任。尽管这位首席大队长年龄不足25岁，但是，当军团长因故无法履行职责时，他必须替代军团长承担起整个军团的指挥。把如此重任交给初出茅庐的年轻人，也是因为作为指挥官的后备力量，给予他们的一种实地锻炼。塔西佗和小普林尼广为世人知晓的是，他们作为文人的身份，都属于元老院阶级，所以两人都担任过"穿红披肩的大队长"。只不过，这两个文人的军旅生涯都止步于"穿红披肩的大队长"这一职位。

图拉真以22岁的年龄担任了副军团长之职。作为帝国的安全屏障，其最重要的防线之一——叙利亚行省就是他最初的任职地。

父亲图拉真被任命为叙利亚行省的总督，但是他的这一总督之职，其重要性是任职于其他行省总计多达30位总督难望其项背的。罗马帝国当时的重要防线是莱茵河、多瑙河和幼发拉底河，而行省叙利亚就位于幼发拉底河附近，与罗马的假想敌国帕提亚王国隔河相望。尽管当时罗马与帕提亚之间签署了和平条约，但是即便双方正处于关系良好的时期，它依然是一个让罗马在防卫上丝毫不敢掉以轻心的国家。罗马在叙利亚行省常驻3个军团。

除了上面提到的3个军团，韦斯帕芗皇帝还决定在帕提亚北方，与罗马有同盟关系的亚美尼亚王国边境驻扎2个军团，向叛乱刚刚被镇压下去的犹太派驻1个军团，向埃及派驻2个军团。这8个军团负责帝国东方的安全保障。作为主力部队的军团兵就有4.8万人，再加上辅助部队的兵力，共计多达近10万人。这是一支庞大的军事力量。叙利亚总督兼任这支军事力量的总指挥。所谓叙利亚行省总督，在罗马一直以来就是帝国东方军队总司令的同义词。

关于图拉真的父亲在韦斯帕芗手下参加犹太战争之前的经历，我们一无所知，也许与韦斯帕芗一样，是从百人队队长开始其军团生涯的"基层成长者"之一。在公元75年至79年的4年间，他顺利完成了这个重要职责。仅此一点，我们可以判断他是个相当有能力的人。对于儿子图拉真来说，父亲大概也是一位最好的、言传身教的老师。然而，两年后的公元77年，这位父亲让儿子离开了自己的身边。

已经 24 岁的图拉真尽管还是副军团长的身份，红色的披肩还是挂在左肩上，但是，他要去的地方却是驻扎在帝国西方最重要的边境军团——莱茵河军团。在那里，他在与东方感受截然不同的寒冷和雨水中度过了 3 年时光。其间，韦斯帕芗去世，继承皇位的提图斯任命图拉真的父亲为亚细亚行省总督。也许是有过共同战斗经历的提图斯皇帝想补偿这位老将在过去 4 年间的繁重工作，特意把他安排到无须与敌人针锋相对、充满和平气息的小亚细亚西部行省工作。但是，尽管任职的地方是希腊文明的发祥地，是以弗所和米利都这样文化水平和生活水平都很高的城市集中的行省，父亲还是没有把儿子叫过去。因此，从 24 岁到 27 岁的 4 年里，图拉真得以在边境继续"学习锻炼"。

公元 81 年，已经 28 岁的图拉真迈出了罗马人称之为"光荣的职务"的第一步——他当选了财务检察官，任职地应该是在首都罗马，工作性质如同这个官衔名称所显示的那样，负责检查国家经费的收支情况，任期是一年。

这个时期，他父亲应该已经顺利结束亚细亚行省总督的工作，没有再担任新的要职。不清楚他是留在罗马继续担任终身制的元老院议员，还是隐退回了故乡意大利卡。他的死亡时间也不明。由此可以看出，尽管他被授予了贵族的身份，但只是"新贵"的第一代而已。

但是，属于"新贵"第二代的儿子已经开始担任属于元老院阶级的工作了。结束财务检察官的任期后，他再次回到边境，重新开始了"穿红披肩的大队长"的军团生活。只是不清楚具体在哪个边境。罗马军团中，与士兵几乎从不流动相反，高级别的军官调动非常频繁。因此可以推断，他很有可能穿梭于各军团之间。时间是在公认人事安排最出色的皇帝图密善时代。到了公元 83 年前后，好像他也进入了元老院。公元 87 年，已经 34 岁的图拉真进入了"光荣的职务"的第二阶段——当上了法务官。任职地同样是在首都罗马，从事的是审判长等司法方面的工作。在罗马，只有当选过法务官的人，才有资格担任一个军团的军团长。就算战时因故会忽略这个条件，在平时罗马人一定会遵守这些规定的。

图拉真在结束法务官的任期后很快被任命为军团长，任职地是西班牙。在这

第一章　皇帝图拉真　｜　021

里，几乎没有可能会与敌人进行面对面的交锋，因为西班牙被罗马同化的历史已经很久远了。他接手的军团是驻扎在此地已久的第七杰米那军团（杰米那，音译，意思是此军团由两个或两个以上前军团整编而成。——译者注），同时他又兼任了占后世西班牙三分之二面积的塔拉戈南西斯行省的总督。所以，他一定是在军团基地所在的莱昂和总督官邸所在的行省首府塔拉戈纳之间往来奔波，甚至没有时间回故乡意大利卡。

就这样，图拉真35岁的这一年过去了。如果像这样，他一直在西班牙常驻的话，一定不会有后来的图拉真。然而，这一年过后，命运的转机就早早地降临到了他的身上。

公元89年，担任莱茵河上游防卫任务的高地日耳曼军团司令官萨腾尼努斯发动了叛乱。身在首都罗马的皇帝图密善亲自率领近卫军团北上平叛。与此同时，他命令图拉真率麾下的第七军团也向日耳曼开进。只是，由于负责莱茵河下游地区防线的低地日耳曼军队行动迅速，在图密善到达之前，已经镇压了叛乱，司令官萨腾尼努斯自杀，一切早已结束。甚至图拉真率领军团越过比利牛斯山脉，横穿法国到达莱茵河的时候，为镇压叛乱而遭毁坏的美因茨军事基地重建工作也已经结束。

但是，对于36岁的图拉真来说，这次长途跋涉并非一无所获，他有幸得到了年长他2岁的皇帝图密善的赏识。当时的情形好像是这样的：虽然图拉真随同第七杰米那军团返回驻扎地，但图密善已经对他有了新的打算。他准备把这位优秀的年轻军团长从西班牙这样安稳的地方调出来。因为萨腾尼努斯自杀后，罗马帝国最重要的防线之一，高地日耳曼军队的司令官位置出现了空缺。

然而，当选过法务官的人才可以担任1个军团的军团长职位，而司令官下面有3个军团。它们之间的差距还是有些大。担任1个或2个军团以上战略单位的指挥官，必须当选过执政官才有资格出任。

在第二年，即公元90年，为选出公元91年的执政官而进行的选举中，图拉真被提名为执政官候选人并顺利当选。因为皇帝的推荐被提名就等于当选。就这样，图拉真以38岁的年纪早早到达了"光荣的职务"的第三个阶段，并且他当选的不是为了培养执政官经验而设置的过渡性"候补执政官"(consul suffectus)，而是"正式执政官"(consul ordinarius)，任期于1月1日开始。就这样，只因属于元老院阶级才有资格担任"光荣的职务"的他这回又当上了"正式执政官"。塔西佗和小普林尼也曾当选过法务官，但他们的最高官职只是"候补执政官"。从父亲那代才开始进入元老院阶级的图拉真，此时已经开始显山露水。

到了公元92年，皇帝图密善随即任命已经有过执政官经验、资格身份完全符合规定、时年39岁的图拉真为高地日耳曼军团的司令官，并兼任高地日耳曼行省总督。这又是一个要职。图拉真的任职履历向我们显示出了军事才能和文职才能并重的、罗马精英的培养过程。

与其他防线所在的地区不同，皇帝图密善对高地日耳曼防线应该有特别的想法。负责高地日耳曼防线的4个军团中，有2个军团常驻莱茵河沿岸的美因茨。从美因茨到多瑙河沿岸的雷根斯堡有一条日耳曼长城（Limes Germanicus）。这

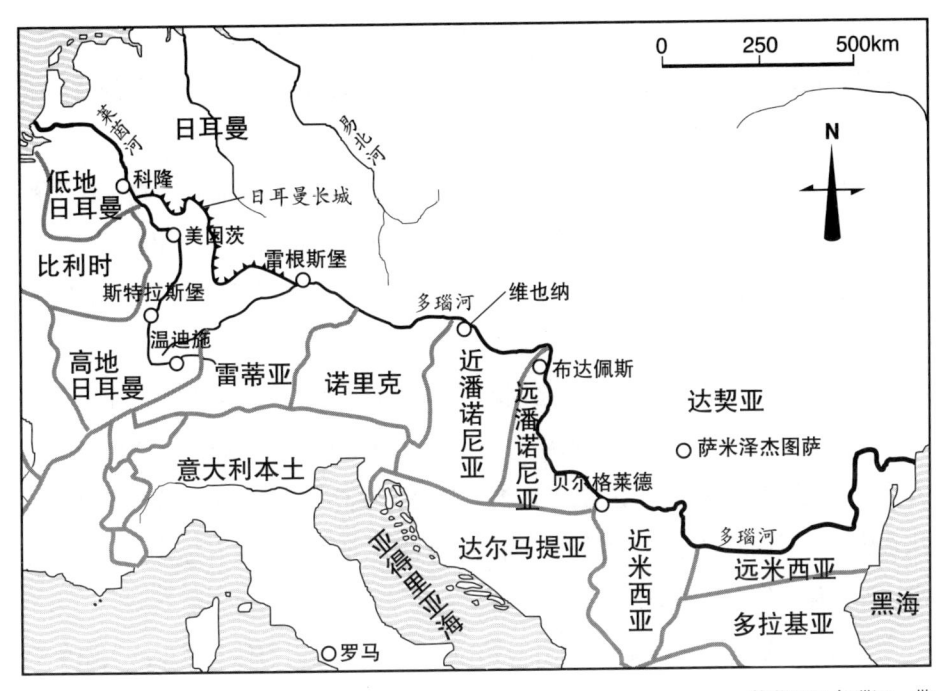

莱茵河至多瑙河一带

条屏障的防卫也属于高地日耳曼军团司令官的职权范围。修建这条日耳曼长城的正是图密善。皇帝把这样一个地方交给了图拉真。

自公元92年至97年的5年间,图拉真的确也没有辜负皇帝对他的期望。然而,公元96年秋天,皇帝图密善遭暗杀身亡。好在皇帝换成涅尔瓦以后,图拉真的地位并没有因此而动摇,尽管他的升迁在很大程度上是因为有图密善皇帝的举荐。

原因不单纯是因为图拉真在5年间的所作所为卓有成效,更是因为罗马人对功过是非的评判很公正。尽管他们会判处某个人"记录抹杀刑"(Damnatio Memoriae,《罗马人的故事8·危机与克服》中对此有详细描述),但是,如果这个人在某个方面是有所贡献的,那么他的贡献并不会被抹杀掉。相反,罗马人通常会记住他的这一贡献。就连总是对皇帝图密善持批判态度的历史学家塔西佗,也坦诚地写下了自己在公职上的升迁就是在图密善时代。

新即位的皇帝涅尔瓦当时已是70岁高龄。据传言,元老院推荐涅尔瓦的理由,第一是他没有儿子,第二正是因为他年事已高。当然这只不过是传言而已。真正的理由应该在于涅尔瓦的出身门第显赫。尽管他的出生地是意大利的地方城市纳尔尼,但他出身于共和制时代世袭的名门贵族。在公元1世纪末的那个时代,这样的名门贵族屈指可数,已经不足10家。在第二代皇帝提比略前往卡普里岛过隐居生活期间,为数不多的随行者中就有涅尔瓦的祖父。提比略本人学识丰富,所以他只挑选同样学识渊博、可以与他平等对话的人陪伴自己去卡普里。提比略和涅尔瓦祖父之间的关系,与其说是皇帝与元老院议员之间的关系,倒不如说更像是两位学识高深的老友之间的关系。涅尔瓦家族的男性都是元老院议员。但是在百姓的眼里,这个家族的人与其说是政治家倒不如说是学识渊博的人。尽管图密善皇帝与元老院关系紧张,但他不得不从元老院中挑选与自己共同执掌执政官之职的人选,他选择了涅尔瓦。只是,他做梦也没有想到,在自己死后,涅尔瓦会坐上皇帝的位子。

总之,涅尔瓦之所以能登上皇位,给人的感觉不是因为他有多少给人印象深刻的、突出的优点,而是因为他没有明显的缺点。当上皇帝后的涅尔瓦需要顾忌的不是请他坐上皇位的元老院，而是近卫军团和在帝国边境上执行军务的各个军团。因为他们是图密善的支持者。图密善不仅让士兵们实现了期待已久的加薪愿望，并且经常亲赴前线，深得士兵们的拥戴。

公元96年9月18日，已统治罗马帝国15年、再过一个月就满45岁的皇帝图密善，年纪轻轻就遭遇了暗杀。这位皇帝在元老院的口碑实在欠佳，元老院议员们都很不喜欢他。然而，在罗马史研究方面作出了划时代贡献的、19世纪历史学家蒙森却对他评价极高。暗杀图密善不是元老院内反图密善派的议员所为，也不像皇帝尼禄那样，归因于行省对他的不满，他是在熟睡之际遭到袭击而被杀的，是宫廷内的人所为，凶手是皇后身边的解放奴隶。

不能说元老院跟这件事毫无干系。就在皇帝被杀的那个晚上，曾经与图密善共同执掌过执政官之职的涅尔瓦就接到了通知。在第二天一早举行的元老院会议上，迅速通过了涅尔瓦即位的决议。甚至还决定用"记录抹杀刑"惩处图密善，把这位刚刚故去的皇帝的所有成绩一笔勾销。从深夜到第二天一早的短短时间里，如此高效率地通过这么多决议，可见一定有什么人在中间穿针引线。但是，这个人究竟是谁，我们不得而知。元老院没有追究，当然也没有人怀疑主谋是否有可能会是貌似性情温和且不具备政治家性格的涅尔瓦。真相就这样成了一个永远解不开的谜。

得知图密善遇刺的消息后，留在首都的近卫军团和驻扎在帝国边境基地的各军团都没有采取行动。这一情况表明元老院以迅雷不及掩耳的速度把"政权更替"变成既成事实的做法是行之有效的。然而，士兵们静观事态的状况并没有能够维持很久。一年时间过去了，由衷钦佩图密善、盼望早日查出图密善遇害真相并找出元凶的近卫军团，看到涅尔瓦依然没有任何作为，开始表现出强烈的不满。他们甚至把皇帝涅尔瓦禁闭起来，强烈要求他查找出元凶并处以极刑。

涅尔瓦也认为有必要收拾这一局面。我想，71岁的涅尔瓦不是担心自身的安全，他担心的一定是近卫军团的不满情绪会影响到在边境执行军务的所有军团。尼禄皇帝死后爆发的、长达一年半之久的内战，尽管已经过去了28年，但是对罗马人来说，那是一场噩梦。为了防止这样的历史重演，涅尔瓦大概是没有与元老院商量就独自作了一个决定。因为，当他宣布这个决定的时候，最感到震惊的恰恰是元老院的议员们。

公元97年10月27日，在卡匹托尔山上的朱庇特神殿前结束祭祀仪式后，皇帝涅尔瓦举起右手阻止其他人正准备离去的脚步。茫然的人群于是转身面向皇帝。涅尔瓦没有开场白，而是开门见山宣布了自己的决定。

他决定把高地日耳曼军团的司令官马尔库斯·乌尔庇乌斯·图拉真收为养子，让图拉真和自己共同执掌"护民官"（Tribunicia potestas）和"罗马全军总指挥"（Proconsulare maius），同时提名图拉真为次年即公元98年的执政官候选人，和自己一起担任执政官。

这等于宣布图拉真是共治皇帝。也正因为如此，第一位出身于行省的皇帝就这样诞生了。

按照那个时代的惯例，大家很自然地以为，尽管图拉真当选几乎已成定局，他还是应该利用冬季的休战期回首都罗马，出席元老院举行的执政官选举大会。然后，在来年1月1日召开的元老院第一次会议上发表演讲，向涅尔瓦表示感谢。等这一系列活动结束后，可以再回莱茵河沿岸的驻地。那一年正值44岁的图拉真已是一位深晓战事无常的军人。所以，从元老院议员到平民百姓，当几乎所有人都以为行省出身的图拉真，面对在他面前已经铺就好的、通向皇位的道路，一定会跑到罗马到涅尔瓦面前向他表示感激的时候，他的举动却完全出乎大家的意料。公元98年1月1日，首都罗马完全不见图拉真的身影。即使在科隆，获悉涅尔瓦于1月27日去世的消息后，他依然选择了留在前线。

话虽如此，既然当了皇帝，维护首都罗马和本土意大利半岛的秩序就是他应尽的职责。留在国内的唯一一支军事力量，即近卫军团，竟然会做出禁闭现任皇帝这样的举动，这意味着国内的秩序得不到应有的保证。图拉真决定暂时不回首都，他把近卫军团的指挥官和他们的亲信召到了科隆。对于这位皇帝的命令，那些近卫军团的军官们自然必须服从。然而刚到科隆，他们就被处决了。就这样，近卫军团内不安定分子的问题得到了解决。留在首都的1万名近卫军团兵虽然对涅尔瓦很不满，但是他们都很敬畏图拉真，也就听从了他的严厉处置。顺便提一句，涅尔瓦是一位文官，没有指挥军团的经历。正因为如此，他才指定图拉真为自己的接班人。

那么，图拉真推迟回首都罗马想要做的事情究竟是什么呢？图拉真是在科隆接到涅尔瓦死讯的。科隆属于低地日耳曼军团司令官的管辖范围。按照罗马军团管辖范围的划分，高地日耳曼军团司令官图拉真是不允许越境进入这个区域的。但是公元97年10月，在成为涅尔瓦养子的同时，图拉真拥有了罗马全军的统率权，也就是皇帝的专权。公元98年1月，在科隆逗留意味着在涅尔瓦死后继承皇位之前，图拉真已经在充分利用涅尔瓦授予他的共治皇帝的身份了。再过8个月，他将满45岁，作为一个男人，这是一生中最美好的时光。在正式登上皇位之前，这位出身行省、恰逢年富力强的最佳年龄登上皇位的罗马皇帝，已经非常清楚自己要做什么了。他要继承图密善未竟的事业，尽管这项事业会违背第一代皇帝奥古斯都的遗训，即禁止继续扩大罗马帝国的版图。因此，既然决定将这件事付诸实施，就只能成功不许失败。

胸怀大志

由于违背神君奥古斯都的遗训，所以必须有充分的理由说服元老院和罗马公民，因为他们才是罗马帝国真正的主权人。在罗马，所谓的皇帝，不过是受这两大主权人的委托开展政治活动的罗马公民中的"第一公民"而已。什么是"说服他们的理由"，只要想一想元老院和罗马公民权所有者这两大权力阶层为什么不接受图密善皇帝的做法，就可以找到答案。

在《罗马人的故事8·危机与克服》讲述图密善皇帝的章节中已经作了详细的讲述，所以这里我只简述一下要点。罗马人已经把莱茵河防线建成了铜墙铁壁，又因为日耳曼长城的完工，完成了莱茵河和多瑙河两大河流上游地区的防御体系。在这时的罗马人面前，新出现的敌人是达契亚人，他们已经把势力扩大到了多瑙河下游北岸一带。对罗马来说，生活在多瑙河这条天然防线以外的任何一个国家都不可怕，只有当它联合周边部族时才会构成威胁。罗马无法再对达契亚人置之不理，是因为正如他们的首领自称"国王"所表明的情况那样，他们已经成功联合了其周边一些更为弱小的部族。

达契亚人因为有了德凯巴鲁斯，其势力得以迅速扩大。德凯巴鲁斯是一位很有能力的领袖，野心很大。除了居住在多瑙河下游自己的地盘，他还兼并了生活在现在的匈牙利至南斯拉夫一带及多瑙河中游的其他部族，企图在多瑙河北岸建起一个统一的王国。为了表示自己有能力实现这一野心，他甚至侵入罗马的领地——多瑙河南岸。

德凯巴鲁斯采取突然袭击的战法，取得了成功，迎战他的罗马军团被打得溃不成军，指挥军团的米西亚行省总督在战斗中阵亡。

图密善决定亲征前线。在皇帝同时又是罗马全军统帅的指挥下，投入了5个军团的兵力，最终这场战斗以罗马方面的胜利而告结束。达契亚国王提出了和谈请求，图密善未经元老院讨论就一口回绝。在接下来的第二轮战斗中，罗马军团横渡多瑙河，向北岸发起进攻，直指达契亚的首都。

然而，满怀第一仗胜利的喜悦已经回到首都罗马的图密善，得到的有关第二次作战结果的报告却是罗马军队大败。参加战斗的近半个近卫军团和另一个军团被歼，担任总指挥的近卫军团的指挥官阵亡，甚至银鹫旗也落到了敌军手中，这让罗马人备感耻辱。第二次战斗发生在现在的塞尔维亚至罗马尼亚一带。罗马军团主动进攻达契亚人，然而，这一战罗马军团非但没有攻入敌方的首都萨米泽杰图萨，反而在渡过多瑙河开始北上的时候受到了来自敌军的夹击，结果一败涂地。

这是一次惨痛的失败，却没有让图密善皇帝彻底丧失锐气。他用了整整一年的时间准备再战，以雪前耻。这次，他任命尤利安努斯为总指挥。此人长年在多瑙河防线执行军务，对当地的情况相当了解。

公元88年，尤利安努斯率领军队横渡多瑙河，向达契亚人发起了进攻。他巧妙地运用战术，成功地把敌军诱至平原地带。一旦会战的战场变成开阔的平原，罗马军队将所向披靡，无人能敌。罗马军队完全掌握了主动权。达契亚士兵被打得溃不成军，四散逃窜。然而，罗马军队最终还是没能攻入达契亚人的首都，因为冬季到了。深知当地冬季严寒的尤利安努斯把军队撤回到多瑙河南岸，拆除了用船只串联起来的浮桥，让士兵们进入休整状态，直至第二年春季。到了次年，即公元89年，罗马军队并没有北渡多瑙河。

这是因为图密善选择了与达契亚人和解。他不得不作出这样的选择，是因为形势发生了一些变化。

一是要对高地日耳曼军团司令官萨腾尼努斯的叛乱事件作善后处理，尽管这次叛乱在不到一个月的时间里就得以平息。

二是有必要牵制帕提亚王国，因为有人假借尼禄皇帝之名竟得到了响应，再次点燃了反抗罗马帝国的火种。

三是也许他认为罗马军队的手下败将达契亚人并不足惧，反倒是那些在多瑙河中游一带挑起战端的日耳曼各部族更需要认真对付。

除了在多瑙河下游，担心把战线扩大到中游地带的图密善，和吃了败仗后，试图挽回劣势的德凯巴鲁斯都无心再战。为了签署和平条约，达契亚王子代表国王来到了罗马。图密善接待他的规格非常高，竟是不低于接待友好同盟国君主的规格。也许图密善认为，可以因此腾出力量彻底清除掉在多瑙河中游一带挑起事端的日耳曼部族。事实上，在与达契亚达成和平条约后，罗马军队就把战斗力集中到了中游地带。战斗的结果是，向维也纳、布达佩斯和贝尔格莱德连成一片的罗马军团基地发起进攻的日耳曼各部族不得不败退回以前的居住地区。

图密善与达契亚国王之间签署的和平条约，其内容因为图密善死后被处以"记录抹杀刑"，我们不得而知。但是，至少我们知道一点，那就是罗马为被俘罗马士兵向达契亚支付每人每年2阿斯的赔款。这些罗马士兵是罗马军队在与达契亚军队的第二次战斗中失利而被俘的。

我们不知道被俘士兵的具体人数，也不清楚为每人每年支付2阿斯是永久性的还是有年限的赔款。

站在图密善的角度去看，既然攻入达契亚首都的可能性已经变得很渺茫，那么为了拯救囚禁在达契亚的罗马士兵，也许只能靠赔款了吧。

2 阿斯是一个士兵年收入的 1/450，相当于去公共浴池 4 次的门票钱。如果在市场上购买小麦粉，也只够买 500 克。若能以此换来多瑙河下游地区安宁的话，这个代价或许并不算昂贵。

但是，这件事却引起了罗马人的强烈不满，就像元老院派的塔西佗严厉抨击所表明的那样，元老院和皇帝之间的关系一味地趋于恶化。普通民众对图密善的评价原本并不差，然而，就因为这一赔款事件，连普通民众也开始对这位皇帝冷眼相看了。

战斗中，罗马失去了一个军团加上近半个近卫军团总计上万名士兵，对于这一事实，罗马人忍下了。但是他们不能接受用金钱换取和平的现状，尽管支付的只是象征性的金额。不，正因为如此，他们才更咽不下这口气。他们认为每年为每个俘虏支付 2 阿斯是失败者向胜利者支付的年贡。所谓和平，是否值得付出任何代价来获取呢？对罗马人来说，这个问题的答案显而易见。即使在帝制就要进入中期的这个时候，依然无须重新思考。

以图密善的性格，他之所以与达契亚签订和平协议，我想很可能是在各种情况好转之前采取的缓兵之计。然而，两年后，他遭到了暗杀。这一切，受图密善皇帝的青睐而出任高地日耳曼军团司令官的图拉真，在其与多瑙河防线相接的任职地已看得一清二楚。

只年长自己 2 岁的图密善皇帝被杀一年后，因涅尔瓦皇帝的推荐，图拉真得到了共治皇帝的地位，并得以与皇帝涅尔瓦分享执掌罗马全军总指挥，而不只是纯粹的皇位继承人。他马上用上了这一权力。来到自己管辖地以外的科隆，就是他开始运用自己享有的这一权力的有力证据。三个月后，涅尔瓦辞世。开始独享罗马皇帝权力的图拉真宁愿选择推迟回首都罗马的时间，也要继续进行眼下的"工作"。这就是典型的图拉真风格。20 世纪的美国人对他的评价是：务实的罗马皇帝中尤其务实的一位。

所谓眼下的"工作"，在他获悉涅尔瓦去世的消息时，人在科隆这一点已经有所暗示，是为了完善莱茵河中下游地区、在当时称做低地日耳曼的防御体系。连接高地日耳曼和多瑙河上游地区的日耳曼长城防线大概在他担任高地日耳曼军团司令官的 5 年间已经完成。

急于完善莱茵河全域和多瑙河上游地区防御体系的理由非常充分。这是因为当把战斗力投入与达契亚部族的交锋中时，可以防止可预见的、来自背后的危险。在罗马军队把兵力集中到多瑙河中下游一带的时候，那些时刻在寻找入侵机会的蛮族一定不会错过这样的时机，乘机攻打地处偏远、防守力量薄弱的莱茵河下游。

图密善皇帝性格冷静，行事谨慎，在战略上很有先见之明。但是作为统治者，他的"致命弱点"在于缺少实战军事经验。在他即将开始军团见习生涯的时候，由于尼禄皇帝去世后发生的内乱，这个机会随之落空。他的父亲韦斯帕芗尽管自己曾经是从军团基层锻炼成长起来的，但是在他即位皇帝且社会局势稳定后，不知为什么却没有给次子图密善提供体验军务的机会。也许是考虑到图密善是继兄长提图斯之后的第二顺位继承人，因此任命他为大队长或军团长有所不妥。为此，图密善在体验军团生活的最佳年龄，即 19 岁到 30 岁，只接受了帝王教育。后来，因为其兄长提图斯皇帝英年早逝，他成了罗马全军的总司令，时年只有 30 岁。

只要有天赋，即使没有经验，这个缺陷也是可以得到弥补的。即使缺少军事天赋，还可以启用合适的人才，让他来辅佐自己，就像奥古斯都曾经启用阿格里帕那样。而图密善就有这么一个人，他叫阿格里科拉，在不列颠前线任职。然而，也许正因为图密善从来没有体验过真实的军务生活，所以对军团生活的向往格外强烈，而且他深信自己具备军事才能。

设计并修建了日耳曼长城这一行为应该说他是有先见之明的。但是，与达契亚部族之间的作战，内行人一看就知道，他显然缺乏军事上的才华。

第一，战场秩序混乱。他没有能够把战场的主动权控制在自己手中。

第二，现场总指挥两人阵亡，说明在投入战斗前，没有制定明确的战术策略，冒冒失失地陷入了混战。

第三，对达契亚王国的力量估计不足。因此他没有集中投入兵力，导致作战结果二胜二负。再加上其他各方面的形势不容乐观，使他不得不最终签署了耻辱的和平条约。

作为同辈人，军事经验高出很多的图拉真不可能没有注意到图密善在军事才能上的缺陷。罗马优秀的指挥官总是会在战斗中毫不犹豫地投入比敌方更多的兵力。因为集中投入大量兵力可以尽早结束战斗，不仅能够取得速战速决的效果，同时军费支出也会减少，还可以最大限度地消除随着战争状态的持续而引起的战场周边居民不断高涨的不满情绪。有一句话说得好："罗马军团因后勤保障而取胜。"

所谓后勤，字典解释是在后方负责粮食、武器等一切军需物资的补充、供给和运输。如果希望后勤方面做到尽善尽美，生活在战场周边的人们的支持不可或缺。

图拉真考虑将来在以达契亚为敌人的战斗中，投入两倍于图密善皇帝时代的兵力。为此，仅靠多瑙河防线的现有兵力远远不够，还需要从邻近的莱茵河防线调动军队。如此一来，莱茵河防线的战斗力将大大削弱。为了在兵力减半的情况下，也能很好地完成防守任务，他选择了优先完善莱茵河防御体系。

在统治罗马帝国的第一年，即公元98年，图拉真几乎都是在莱茵河沿岸度过的，并在这年冬季移师多瑙河沿岸。他要亲自指挥，为再次打响战斗作好战前准备。罗马军队没有专门的工兵，军团全体士兵既是土木工程师同时又兼做工匠。

因为图密善已经建好了包括圆形竞技场及大浴场在内的永久性军事基地，所以，从公元98年冬天至翌年夏天，图拉真在多瑙河沿岸的"工作"，好像是修建连接这些基地的大道和桥梁。罗马人就是这样一个民族，在战争开始前，首先要把"基础设施"修建得非常完美。我在想，不知道他们是否想过万一打了败仗，如此完善的基础设施也会让敌人的追击变得更加容易。但是不管怎样，他们还是把自己的进攻方便与否放在了第一位。认真考察这一时期开展的土木工程建设，可以发现，图拉真领导下进行的后来的那些土木建筑工程的特点已经非常明显了。那就是，如果前面有崖壁挡道，他会直接把崖壁削为平地，而绝不绕过崖壁，另辟蹊径。其实这个做法不是图拉真一个人的特点，在罗马人建设的土木工程中比比皆是。只是这位行省出身的人，或许比普通的罗马本地人更像罗马人吧。

当图拉真终于以皇帝的身份踏进首都罗马时，已经是公元99年夏末以后的事情了。

回到首都

因为图拉真是从多瑙河出发前往罗马的，所以普遍认为，他首先通过现在的塞尔维亚与波斯尼亚和黑塞哥维那到达亚得里亚海，经过一天的海上航行，在意大利中部海港安科纳登陆，接着沿海岸线南下一段距离，再沿瓦勒利亚大道进入罗马。这是图拉真第一次以皇帝的身份进入首都时行走的路线。当然，这只是一种推测，因为没有任何可供参考的史料留下来。如果图拉真走的路线果真如此的话，那么，他应该是从东方进入首都罗马的。由于历代皇帝的努力，全程除了海路，整个行程只要走已经铺就完成的罗马大道即可，距离是罗马纵向穿过法国到达伦敦距离的一半。事实上，只要看一眼地图，我们也不得不承认，属于当时罗马领导阶层的人为什么会如此坚信多瑙河防线的走向对于帝国的安全保障起到了多么重要的作用。首先，从罗马到贝尔格莱德的距离比从罗马到巴黎还要近。在罗马时代，地图上的距离可以认为与实际距离相等。现在，西欧和巴尔干地区的公路网密度有着明显的不同，从罗马去巴黎要比从罗马去贝尔格莱德所需时间短。但是在罗马时代，这两个地方修建的道路网的密度几乎没有区别。

从东方进入首都的图拉真皇帝受到了无数百姓的欢迎，人们竞相目睹这位皇帝的尊容。应该说，他们对图拉真花了近两年时间所做的"准备"工作并不了解，所以，他们的关心纯粹只是出于好奇。

第一，图拉真是第一位行省出身的皇帝。

第二，在此之前，图拉真几乎都在行省担任公职。所以，在首都，他还是一张陌生的"脸"。

第三，即位皇帝后的一年半时间里，他始终没有在首都出现。

在首都的元老院议员全体出迎他们的皇帝，想必他们的好奇心也很强吧。元老院不仅同意先皇涅尔瓦指定图拉真为继承人，同时也在涅尔瓦死后，承认了图拉真为新任皇帝。但是，即便是他们这种身份的人，想目睹这位行省出身、即位一年半后才首次出现在首都罗马的皇帝的心情，想必也与首都的普通百姓没有任何不同。

图拉真在城门前下了马。白色短衣外面套着银色的钢铁胸甲，红色大斗篷在肩头随风飘动。一身装束非常符合身为皇帝、同时也是罗马全军统帅的身份。只是出乎人们的意料，他没有骑马进入首都，而是徒步走进了罗马城。如果他与奥古斯都一样个子不高的话，很容易被淹没在欢迎他的人群之中，好在图拉真是一位体格健壮的高个子。即使人潮如织，也挡不住他高出众人的头部。

百姓是如何看待这位皇帝的，我们不得而知。或许骑着马威风凛凛地进入首都，更能让他们感到满足吧。但是，包括历史学家塔西佗在内的现场的元老院议员们，因为图拉真的这一举动对他的好感陡然增加。

元老院与罗马公民同为帝国两大权力集团。尽管元老院不是通过选举产生，而且其任期又是终身制，但是因为它是一个立法机构，所以有点类似现代国家形态中的国会。此外，担任国家要职的人几乎都从元老院议员中选举产生。被称为"光荣的职务"的公职，无论是财务检察官，还是法务官，亦或是执政

罗马将军的军装

官，自从实行帝制以来，都是通过元老院内部的选举产生的。图拉真就是因为得到元老院议员们的投票，才有了身份上的转变。也就是说，两年前，在涅尔瓦指名自己为继承人之前，图拉真与他们一样，不过是600位议员中的一员而已。现在，他成了罗马帝国的最高权力者，却在回到首都时，没有骑在马上俯视他们，而是与他们一样，徒步走进了城门。四十几岁的年龄，在议员中，属于中间一代。这个时期，罗马人已经完全接受了帝制这一政体，就连拥护共和制的塔西佗也写道，为了有效推行辽阔帝国的统治，把权力集中在一个人的手中更合适。但是，与共和制时代相比，不能不说元老院的权力已经被大大削弱。但是，站在元老院议员们的立场上来说，皇帝绝不能轻视自己的存在。

作为皇帝，图拉真开始了在首都的生活。当然，这样的生活并不轻松。

不过，图拉真并不需要建造华丽的皇宫，因为图密善在帕拉蒂尼山上，占了此山近半的面积，建成了无论外观上还是功能上都无与伦比的皇宫。皇宫由官邸和公馆两部分构成。除此之外，图密善兴建的别墅也足够令他满意。如果想感受山上的凉爽空气，阿鲁巴山上有山间别墅；如果想看大海，奇尔切奥有海滨别墅。图拉真只建了一栋别墅，地点是奇维塔韦基亚。但是，这栋别墅算不上豪华，而且，还是在几年后，这个地方变身为海港城市以后才建起来的。

皇宫举办夜宴的规格很普通，凡是属于元老院阶级的人，谁都能够承办得起。受到邀请的元老院议员甚至为他的简朴而感到惊讶不已。在个人生活方面，图拉真绝对算得上一个勤俭节约的皇帝。

其妻普洛蒂娜出生在法国南部尼姆，所以她也是第一位出身行省的皇后。她是一位既有教养又聪明的女人，但算不上是美女，行事也不张扬，所以无须担心遭人羡慕或妒忌。作为皇后，她的身份自然高于元老院议员们的夫人。但是，女人通常会羡慕甚至嫉妒同性的美貌与财富，而教养和聪明，却不会让人羡慕，也不会生出嫉妒。

图拉真的徒步风格在来到罗马后也没有改变。他讨厌坐轿子出行，只要是在市内，不管去哪里，他都选择步行。按照尤里乌斯·恺撒制定的法律规定，在市中心坐轿子出行的只限已婚妇女。当然，不喜欢受百姓瞩目的皇帝也会经常利用

第一章 皇帝图拉真 | 035

轿子。常坐轿子出行的皇帝有提比略和图密善，这或许也正是这两位皇帝遭到诟病的原因之一。

只要不出现紧急事态，元老院一个月举行两次会议，每次图拉真都会出席。会议开始前，作为议长的执政官入场，全体起立欢迎是元老院会议的惯例。图拉真也和其他议员一样，总是起立欢迎，好像这是一件极其自然的事情。同时，他也很少早退。可见他自始至终保持了勤勉、朴实的作风。

元老院内展开讨论时，图拉真的"徒步风格"也没有改变。他从来不会采用高压的态度，即使是冗长的演讲，他也会耐心地认真听到最后。当然，在阐述自己的意见时，他的态度总是很明确。图拉真不像塔西佗和小普林尼那样有做辩护律师的经验，因此，他不是一位善于用华丽的辩护技巧赢得全场喝彩的讲演家。尽管如此，就像同为元老院议员的小普林尼证实的那样，由于其"话中流露出来的真情实感、充满自信的语气、不怒自威的神情、真诚率直的目光"，让所有人不由自主地认真倾听。

图拉真向元老院议员们承诺，绝不以叛国罪的名义判处元老院议员死刑，而且他很好地遵守了这一承诺。在他统治的20年间，没有一位元老院议员因此而被处决或遭到流放。

所谓"叛国罪"，实质上是因为反对皇帝而被扣上的一个罪名。它让元老院议员们不寒而栗的原因是，即使议员从未有过造反或谋杀皇帝的念头，仅仅因为与皇帝政见不同，就有可能被加以此罪。也就是说，"叛国罪"实际上是皇帝为了肃清元老院内的反对派势力而采用的一个手段。这样的罪名已经出现过几起。提比略皇帝统治末期，其恐怖政治尽人皆知。图密善皇帝统治的最后几年，就像图拉真同时代的塔西佗发泄其愤懑所描述的那样，恐怖的程度令人毛骨悚然，想忘也忘不掉。这样的情形仅仅就是几年前的事情。

图拉真则是一个公正而诚信的男人。在他长达20年的统治期间，只出任过3次执政官。这样一来，元老院议员们就有了更多的机会做到其"光荣的职务"的最高职位，即出任执政官的位置。此外，图拉真还充分运用了"候补执政官"制度。在每年1月1日就职的"正式执政官"在任期内辞职时，"候补执政官"

马上顶上去。因此,当过执政官的元老院议员人数大增。理所当然,元老院对图拉真的好感也随之不断提升。

只是,在帝制时期,执政官的含义有了变化。在共和制时代,文如其意,执政官就是"执政"的最高负责人。但是进入帝制时代以后,执政的最高负责人变成了皇帝。为了消除元老院对帝制的不适反应,第一代皇帝奥古斯都一次次地亲自出任执政官,这样做可以让人们误以为罗马虽然进入了帝制时代,实际上只是共和制时代的延续。为了不要像尤里乌斯·恺撒那样遭暗杀,或许这样的伪装也算得上是权宜之计吧。毕竟布鲁图的死去并不意味着不再有人怀念共和制时代。

韦斯帕芗皇帝也曾经无数次出任过执政官。奥古斯都创立了"尤里乌斯—克劳狄乌斯王朝",但是,这一王朝延续到尼禄去世后宣告终结。随后的皇帝韦斯帕芗建立起了"弗拉维王朝"。作为新"王朝"的创建人,他与奥古斯都的立场相同。因此,他也需要通过一次次担任执政官,以期强化自己与元老院融为一体的形象。弗拉维王朝稳定以后,继续沿用父亲的这种做法,是图密善皇帝犯的过错之一。

但是,图拉真不同。因为他没有孩子,没有必要建立"乌尔庇乌斯王朝"。大概他觉得如果让元老院议员尽可能多地得到做执政官的机会可以获得他们的好感的话,不也是好事一桩吗?而且担任过执政官的人数大量增加也符合那个时代的要求。

辽阔的罗马帝国总是需要"人"来帮助皇帝分担国家事务,并且,随着帝国统治的各种制度不断完善,越发需要更多这样的人。在罗马,担任要职的元老院议员中,还有一个特别的阶层,叫"执政官阶层"(consulares),指的是那些担任过执政官的人。甚至当某项具体工作的负责人是由属于执政官阶层的人担当时,便可以推断出国家对这项工作的重视程度。例如,对于天灾,如水灾的善后处理,如果负责人是"执政官阶层"的人,那就意味着不是单纯的抗洪行为,而是要彻底地治水了。

古代罗马的"君主论"

图拉真的执政思路，使得小普林尼有机会当选执政官，并为我们留下了他于公元 100 年 9 月在元老院进行的就职演说。他的就职演说题为"献给图拉真的颂词"，感谢图拉真给了自己成为执政官的机会。他就任执政官的时间不是始于 1 月而是 9 月。因为 40 岁左右的小普林尼当选的不是正式执政官而是候补执政官。

他的《颂词》极为冗长，要看完它需要有图拉真一样的耐心，让人深感他作为辩护律师，获得成功是理所当然的。这篇《颂词》不仅长，而且充满了对图密善皇帝的谴责和对图拉真皇帝的赞美。阅读这篇《颂词》，至少可以了解到，好的元老院议员（小普林尼是一位人缘极好的人）眼中的皇帝应该是怎样的。也就是说，《献给图拉真的颂词》是一篇出自古代罗马人的"君主论"。摘取其中要点，内容是这样的：

首先，小普林尼强调，图拉真登上皇位"与其血统全无关系。先皇涅尔瓦收他为养子，看中的是图拉真的真才实学，而不是他的好高骛远"。

为了避免政局的变化不定，罗马人接受了世袭制，但是他们对世袭制又一直心存疑虑。他们担心领袖个人野心过大，也就是私欲过大的心情，很容易让人想起某国的一句话："与其推荐那些自己想出人头地的人，倒不如推荐推荐者愿意推荐的人。"

小普林尼明确表示，罗马皇帝是"由全体元老院、罗马公民、军队、行省和同盟国共同构成的帝国的唯一统治者"，其目的"除了保障帝国全体公民的自由、繁荣和安全，别无其他"。他还说："被委以统治一切的皇帝必须从我们所有人中选出。"《颂词》的最后一行，拉丁语的原文是"Imperaturus omnibus eligi debet ex omnibus"。对于经过启蒙主义时代的近代西欧国家为政者来说，这是"必须时刻警惕的事情"。这句话非常有名，甚至在大英帝国的下院会议上，有人即便直接用拉丁语说这句话，会场内的所有人也都能马上理解。

关于法治国家皇帝的权力，小普林尼说了以下这番话。当时图拉真一定就坐在会场的最前面。

"我知道您并不想拥有高于我们元老院议员的权力,但是我们希望您来掌握这样的权力。"他接着又说,"所谓皇帝,他不应该立于法律之上。相反,法律应该在皇帝之上。"

说起来也的确如此。因为罗马有一个惯例,皇帝即位时,要在执政官面前宣誓忠实于罗马的法律,而且这样的宣誓不止一次,他还要在古罗马广场的讲坛上,面对蜂拥而至的罗马公民再次宣誓。

至于被赋予了巨大权力的皇帝应该以什么样的形象展示给世人这个问题,小普林尼说:"不是作为主人,而是作为父亲;不是作为专制君主,而是作为一个公民。"从人性的角度上,"既要开心活跃,同时也要认真;既要朴实,同时不能没有威严。必须胸怀坦荡,落落大方"。

如果真的可以做到这样,以我辈之见,这个人简直就是超人。但是,也许罗马人认为,既然成了最高权力者,就必须像一个超人。顺便提一句,罗马还有一个惯例,就是历代皇帝要继承"国父"(Pater Patriae)这个称号。第一个接受这一称号的是尤里乌斯·恺撒。图拉真回到首都的时候也接受了这个称号。现代的国家认为这种称号体现的是"家长制作风"(温情主义,家长一言堂),对此,通常会持否定的态度。日本企业在发展到最鼎盛期的时候,常常受到的批评之一就是日本企业经营者们的"家长制作风"。

关于与元老院并列为罗马帝国两大掌权者之一的罗马公民权所有者,小普林尼对图拉真说:"您所掌握的统治权应该用来维护国家的利益,而这个国家属于所有公民。因此,皇帝有义务倾听公民的声音。"

这里有一段有关图拉真的后任皇帝哈德良的插曲。为了要举行祭祀仪式,哈德良走在前往神殿的路上。途中被一个女人拦住,这个女人说要向皇帝请愿,哈德良回答说"现在没有时间",抬脚准备继续前行。那个女人于是对着他的背影喊了起来:"既然这样,你没有权力统治我们!"

听到此言后,哈德良转身回到女人身边,听取了她的陈述。

所谓"人",是对贫富差距、对现实利益非常敏感的动物。小普林尼版的"君主论"也没有略去有关金钱的论述,其中之一便是关于图拉真沿袭涅尔瓦的对皇帝资产的使用方法。对此，小普林尼给予了充分的肯定。他说：

"皇帝资产的使用方法让我们感觉到我们也享有这一资产的共同所有权。同时，我们个人的私有财产权也得到了很好的保障。"

罗马的岁入大致可以归为两类：一类来自元老院行省的各种税收，通常进入国库；另一类来自皇帝行省的税收，一般归入皇帝名下，由皇帝支配。这是第一代皇帝奥古斯都率先实施的制度。在当时，除了埃及，皇帝管辖的行省都在边境，边防的军费支出很多。但是，这种做法很容易成为公私不分的温床。因为钱是国家的，却归皇帝一个人调配使用，让人感觉好像这些钱被当成私有财产一样用掉了。当然如果把钱用在建设竞技场、浴池之类的公共设施上，自然没有问题。但是如果用在建造豪华别墅等等，免不了遭受非议。帕拉蒂尼山上的雄伟皇宫是图密善建的，后任皇帝涅尔瓦命人在皇宫墙上挂了一块石板，上刻"Villa Publica"（公共别墅），还要求正门随时处于打开的状态。图拉真当然不希望自己像图密善那样饱受非议。到了他统治的时代，石板依然挂在那座皇宫的墙上。

罗马公民是罗马公民权所有者，需要承担军务，因此对他们免征行省税。他们需要缴纳的唯一的直接税是遗产税。

这一税种是奥古斯都皇帝提出并规定的。他认为，事实上并不承担军务的罗马公民也免除纳税义务是不公平的。他把这一税种的收入用来支付期满退役士兵的退役金，税率5%，六等亲以内的近亲免缴遗产税。

但是，罗马人知道如何偷税漏税。把一个人收为养子，使他成为六等亲以内亲属的人大有人在。于是新的规定出台了。无论是谁，一律不享受免税。这好像也是图密善做的事情。

图密善遭暗杀后继承皇位的涅尔瓦对这个税法作了修改。新的税法规定，直系亲属继承遗产，全额免征遗产税。还规定如果金额在2万塞斯特斯以内，无论谁继承，一律全额免征遗产税。小普林尼指出，这也是图拉真应该继承的政策之一。理由是"罗马公民权应该是一个极富魅力的权利。不应该在他们失去亲人的悲痛之际，再让他们承受失去财产的痛苦"。我想，这句话真的应该让某些国家的税务官员们好好听一听。

关于帝国内部皇帝实施统治的权限，继元老院和罗马公民之后，小普林尼提到了军队。他通过盛赞图拉真一直以来在军团内的做法，阐述了军队与皇帝之间应该是怎样的一种关系。正是因为图拉真的做法，理所当然，他深受士兵们的拥戴。

您与士兵们一起忍受饥渴。即便只是演习（据说罗马军演习的认真程度甚至高于实战），您也与士兵们同甘共苦，与跟在您身后的所有骑兵一样流汗，一样面对纷扬的尘土。在这些士兵中间，您之所以备受瞩目，缘自您身为士兵的优秀和勇敢。在投枪训练中，看到投枪过来，您避开它的动作比谁都敏捷。看到士兵刺中了您的铠甲或盾，您表现出来的态度不是恼怒而是对其大加赞赏。因此，您既是一位冷静观察的旁观者，同时又是一位优秀的战地指挥官。您在检查士兵们的武器时，发现有问题马上让他们更换；看到哪个战士背负的行李过重，您会接过来替他背；对于病者和伤痛者，您又像亲人一样给予无微不至的关怀；在结束对所有属下士兵的最后检查前，您从不会自己先走进帐篷休息，因为您不允许自己在所有士兵进入休息之前，自己先休息。

对着图拉真，小普林尼还说了这样的一句话："战争并不可怕，但是战争不应该由我们挑起。"用拉丁语说，就是"Non times bella nec provocas"。这是现在的士官学校必教的一句话。

继军队之后小普林尼提到了行省。那么，关于皇帝该如何对待行省这个问题，他又是怎么说的呢？他对图拉真强调说："行省人民也是罗马人的一分子。"他还说："因为大自然不可能把恩赐均等地分给每个地方，所以对于需要帮助的地方，理所应当给予帮助。"他还讲述了包括行省在内的罗马帝国的现状："贸易往来使东西方有了交流。因此，现在生活在帝国内的所有民族都清楚自己生产的、可供出口的物产是什么，也知道什么东西自己不生产因而需要进口。"

从小普林尼的话能够推测出，罗马帝国是涵盖了现代欧洲和北非、中近东地区的一大经济圈。对于皇帝来说，维持这样一大经济圈正是他最重要的职责。而这也是以小普林尼为代表的，在知识、社会和经济各方面均属于当时罗马上流阶层的人心目中对君主的期待。

做人实在很不容易。人不能够获得好评就继续保持、受到批评就放弃不做这样简单地去做事情。当你因受到好评而继续保持时，你可能会突然意识到人们其实早已厌倦你的做法了。相反，因为受到批评而放弃原有的做法并代之以相反的做法时，曾经提出尖锐批评的人不知何时忽然意识到原先的做法其实很有必要，转而又希望恢复原来的做法，等等，类似的情形变化层出不穷。

涅尔瓦是五贤帝中的第一位，虽然只有不到一年半的短暂任期，但他还是施行了仁政。但是，对图密善皇帝的做法矫枉过正成了他统治的缺陷。

图密善是位严厉的统治者，他对负责行省统治的总督总是严加监督。涅尔瓦认为这样做有损元老院的声誉，完全放弃了对总督的监管。然而，这样做的结果很快显现出来。刚进入图拉真时代，行省人民对总督行为不端的指控大幅度增加。在罗马，总督任期内不允许对其提起诉讼，必须等他的任期结束。每当这时，像塔西佗和小普林尼这样的元老院议员兼辩护律师，他们或受行省人民的委托作为公诉人，或受前总督委托作为辩护律师参与此类案件。对于新出现的这一情形，尽管他们曾经把图密善批得一无是处，大概也不得不承认放弃监管的结果就是如此严重。因为，这些案件的审判结果，几乎无一例外都是行省人民获得胜诉。

图拉真与元老院不同，他对图密善没有憎恨的感情，所以才更真切地认识到对总督疏于监管的弊病。再加上他其实和图密善一样，深知行省治理的好坏关系到帝国的整体命运。

按规定，元老院行省不归皇帝管，派到这些行省去的总督也是从元老院内部担任过执政官的议员中选举产生。当然派往皇帝行省的总督，任命权在皇帝手上。

图密善不分皇帝行省和元老院行省，对所有总督一律加以严密监管。图拉真即位的年龄恰恰是图密善死去的年龄。尽管在对总督进行监管的想法上，他与图密善是一致的，但是他的做法更加灵活。如果行省人民指控频繁，需要进一步加强监管的行省是元老院行省，图拉真首先会把这个行省暂时收归为皇帝行省。这样一来，作为皇帝管辖的行省，皇帝就可以任命他认为有利于恢复该行省秩序的合适人选做总督。

解决空洞化的对策

图拉真还提出了图密善没有提过的法案。在元老院会议上，图拉真用他"话中流露出来的真情实感、充满自信的语气、不怒自威的神情、真诚率直的目光"，呼吁议员们通过了一条法案，内容是要求作为罗马社会领导者阶层的元老院议员把至少三分之一的资产投资到意大利本土。

当时，罗马的主要产业还是农业。但是，在尤里乌斯·恺撒提出振兴自耕农的《农地法》以后，农业在意大利本土变成了中小自耕农占绝大多数的格局。这些中小自耕农都是罗马公民权所有者，因此他们又是有权者。而这条法律没有涉及的行省大多以大规模农庄为主。给人的感觉好像意大利本土是中小企业集中的地方，行省才是大企业云集的地方。随着这种差距越来越明显，作为有产阶级的元老院议员自然把投资的目标转向了行省。毕竟投资大企业比投资中小企业更安全而且获益也更高。随着"罗马统治下的和平"渐趋稳定，本土和行省在安全方面的差别也在不断缩小，而行省出身的元老院议员的人数增加也加速了投资行省的这一趋势。甚至有议员放言说，自己在意大利本土只有位于首都罗马的家和海边的别墅，其余资产全部投资到行省了。如果对这种状况继续放任不管，显然，作为帝国中心的意大利本土将会出现空洞化现象。

图拉真提出这条法案，目的就是为了防止出现这样的状况。他所提出的三分之一资产也是现实的。因为如果要求所有资产都投入意大利本土，一定会有人设法寻找其他出路。如此一来，再好的法律也会变成一纸空文。

议员们可能也认为三分之一可以接受。总之，这个法案顺利获得通过，并很快付诸实施。在小普林尼留下来的一封书信中提到，意大利本土内，从主人家的宅邸到农业生产所必需的农地、农民住宅以及劳动场所都已经完善，并且意大利本土内的大面积农耕地将升值。可以想象得到，在图拉真提出这条法案后，一定有为数不少的元老院议员不得不从投向行省的资金中撤回一部分转而投向本土。事实上，投资本土农业还可以得到利息上的优惠。

意大利本土农业的健康发展才是保障帝国中心稳定的关键所在。对此，就连那些声誉不佳的皇帝们也有同样的认识。所以在那些皇帝的时代里，意大利中小自耕农们得到了很多实惠，其中之一就是享受利息上的优惠政策。通常，年息率为12%。但是，罗马有一个政府机构，说它是"中小企业金融国库"想必也没有什么不妥。因为向这个机构贷款，年息率只要5%。即使是大规模农庄，如果该农庄在意大利本土内，向这个机构贷款的年息率好像也只要6%。而且不管是中小自耕农，还是大规模农庄，申请贷款时虽然需要提供担保，但是没有规定本金的归还期限。所以，实际上等同于永久性贷款，每年只需支付5%—6%的利息即可。

育英基金

为了防止国内空洞化现象的日趋严重，图拉真实施的另一项政策是统称为"儿童基金"的法律。这是当时的罗马人认为用来培养下一代的基金，用现在的话来说，就是"育英基金制度"。

事实上，在图拉真之前，此类制度并非完全没有，只是从实施的情况来看，基本上都属于个人行为，而且已经开展得相当不错。

尼禄皇帝时代，有一个名叫赫尔维乌斯的人。他的出生地是那不勒斯附近的小镇阿蒂纳。作为振兴故乡阿蒂纳的基金，他捐赠了40万塞斯特斯，条件是接受捐赠的市议会拿出利用基金获得的利益，向婚后定居在阿蒂纳的年轻人每人提供1000塞斯特斯的生活津贴。

还有，在图密善皇帝时代，小普林尼为了培养下一代，也向其位于意大利北部、美丽的科莫湖畔的故乡捐赠了神殿和图书馆。小普林尼的祖辈一直都很富裕，同时，他本人又热衷于承担富裕阶层应有的社会责任（后世把这叫做"位高责重"）。此外，他还向科莫市捐赠了价值高达百万塞斯特斯的土地，条件是市政府要把一年可预期达 3 万塞斯特斯的收益用做育英基金，资助那些市内贫困家庭子弟直至其成年。在当时，3% 的收益应该是很低的，所以，小普林尼捐赠的土地很可能是森林地区。当时的罗马人认为，投资这样的地方安全性高，但是收益率偏低。

在这里我就不多举例了。总之，图拉真皇帝提出的就是这一类的育英制度，并把这种制度作为国家政策执行。

以振兴意大利本土农业为目的而设立的罗马帝国的"中小企业金融国库"，资金不是从"艾拉留姆"（Aerarium，元老院行省税）中出，而是从"费斯库斯"（Fiscus，皇帝行省税）中出，放贷的利息收入作为育英基金的资金来源。利息收入的收款方不是"中小企业金融国库"，而是贷款人的农场土地所在的地方自治体。由于年化率只有 5% 的超低利息，这使得贷款变成永久性借款的概率非常之高。因此，可以想象得到汇入地方自治体的利息收入也是稳定的、持久的。作为育英基金的资金来源，最理想的莫过于金额稳定且年年都有入账来源。

根据图拉真的《育英基金法》，接受资助的资格年龄截止到成年，同时，对金额也作了相应的规定：

嫡出男孩——每月 16 塞斯特斯

嫡出女孩——每月 12 塞斯特斯

庶出男孩——每月 12 塞斯特斯

庶出女孩——每月 10 塞斯特斯

按照罗马时代的惯例，男孩 17 岁成年，女孩 14 岁成年。孩子成年后，不需要归还曾经接受过的育英基金，哪怕是分期归还。当时军团兵的月薪是 75 塞斯特斯。

也许现代的女权主义者会因为对男女不同性别提供资助的金额不同而提出批

判，但是在 1900 年前的古代，能把女孩列入资助范围，已经是一大进步。还有，虽然资助金额有别，但是，把庶出的孩子也列入资助范围，这应该是前所未有的一项举措。但是，基督教只承认在神前宣誓结婚后所生的孩子，那还是罗马时代之后的事。在基督教的国度，允许庶出的孩子继承遗产更是近代的事情。

图拉真提出此项法案，是以培养下一代为目的的。因它的实施而获益的，不仅仅是直接享受该基金资助的本土贫困家庭。

这是因为，第一，由于自己支付的利息是用在自己居住地区的贫困孩子们身上，所以农民们很乐意支付应付的利息。

第二，有利于促进享受到这一法律的地方自治体的崛起。尽管《育英基金法》规定了每人每月的资助金额，但是，没有规定接受该基金资助的人数。由于资金来源是利息收入，因此，不同的地方自治体，资金充裕度不同，有的地方收入相对很少。但是，地方自治体不能根据资金收入的多少，按比例决定资助者人数。显然，通过这条法律，能让尽可能多的孩子得到实惠是皇帝的本意。因此，利息收入较少的自治体，通过动员小普林尼这样的富裕大户来尽可能地弥补资金的不足。

就这样，作为个人行为的育英活动和以国家法律的形式规定的育英制度有机地结合起来了。同时，这条法律也为有效防止意大利本土人口流失起到了作用。不能不说，这也是提出这个立法的图拉真想要的结果。造成所谓国内空洞化的现象，首先就是从人口流失开始的。

在意大利全境，《育英基金法》的受益者究竟有多少人，因为没有史料留下来，所以我们不得而知。不过我们还是知道凡雷亚一地的情况。凡雷亚是一个很小的小镇，位于意大利北部主要城市之一皮亚琴察的近郊。尽管这个镇很小，但是，接受育英基金资助的人据说就有 18 个男孩和 1 个女孩。

此外，有些地方根本无法奢望有更多的利息收入，就连耕地稀少的首都罗马也一样。而大都市罗马正因为大，贫困家庭的数量自然相对也多。于是，图拉真对《小麦法》作了修改。《小麦法》规定每月向贫困家庭免费提供约 30 公斤小麦，他提出这个规定同样适用于贫困家庭的儿童。原来的规定是只有成年公民才有资格领取免费的小麦，图拉真把资格年龄下调到了 10 岁。根据小普林尼留下来的记录，按照新的规定，可免费领取主食小麦的贫困家庭的孩子人数达 5000 人。

规定元老院议员必须把资产的三分之一投资于意大利本土的法律，以及规定向贫困家庭的孩子提供育英基金的法律，先不论起草这些法律的图拉真本人是否早已预料到，总之，它们还产生了一个不容忽视的作用。

到了图拉真时代，600 名元老院议员中，行省出身的人所占的比例有增无减。而且，皇帝本人也是行省出身的人。因此，本土出身的议员们自然会带着怀疑静观这一切。由于登上帝位的图拉真出身行省，所以这些议员们自然担心帝国的中枢会因此离开罗马，离开意大利本土，迁到图拉真的出生地西班牙。然而，上述两个法律的出台，给了他们一颗定心丸。因为这两个法律是以激活本土经济为目标的政策，体现了图拉真对意大利本土的重视。

也许图拉真本人早已意识到自己必须首先消除大家的这种疑虑，所以，他即位皇帝后，一直没有回过故乡，甚至也没有到过伊比利亚半岛。他也没有在故乡意大利卡建造神殿，现在依稀可见的神殿遗迹等公共建筑物都是在图拉真死后修建起来的。

当然，图拉真并非为了有意识地拉大本土和行省之间的差别而提出上述两个法案，尤其是《育英基金法》。自然，也不是为了获取本土出身的元老院议员们的好感而制定这两个法律的。图拉真认为意大利本土应该成为各个行省的楷模，让首都罗马的市政建设成为行省各城市建设的样板，让意大利地方自治体的自治体系成为行省各城市自治体系的榜样。

这两个法案的立法目的虽然很微妙，却是不一样的。规定元老院议员必须把资产的三分之一投资于意大利本土的法案，目的在于提高领导层对本土发展的关注度。因为人们只有从自己的腰包里掏出钱来进行投资，才会真正关心投资对象的发展状况。

说到《育英基金法》这项法律，图拉真一定真心希望它能在各行省推广开来。皇帝与孩子们在一起的图案不仅出现在金币上，同样也刻印在了银币和铜币（塞斯特斯）上，而这两种货币作为日常流通货币被广泛使用。希腊和迦太

表现皇帝与孩子们在一起的金币

基时代的货币与罗马时代的货币之间的不同之处在于罗马货币图案呈多样化，且货币上文字很多。应该说这也是罗马为政者的高明之处，他们把货币作为绝好的宣传媒介而有效利用了它。因此，对于后世的研究者们来说，罗马货币实在是不可多得的一手资料。而图拉真不过是按照罗马人的行事风格，把货币有效利用起来的其中一人而已。

图拉真统治期间，广为人知的另一件事情就是大兴公共工程。公共工程最先从首都开始，逐渐扩大到行省。只是，在公元 99 年秋至 101 年春的一年多时间里，生活在首都罗马的图拉真，在这方面几乎没有作为。因为此时的他另有事情需要考虑。当然，这个时期的罗马也有一些原因导致对公共工程的需求并不多。

图密善同样是位热衷于兴建公共工程的皇帝。在他遭到暗杀时，尚有几个工程在建，这些工程都是在涅尔瓦时代完成的。由于图密善被处以"记录抹杀刑"，所以，像广场和建在台伯河岸的大仓库的命名都是冠以涅尔瓦的名字。与现代意大利人不同，古罗马人的工程进展速度很快。但是即便如此，仅用一年左右的时间完成如此工程浩大的建筑绝无可能。所以，这些建筑的开工时间应该是在图密善时代。对于首都罗马的居民来说，他们与建筑工地相邻而居的生活应该持续了很久。

尤里乌斯·恺撒制定了一个法律，可以称之为《缓解交通堵塞法》。根据这项法律，首都罗马白天禁止载货马车通行，但专为公共建筑工地运输物资的马车除外。

罗马是一个拥有百万人口的首都。有的学者认为，到了图拉真皇帝时代，罗马的人口更多。因此，市区一定嘈杂无比。装满了沉重石材的马车，伴随着车轮发出的沉闷的声音穿行于人群之间。尽管公路都铺上了柏油，但是在那个尚不懂得使用橡胶制作轮胎的时代，仅是装满建筑材料的马车络绎不绝，就足以令人难以忍受。对于居民来说，他们有时候一定会盼着尽早从这种喧嚣中解脱出来，毕竟不是人人都有郊外别墅。

与图拉真同时代的、小亚细亚出身的希腊人狄奥·克瑞索托指出，罗马皇帝的三大职责是：一是保障国家安全；二是维护国内统治；三是充实社会资本。对皇帝的职责比常人有更强意识的图拉真不可能不关心基础设施的完善。事实上，后来他成了可用"轰轰烈烈"来形容的公共设施建设高潮的领头人。但是，不管愿望多么强烈，没有建筑师的帮助终究只是空想。在公元100年的时候，绝大部分工程师被派往多瑙河边境地区还没有回来。

图拉真要与达契亚重新开战的想法始终未变，为此他要作好周密的战前准备。首先，他决定投入三倍于图密善当年所使用的兵力。除了驻防在多瑙河中游至下游前线的7个军团，他还把驻扎在温迪施的第十一克劳狄乌斯军团、驻扎在波恩的第一密涅瓦军团从莱茵河防线调过来。此外，又新整编了2个军团，分别命名为第二图拉真军团和第三十乌尔庇乌斯军团。除了这些兵力，他还要从莱茵河防线和幼发拉底河防线以分队规模抽调兵力前来参战。所以，仅作为主力参战的罗马军团兵就达8万人。再加上罗马军队在战斗中还要投入辅助部队及具备特殊技能的部队。其中，有光着上半身作战的日耳曼士兵，有身着东方式长袍上战场的弓箭手，还有以攻势凌厉闻名的北非毛里塔尼亚骑兵。这就是多国籍的、军装五彩缤纷的罗马军队。在使用各种不同语言交流的人群中，一队身着华丽戎装的近卫军团兵穿行而过。罗马军队就是罗马帝国的一个缩影。

图拉真发起的达契亚战争，投入了军团兵8万人，再加上略少于这个数字的辅助部队士兵，总计达15万人。这支由罗马最高统帅率领的战斗部队是罗马有史以来规模最大的。

图拉真把在战地的一切战前准备工作交给了李锡尼·苏拉。自从图拉真于公元99年夏天回到首都以后，苏拉一直留在前线担任指挥官。他与图拉真是同乡，两人年龄相仿，而且军团生涯好像也都在一起度过的。他是图拉真的知心好友，皇帝比任何人都信赖他。

然而，战前准备工作就绪并不意味着马上可以发起进攻。小普林尼曾经当着

身着各色军装的罗马军队士兵（拍摄自图拉真记功柱）

图拉真的面说过："战争并不可怕，但是战争不应该由我们挑起。"不仅如此，罗马和达契亚之间还有一份由图密善皇帝和达契亚国王德凯巴鲁斯之间签署的和平条约。所以，图拉真不能贸然出手，他需要发动进攻的借口，需要掌握达契亚方面违约的证据。也就是说，他必须等待达契亚方面首先出手。就在这时，一部分达契亚士兵看到集结在多瑙河对岸的罗马大军心生恐惧，鲁莽地采取了一些授对方以口实的行动。消息很快传到首都罗马。适宜远征的春季一到，图拉真就离开了首都，时间是公元 101 年的 3 月 25 日。

达契亚问题

公元 14 年去世的第一代皇帝奥古斯都曾经留下遗训，禁止罗马帝国进一步扩张霸权，至此已过去近 90 年。第二代皇帝提比略又明确界定了"进一步扩大"国界的范围是到莱茵河、多瑙河、幼发拉底河和撒哈拉沙漠为止。第四代皇帝克劳狄乌斯曾经攻打不列颠（今英格兰和威尔士），并征服了这一地区。但是，这次军事行动不能算是违反奥古斯都遗训的行动，因为很早以前，尤里乌斯·恺撒就曾经攻打过这一地区。除了征服不列颠，罗马帝国采取的所有军事行动都是为了维护帝国边境的稳定或是镇压内部的叛乱。

尽管这是罗马帝国史上值得大书特书的大事，然而，关于图拉真发起的这场战争的详细情形，可以说几乎已无人知晓。图拉真无法激起历史学家的悲愤情绪，无法使他们产生写作的激情。甚至作为贤帝，他居然连传记也没有。有关征服达契亚的史料也只有下面三种：

一、传说是图拉真亲笔书写的《达契亚战记》（*Commentarii Dacii*）。

二、卡西乌斯·狄奥所著《罗马历史》中有关这场战争的记述部分。

三、在被称为"图拉真记功柱"的胜利纪念碑上，有记述战争过程的、超过200米长的浮雕。

虽然考古学调查可能有助于为这三种史料提供实证，但是由于战场位于现在的罗马尼亚境内，所以考古学上的调查研究到目前为止尚没有任何进展。

据说《达契亚战记》是图拉真模仿尤里乌斯·恺撒的《高卢战记》亲自著述的。凡是研究罗马史的人自然都会认为要是这部著作保留下来就好了。然而，遗憾的是，如今这部作品已经无迹可寻，唯一留下来的只有一行后来有人引用过的话。

其次，卡西乌斯·狄奥的《罗马历史》中，也只能找到有关五贤帝时代的部分片段。

只有图拉真记功柱，在过去了1900年以后的现在，依然挺立在原址上。如果你希望近距离观看浮雕上的每一处细节的话，那么，位于罗马郊外罗马博览会新城（Esposizione Universale Roma，简称EUR。——译者注）的罗马文明博物馆里有高质量的复制品。图拉真记功柱是一部用凿子代替笔书写的"达契亚战记"，只是它的缺陷很明显。尽管全长达200多米，画面数量也多达140多个，毕竟它与文章所传达的信息量和准确性不可同日而语。刻画在白色大理石浮雕上的士兵们手里拿的所有枪和剑都是铜制的，充分证明了当时的罗马人非常注重现实。虽然在帝国灭亡后，这些铜制的枪、剑都被取下来熔化，可能已经做成了其他什么东西。但是，能够想象得出的是，在这些铜制武器留在各自所在位置上的

第一章　皇帝图拉真　｜　051

那个时代，这些浮雕的逼真程度一定非常之高。图拉真记功柱不只是历史史料，同时也是罗马造型艺术的杰作。

由于这样那样的原因，要讲述达契亚战争，对任何人来说都是一个难题。可以想象，让研究者们哭笑不得的是，就算阅读了他们这些专家的著作，我们依然无法把握这场战争的全貌。既然不能把握战争的全貌，自然就无法透彻地理解这场战争。也因此，要清楚地讲述这场战争难上加难。但是，就我本人而言，在研究了图拉真记功柱上的所有画面后，自认为对这场战争似乎有了一些了解。所以在这里，我

图拉真记功柱

想对这根圆柱上每个画面进行说明，来取代我用自己的理解对这场战争的过程的整理所作的描述。我知道，如果能把这根圆柱上的所有画面都拍成照片刊登出来是最理想的，但是鉴于版面的原因，显然做不到这个程度。所以，我只选取若干画面的照片，希望读者朋友们谅解。

第一次达契亚战争

图拉真率领罗马军队于公元 101 年春季横渡多瑙河。关于渡河的具体地点在哪里，卡西乌斯·狄奥在《罗马历史》中完全没有提及。图拉真的《达契亚战记》中也只有刚才提到的有人引用过的那一行字：

"Inde Berzobim, deinde Aizi processimus."

翻译过来应该是："我们的军队向贝尔佐宾和埃兹挺进。"

研究者们认为贝尔佐宾就是现在罗马尼亚境内的雷希察，至于埃兹在哪里尚不清楚。不管怎样，目标应该是达契亚人的首都萨米泽杰图萨（现在依然使用此名）。所以，为了攻打位于特兰西瓦尼亚阿尔卑斯山脉北侧的这个地方，罗马军队一定是绕过山脉西侧，顺着流入多瑙河的河道支流，通过贝尔佐宾，向东北方向挺进的。

由此可以推断，罗马军队横渡多瑙河的地点很可能是罗马时代的费米拉孔（今科斯托拉茨热）。此地位于现在的贝尔格莱德以东直线距离60公里的地方，而贝尔格莱德的起源就是罗马军团的基地。这就是说，公元101年，罗马军队是在现在的南斯拉夫和罗马尼亚国界线相接的一带渡过多瑙河，然后一路向东北进入罗马尼亚的。在过去了1898年后，北约军队空袭了南斯拉夫，多瑙河上的许多桥梁被毁。而当年图拉真北渡多瑙河就是在北约军队空袭的地点略靠下游的位置。

虽说图拉真在军团基地和要塞位置部署了防守人员，但是，仅靠船只相连做成的桥，要保证10万大军全部过河，显然耗时太长。而且，把如此规模的大军集中在一个地点，再用若干天的时间横渡多瑙河，在战术上也是极不明智的。因此，兵分两路实施渡河的说法变得更加有力。但是，如果真是这样的话，除了科斯托拉茨热，另一个渡河地点又会是哪里呢？

科斯托拉茨热被认为是罗马军队的第一个渡河地点。从此地向东直线距离100多公里处，多瑙河向北拐了一个很大的弯。公元98年至101年的备战期间，在这里集中进行了公路建设等土木工程，削崖修建的公路痕迹现在仍然依稀可见。此外，利用第一次和第二次战争的间隙兴建的、连接多瑙河南北两岸的第一座石桥也在这一带。第一次战争期间，罗马军队兵分两路后，第二支部队的渡河地点在这一带的可能性非常大。当然，渡河利用的一定也是用船串联起来的桥。如果横渡多瑙河的地点确定是这里的话，那么，第二支部队很可能在过河后向北行军，并在雷希察与第一支部队会合。

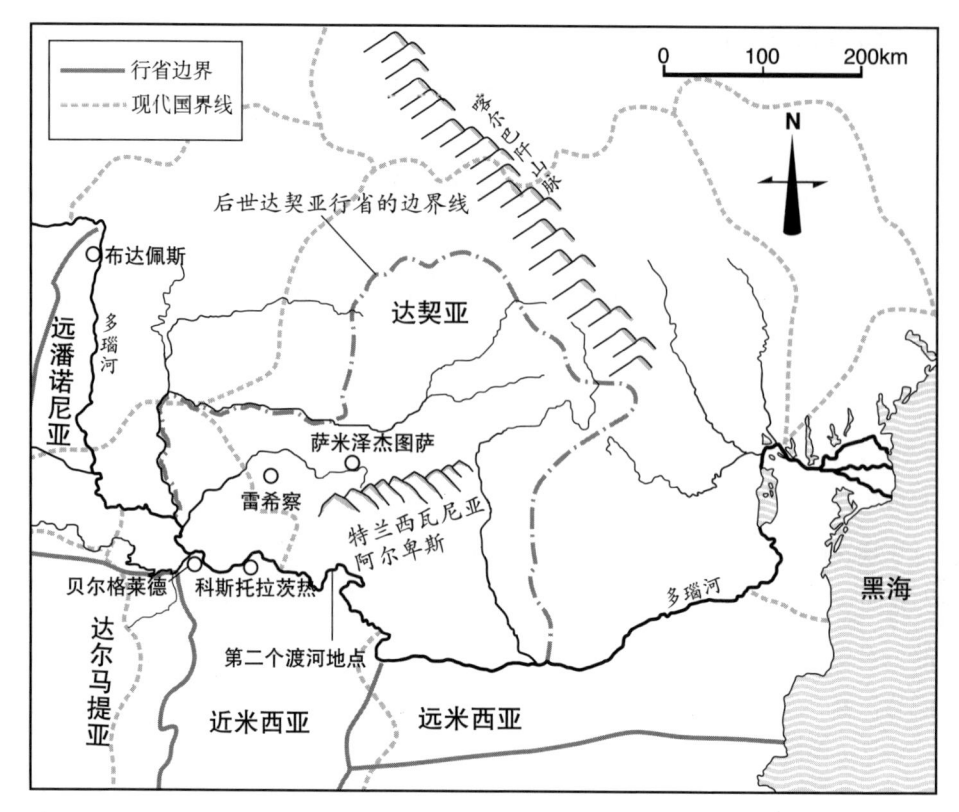

达契亚以及周边地区

　　刻在图拉真记功柱上的战记,自下而上呈螺旋形展开。每个情节之间用细小的树枝相隔。恺撒的《高卢战记》中,没有铺垫,直接进入故事的主题。与此相似,这部"达契亚战记"的故事也是直接从多瑙河沿岸开始的。

　　(1) 这个画面上有面向多瑙河而建的、用于监视的要塞。要塞虽小,却都是石结构。周围有一圈木栅栏围着,保护层有两道。看得出有很多建木栅栏的圆木堆在一起。稍微高一些的要塞,最上层是一个高台,长长的火把从这里伸出来。让人很容易想象到罗马军队在紧急状态下是如何传递消息的。要塞附近还有全副武装的哨兵们在站岗。

　　(2) 这个画面上有几座石结构的建筑物。用木栅栏围起来的一角应该是储藏

罗马军队横渡由船只连成的桥

军粮的仓库。盛满葡萄酒的酒桶就装在船上。不管是用凉水还是温水兑着喝,葡萄酒是罗马士兵一日三餐必不可少的饮品。也正因为如此,只要气候条件允许,罗马人称霸的地方,无论是哪里都会有葡萄园。德国最具代表性的葡萄酒——摩泽尔葡萄酒的产地曾经就是罗马帝国境内的一个地方。

(3)接着换下一个画面。这里是建筑物鳞次栉比的街道,有会堂和高耸的石结构建筑。装备齐整、从城门出来的罗马军团兵开始横渡由船只连成的桥。河中是多瑙河河神。他探着半个身子,正安详地看着眼前的这一切,似乎在祝福罗马军队顺利渡河。

说到装备齐整,其实不仅仅是作战的装备,还有行军的装备。因为除了武器,士兵们的长枪头上还绑着从不算太多的粮食到锅碗瓢盆等日用品。作为罗马军队主要战斗力量的军团兵,行军时必须背负的装备,加上穿在身上的盔甲,据说重达 40 公斤。

再说桥。虽说是用船只连起来的，但是并非简单地把船只横向排好后，在上面放上木板。首先，为了减小水流的冲力，船头必须对着上游。其次，如果船与船之间连得太紧，船体就要承受全部水流的冲击，船桥会不可避免地被冲垮。所以，每艘船之间必须有一定的间隙。为此，必须用粗壮结实的木头把它们连接起来。最后才是在上面铺设木板。另外，罗马人为了防止从船桥上渡河的马匹、载货车辆踏空落入水中，甚至还装上了木栅栏。

此外，渡河地点也不是河面越窄越好。因为河面窄的地方通常水流也比较湍急。所以，桥适宜建在河面开阔、水流缓慢的地方。因此，在欧洲第一大河多瑙河上用船只连成的桥，全长至少超过 1 公里。

（4）到这里，图拉真才出场。这个画面上的他，作为总司令官，不是威风凛凛骑在马上的姿态，而是坐在马扎上。将军们围在他的周围，正在举行作战会议，一侧是渡过多瑙河后继续行军的士兵队伍。皇帝左侧还有一个人也坐在马扎上，据说此人就是图拉真的好友，在达契亚战争中担任副将的苏拉。

（5）这个画面是部队过河来到多瑙河北岸后，在敌人的地盘上举行第一次祭神仪式。用做祭品的牛和羊被带了上来。图拉真以祭司的形象主持仪式，祈求士兵们英勇作战的同时，也祈求诸神能保佑自己取得胜利。在这里，图拉真的祭司形象，只是脱去了红色大斗篷和钢铁制的胸甲，在白色短衣外披了件托加，再用托加的一端覆盖在头上而已，非常简单。

（6）画面一变，换上戎装后的图拉真再度登场。他正对着集合完毕的士兵们演讲。士兵们的背后是密密麻麻竖立着的军旗。认真聆听演讲的士兵们身上的军装五花八门，一看便知，皇帝的演讲对象不只是属于罗马公民的军团兵。仔细想想这也正常。因为罗马军队要取得战斗的胜利，除了由罗马公民构成的主力部队之外，由行省人民构成的辅助部队协同作战也必不可少。

虽说演讲的对象是士兵，但是，罗马军队不会连声高呼："加油！"图拉真没有留下他的演讲内容。但是，只要看看其他将军的演讲内容，就可以推测出图拉真的演讲主题就是鼓励和动员。

演讲者首先会列举一些确定的因素，如士兵人数、军粮调配情况等。他会把不确定因素放到演讲的最后，如士气，也就是士兵的求战欲望等等。他会说，如此这般，与敌人相比，我方的优势显而易见。所以结果如何，就要看你们的士气了。加油！之所以人们都说"罗马军队靠后勤保障取胜"，就是因为他们深知，只有后勤这一确定因素得到了保障，才能充分调动士气这一不确定因素。

（7）也许有人会认为，因为第一场动员演讲就在敌人的地盘上进行，所以，演讲结束后马上就会向敌人发起进攻。但是，图拉真记功柱完全颠覆了你的想象。就像祭神仪式那个画面上看到的背景一样，在渡过多瑙河、司令官们还在举行作战会议的时候，士兵们已经着手搭建坚固的宿营地了。接下来的四个画面，都描绘了士兵们使用石材、木料搭建宿营地的情形。不分军团兵还是辅助兵，所有人都在参与这项工程，只不过工程的最重要部分要由军团兵中掌握熟练土木工程技术的士兵负责。同一时期，在北非的努米底亚行省，仅仅靠驻扎在那里的第三奥古斯都军团兵，就建起了提姆加德一整座城市。由此可见，罗马军团兵在土木工程上的造诣非常之高。达契亚地区无论气候还是地势都与撒哈拉沙漠相反，在这里搭建宿营地之类的事情，对罗马军团兵来说易如反掌。在士兵们全力以赴搭建宿营地的几个画面中，描绘了图拉真皇帝视察工地的情形。因为建设牢固的宿营地也是重要的战略任务。

有时候断了士兵们的退路，让士兵们下定决心勇往直前，这样做战斗的效果会更好。也有时候，事先保证了退路，让士兵们知道一旦形势不妙有路可退，放心地投入战斗效果会更好。因为心情放松的感觉会像弹簧一样，能激起士兵的士气。当然，究竟哪种方法更好，要看具体情况。罗马指挥官采用的几乎都是后者。

（8）充当工兵的罗马士兵所做的土木建筑工程不只是搭建宿营地。当时的欧洲还是遍地森林。所以，砍伐树木、打通道路的作业必不可少。因为行军途中无法浇注柏油，所以，路要尽可能修得平坦。遇到河流，要就地伐树建桥。这样做的目的，一方面是为了提高军队的行军速度，同时，也是为了防止熟知当地地形的敌人采用游击战术，毕竟看不见的敌人才是最可怕的。罗马指挥官需要最大限度地让自己的士兵看得见敌军。

（9）一名达契亚俘虏被带到了正在视察工地的图拉真面前。俘虏没有戴无檐

专注于搭建宿营地的罗马士兵

帽,大概只是个普通的侦察兵。因为达契亚权贵阶层的人都习惯戴无檐帽。

根据罗马军的惯例,即便对方只是一介普通的侦察兵,审讯俘虏也要由指挥官亲自负责。所谓收集情报,不只是单纯地收集客观的数据,同时还要找出隐藏在表面事实背后的某些东西。这是一件极其重要的工作,不允许总司令官偷懒,交由他人去做。

(10)通过审讯俘虏,图拉真好像获悉了敌军就躲在河对岸的森林中这一事实。这个画面描绘的是战争即将开始前,士兵们在作战前准备的情形。画面上有精神饱满的战马和神情严肃整装待发的军团兵,刻画得非常生动逼真。

达契亚士兵的服装（右边是国王德凯巴鲁斯）

最先出发的是骑兵和步兵，步兵的任务是伐林修路。紧随其后的是军团兵，也被要求边砍树修路边前进。

（11）果然不出所料，罗马军队来到森林尽头开阔的平原时，达契亚军队已经等候在那里了。图拉真率领的罗马军队和德凯巴鲁斯率领的达契亚军队之间展开了第一场大战，历史上叫做"塔帕伊（Tapae）之战"。2000年后的今天，已经无法确定此战的战场的具体位置，好像是在距离达契亚王国首都萨米泽杰图萨以西约50公里的地方。

塔帕伊之战中，罗马军队似乎没有充足的时间摆开他们最擅长的会战阵型，

第一章 皇帝图拉真 | 059

（1）在街上放火的罗马士兵　　　　　　　　（2）溃败的达契亚士兵

部队没有按左翼、中部和右翼的阵型发起进攻。图拉真记功柱上，战斗的画面连着有好几个。每个画面都是军团兵中的骑兵、重装步兵和作为轻装步兵的辅助部队混杂在一起的场面。罗马士兵和达契亚士兵混杂在一起混战，白刃战似乎是塔帕伊之战的真实场景。只能看出达契亚士兵既没有戴头盔也没有佩胸甲，他们全身的装束非常简单，只是短衣加裤子，配上剑和盾而已。相反，罗马军队中，主力部队士兵身穿钢铁制的胸甲，辅助部队的士兵穿着皮革制的胸甲。在后者之中，格外引人瞩目的是光着上半身作战的日耳曼士兵。这大概是他们的习惯吧。画面中，骑马技术高超、没有马镫也能随心所欲驾驭坐骑的北非毛里塔尼亚骑兵闯入敌阵之中，冲散了敌方达契亚士兵。毛里塔尼亚骑兵还因为他们在战斗中利用腕力和马的冲力投枪，因而以战斗力极强而闻名。

所有这些画面中，图拉真都在关注着战斗的进程。画面上还可以看到敌军背后，站在树林前的达契亚国王德凯巴鲁斯的面孔。

（12）塔帕伊之战以罗马方面的胜利而告结束。这场战斗自始至终打得都很激烈。有罗马士兵拿着砍下来的达契亚士兵的头颅给皇帝看；也有罗马士兵无暇

060　｜　罗马人的故事 9：贤君的世纪

（3）夸赞士兵们作战勇敢的图拉真（左）　　　　（4）图拉真和达契亚使节

给皇帝看，只从敌人头上割下一缕头发叼在嘴里继续战斗。

罗马士兵一路追击败兵，前面突然出现一堵城墙。城墙上，立着被达契亚夺走的队旗和绑有被杀罗马士兵脑袋的长枪。不知道是否是图拉真的命令，画面上罗马士兵正在火烧全城。

（13）图拉真站在士兵们前面，称赞他们作战勇敢。

（14）五位达契亚使节求见图拉真，图拉真带着幕僚出来迎接。达契亚使节们没有头戴无檐帽，说明他们不属于达契亚统治阶层。看到此情形，图拉真应该对达契亚国王德凯巴鲁斯提出和谈的诚意产生过怀疑吧。

（15）塔帕伊之战结束了，但是战争并没有结束。继续前进的罗马军队像地毯式清除一样，攻打并烧毁所有妨碍他们前进的城镇、村落以及堡垒。见到男子一律格杀勿论，见到老人、女子和儿童就抓起来移送到多瑙河南岸，只剩下狗、牛、羊等家畜。

这时，公元101年冬季好像快到了。图拉真在达契亚留下一半军队，自己随同另一半军队向南回到多瑙河沿岸的基地过冬。

第一章　皇帝图拉真 ｜ 061

(16) 达契亚国王为了转移已经追至距离首都 50 公里处的罗马军队的进攻矛头，制订了一个方案——向位于多瑙河下游的罗马军团基地发起进攻。进攻目标是远米西亚行省的诺维伊，驻扎在这里的是第一意大利卡军团。诺维伊相当于现在保加利亚的斯维什托夫。从达契亚王国到诺维伊只要沿河边一路南下即可，途中绝没有可能遭遇罗马军队。

　　然而，达契亚国王德凯巴鲁斯的计划实在有失周密。首先他小看了横渡多瑙河这件事。事先没有作好周密的渡河准备，骑兵就已经催马下河，士兵也挤满了渡船。整个渡河过程中损失了不少兵力。好在达契亚人口众多，而这也是达契亚对罗马构成威胁的原因之一。

　　(17) 终于过河上岸的达契亚士兵，对诺维伊基地发起了围攻。罗马士兵从城墙上展开反击。因为一半以上的兵力被派去攻打达契亚，所以防御战应该打得异常艰难。这时，德凯巴鲁斯再次判断失误。他没有料到罗马皇帝会亲自赶来救援，毕竟诺维伊只是一个军团基地。他自己没有参加进攻诺维伊的作战，所以他无论如何也想不到敌方统帅会亲自赶来增援基地。

　　(18) 在这个画面上，背景是林立的石结构公共建筑物以及圆形竞技场。由此推测，图拉真过冬的地方一定是城市化程度已经很高的军团基地，很可能是近米西亚行省的首府辛吉杜努姆（今贝尔格莱德）。如果是这样的话，顺多瑙河而下，没有 600 公里无论如何到不了诺维伊。如果选择走陆路，因为多瑙河是一条防线，所以，以提高战时行军速度为首要目的的道路修建应该已经完成。

　　图拉真记功柱上的这个画面描绘的是基地前河岸边的情景。有的士兵正在往船上搬运军粮，有的士兵穿着军装正在依次上船。图拉真身着便装，也就是托加，正准备登船。自从把多瑙河当做防线以来，同莱茵河一样，罗马在多瑙河安排了船队，甚至还有专门用来运送马匹的运输船。

　　(19) 在这个画面上，罗马船队顺着多瑙河正在往下游前进，其中一艘船由皇帝亲自掌舵。进入下游地带后，多瑙河的河面渐渐开阔，转而向东。到了这里，划桨动作越快船速也会越来越快。此外，机动部队大概是走陆路向东去的。

　　(20) 距离敌人正在攻打的诺维伊以西五六十公里的地方是伊斯克尔基地。

就在该基地附近，图拉真和士兵们弃船上岸，与走陆路前来的机动部队会合后，前去救援诺维伊。这时的图拉真换上了军装，他骑在马上，行进在军队的最前面。紧随其左右、身后的是身着各色军装的士兵们。

（21）前去侦察的骑兵队回来了，在向皇帝报告敌情。

（22）了解敌情后，图拉真下令，首先出动的是来自北非的骑兵部队。

（23）迎战这支毛里塔尼亚骑兵部队的是萨尔马提亚人的骑兵部队。萨尔马提亚人是达契亚统治下的一个部族，他们的特征是士兵和马匹全部披挂鱼鳞状的盔甲。

在毛里塔尼亚骑兵的猛烈进攻面前，对方即便是全副武装也毫无用处。图拉真身先士卒，亲自率领罗马骑兵部队加入了战斗。面对罗马军队的攻势，达契亚方面全无回击之力。画面上，光着上半身的日耳曼步兵团也加入了战斗。背景是达契亚的货车队列，车上装满了掠夺来的物品，是他们袭击基地周边百姓居住区抢夺而来的。又是一场白刃战，双方混战在一起。这场战斗一直持续到太阳下山，并以罗马方面的胜利而告终。

（24）一身戎装的图拉真带着三个幕僚正在视察士兵们搭建的宿营地。这是罗马士兵早就习以为常的事情。这时，一些达契亚老人带着女人、孩子来到他的身边。他们表示愿意归降，希望罗马军队放自己一条生路。这些人没有戴帽子，显而易见，他们并非正式使节。达契亚部族与日耳曼民族相似，有把女人和孩子带到战场上去的习惯。

（25）尽管第一次战斗取得了胜利，但是，图拉真救援诺维伊基地的目的还没有达到。这个画面中，有的士兵把俘虏双手反绑后串联在一起；有的军医正在为负伤的士兵治伤；还有的士兵为了迎接明天将要来临的下一场战斗，正在检查队旗和军号。

（26）第二场战斗是在多瑙河下游一带进行的。这场战斗的主角是主力部队，即重装步兵团。

由于这一带是平原，因此罗马军队好像采用了最擅长的会战方式。罗马人的会战方式是首先包抄敌人，最后予以彻底消灭。这个画面中，军团兵手持长枪，

第一章　皇帝图拉真 | 063

围着敌人，正在发起进攻。他们手握铜制枪和剑，其逼真程度堪与现在我们在大屏幕上看到的战斗场面相媲美。

（27）为了确保围而歼之的战术取得成功，必须有骑兵配合，绕到敌人背后协同作战。

罗马军队的骑兵手持长枪，正冲向被逼得节节后退的达契亚士兵。达契亚士兵一旦摔倒在地，等待他的命运就是被踏扁。战场上堆起了一座座达契亚士兵的尸山。

（28）这个画面是战斗结束后，皇帝在作总结演讲，他称赞士兵们作战勇敢。所有人都看着正在演讲的图拉真，崇敬之情形于颜色。这是因为他们知道会战要取得胜利，担任总指挥的人是否具备军事才能非常重要。

（29）这个画面是押送到宿营地的达契亚俘虏。接下来的画面是皇帝在表扬每一个在战斗中表现突出、特别勇敢的士兵。

（30）这个画面是一些女人正在刑讯被脱光了衣服的三名俘虏。其中一名俘虏的发型是罗马式的短发，而且没有蓄胡须。所以，研究者中有人认为这个画面描述的是达契亚女人正在刑讯被捕的三名罗马士兵。但是，刑讯的不远处，图拉真正坐在马扎上与士兵们说话。所以也有这样一种可能，就是生活在基地附近的居民，之前遭受过达契亚士兵的袭扰，被抢走了粮食等所有东西。此时，情形已经彻底改变。他们出于报复的目的，在戏耍达契亚士兵。因为罗马军队自带军粮参加战斗，而达契亚人则通过掠夺满足军粮需求。

（31）结束对诺维伊基地的救援后，图拉真再次登上了船。尽管达契亚老人们不断向这位皇帝哀求，但是，他们（包括女人和孩子在内）作为俘虏的命运已无法改变。

就这样，达契亚军队进攻多瑙河下游地区的作战企图以失败告终。向着多瑙河上游一路前进的图拉真和士兵们终于可以放心过冬了。

（32）又是新的一年。图拉真记功柱继续用浮雕的形式，向我们描述了公元102年春季以后的"达契亚战记"。

这个画面与前一年一样，描绘的是正在往船上装运军粮的士兵和准备通过由船只连成的桥的军团兵。从军团旗帜上的标志可以了解到，这是驻扎在波恩的第一密涅瓦军团。波恩是莱茵河防线基地之一。

同样，与上一年一样，罗马军队依然在行军途中在路旁修建宿营地和堡垒。但是，这一年，图拉真改变了战术。一定是上一年达契亚人攻打位于多瑙河下游的罗马军队基地诺维伊，让他作出了改变战术的决定。

公元102年的达契亚战役，他采用了兵分两路的战术，向位于山脉北侧的、达契亚首都萨米泽杰图萨发起进攻。一路进军的路线与上一年相同自西绕过山脉，另一路从东侧绕到山北侧。这就意味着，在离开位于多瑙河南岸的军团前线基地的时候，他已经决定采用围而歼之的战术了。上一年冬季，达契亚军队攻打诺维伊的时候，已经证明了即便是一支人数庞大的军队，从东面绕过山脉到达多瑙河也是完全可能的。既然自北向南可以，那么反方向也应该可以。

只是，自东迂回的路线与自西迂回的路线相比，显然困难得多。自西迂回的路线前一年已经走过，沿线已有坚固的宿营地和开通好的道路，还有留下来的一半军队。但是，对罗马军队来说，自东迂回的路线还是第一次走，并且距离又是自西迂回的三倍。因此，图拉真决定由骑兵和年轻力壮的精锐军团兵组成从东侧迂回的军队，姑且称之为第二路军。这支军队由率领毛里塔尼亚骑兵团的、威震一方的卢修斯·昆图斯担任总指挥。如果说，图拉真的同乡、出身西班牙的李锡尼·苏拉是第二号人物的话，那么出身北非的昆图斯可以说是第三号人物。图拉真本人和苏拉一起率领第一路军自西迂回。

（33）浮雕上关于第二年"达契亚战记"的重点好像放在了对第一路军进军过程的描述。接连几个画面描绘的都是罗马军队从延伸至坚固宿营地及木栅栏的桥上通过的情形。每个画面都有皇帝带着苏拉等幕僚。图拉真与图密善皇帝不同，图密善总是让军队先行，而图拉真是一位与军队不离片刻的皇帝。

（34）图拉真再次见到留在敌人地盘上过冬的士兵们，并向他们表示慰问。

（35）在皇帝一旁，士兵们已经着手在伐林修路了。虽然从西侧迂回的路线距离目的地较近，可以放慢行军的速度。但是，显而易见，第一路军行军的这条路线将成为联结多瑙河北岸辽阔的达契亚地区和多瑙河南岸罗马领土的主要通道。罗马军队在战争结果尚未出来以前，就已经在考虑胜利以后的事情，并为此开始修建基础设施了。

（36）三位达契亚使节前来拜会正在视察备战工作的图拉真。从着装上看，他们应该是富庶人家出身。但是，他们没有戴帽子，所以，这些人可能只是达契亚某部落的代表而不是达契亚国王的重臣。他们发誓脱离国王，向罗马军队投诚，归顺皇帝图拉真。达契亚内部出现分裂正是罗马方面所希望的。

（37）场景一变，画面上是在宿营地内举行祭神仪式的情景。图拉真以用托加一端盖住头部的祭司形象主持这一仪式，供品是价格不菲的牛和羊。举行这样的仪式预示着战斗就要开始。

（38）献上祭品，祈求诸神保佑的图拉真这次以一身戎装的形象站在士兵们面前进行战前动员。战前祭神和对士兵们进行动员，是罗马军队必不可少的两个仪式。当然，遭遇敌人突然袭击，匆忙迎战的时候，就无法像这样不慌不忙、从容不迫地举行仪式。这种情况下，他们会在战斗结束后，补上祭神仪式和动员讲演。罗马人相信，这样的弥补方式，诸神是会谅解的。

（39）这也是图拉真发动的达契亚战争中的一个特色，他没有在战前动员演讲结束后马上出兵投入战斗。图拉真记功柱上有好几个画面描绘的都是基础设施的建设工地。工地上的主角是把盾和枪等武器放在一旁、从事土木工程劳动的军团兵。在劳动中，他们依然身着军装。这是因为一旦有敌人来袭，他们必须立即起身迎战。画面上，可以看到达契亚士兵在山头上正探头探脑地寻找机会。

感觉好像是罗马军队用在备战工程上的时间比参加战斗的时间还要多，让人不由自主地想起尼禄时代的名将科尔布罗说过的一句话："罗马军队以镐取胜。"我在想，像这样经常参加土木工程建设，从而成为土木工程专家的话，一旦结束20年的军旅生涯，退役后，他不是就可以顺利融入市民生活了吗？20年的军旅生涯，始于17岁。所以，如果未能升任百人队队长，以一介士兵的身份退役的话，就是37岁，他可以拿到服役期满后的退役金。如果用这笔退役金作资金，开始建筑事业的话，在没有大规模建筑商出现的地方乡村，无疑应该可以获得成功。现代国家的军队也培养某些领域的专家。但是，因为服役时间过长，在回归市民生活后，他在服兵役期间掌握的技能在应用上受到很大的限制。第一代皇帝奥古斯都规定服役的年限是，作为罗马公民权所有者的军团兵为 20 年，作为行省人民的辅助部队士兵为 25 年。这一规定在有效利用资源这一点上，我认为非常有意义。还是让我们再回到当时的古代吧。

（40）鼓励军团兵建造石结构城堡的同时，身穿军装的图拉真接见了达契亚使节。跪在皇帝面前的这位达契亚人戴着圆圆的毡帽，穿戴也很整洁。也许因为知道此人与之前的那些达契亚使节不同，士兵们正远远地注视着这边。因为如果这是达契亚国王派来和谈的正式使节的话，那么战争很可能就要拉上帷幕。

事实上，这位使节正是达契亚国王德凯巴鲁斯派来请求和谈的。为了交涉和

图拉真和达契亚使节

谈的条件，图拉真也向国王派去了自己的心腹苏拉和近卫军团长官利维亚努斯为使节。不过，图拉真记功柱上没有记录下这一段细节。由于罗马提出的条件和达契亚方面提出的条件相去甚远，谈判破裂，战争再度降临。这时传来了自东而来的、由卢修斯指挥的第二路军已经临近目的地的消息。

（41）决战好像进行了不止一次，原因是达契亚方面没有投入全部兵力。国王德凯巴鲁斯不想与罗马军队主力发生正面冲突。然而正因为如此，感觉罗马方面的进攻都是被迫的，是不得已而为之，因为达契亚军队采用了游击战术。当他们来袭时，罗马军队奋起击退他们，然后投入基础设施的建设，当敌人再次来袭时，士兵们再度投入战斗，战斗结束，再继续基础设施的建设，如此反复。总指挥图拉真的军事风格不像恺撒那样以采用出其不意的战术见长。他更擅长采用张开大网，再一点一点稳稳收紧这一类型战术。图拉真记功柱的浮雕也忠实地呈现了这一情形。当时的罗马人即使没有参加战斗，也能充分理解图拉真的这一战术。犹太战争期间，韦斯帕芗皇帝利用的也正是这种战术。

就像 30 年前的犹太战争已经显示出来的那样，一旦罗马军队开始收拢包围圈，没有一个对手可以与之抗衡。看到一车车沿自己修建的道路运来的军粮，又看到一个接一个城堡被攻克，罗马军队士气大振。相反，达契亚士兵或在战斗中被杀，或在城堡被攻陷之时，无处藏身，只能向首都方向拼命逃窜。城市一旦被围，不管愿不愿意，只能面对决战了。

（42）这次决战罗马军队投入了全部战斗力。达契亚士兵在后方督阵的国王德凯巴鲁斯的指挥下也奋勇作战。只是，尽管已经进入决战阶段，但是罗马军队没有采用在开阔平原的战斗中通常采用的会战战术。这是因为罗马人注意到达契亚还是一个未经开发之地，森林地带一直延伸到距离首都不远的地方。浮雕上呈现的场景也证实了这一点。因为，达契亚士兵也像罗马士兵一样，一边砍伐森林一边作战。

（43）然而，一切抵抗终究是徒劳的，因为仅次于首都的重要大城市落入了罗马军队之手，国王的妹妹被俘。被罗马军队俘虏的达契亚贵族人数在不断增加。

（44）大批戴着帽子的达契亚贵族放下手中的剑和盾，跑到还在继续基础设施建设的罗马军队前请求和谈。这次来的人很多，而且显然都是有权势的人。图拉真记功柱上，这些人的后面，可以看到国王德凯巴鲁斯的身影。看得出，使达契亚部族得以兴旺的这位领导者是一位身材魁梧的人。

但是，画面上没有德凯巴鲁斯跪倒在胜利者图拉真面前的情形。这意味着达契亚国王虽然请求和谈，却没有亲自参与谈判。当然，图拉真也没有亲自参与和谈。

罗马转向帝制后，与共和制时代一样，除了军事指挥权，从和谈过程到和谈条约的缔结，都是全权交给前线总指挥负责的。敌我双方条件达成共识后，总指挥署名，然后，和谈文书会送到首都罗马。在共和制时代，需要公民大会和元老院通过，在帝制时代，只要皇帝和元老院同意，和谈内容即正式生效。

公元102年，当时的图拉真完全可以沿用这一传统，而且他又是皇帝，只要得到元老院的同意，和谈结果就可以马上生效。

但是他没有这样做，他把达契亚的代表送到了罗马，让这些人直接与元老院谈判。

元老院认为图拉真这样做，表明了他对元老院的尊重。但是，我不这么想。我想，他是把与达契亚和谈的这个"球""踢"给了元老院。因为我认为，图拉真从来就不认为和谈可以彻底解决达契亚问题。当然，拖延战争也不是作为总指挥官的他所希望的。

第一次达契亚战争历时只有一年零几个月，因和谈通过而告结束。和谈内容如下：

一、罗马授予达契亚国王"罗马的友好同盟"称号，达契亚从此成为罗马帝国的同盟国。

二、罗马保证国王德凯巴鲁斯和全体重臣地位不变。

三、达契亚国王同意罗马派遣一支军队驻扎在首都萨米泽杰图萨近郊。

四、罗马没收包括攻城武器在内的所有达契亚的兵器。

五、拆除达契亚在多瑙河北岸的所有城堡要塞。

六、双方同时释放对方俘虏。

七、达契亚保证以后不再侵犯位于多瑙河以北的、与罗马建有友好关系的部族。

作为胜利者的罗马军队接受这样的条件似乎有些过于温和。但是所谓的"罗马的友好同盟",事实上是罗马附属国的意思。在图密善时代,曾经与罗马帝国订立过对等条约的德凯巴鲁斯是否心甘情愿地接受这样的地位,应该是个问题。

(45)图拉真记功柱上的这个画面是胜利女神维多利亚。关于第一次达契亚战争的描述,到这里就算结束了。这年冬天,与达契亚相反,罗马上空阳光明媚,让人感觉不到冬天已经来临。在这里举行了以图拉真为主角的凯旋仪式。这位时年49岁的凯旋将军得到了"德基乌斯"(Dacicus)的尊称,意思是"征服达契亚的人"。

第二年即公元103年至104年,罗马与达契亚之间处于和平状态,没有发生任何事情。帝国其他前线也是同样情况。所以,这两年里图拉真不再需要军装。

身穿托加的皇帝循规蹈矩地参加元老院会议,检查达契亚战争之前已经法制化的各种政策的执行情况,并开始关注作为皇帝的另一项重大职责——完善国内基础设施的建设。虽然他人在罗马,但是多瑙河上的一项重大工程已经启动。事实上,这项工程就是在与达契亚刚刚达成和谈后就着手动工的。

建筑师阿波罗多洛斯

列奥纳多·达·芬奇的意思是"芬奇的列奥纳多"。用他的出生地来代替姓氏称呼他,不是因为他没有姓,而是为了把他与其他众多的同姓人区别开来。也就是说,当人们称呼某人为某地的某某时,证明此人尚在人世时,就已经是一位名人了。"大马士革的阿波罗多洛斯"是一位在图拉真时代参与并完成了所有标志性公共建筑建设的建筑师。

其实无须小亚细亚出身的哲学家克瑞索托强调，罗马皇帝一直以来就有以下三大职责：

一、保障国家安全，也就是对外政策。

二、治理国内秩序。

三、用现在的话来说，就是完善基础设施的建设。

第一条和第二条要形成相关的政策，需要得到元老院的通过。只有第三条，皇帝可以按自己的想法去实施。因为完善帝国全域内的基础设施，所需经费不是从国库里出，而是从皇帝的公库里出。

因此，罗马皇帝同时兼任了事实上的建设大臣。不同的皇帝，因其性格不同，他们与建筑师之间的关系也有所不同。

一种情况是皇帝自身有一定的艺术修养。在这种情况下，设计方案通常由皇帝提出，建筑师只负责解决技术问题，并把方案变成现实。

另一种情况是皇帝自觉缺少艺术修养。这样的皇帝会把所有的事情都交给建筑师来做。

前者的代表人物是尤里乌斯·恺撒和继图拉真之后的皇帝哈德良。此外，提出建造"黄金宫殿"的尼禄皇帝也属于这一类，虽然他的设计与罗马人的感觉不太一样，应该减分。

后者的代表人物是韦斯帕芗皇帝和图拉真。圆形竞技场（Colosseum）是韦斯帕芗建的。这类皇帝统治期间的建筑师名留后世的概率自然要高很多。

用不着我多作解释，"大马士革的阿波罗多洛斯"和"芬奇的列奥纳多"，他们的才能完全施展在不同的方面。阿波罗多洛斯的才能用在了解决他全权负责的项目上，而列奥纳多的兴趣却在于探求事物的基本原理。因此，我们可以毫不犹豫地称阿波罗多洛斯为建筑家或建筑工程师，却不知道什么样的称呼适合列奥纳多。

也许就因为上述原因，列奥纳多在土木、建筑领域表现出来的才华只体现在极少量的一些图纸上。而阿波罗多洛斯则留下了大量的建筑遗迹，为现代考古学家们提供了极富价值的研究实物。列奥纳多在有生之年不够幸运，除了像科学

阿波罗多洛斯

家那样探求事物基本原理的精神之外，他没有能够遇到一位愿意把一切事务都交给他负责的皇帝。

列奥纳多的家乡不是佛罗伦萨，他却成为了以佛罗伦萨为发祥地的文艺复兴精神的最高体现者。同样，希腊人阿波罗多洛斯尽管出生在大马士革，却是所有建筑师中，最具备罗马风格的建筑师。我想，他和图拉真一定是极其相像的两个人，因为图拉真虽然出生于西班牙，却比罗马人更像罗马人。

在彻底解决达契亚问题之前，图拉真没有亲自负责过一项像样的公共建筑项目。因为那时的他，不得不把阿波罗多洛斯牢牢地拴在多瑙河畔。

英语中，建筑师及建筑工程师叫"architect"，意大利语叫"architetto"。它们都是以希腊语派生出来的拉丁语"architectus"为词源的。把它译成无法体现出拉丁语为词源关系的日语时，我想与其翻译成"建筑师"，不如翻译成"构筑师"更贴切。因为，罗马时代的"architectus"必须负责所有土木工程，不管是用于军事的还是非军事的。当然，这与罗马人的土木工程本身很难区分军事用途或非军事用途有关，像道路和桥梁的设计修建就是典型的例子。第一次达契亚战争结束后，阿波罗多洛斯接到的任务就是建桥。

如果在普通的河面上修建石结构桥，有罗马军团中的那些普通工程师就足以完成。但是，"大马士革的阿波罗多洛斯"接到的任务是在多瑙河这条大河上架起一座石桥。

在波涛滚滚的大河上建桥有过先例。那是在150年前尤里乌斯·恺撒下令修建的，就在欧洲仅次于多瑙河的莱茵河上。据说那座桥建在波恩和科隆之间的某个地方。莱茵河在那个位置的河面宽度不足500米。还有，恺撒下令建的桥是木结构桥。这次，图拉真要求建一座石结构的桥，位置在多瑙河中游，是河面宽度远远超过莱茵河宽度两倍的地方。因为图拉真建这座桥的目的是要联结罗马本土与达契亚属地。

现在，多瑙河两侧还能找到一点桥墩的遗迹，因此还可以确定阿波罗多洛斯在现场指挥完成的这座桥的所在位置。北岸位于罗马时代叫做德罗贝塔的城市，现在叫塞维林堡，属于罗马尼亚；对面的南岸是在塞尔维亚。

图拉真大桥

那么，为什么建桥的地点一定要选在这个位置呢？

首先，过了桥来到多瑙河北岸后，从这里绕过特兰西瓦尼亚阿尔卑斯山脉，可以直线到达达契亚首都萨米泽杰图萨。

其次，方便与其他战略要地的交通。这座大桥现在还叫图拉真大桥（Tabula Traiana），其建筑风格非常符合阿波罗多洛斯的作品风格。现在，这座桥已经完全淹没在水面以下，看不到它的原貌了。因为它与劈山而建的大道相连，因此，在罗马时代，想与费米拉空（今科斯托拉茨热）和辛吉杜努姆进行往来联系非常便利。

建桥的地方属于近米西亚行省。这个行省位于国界线上，所以有2个军团常驻。贝尔格莱德是第四弗莱维亚军团的基地，科斯托拉茨热是第七克劳狄乌斯军团的基地。

一旦发生紧急状况，作为辅助部队的第二军团可以从远潘诺尼亚行省首府阿奎因库姆（今布达佩斯）自西北赶到达契亚；第一意大利卡军团可以从远米西亚

第一章　皇帝图拉真　｜　073

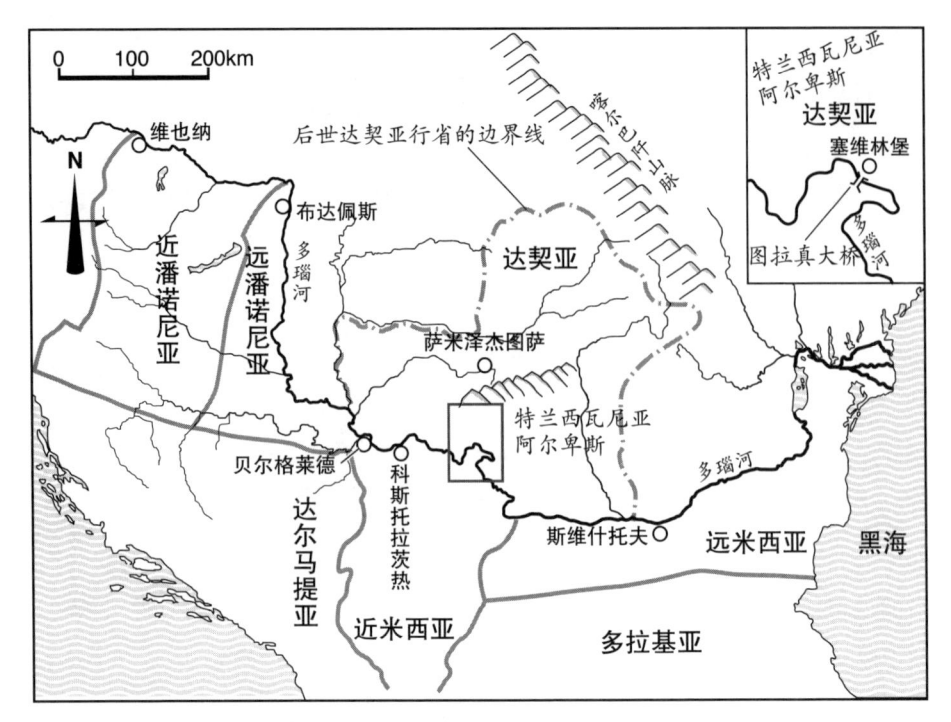

图拉真大桥和达契亚以及周边

行省诺维伊（今斯维什托夫）基地自东南赶到达契亚。也就是说，图拉真大桥正好位于4个军团基地在多瑙河中游沿岸的活动范围的交叉中心。

第三个理由是在帝国最前线的多瑙河上建起这座桥，方便了它与帝国首都罗马之间的交通往来。

建桥的地方有一条向南延伸的罗马大道。从纳伊苏斯（今尼基）沿这条道路向西南走，在里斯（今列泽）抵达亚得里亚海。出了亚得里亚海，快的话只要一整天，慢的话也只需要两天的航程就可以到达意大利半岛。登陆意大利后，意大利境内完善的道路网甚至会让你迷失方向，不知道该选择走哪条路去罗马。此外，从贝尔格莱德沿罗马大道向西，也可以到达位于亚得里亚海东岸的斯帕拉托（今斯普利特）。如果走这条路的话，从斯普利特到位于意大利中部的海港安科纳只需要横渡亚得里亚海即可。就算发生了需要皇帝亲临现场的大事，也能保证军

074 | 罗马人的故事 9：贤君的世纪

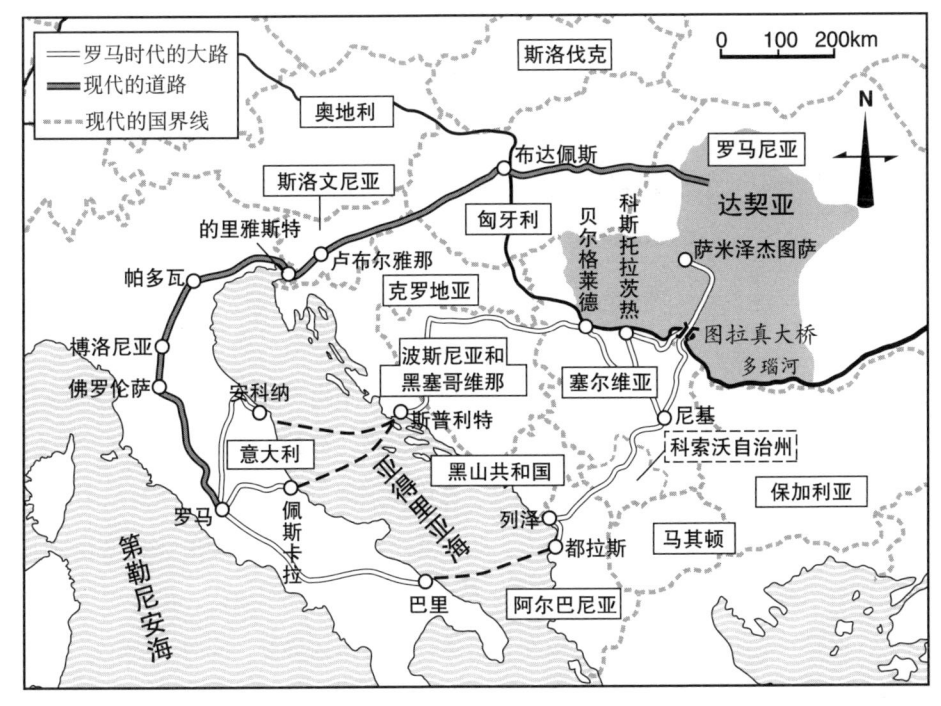

从罗马到达契亚

队的行动迅速快捷。走这条路线与绕道意大利北部抵达罗马的路线相比，无论是距离还是时间上都会大大缩短。

我有一个罗马尼亚朋友住在罗马，他父母生活在罗马尼亚西部。他很少选择坐飞机从罗马到罗马尼亚首都布加勒斯特，再折回向西的出行方式。更多的时候，他会选择开车去。理由是这样可以更好地了解社会。那么，他会选择走哪条路线呢？

首先，从罗马经过佛罗伦萨、博洛尼亚到帕多瓦，再到的里雅斯特，他会走意大利人引以为傲的高速公路。从的里雅斯特向东北穿越斯洛文尼亚，目的是要避开在克罗地亚境内的旅途。然后进入匈牙利，虽然这样走有点绕远。进入匈牙利境内后，目标直指位于东北方向的布达佩斯而不是直接向东去。到布达佩斯后再转而向东，越过国界线，进入罗马尼亚境内。

当然，从罗马到罗马尼亚并非只有这一条路可走。如果你想沿着 2000 年前古罗马人走过的路线走一遍的话，现在依然可行。

首先，只要走高速公路，从罗马到达亚得里亚海的港口城市安科纳或位于安科纳以南的佩斯卡拉非常容易。这两个港口都有摆渡船到斯普利特，这种船可以装运汽车。此外，同样先走高速公路，到达巴里，从巴里到列泽以南、罗马时代的都拉基乌姆（今都拉斯）。这条路线同样有可以运送汽车的航线。

如果在斯普利特上岸，需要穿过克罗地亚，纵贯波斯尼亚和黑塞哥维那（现在通常简称为"波黑"。——译者注），并在到达贝尔格莱德以后，渡过多瑙河才能进入罗马尼亚。如果在阿尔巴尼亚的都拉斯上岸，行驶的路线变成了先穿过阿尔巴尼亚、科索沃，然后通过塞尔维亚，再横渡多瑙河进入罗马尼亚。从上面所列自罗马到罗马尼亚需要经过的地方，我们知道，在经过了波斯尼亚和黑塞哥维那及科索沃战争以后，除非记者，实在不适合普通百姓开车旅行。尽管战争已经结束，但是，战争中遭到毁坏的道路及桥梁还没有得到修复；同时，旅途中的住宿也得不到保证；此外，为数不少的当地居民依然拒绝交出武器。可以说，这些地方绝对不能说治安状况良好。到这些地方旅行，在罗马帝国统治时代过去了近 1700 年后的今天，反而变得更危险了。

所谓"罗马统治下的和平"（Pax Romana），不只是为了保护帝国本土内的居民不受生活在罗马帝国境界之外的人——罗马人称之为蛮族的人——的侵扰而享有的"和平"。罗马帝国是个多民族国家，相邻而居的民族之间关系紧张的情况时有发生，甚至相安无事的状态反而让人感觉不太正常。所以，罗马作为具有霸权地位的国家，其职责之一就是对不同民族之间发生的纷争进行调停。

调停首先由行省总督出面。如果行省总督解决不了，就从中央下达指令，皇帝会写一封亲笔信派人送过去。如果这样问题依然得不到解决的话，罗马就会毫不犹豫地派出军团。罗马时代的希腊哲学家克瑞索托提出的皇帝三大职责中的第二条，我把它翻译为"治理国内秩序"。但是，如果忠实于原文进行翻译的话，应该是"治理行省秩序"。

"罗马统治下的和平"不是只要成功抵御外敌就可以实现的。只有同时成功解决了帝国内部的纷争，才能实现"罗马人维持的世界秩序"。在普通百姓看来，只有这样，才有可能选择最近的路线放心旅行，不管你去哪里。

可以说，图拉真大桥是古罗马科技的结晶之一。在阿波罗多洛斯的指挥下，建成这座大桥仅用了一年多一点的时间。建设者就是士兵。采伐石材和木材等工作由辅助部队的行省士兵负责，需要建造技术的主体施工部分工程由军团兵负责，因为他们熟悉此类工作。此时，罗马和达契亚之间已经达成和谈协议，所以估计士兵们都是把盔甲、武器等放在基地内，穿着短衣从事劳动的吧。罗马人非常讨厌工程遥遥无期地拖延，再加上图拉真大桥是建在水量丰富的大河上。所以，尽早完工直接关系到工程的成功与否。尤里乌斯·恺撒下令在莱茵河上建的桥只用了10天时间，那是因为建桥地点河面较窄，建的又是木结构桥。而在多瑙河上建石桥，从开工到结束也仅用了一年多一点的时间，我想，这一定是突击施工的结果。还有一个原因，我想是因为士兵们有着长年积累起来的、丰富的建筑施工经验，才使得大桥有了在短时间内建成的可能。

为了纪念此桥的建成，同时也出于宣传罗马拥有了可以在多瑙河上架设如此巨大规模桥梁的技术的目的，在大桥建成后的第二年，图拉真发行了塞斯特斯铜币，图案是一座拱形的桥。这是因为铜币是圆形的。

罗马人把桥梁看做是道路的延伸，所以他们修建的桥面通常与路面高度一致。如果你看到的桥有台阶或坡度，那一定是在罗马帝国灭亡后修建的。

考虑到流经桥下的河水涨落情况，必须把桥的高度设计成在水量猛增时也不会被

为纪念图拉真大桥建成而发行的塞斯特斯铜币。正面是图拉真，背面是变形的拱形大桥。

淹。同时，要使桥梁高度与道路一致，直接从一边河岸建到另一边河岸，是不可能做到的。所以，桥脚必须深入内陆距离河岸很远的地方。同样，在河的另一边，也要延伸至距离河岸很远的地方。这样一来，桥的长度大大增加，高度自然也可以增加了。根据建桥位置的地势条件，建桥方法各有不同。但是，罗马人建桥的基本原理就是上面的要求。

图拉真大桥

关于桥梁，与其看实为外行的我生涩的解释，倒不如看图可以一目了然。在这里，我想介绍的是选自加利亚佐所著《罗马的桥》中的图，首先令人惊讶不已的是其建造规模。

全长——1135 米

高度——27 米

宽度——12 米

桥体由 20 个石结构桥墩支撑。

桥墩间隔——33 米

高度——14 米

宽度——18.5 米

桥墩下面埋木桩，桩与桩之间紧密无缝，木材的耐水性出乎意料地好。水城威尼斯的下面就埋了无数木桩。

桥墩之间的距离达 30 多米，三层桨战船通行完全没有问题。

建这种巨大的桥墩时采用的施工方法是，先用紧密无缝的木栅栏围住一个地方，排空里面的水，然后再在木栅栏内建桥墩。我问过一位在本州和四国参加过建桥工程的人，他告诉我，尽管机械化程度与现在不能相提并论，但是，当时的罗马人采用的施工方法与现在的完全一样。

这座连接多瑙河左岸的德罗贝塔和右岸的本都的桥梁，只有桥墩部分是石结

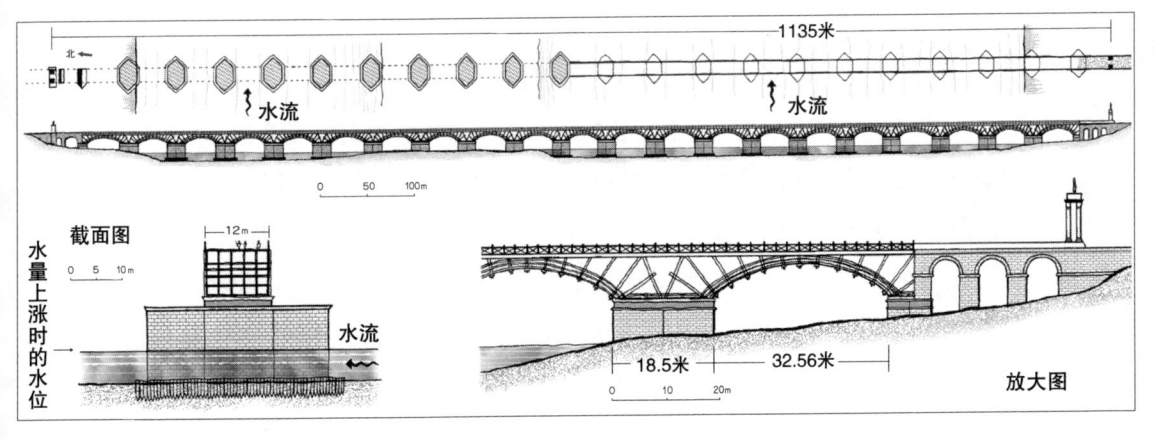

图拉真大桥（复原图。最上层是从上往下看的桥的平面图）

构，桥面部分用的是木板。当然，如果在陆地上建近1公里长的桥梁或高架引水渠，即使要求全程都是石结构，罗马人也具备这样的技术。图拉真大桥采用石材和木材混用，一定是出于减轻整座桥体重量的考虑。因为桥墩不仅要支撑桥体，还要承受桥下水流的冲击。再加上这座大桥与帝国其他地区的桥不同，它的长度不是数十米，而是超过了1公里。

按照罗马公共设施建造的惯例，建这样的工程，会在所用石材的表面刻上参与施工的军团和大队的名称。从图拉真大桥存留下来的极少遗迹中，可以确定第二西斯帕尼亚军团和第三布列塔尼亚军团，以及第一克里特军团的各个大队都参与了该桥梁的施工建设。用大队称呼的部队是由行省出身的士兵构成的辅助部队。当然，这些大队也都参加了第一次达契亚战争。因为图拉真为了建这座桥，在与达契亚达成和谈协议后，并没有让士兵们马上回原来各自的驻地。

无论是图拉真记功柱上的浮雕，还是铜币上的图案，都显示出图拉真大桥有上下两层。很可能下层用于装载有沉重武器及粮食的货车，并用于通常以三列纵队行军的重装步兵通行，上层用于负责警戒的士兵和老百姓通行。罗马帝国不禁止百姓过境交流，他们甚至鼓励内外往来的交流。因为和平时期人与物的交流越频繁，越容易降低生活在国境外蛮族的掠夺欲望。罗马人把掠夺欲望的消退叫做

第一章　皇帝图拉真　｜　079

文明化。

图拉真大桥是罗马时代规模最大的一项建筑工程。但是，根据100年后的卡西乌斯·狄奥的描述，"因为痛恨这座桥被蛮族利用，哈德良皇帝下令，桥的木结构部分被解体"。当然桥本身并没有因此失去它的用途，因为有记录说，后来这座桥得到了维修加固。但是，到了帝国末期蛮族入侵愈演愈烈的时候，木结构部分遭到彻底破坏。作为一座桥，它完全失去了其应有的作用。6世纪前后开始，每个世纪总会有一两个人对此桥表现出特别的兴趣。到了17世纪，终于有人画出了图纸，尽管只是石结构的桥墩部分。到了19世纪中叶，第一本研究该桥梁的正式书籍出版。然而，到了那个世纪末期，奥匈帝国为了方便大型船只在多瑙河上航行，对破损已经非常严重却依然矗立在河中的桥墩实施了爆破，自此图拉真大桥彻底从人们的视线中消失。现在，我们只能通过研究者们掌握的桥体复原图和位于罗马博览会新城的罗马文明博物馆里的模型来想象它作为桥梁发挥作用的那个时代的情形。

让我们回到1900年前的古代吧。看到罗马堂而皇之地在自己的眼皮底下建造如此规模的大桥，而且只用了一年多一点的超短时间完成，达契亚国王德凯巴鲁斯又是怎么想的呢？

罗马方面声称建这座桥只是为了联结位于多瑙河右岸的本都和位于多瑙河左岸的德罗贝塔。因为本都本来就是罗马的属地，德罗贝塔则在第一次达契亚战争结束后成了罗马的基地之一。这个理由应该说是成立的。还有，因为达契亚与罗马已经建立了同盟关系，所以，图拉真大桥的竣工可以进一步促进两国之间的交流，有利于维护两国间的和平。这一理由同样成立。

但是，在达契亚方面看来，罗马军队在第一次战争期间建起来的石结构扎营地从德罗贝塔一直连到了达契亚首都萨米泽杰图萨。更何况，战争结束后罗马没有从这些扎营地撤走全部士兵。

我们不清楚图拉真皇帝是否是故意刺激这位达契亚国王。至少，从种种迹象来看，我想他多少是有这想法的。只是关于这一点，没有人给我们留下只言片语。不管怎样，对达契亚来说，罗马建造图拉真大桥就是公然的挑衅行为。同时，对于德凯巴鲁斯来说，他忘不了自己在图密善时代，曾经以强硬的姿态得到过对己有利的和谈结果。虽说罗马皇帝换了，但是，那次经历不过是10年前的事情而已。

达契亚国王认为第二次战争一定会来。这次他改变了策略。他要鼓动帕提亚国王和自己联合起来，从东、北两个方向同时攻打罗马帝国。达契亚使节好像确实去了帕提亚国王的宫殿。只是，从公元前1世纪开始与罗马接触之前，帕提亚王国虽然一直拥有可以对罗马边境形成威胁的军事力量，却没有足够的力量可以攻下罗马。这个国家只有在国王更替的时候，才会威胁罗马的领土。因为这个时候，它需要通过向外国示威，来控制国内局势。在公元105年，帕提亚并无这方面的需求。

从黑海到红海

对于达契亚国王试图拉拢帕提亚的情况，图拉真知道的可能性极大。因为与帕提亚接壤的叙利亚行省，其总督的重要任务之一就是监视帕提亚的动向。当然，总督并不需要派遣间谍冒险潜入帕提亚。那时来自东方的物产必须通过帕提亚才能进入罗马，而罗马正是东方商人的最大顾客。所以，只要用心收集并分析商人们带来的情报，就可以了解到帕提亚的现状，其准确率非常之高。罗马帝国的国界线无论在哪里，都是开放的，与帕提亚之间的国界线又比其他任何地方更加开放。

也许是知道了达契亚国王拉拢帕提亚的策略失败，也许是将计就计，要好好利用这件事情，这个时期，图拉真计划兼并阿拉伯。

罗马人叫做阿拉伯的地方不是后来的阿拉伯半岛，而是以盛产香料、没药以及珍珠而闻名的、富庶的阿拉伯半岛南部，罗马人叫这个地方为"肥沃的阿拉伯"（幸福的阿拉伯），省略形容词，就是阿拉伯，指的是现在的约旦一带。

叙利亚行省总督科尔涅利乌斯·帕尔马接到图拉真的命令后，只带了属下的一个军团就实现了对该地区的兼并。纳巴泰王国早已没有了昔日的威风，兼并该地区无须诉诸战争。仅靠一个军团就完成了对阿拉伯的兼并，是因为帕提亚对此没有任何动作。成功兼并约旦，使得罗马帝国确立了从黑海到红海的边界线。

这条边界线始于黑海，在幼发拉底河岸沿着与亚美尼亚王国接壤的国界线一路南下，在幼发拉底河转向东南方向去的地点离开河岸继续南下，经过帕尔米拉，再通过波斯特拉（今布斯拉）、费拉德尔菲亚（今约旦首都安曼）以及纳巴泰王国的首都佩特拉附近，直达与红海相接的亚喀巴。

被罗马帝国兼并成为行省的地方，罗马首先要做的事情是兴建相当于古代高速公路的罗马式大道。现在的约旦纳入罗马帝国后被命名为"阿拉伯纳巴泰行省"。在这里同样开始了可以称做干线的道路铺设。这条大道纵贯约旦，从大马士革出发，经过布斯拉、安曼，到达亚喀巴。根据现在发掘出来的石板路标，可以知道它完成的时间是公元 114 年。行省阿拉伯的首府不是安曼，而是布斯拉，原因一定是因为这里距边境更近。驻扎布斯拉的是第三昔兰尼加军团。

后来，阿拉伯的劳伦斯攻打亚喀巴时，不得不穿越灼热的沙漠。但是，在罗马时代，尽管灼热的状况相同，却有铺设完好的大道，只要沿大道行进就可以了。最近有报道说，约旦政府要在安曼和亚喀巴之间修建一条高速公路。

至此，故事的情节总在古代和现在的时间隧道中穿梭，不时地偏离主题。这是因为我在学习罗马史的时候，强烈地感受到了完善基础设施建设的重要性，并且感受到因为基础设施的完善，使人与人之间的交流变得更加顺畅。我非常希望阅读此书的您能与我共享这一想法。同时，我也在想，罗马时代可以做到的事情，为什么在其后漫长的岁月里却总是做不到呢？有人和我持有相同的疑惑，他们对此进行了调查研究。在这里，我想介绍其中一个人的调查结果。这是一条模拟路线，模拟了从苏格兰到耶路撒冷，也就是从罗马帝国的西端到东端的行进路线。除了不得不走海路以外，全程利用古代的罗马大道。罗马大道每隔 1 罗马里就有一块石板路标，在这里我就用罗马里来表示距离以示对历史的尊重。1 罗马里相当于 1.478 公里。

从安敦尼·庇护皇帝时代所建长城附近的达拉斯哥，经过哈德良长城，到军团基地所在地约克是 222 罗马里。

从约克到伦敦是 227 罗马里。

从伦敦到多佛尔是 67 罗马里。

横渡多佛尔海峡，到法国布洛涅的海路是 45 罗马里。

从布洛涅经过亚眠到兰斯是 174 罗马里。

从兰斯到里昂是 330 罗马里。

从里昂翻过阿尔卑斯山脉，到意大利的米兰是 324 罗马里。

从米兰到罗马走艾米利亚大道和弗拉米尼亚大道是 426 罗马里。

从罗马走阿皮亚大道到意大利南部港口城市布林迪西是 360 罗马里。

从布林迪西横渡亚得里亚海，到现在的阿尔巴尼亚都拉斯的海路是 40 罗马里。

从都拉斯到拜占庭（今土耳其伊斯坦布尔），走埃格纳提亚大道是 711 罗马里。

从伊斯坦布尔到安卡拉是 283 罗马里。

从安卡拉沿罗马大道到地中海一侧的塔索斯（今塔尔苏斯）是 301 罗马里。

从塔尔苏斯到叙利亚的安条克（今安塔基亚）是 141 罗马里。

从安条克到黎巴嫩的蒂洛斯（今提尔）是 252 罗马里。

从蒂洛斯到以色列的耶路撒冷是 168 罗马里。

合计 4071 罗马里。这 6000 公里的旅程不需要出示"护照"。

如果达契亚国王德凯巴鲁斯甘愿接受被纳入罗马文明圈的命运的话，第二次达契亚战争就不会爆发了。但是，自视甚高的达契亚人最终选择了与罗马兵戎相见。达契亚国王家里金银堆积如山，因为当地盛产这些东西。又因为这是一个专制国家，所以君主的手中不仅掌握着权力，也聚敛了国内的财富。

罗马帝国与东方的君主国家之间的不同之处在于，前者总是努力维持常备的军事力量，后者则在需要军队的时候用钱招募士兵。

第二次达契亚战争

公元 105 年春,达契亚单方面撕毁和平条约,挑起了战端。德凯巴鲁斯向罗马在达契亚境内的扎营地、正在铺设道路的第七军团以及多瑙河下游的罗马领地同时发起了进攻。

6 月 4 日,图拉真皇帝离开首都罗马,达契亚战争正式爆发。让我们回到图拉真记功柱上,通过追溯每个画面来了解这场战争。

(46) 图拉真记功柱上的浮雕对第二次达契亚战争的描述从图拉真在意大利中部的海港城市安科纳登船开始。画面上有一座位于山顶的、为女神维纳斯而建的神殿,还有港口附近为纪念图拉真取得第一次达契亚战争的胜利而建的凯旋门。这两个建筑物显示的地点就在面向亚得里亚海的安科纳。

(47) 画面上有无数条海船,罗马军队分乘这些船,横渡亚得里亚海。摇橹的士兵们穿着短衣,盔甲放在脚边。图拉真身披大红斗篷,站在其中一艘船的船尾,大声地和着摇橹的节拍,领着众人在喊号子。一群海豚出现在波浪之间,显示了船队正在海上航行。

(48) 图拉真和士兵们横渡亚得里亚海,并在现在的克罗地亚海港城市登陆。前来迎接的所有居民都身披罗马式斗篷,后面宏伟的石结构建筑林立。由此可见,这个地方不是达尔马提亚行省的首府索林,就是位于其南边的海港城市斯普利特。

(49) 图拉真一身便装,短衣外披了件斗篷骑马向内陆进发。市民们在道路两侧目送他们离去。人群中有女人和孩子。

(50) 画面上,正在举行正式的祭神仪式,祭品是几头牛,脖子上挂着用蔓草和花编成的项圈。虽然奔赴前线是当务之急,但是对罗马人来说,向神祈求是万万不可怠慢的重中之重的事情。士兵和市民全体参加了祭神仪式。

(51) 也许是正在过河吧。士兵们同时利用船只和石桥在行军。

(52) 皇帝和士兵们进入了一座建造雄伟的城市。图拉真正在主持祭神仪式,上面有用做祭品的牛。

如果图拉真登陆的地点是斯普利特的话，那么图拉真记功柱上的这些城市应该是现在位于波斯尼亚和黑塞哥维那的城市。虽然这一带距离意大利本土较近，但是，在罗马时代这里的文明程度已经高得令人有些难以置信。

（53）在这片巴尔干地区，随着距离多瑙河前线越来越近，画面中的背景建筑和石结构城堡也多了起来。罗马骑兵军团一边侧目看着这一切一边疾驰而过。

周边居民出来迎接走在队伍最前头的图拉真。从服装和头发的长度来判断，他们是达契亚人。人群中有女人和孩子。罗马帝国对于生活在国界线以外的人，只要他们爱好和平，专事劳作，允许他们移居到罗马领地内。

（54）人群中，身着罗马式服装的居民也很多。罗马帝国多民族的居民构成即使在边境地区也是如此。

图拉真在人群的簇拥下，向祭坛倒葡萄酒，祈求罗马军队胜利。我也觉得罗马人祭神的频率有点过高。但是在即将进入战区的时候，向诸神祈求保佑是一个必不可少的仪式。

（55）这里，场面变了。画面是士兵们把盾放在一旁，穿着短衣，脱下一只袖子正在砍伐森林。看着这样的场景，我真切地感受到，罗马军队与其他国家的军队之间，最大的区别就是后者即使有诸多不便，也宁愿利用已有的路；而前者则为了方便行军，每一次都是边修路边行军。

（56）场面又变了。这个画面描绘的是攻打位于多瑙河南岸的罗马军队基地的达契亚士兵们。达契亚士兵参加战斗时只穿上衣和裤子，不戴胸甲，即使官至高位也是如此装束。护身就用大型的盾。在发动攻势的达契亚军阵前指挥的是蓄着胡子、戴着帽子的达契亚高官。由此可见，国王德凯巴鲁斯反对罗马的呼吁是得到达契亚举国支持的。

（57）处于防守的罗马士兵并不示弱。比罗马帝国任何边境的士兵们都要艰苦的是驻守在多瑙河防线的士兵们。在气候、地势、精神及肉体等各方面都很险恶的环境让平凡的士兵们变成了精锐之师。对于多如蚂蚁的达契亚士兵的进攻，他们积极应战，绝不后退一步。

（58）战斗好像不是隔着防御工事进行的，而是罗马军队走出基地迎战达契亚人的进攻。图拉真记功柱上有好几个画面描绘了双方激烈的白刃战。这些足以让人们想象到罗马军队士兵手持铜枪铜剑作战的逼真的画面,不愧是浮雕作品的杰作。

（59）战况逐渐向有利于罗马方面发展。随着画面的推进,被打倒在地的达契亚士兵人数在不断增加。尽管如此,最终决定罗马军队胜利的是图拉真率领的骑兵队的到来。达契亚人只能留下无数尸体逃回多瑙河北岸。

这时秋季来临,罗马军队不得不推迟到第二年春天再横渡多瑙河,反攻达契亚。东欧的冬天异常寒冷。在第二年春天向北发动进攻之前,有必要让士兵们得到充分的休整。

这个冬季发生了一个插曲,故事至此戛然而止。

达契亚国王德凯巴鲁斯与罗马为敌,不是因为他念念不忘要消灭罗马帝国,而是因为他有野心。他希望与罗马之间缔结一个对达契亚方面有利的和平条约,就像图密善时代所缔结的条约那样,然后在多瑙河北岸建立起一个庞大的王国。为此,他总是在发动侵略战和寻求和谈之间一次次地变换策略,让人琢磨不透他到底想要干什么。可是,德凯巴鲁斯的如意算盘打错了。罗马人不是一个甘愿长期容忍只对对方有利而对自己不利的不平等条约的民族。

罗马还在继续修建道路。但是,修路地点不知道是在多瑙河南岸的罗马领地,还是在多瑙河北岸的达契亚领地。不管怎样,达契亚军队乘着罗马军队因和谈正在进行而放松警惕的机会,袭击了正在修建道路的第七克劳狄乌斯军团。这次袭击非常成功,达契亚军队成功抓获了军团长和10名罗马士兵。达契亚国王准备用这张"王牌",向罗马皇帝要求有利于自己的和谈条件。

被俘的军团长朗基努斯,担任驻扎在多瑙河沿岸基地科斯托拉茨热的第七克劳狄乌斯军团军团长之职已经很长时间了。他是一位勇敢善战的将军,在第一次达契亚战争中,就没有辜负图拉真的信任。他还是一位出生在首都罗马的名门之后,祖辈都是属于元老院阶级的人。

这样一个人物被俘,如果坐视不管,难免会引起元老院的不满,从而成为元老院的对立面。也许达契亚国王认为行省出身的图拉真不可能会担当这样的风险。

朗基努斯虽然被俘，但是，达契亚国王既没有把他捆绑起来，也没有把他投进监狱。在达契亚城堡内，他的行动完全自由。甚至德凯巴鲁斯还劝他多与当地居民接触，允许他带着照顾他生活起居的解放奴隶外出散步。他希望自己优待朗基努斯的做法可以传到图拉真的耳朵里。

当然，达契亚国王也没有忘记把罗马的这位军团长叫来，向他打听罗马皇帝的军事计划。对此，朗基努斯的回答总是同一句话，就是"不知道"。

德凯巴鲁斯还向位于多瑙河下游的罗马军团基地发动了进攻，但是以失败告终。这次就算是德凯巴鲁斯，也不得不相信翌年春天，罗马军队必定进行反攻。这年冬天，达契亚国王终于决定使出手中的这张王牌。

达契亚提出的和谈条件是：第一，罗马承认多瑙河北岸直到黑海的全域为达契亚领土；第二，罗马向达契亚赔偿其对罗马作战时所付出的战争费用。

只要罗马接受这两个条件，达契亚国王就释放朗基努斯和 10 名俘虏。他让朗基努斯负责劝图拉真答应达契亚方面的这些条件，并签署和谈条约。

听到国王提出的这个要求，罗马的军团长终于点头了。他答应给图拉真写信，暗地里却让解放奴隶——他的仆人设法弄来毒药。因为他有行动自由权，所以并没有太费周折。

我们不知道朗基努斯给图拉真的信中都写了些什么，很可能他没有用德凯巴鲁斯看得懂的拉丁语，而是用希腊语写的。朗基努斯借口图拉真认识自己的仆人，坚持让仆人把这封信送到图拉真手中。然后，估算着送信的解放奴隶已经到达安全地带的时候，这位罗马将军喝下了毒药。

失去"王牌"的达契亚国王怒不可遏。但是，他依然没有放弃罗马皇帝作出让步的幻想。

这次德凯巴鲁斯亲自给图拉真写了一封信。他提议，图拉真用那个可恶的、对所有情况了如指掌的解放奴隶来交换朗基努斯的尸体和 10 名罗马兵俘虏。他把送信的任务交给了 10 名俘虏中职位最高的百人队队长。

图拉真既没有答应和谈也没有答应交换。解放奴隶和百人队队长就这样留在

第一章 皇帝图拉真 | 087

了罗马营地内。

百人队队长是罗马公民权所有者,也是罗马军团的中坚。但是,解放奴隶是罗马公民的可能性实在很小。虽然罗马对解放奴隶打开了取得罗马公民权的大门,但却是有条件的。首先必须有孩子,其次要有3万塞斯特斯以上的资产。前线的司令官通常都是单身赴任,长期在这样的主人身边服侍的仆人有妻室儿女的可能性几乎为零。虽然主人对他很好,把他从奴隶的身份中解放出来,但是,这个"解放奴隶"很可能还没有取得罗马公民权。

如果按达契亚国王的要求,把这个非罗马公民的解放奴隶交出去,那么那位将军、元老院议员,同时也是共和制时代以来的名门之后的遗体就可以送回来了。

关于这段插曲,在罗马元老院拥有一席之地的希腊人、担任过行省总督的历史学家卡西乌斯·狄奥说过这样一句话:

"图拉真认为与其给朗基努斯一个葬身的坟墓,不如保证罗马帝国的尊严更为重要。"

图拉真记功柱上没有这一段插曲。浮雕接着前一年夏天,继续讲述在多瑙河下游取得阻击战胜利后的第二次达契亚战争。翌年,即公元106年春季,罗马军队开始反攻。这一年图拉真52岁。

(60)罗马军团集结在本都。这是阿波罗多洛斯指挥修建的大桥的起点。画面上,作为主要战斗力量的军团兵全副武装,身着随时可以投入战斗的装束。被他们簇拥着的图拉真正在主持简单的祈祷仪式,向祭坛献酒。他身后雄伟的图拉真大桥遮挡住了所有的背景。

(61)画面上是周边的部族酋长们在桥对岸的德罗贝塔出迎的情形。他们在达契亚国王势力强大的时候,曾经为选择投靠达契亚还是投靠罗马犹豫不决、踌躇不前。但是此刻,这些人的眼中流露出的是投向罗马的决心。

(62)罗马军团兵的行列、举着军旗的队伍正绵延不绝地在过桥,百人队队长走在各队的最前面。走在骑兵团最前面的是皇帝图拉真。背景有罗马士兵修建的城堡。至此,我们已经知道,罗马军队走的是与第一次战争时一样的路线。

图拉真大桥前集合的罗马军队

（63）这个画面描绘了前一年遭到达契亚人袭击后的残余部队与皇帝重逢的情形。这支部队在第一次战争结束后留在了达契亚。

画面上，这些士兵与随皇帝同来的士兵一样精神振奋。他们队伍整齐，正在前进，显示出士兵们也怀着和图拉真一样的决心。鼓着两腮吹奏笛子和喇叭的军乐队在为士兵们加油鼓劲。

（64）演讲坛上，图拉真带着幕僚们在进行战前动员。士兵们表情严肃，全神贯注地在倾听。站在演讲的皇帝后面的幕僚中，据说就有时年 30 岁的哈德良，他在图拉真之后继承皇位，成为罗马的皇帝。

（65）在以石结构做屏障的坚固城堡内，众人正围着皇帝召开作战会议。罗马军队中，除了幕僚及军团长级别的人之外，由行省出身的士兵构成的辅助部队的指

第一章　皇帝图拉真　｜　089

挥官、士官身份的百人队队长中的代表列席参加作战会议被认为是理所当然的事情。富有实战经验的指挥官的意见比"参谋本部"的高级将领们的意见更受重视。

(66)为了随时可以投入战斗,士兵们行军途中也戴着头盔。对面,是士兵驱赶着满载军粮的载货马车正在同方向行进。

(67)在这里,部队分成两路,说明图拉真围而歼之的战术拉开了帷幕。

(68)士兵们正在往要塞中搬运刚到的军粮。面前的行军队伍中有佩戴盔甲的军团兵、身穿皮革胸甲的辅助部队士兵、光着上半身的日耳曼士兵,以及来自东方的、穿着长及脚踝的长衣、身背箭筒的弓弩兵,显示出罗马军队是一个多民族的融合体。可以说,罗马的军队也是罗马帝国的一个缩影。

(69)士兵们全副武装,手持镰刀,正在收割麦子。这表明公元106年已经进入夏季。这个画面非常有助于我们对其他事情作出判断。

通常,受到进攻的一方,无论是为了储备军粮,还是为了军粮不被敌方抢去,都会提前完成收割。没有收割,是否意味着罗马士兵已经占领达契亚属地,并深入了首都萨米泽杰图萨附近呢?根据研究者们的推测,第二次达契亚战争中,图拉真投入了13个军团,加上辅助部队,组成了总计多达15万人的一支大军,远多于第一次战争的参战士兵人数。

(70)这个画面表现的是先行出发的辅助部队与达契亚军队的第一场接触战。下一个画面是达契亚士兵,无论是在城堡内还是在城堡外,得知罗马军队临近,都表现出极度不安的状态。

(71)在达契亚城堡前,罗马士兵和达契亚士兵之间展开了激战。达契亚士兵作战也很勇猛,但是,尸体遍地的白刃战的结果还是以罗马方面的胜利而告终。

(72)罗马军队的"网"正稳稳地、一点一点地在收紧。这个画面描绘的是一场攻防战,围绕建在首都周围的一个坚固城堡展开。此城堡的作用是为了保护首都萨米泽杰图萨。罗马士兵正在向城堡发起进攻,达契亚士兵在城墙上向下投掷石块进行防守。城墙下面是达契亚士兵的尸体,他们是被罗马士兵的箭射中后,从城墙上头冲下掉落下来的。大概在首都周围的其他城堡,也展开了同样的攻防战。

（73）图拉真利用攻防战的间隙，带着幕僚视察战场。对面是绵延相连的达契亚城墙。看得出来，在城墙的建筑手法上，达契亚人和罗马人并不相同。罗马式城墙使用的是长方形石材。与此不同，达契亚的城墙建设方法是把小石子嵌入木板或石板之间。不过，两者也有共同之处，就是在每个重要的位置上，都建有瞭望塔。达契亚的这种建筑方式用于环绕城市的城墙未尝不可，但是如果是建造大规模建筑物，却不适用。至于用于建桥，那是绝对行不通的。

这堵高高的城墙显然是攻城的障碍。因为相比较攻守双方，无疑在上面进行防守的条件要有利得多。毕竟那个时代还没有大炮。

不得不进行攻城战的时候，罗马军队通常运用三种战术：

一、挖地道，直抵城墙下面，然后用木材围住一个地方，里面放入可燃物并点上火。接着就是等待木材燃烧出现真空状态，导致上面的城墙坍塌。

二、用木材垒成与城墙等高的堡垒，或者建若干与城墙等高的高塔，把敌人压制在城墙内，以此解除自下而上进攻的不利因素。

三、作为攻城武器，向城墙抛掷直径达30厘米的石弹，摧毁城墙。同时，其他士兵以龟甲型的阵型，头顶盾牌一边注意护身一边接近城墙，并从被毁城墙的位置攻入城内。

针对达契亚的城墙，图拉真判断无须使用第一和第二种方法，有第三种就已足够。下一个画面描绘的是攻城武器已经运至集结完毕的士兵们身后。

（74）达契亚方面没有坐以待毙，他们冲出城门，向罗马军队发动了白刃战。面对冲在最前面杀入罗马军队的达契亚将领，罗马士兵好像显露出了一丝慌乱，尽管这只是在瞬间的事情。

（75）罗马军队的攻城行动并没有被城墙外的白刃战所牵制，他们终于成功攻入城墙内。画面上是攻入城墙的军团兵和协助攻城、正在射杀敌兵的辅助部队士兵们。

（76）城堡沦陷。达契亚贵族屈膝跪倒在率领幕僚们进城的图拉真面前。同样的场景，大概在以保卫首都为目的而建的其他城堡上也重复上演了。进攻的包围圈在不断缩小。

（77）首都萨米泽杰图萨终于进入了罗马军队的视线。这座城市的城墙采用了罗马式的石结构筑城方法。不知为什么，这里没有隔着城墙展开攻防战。出人意料的是，达契亚人竟然在城内四处放火。也许是已经意识到沦陷不可避免，他们不想把首都完完整整地交到敌军手中。

（78）在熊熊燃烧的街上，达契亚人表现出种种绝望神情。有人举着双手，咒骂命运对自己不公；有人抱头匍匐在地；有人从容喝下毒药；有人欲抱起毒性发作倒在地上的同伴。

这是一个集体自杀的场面。各种情形一一呈现在画面上，密度之大无愧于浮雕雕刻杰作的称号。

（79）还是集体自杀的场面。有一个体格魁梧、神情沉着的人，大概是一位将军。他站在前面，旁边放着一个装有毒药的壶。在他面前的是伸着手请求给自己毒药的达契亚士兵们。这位将军亲手把毒药递到每一位士兵手里。他背后是仰面倒在地上的一位达契亚年轻的士兵，可能喝过毒药后，药性发作了。双手抱着这个士兵遗体的大概是这位年轻人的父亲。

（80）选择出逃的达契亚人也很多，其中一人就是国王德凯巴鲁斯。出逃的情形非常混乱，称之为溃逃或许更合适。罗马军队则井然有序地在追击敌人。两者形成了非常强烈的反差。

（81）攻下敌人首都后，图拉真接见了跪倒在地、祈求宽恕的达契亚人。士兵们正在从敌人弃逃后的街上往外搬运战利品。

（82）一个大队长举着右手在向称赞士兵们勇敢作战的图拉真敬礼。士兵们好像已经在对自己的司令官高呼："大将军！"意思是胜利者。可见此时，罗马士兵们已经确信第二次达契亚战争的胜利已成定局。

（83）尽管胜利的结局已经不容置疑，但是罗马军队毕竟是罗马军队。军团兵又把石材扛在肩上，开始了在战略要冲位置上筑建堡垒。伐林修路的施工也在进行。同时，在较窄的河面，紧急搭建桥梁，继续追击达契亚人。敌人一路向北逃窜。

（84）达契亚士兵并非一味地只顾逃跑，趁着夜色袭击罗马士兵宿营地的达契亚士兵为数也不少。罗马士兵们在防备敌人的袭击。说达契亚士兵勇猛,不只是评价,而是事实。国王德凯巴鲁斯透过树丛看着这一切。

(85)尽管国王亲临战场,但是达契亚方面的战况看不出有一丝一毫的改善。达契亚士兵们只有一边提防着后面罗马军队的追击,一边继续向北逃窜。

(86)追击还在继续,图拉真不忘鼓励士兵们。

(87)罗马士兵们打捞出达契亚国王藏在河中的财宝,正在往马背上装,准备运回罗马。

(88)与此同时,达契亚国王德凯巴鲁斯把士兵们集中在森林里,向他们作最后一战之前的动员演讲。

(89)达契亚人再也不愿意听国王的话了。他们中有人乘机逃跑;有人把剑插入自己的胸膛试图自杀;有人伸着脑袋请同伴帮忙杀死自己;有人挥剑砍向求死的同伴;还有达契亚贵族跑到图拉真阵营里表示愿意投降,归顺罗马皇帝,并祈求饶命。至此,达契亚王国彻底土崩瓦解。

(90)只剩下少数骑兵的国王德凯巴鲁斯继续逃窜。罗马骑兵团继续追杀他。关于追杀国王的情形多达好几个画面。随着画面的推进,被射中落马的达契亚骑兵人数在不断增加。

(91)德凯巴鲁斯被四面八方逼近的罗马军队追得走投无路。达契亚国王齐马跪倒在一棵树下,举起短剑刺进了自己的胸膛。没有人试图阻止他自杀,相反,罗马骑兵好像眼睁睁地看着他自尽,也许是出于军人的同情心吧。但是,随后国王的脑袋被砍了下来。

(92)被反绑着双手的俘虏们和一位穿戴整洁的年轻姑娘——可能是国王的女儿,被带走了。

(93)银制大盘上放着达契亚国王的脑袋。两位军官端着这个大盘来请罗马皇帝鉴定。德凯巴鲁斯企图建立与罗马帝国并驾齐驱王国的梦想持续了不到20年。

(94)罗马军队对逃亡者的追捕行动还在继续。对追随达契亚与罗马作战的周边小部族也毫不留情。

(95)尸体堆积如山,成群的俘虏被带走。画面上的背景是群山,由此可见,

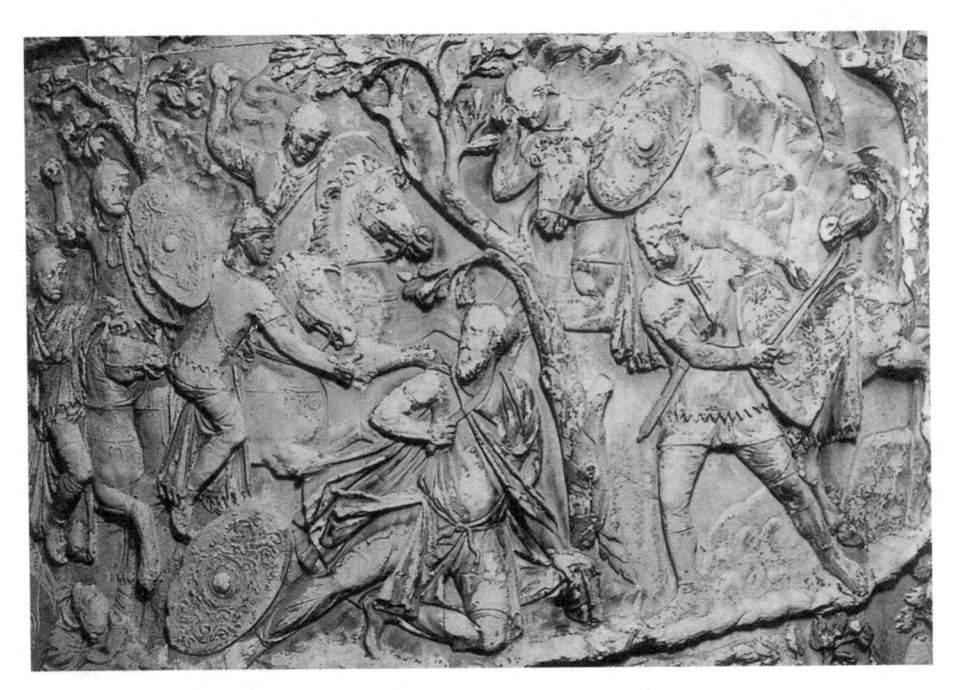

达契亚国王德凯巴鲁斯的末日

清除残余势力的战斗延伸到了达契亚最北端的山岳地带。

（96）达契亚人向着更北的方向继续行进。这些人没有被杀也没有被抓。但是，罗马军队禁止他们继续生活在祖先传下来的土地上。

长长队伍中的老人、女人和孩子们背井离乡，沦为难民。被这些人牵着走的有牛、猪和羊群。……

公元106年夏天，达契亚战争宣告结束。

凯旋

53岁的胜利者得胜归来，把首都罗马带进了狂欢的热潮之中。

达契亚王国的灭亡意味着这些年来变得越来越危险的敌人已不复存在。

图密善时代不得不吞咽下去的屈辱的和谈结果也成为了过去。

多达 5 万人的俘虏和达契亚国王丰盛的财宝，让罗马人在很长一段时间里都沉浸在胜利者的喜悦之中。

图拉真宣布将达契亚纳入罗马帝国的行省行列。

自从第一代皇帝奥古斯都禁止版图进一步扩大以来，罗马在帝制政体下，尽管防卫成了主要战略目标，但是并非没有纳入过新的行省。细数一下，就有小亚细亚的本都、加拉太、卡帕多西亚、科马根尼、巴勒斯坦的犹太、北非的毛里塔尼亚以及不列颠。只是，罗马人认为犹太变成行省是他们自食其果，因为他们发动叛乱，罗马人不得不在镇压他们的叛乱后将其纳为行省。其余各国，除了不列颠，都是他们的国王主动把自己的国家交给罗马，和平过渡成为罗马行省的。而且，这些王国都是罗马事实上的附属国。他们是罗马的同盟国，本来就在罗马的霸权势力之下。所以，他们变成行省，在罗马人看来，并没有什么新奇。只有不列颠变成行省是依靠军事力量征服的结果。也许你会觉得罗马人怎么会愿意花上长达 40 年的时间，去征服位于帝国最北部的国家呢？

图拉真征服达契亚的战争进行了两次，但实际作战时间加起来不过两年。但是，在罗马人看来，这次胜利与尤里乌斯·恺撒花了 8 年时间，用图拉真三分之一的战斗力，征服了包括现在的法国、比利时、荷兰南部、德国西部、瑞士在内的"高卢"，从而称霸这些地区留给他们的感受是一样的。也就是说，罗马人认为这是一次伟大的胜利。达契亚成为罗马帝国新的行省，足以让罗马人在相当长的一段时间里举起双臂，高喊"太好了"。

事实上，兼并了达契亚后的图拉真时代是罗马帝国版图最大的时代。正因为如此，图拉真才会模仿尤里乌斯·恺撒的《高卢战记》写下了《达契亚战记》，因为后者在其统治的共和制末期也极大地扩张了罗马的版图。

也许从即位皇帝时开始，图拉真一直很在意自己是第一位行省出身的皇帝。总之，他在所有事情上都表现得非常谦虚和谨慎。然而，在达契亚战争完胜以后，他不再低调行事。公元 107 年初举行的凯旋仪式以其盛大的规模和奢华的场面，让罗马人惊诧不已。

乘坐四匹白马拉的战车、身披嵌金丝的紫色斗篷、头戴绿色桂冠、体格高大魁伟的图拉真，在罗马人眼里也许是托付帝国命运的最佳人选吧。

走在他前面的载货车上是被囚的达契亚贵族们。仅仅在10年前，他们还向罗马要求为罗马的俘虏每人每年支付2阿斯，作为归还俘虏的条件。罗马人虽然不是一个记仇的民族，但是，没有人不会为内心的憋屈得到释放而感到畅快淋漓。

达契亚国王堆积如山的财宝不得不分装在几辆载货车上。图拉真宣布把这些财宝全部用于公共建筑事业上。

为庆祝这次战争胜利而举行的竞技和演出活动，也是帝国成立以来规模最大的一次。

在古罗马圆形竞技场举行的角斗比赛，据说有上万名角斗士参加，其中大多数

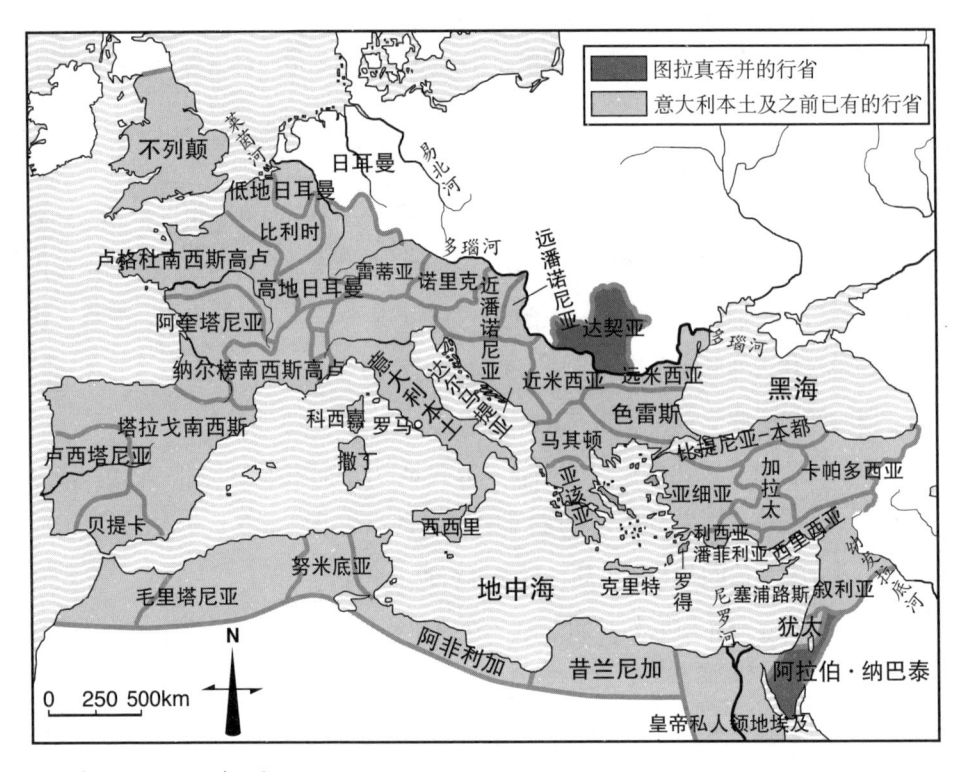

吞并达契亚后的罗马帝国版图

是被捕的达契亚士兵。有的俘虏不得不与在角斗士训练所接受过专业训练的角斗士角斗，最终难逃命丧赛场的结局。有的俘虏不得不与同伴角斗而在绝望中死去。

在圆形竞技场，还举行了野兽之间或人兽之间的角斗。为庆祝达契亚战争的胜利，据说共投入了 1.1 万头野兽。

如此壮观的场面整整持续了 123 天。其间，首都罗马一直沉浸在胜利的喜悦之中。在此期间，死去的达契亚俘虏不计其数。据说俘虏的总数达 5 万人。没有死的俘虏，等待他们的便是做奴隶的命运。

战后处理

图拉真皇帝没有单纯地把达契亚王国变成罗马行省，没有对曾经在多瑙河北岸耀武扬威并对罗马构成威胁的敌人进行清算，也没有要求他们臣服罗马。因为他想让他们从地球上彻底消失。

图拉真只允许战争初期早早表示愿意投降、发誓归顺的达契亚人继续居住在达契亚。对战败后的达契亚人，无论老人、女人还是孩子，不允许他们继续在故国生活，图拉真把他们全部驱逐出达契亚，远远赶到了喀尔巴阡山脉以北。多达 5 万人的俘虏和奴隶也被带离故国。达契亚几乎成了一个空国。

图拉真让生活在达契亚周边的人移居到这个几乎已经变成空国的地方。这些人不是来自同一个地方，而是很多地方。为此，达契亚居民的构成彻底改变，达契亚成了一个风俗习惯、语言表达互不相通的人们的混合体。于是，图拉真开始在他们中间普及罗马人的语言，即拉丁语，作为他们的普通话。我们知道意大利、法国、西班牙和葡萄牙的语言都是以拉丁语为母语发展起来的。而罗马尼亚远离这些拉丁语系国家，但是罗马尼亚语也属于拉丁语系。只要会意大利语，罗马尼亚语可以听懂一半左右，因为现在的罗马尼亚就是曾经的达契亚。

无论是翻译成《列传》，还是翻译成《英雄传》，这是一部希腊和罗马名人的传记作品，作者希腊人普鲁塔克出生于公元 50 年前后，死于公元 120 年至 125

年间。与公元 53 年出生并在公元 117 年去世的图拉真是不折不扣的同时代人，而且普鲁塔克为了写传记需要了解第一手资料，为此，他曾经多次前往罗马，并长期在罗马逗留。说他是图拉真皇帝统治时代的见证人之一毫不为过。同时，他与元老院议员们之间的交往也很频繁。

普鲁塔克说过这样一句话：

"罗马兴盛的主要原因在于他们同化战败者。"

尤里乌斯·恺撒征服高卢并成功地把高卢变成了行省，其后的高卢被认为是罗马行省化的模范，就是因为胜者恺撒实行了同化败者的政策。他允许战败者高卢人继续存在；原谅了在阿莱夏之战中把刀剑指向自己的人；同意高卢各部族继续生活在原居住地。不仅如此，他还兴建了罗马式大道，把高卢各城镇联系起来；赋予部族有权阶层世袭的罗马公民权；为部族长提供元老院议席。甚至还把自己的门第姓氏尤里乌斯赐给他们，使他们成为同族人。

恺撒遭暗杀后，他的继任者们继承了他的思想。他的开国方针成了罗马帝国行省统治的基本理念，他的政策得以稳固。也就是说，无论胜利者还是失败者，都是罗马帝国这一命运共同体的一员。如果不是这样，就不会出现图拉真即位皇帝的事情了，因为他身上流淌着的是曾经的失败者的血液。罗马过渡到帝制以后，再也没有发生过迦太基灭亡时候那样，把盐巴撒到沦陷的城市里使其变成不毛之地、全体居民沦为奴隶被带走的情况。

进入帝制时代以后，罗马继承了恺撒的行省统治思想。这种做法让来自曾经的失败之地的希腊人普鲁塔克为胜利者罗马人大献溢美之词。

那么，图拉真为什么要对达契亚的住民进行大换血，而没有采取同化当地失败者的政策呢？

难道是罗马度过兴盛期达到鼎盛期后，作为胜利者表现出来的傲慢自大吗？

或者是为了让罗马人从此彻底摆脱图密善时代被迫品尝到的屈辱的痛苦记忆？

如果不是这样，难道是图拉真和图密善皇帝一样，认为要从根本上解决达契亚问题，只能把它变成一片荒芜之地吗？

关于在达契亚变成行省的过程中对居民进行大替换的情形，与图拉真同时代的普鲁塔克和塔西佗都没有留下一句谴责的话。不仅如此，他们似乎对图拉真的所有政策主张都非常认同。

身为元老院议员的塔西佗出身于法国南部行省，希腊人普鲁塔克出身于希腊南部。这两个身世、背景迥然不同的人难道都超越了各自的出身、民族和社会地位，而对罗马帝国——他们现在的命运共同体——持有完全相同的感情吗？

为了作出客观评价，我想，我们有必要研究相关背景，来了解恺撒对高卢的战后处理和图拉真对达契亚的战后处理的不同。

恺撒所面对的是由近百个部族组成且各自为政的高卢民族。日耳曼民族恰恰是利用高卢民族内部相互间的不和谐关系，一次又一次地从莱茵河东部对它进行入侵。恺撒是这样忠告高卢人的："如果现在这种状况继续下去的话，结局不外乎两个——一是沦为日耳曼民族的奴隶，二是选择在罗马的同化政策下自由地生活。"

除了日耳曼威胁论这一张"王牌"外，恺撒还有另外一张牌——那就是高卢民族是由大大小小无数个部族组成的，它不是一个统一的联合体。

既然如此，各部族之间一定会发生利害冲突。每当出现利害冲突时，处于劣势一方的部族就会求助于莱茵河以东的日耳曼人，这也是日耳曼人侵高卢的原因之一。也许高卢人对此也早有意识，所以，他们把协调各方利益关系的任务交给了一年一度举行的酋长会议。但是，由于各部族势均力敌，协调工作很难开展下去。

恺撒在征服高卢后，允许高卢各部族酋长会议继续每年召开一次，只是负责协调的人即议长，换成了罗马人。这样做的结果是，自从罗马军队保护高卢人不受日耳曼入侵以后，他们开始由从前的狩猎民族转变成为安心劳作的农耕民族。

图拉真没有恺撒那样的王牌。首先不存在一个会从背后威胁达契亚的强大民族。同时，达契亚是一个统一的国家，而且它的统治者是一位很有能力的人。

恺撒实行的是同化战败者的政策，图拉真没有实行同样的政策。两者从方法上来看完全相反。但是，从结果上来看，这两种做法都取得了成功。尽管罗马在达契亚只驻扎了1个军团，但是，这个行省让罗马中央政府可以不用过多

第一章 皇帝图拉真 | 099

地操心。

当然，这不是因为征服了达契亚才得以有这样的结果。事实上，图拉真没有忘记在战争结束后继续巩固多瑙河防线的重要性。

首先是西侧相邻的莱茵河防线。从莱茵河河口经过日耳曼长城到雷根斯堡的这条防线被确定为帝国的国界线。多瑙河防线始于莱茵河防线的东侧。沿着多瑙河的流向，一直到下游，都有罗马的军事基地。罗马人说的"superior"和"inferior"，用在河流上，意思分别是上游的"高处"和下流的"低处"。此外，也用于表示距离罗马"远"和"近"的意思。

"近潘诺尼亚行省"有3个军团基地，分别位于维多波纳（今奥地利首都维也纳），距离维也纳30公里、地处下游的卡农顿（今奥地利佩特罗内拉）和布雷格提奥（今匈牙利苏尼）。

"远潘诺尼亚行省"——阿奎因库姆（今匈牙利首都布达佩斯）。

"近米西亚行省"——有辛吉杜努姆（今贝尔格莱德）、维纳提乌姆（今科斯托拉茨热）2个基地。

"远米西亚行省"——有诺维伊（今保加利亚斯维什托夫）、杜罗斯托鲁姆和河口附近的特劳埃斯米斯3个基地。

"达契亚行省"——有艾普伦（今罗马尼亚阿尔巴尤利亚）基地。

以上共计有10个军团基地，驻扎的军团数量也是10个。4个行省分别派驻一位元老院议员担任总督。作为主力部队的军团兵达6万人，加上辅助部队士兵，从多瑙河中游到下游的区域内共部署了多达12万人的兵力。

达契亚王国昔日的首都萨米泽杰图萨更名为"萨米泽杰图萨的图拉真殖民都市"。大批参加过达契亚战争的期满退役士兵住进了这个城市，目的是希望他们成为达契亚行省经济建设的主要力量。同时，一旦发生变故，他们还可以成为保卫城市的后备力量。此外，图拉真还在位于多瑙河河口附近的阿达姆克利西山上修建了一座胜利纪念碑，隔多瑙河睥睨北方。

上述举措所取得的成果有如下几项：

一、确立了罗马帝国的北方防线。

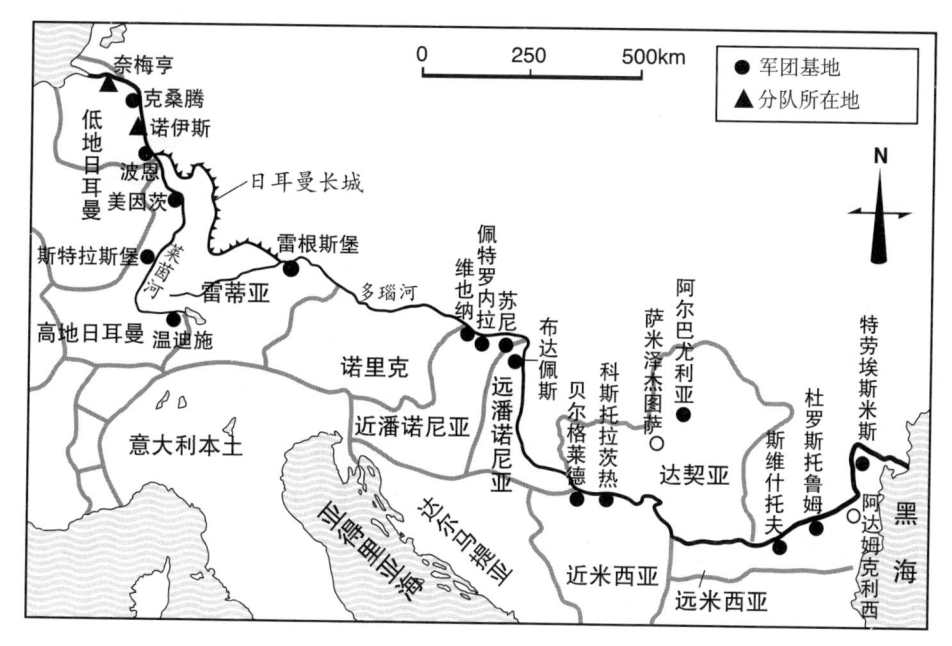

莱茵河、多瑙河两河流域的防线

二、稳定了历史上以多民族聚居为特点的巴尔干地区。

三、作为东方与中欧的物资中转基地，黑海西岸的希腊系各城市变得更加活跃。欧亚之间通过多瑙河也能够进行交流了。

不用说，达契亚变身行省后也建起了罗马式的基础设施网。即使在150年以后蛮族大举入侵的时代，达契亚依然为罗马帝国起到了防波堤的作用。

达契亚战争结束后，图拉真获得了普通公民、元老院、军队以及各行省的支持。同时，他的行省出身这一原本的不利因素也渐渐转变成为有利因素。对此，图拉真比任何人都看得清楚。

公共建筑事业

一个人开展工作的方法我想大致可以分为以下两类：

一类是一件一件地去完成。

另一类是把所有事情都考虑进去，然后同时进行。

以代表文艺复兴时期的艺术家为例，列奥纳多·达·芬奇属于后者，而米开朗基罗则是前者。当然，这不是说他们的工作方法总是一成不变的。事实上，这种划分有一个前提，就是"基本上"如此。

罗马五贤帝中，图拉真和哈德良被评价为最重要的两个皇帝，这是所有人一致公认的。根据上述论点，对于这两个人的工作方法也可以进行分类。基本上，图拉真的工作开展方法属于米开朗基罗类型，而哈德良则属于列奥纳多类型。如果要写他们，显然，米开朗基罗的类型写起来要容易得多。

只是，艺术家是"个体"，他们的工作方法更多是基于他们的性格。但是，作为"公众人物"，对于皇帝工作方法的划分，绝对不能说是纯粹地基于他们的性格。因为，作为一位皇帝，如果没有突发事件，他可以有充裕的时间去一件一件地完成每一项工作。但是一旦发生紧急事态，他必须优先解决新的突发问题。如果图拉真即位的当时，幼发拉底河前线乌云密布的话，估计他也不可能把心思只花在解决达契亚问题上了。我想，这两位皇帝最大的幸运在于他们之前的皇帝都很好地履行了各自的职责，这才使得他们有了依自己的性格开展工作的可能性。

图拉真虽是公众人物，却以个人的方式发起了达契亚战争。让我们回顾一下战争结束后，与图拉真同时代的哲学家克瑞索托提出的"罗马皇帝的三大职责"。把它们翻译成现代语言就是：

一、保障边境安全；

二、维护国内政治秩序；

三、完善基础设施建设。

就第一条而言，图拉真一定认为由于达契亚问题的解决和随之确立的多瑙河防线，这一职责已经顺利完成。

从第二条工作的性质来看，就算图拉真希望早日完成，也是不可能做到的。这一条不适宜采用第一类工作方式。只要他在位一天，就必须踏踏实实地坚持做下去。

至于最后的第三条，事实上，从公元107年至112年的6年多时间里，图拉真都在全力以赴地努力完善基础设施的建设。

当时，罗马各方面的情况都很好，非常有利于开展基础设施建设。

一、维持防线需要经费，但是战争所需费用更高。随着达契亚战争的结束，罗马帝国得以从庞大的战争费用开支中解脱出来。

二、在短时期内，不能指望生活在达契亚行省的居民可以缴纳行省税。因为绝大多数居民都是外来的，所以在这些人的基本生活状态稳定之前，不能向他们征税。尽管有一小部分达契亚人被允许继续居住在达契亚，但是他们饱受战乱之苦，与那些移民们一样，他们也必须从头开始。还有一部分新居民是罗马军队的期满退役士兵。他们是罗马公民权所有者，不是行省税的纳税对象。

从共和制时代开始，罗马的税收制度规定，刚刚成为行省的地方、经济状况恶化的时期以及遭受地震、火灾、洪水等自然灾害的地方，可有几年免除收入的10%的行省税。同时，原本5%的关税和1%的营业税也减至原税额的三分之一或二分之一。这个制度同样适用于达契亚行省。所以，尽管是暂时的，但是来自达契亚行省的税收应该难以满足驻扎在达契亚的1个军团所需的经费。话虽如此，征服达契亚还是给罗马人带来了不小的经济利益，足以让他们对行省税忽略不计。

三、达契亚地区有以金银储量丰富的矿脉而闻名的矿山。

四、达契亚国王德凯巴鲁斯积攒下来的、数量庞大的财宝。

图拉真一心一意建设的无数公共建筑事业，其财源都出自第三条和第四条。还有一个重要的因素，即第五条。这一条为图拉真兴建的各项公共建筑更加实用、美观、宏伟起到了重要的保障作用。

五、以阿波罗多洛斯为首的建筑师和工程师们，可以投入一项又一项的公共建筑事业建设中了。

达契亚战争结束后，多瑙河沿岸不再需要这些人。因为殖民城市的建设和一般规模的基础设施建设，有军团随团的技术人员和士兵就足够了。

其结果是，不仅在首都罗马和意大利本土，甚至在帝国整个疆域内都掀起了公共建筑事业的高潮。其规模之大和数量之多，让我在查证这些建筑的过程中累得疲惫不堪。如果要悉数列举出来的话，恐怕用上 20 页稿纸也不够。因此，我只列举其中比较著名的几个。这些建筑给了我极大的震撼——一位皇帝和一位建筑总工程师，这两个 50 多岁的人，他们的激情、他们的魄力、他们的执行力彻底折服了我。建设横跨多瑙河这条大河之上的图拉真大桥所体现出来的高超的工程技术、推崇外形壮观的设计风格和重视实用性的建造方式等等，在当时的帝国全境内遍地开花。我想图拉真这个男人在对待公共建筑事业的态度上也与其对待战争的态度一样，表现出的是磅礴大气。他亲自主持的工程大多数集中在首都罗马和意大利本土。当然，这并不意味着他有意要拉开意大利本土与行省之间的差距。同他所制定的所有其他政策一样，图拉真的真实想法是，首都罗马应该是帝国所有城市的楷模，意大利本土应该是所有行省的榜样。

前面已经提到过，相关文献史料少之又少是历史上的图拉真的一大特点。既然如此，人们很自然会产生疑问：我们是怎样确定公元 107 年至 112 年间他主持的那些工程的？凭什么说我们掌握的情况还相当准确呢？

自从实行帝制以后，罗马的职业分工又进了一步。当然与现在的企业相比，还没有走出手工业制作的阶段，但是已经走出了家庭作坊的阶段。以建筑市场为例，所需资材分别由不同的专业工厂提供，这样的做法在当时已经很平常了。

建筑物的主体是砖块。公元前 2 世纪就已发明了混凝土制造方法的罗马人，采用的建筑方法是用混凝土把一块一块的砖垒砌起来，这就有了基本墙体。墙体建成后刷上灰泥，然后在灰泥表面或画画，或张贴大理石板。至此，墙体才算全部完工。因为所需砖块数量惊人，所以，制砖工厂自然生意兴隆。

这些制砖工厂为了保证产品质量，要在砖块上压印工厂名称和制造时间等，然后再进行烧制。这就是商标。因为是在砖块尚未变硬的时候压印上去，然后再烧制的，所以只要砖头在，商标也就留下来了。当然，并非每一块砖都有商标，应该是每包砖头中有一块印有商标。这一点，从带商标的砖块数量上可以推测得出来。

有一些学术论文专门研究了印在罗马时代的砖块上的商标。这些研究结果表明，公元前 1 世纪中叶尤里乌斯·恺撒时代就已经有了这种带"商标"的砖块。实行帝制后，从尤里乌斯—克劳狄乌斯王朝到弗拉维王朝，每经历一个王朝，这种砖块的数量就会有所增加。到了公元 2 世纪的五贤帝时代，它们的需求数量进入鼎盛时期，到了 3 世纪开始减少，直至 4 世纪几乎销声匿迹。

印有商标的砖块

需求量的变化和随之出现的行业分工化趋势大概是经济发展状况的风向标。如果真是这样，我们就可以知道 4 世纪基督教的兴起极不利于经济的繁荣。既然基督教重视来生甚于现世，我们自然无话可说。但是对于图拉真时代的罗马人来说，他们看重的只是现世。掀起基础设施建设高潮应该是他们自信心大爆发的一次体现。

也许有人又会提出另外的疑问：就算印在砖上的商标让我们了解到砖块制作的时间，但是，我们又如何知道它们用于建筑的年份呢？为什么说关于建筑物的建造时间，我们"掌握的情况还相当准确"呢？

考虑到现代社会有库存的可能，产生这样的疑问自然无可厚非。但是，与建一座医院需要花上 30 年时间的现代意大利人相反，古罗马人的施工速度非常快。就连圆形竞技场也只用 4 年时间就建成完工了。建设横跨多瑙河这条大河的图拉真大桥也只花了 1 年多一点的时间。不难想象，砖块未待入库就直接从工厂送到了施工现场。因此，我认为制造时间和使用时间之间，应该相差无几。

当然，从开工到完工，时间跨度达 10 年以上的情况也不少。这种情况，通常是加上了装修的时间，因为对细节处的装修非常耗费时间。通常情况下，完工仪式要在所有工程都结束，能够投入使用时才举行。

为什么罗马人的施工速度如此之快呢？那是因为他们是一个重视生产效率的民族，甚至有学者称罗马人是"效率狂"。

前面已经说过，我想就在这里选择几个图拉真主持下兴建的公共建筑中影响较大的进行介绍。首推的应该是"图拉真大浴场"（Thermae Traiani）。这个大浴场占据了整个奥比欧山丘。这座山位于罗马七个山丘之一的埃斯奎里山西侧。就在这座山丘的西南，已经有一个大浴场，是提图斯皇帝修建的。这两个大浴场的建成，使得尼禄皇帝修建的"黄金宫殿"的主体部分被完全埋入了地下。

无须多加说明，罗马式的"浴场"，除了洗浴设施，更是一个集各种娱乐设施为一体的娱乐中心。按照罗马人的生活理念，他们把一天分成了"工作"（negotium）和"休闲"（otium）两大部分。"浴场"向他们提供了消磨闲暇时间和保持个人卫生的两大功能。建设图拉真大浴场用了两年时间。浴场需要大量的水，由于可以利用尼禄兴建的"黄金宫殿"的水渠输送，所以无须修建新的水渠。

但是，图拉真还是修了一条新水渠。这条水渠建在自西进入罗马的古罗马大道沿线，目的在于提供工业生产用水。台伯河右岸后来有了梵蒂冈，南边是一大片平民居住区，叫"特拉斯特维雷"，意思是"台伯河对面"。在罗马时代，右岸除了富人们临河而建的住宅外，还有卡利古拉皇帝兴建的竞技场。此外，大多数手工业者也生活在这个地区。特拉斯特维雷已经有一个第一代皇帝奥古斯都修建的蓄水池。图拉真在它的北侧，也就是现在的梵蒂冈东面，与该蓄水池毗邻处又修建了一个蓄水池。与奥古斯都一样，他的政策是要振兴台伯河以西开阔地带的工业。水首先被引到蓄水池贮存起来，然后再输送出去使用。所以池里的水不是饮用水而是工业生产用水。不过话说回来，引来的水质原本是可以饮用的，在被直接引入蓄水池之前，这些水曾经是用做饮用水的。

罗马人把这种城中蓄水池叫做"海战表演池"（naumachia）。因为在庆祝蓄水池完工的时候，奥古斯都把船开进蓄水池进行了一次海战表演，供市民们欣赏。很可能图拉真也模仿了第一代皇帝的这一做法，只是，奥古斯都在位的44年间，海战表演只进行过一次。与"蓄水池"相比，"海战表演池"的名称更令人心动，于是这个称呼就固定下来了。"奥古斯都海战表演池"和"图拉真海战

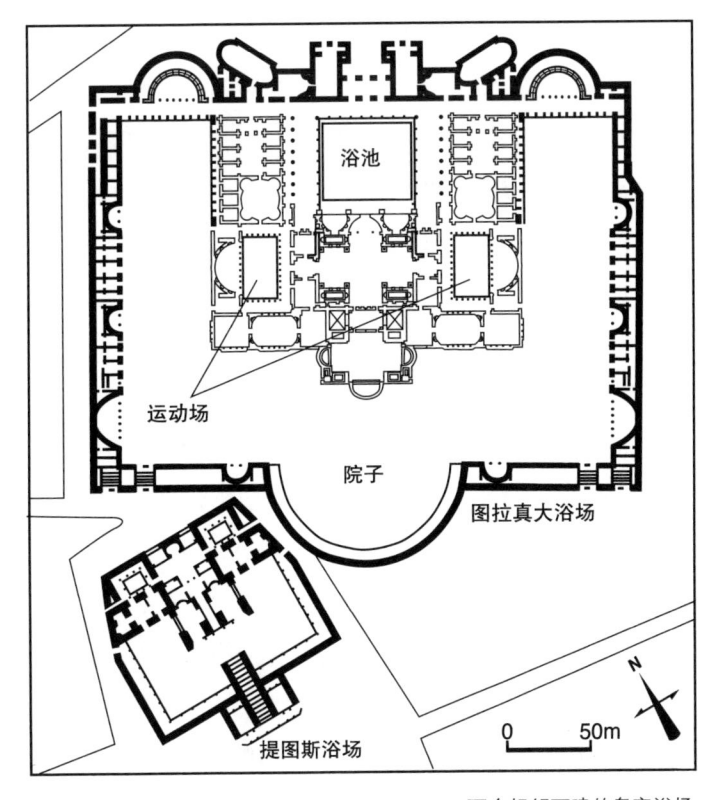

两个相邻而建的皇帝浴场

表演池"指的都是工业生产用水的蓄水池。

不管怎么说,图拉真在首都罗马兴建的公共建筑物中,最著名的当属"图拉真广场"。这一大型建筑物是建于古罗马广场附近的、皇帝们兴建的广场中的最后一个广场,也是规模最大的一个广场。在了解了有关它的背景知识后,站在这个遗迹上,除了感慨,我忽然想到一句不知是谁说过的话:"大就是好。"我于是情不自禁有了想笑的冲动。一想到图拉真和阿波罗多洛斯二人的组合,竟以如此规模的杰作作为收官之作,我忍不住笑了。图拉真广场不仅雄伟,而且非常壮观。它的气势彻底征服了我,同时它的美也让我深深折服。

以浮雕的方式再现了达契亚战争的图拉真记功柱就建在这个广场里面。

现在我们称做"皇帝广场"的一带和古罗马广场(Forum Romanum)一同成为

帝国统治的中枢，是在共和制末期，即尤里乌斯·恺撒进行扩张事业的时期。共和制时代，国家的中枢机关只有位于埃米利亚会堂和元老院南边的古罗马广场。

恺撒首先重建了元老院会场。接着，在元老院会场北侧，兴建了"恺撒广场"。夹在元老院会场和埃米利亚会堂之间的道路通往苏布拉平民区。

"广场"（Forum）这一名称，很难翻译成日语这种没有受到拉丁语影响的语言。词典的解释是"位于古罗马城市中心的大广场，是政治、经济、司法的中心，也用做商业交易、审判及市民集会的场所"。它是一个公共场所，日语吸收了这个意思，甚至把纯粹说话聊天的场所也命名为"广场"。就像前面讲述的那样，古罗马广场内建有行使政治权力的元老院议事厅、可用于审判或商业交易的大厅、神殿（神殿的下面是国库）、用于集会演讲的讲坛，以及凯旋门和胜利纪念碑，它同时起到点缀市容的作用。也就是说，一旦有什么事情，这里就是市民们聚集起来的地方。

"广场"因恺撒的设计而成为具有独特罗马风格的建筑式样，它把古罗马广场具备的这些功能都集中到了一个地方。形状呈长方形，一条边建有神殿，另三条边建有带顶的双层列柱走廊。走廊内侧是商业交易的办公室和店铺，还有不少私塾学校。被神殿和走廊围起来的内部是广场。中央矗立的是一尊兴建该广场的人的骑马像，即恺撒的骑马像。神殿前面的台阶在面向人群演讲时用做讲坛。

也许你会认为这个广场的建设者是最高权力者，因此这个地方是神圣的，应该充满肃穆的气氛，有卫兵站岗护卫，普通百姓极少光顾。然而事实恰恰相反，除了有祭祀仪式的日子这里的气氛略显严肃外，其余时候，男女老少在这里频繁穿梭，热闹异常。这就是古罗马广场，也是恺撒心目中的"广场"。

尤里乌斯广场（Forum Julium），也就是恺撒广场的建造理念，连同恺撒在其他诸多方面的想法一起，被他的继任者们继承了下来。继恺撒之后修建广场的是奥古斯都皇帝，所建广场叫"奥古斯都广场"（Forum Augusti），其规模是恺撒广场的近两倍之大。我想，至少在规模上要超过前人的这种虚荣心，我们应该给予谅解吧。广场的基本形状未变，只在左右两侧分别加出两个半圆状的布局式样。

下一位在这里修建"广场"的是韦斯帕芗皇帝。经历了尼禄皇帝死后的内战，又镇压了犹太叛乱的这位皇帝，修建的广场没有冠以自己的名字，而是选择了用"和平广场"（Forum Pacis）这个名称。

韦斯帕芗皇帝兴建的和平广场和奥古斯都广场之间有一个窄长的空间，韦斯帕芗的次子图密善皇帝把它变成了"广场"。这原本是一条苏布拉地区通往古罗马广场的道路，他把这条纯粹的通道升格成了有神殿和列柱走廊环绕的广场。这条路彻底改变了模样。原先的石板路变身"广场"后，铺上了大理石。罗马百姓前往古罗马广场的时候，就像走进大宅邸的列柱大厅，他们就穿着草鞋从大理石的地面上走过。

因为图密善皇帝死后被处以"记录抹杀刑"，加上完工时间是在下一任皇帝涅尔瓦在位期间，所以这个细长形的广场就被命名为"涅尔瓦广场"（Forum Nervae）。

图拉真也决定建一个"广场"。但是可以用来建广场的地方只剩下奥古斯都广场的西北侧。西南是卡匹托尔山，前面的空地已经被恺撒广场占据，东

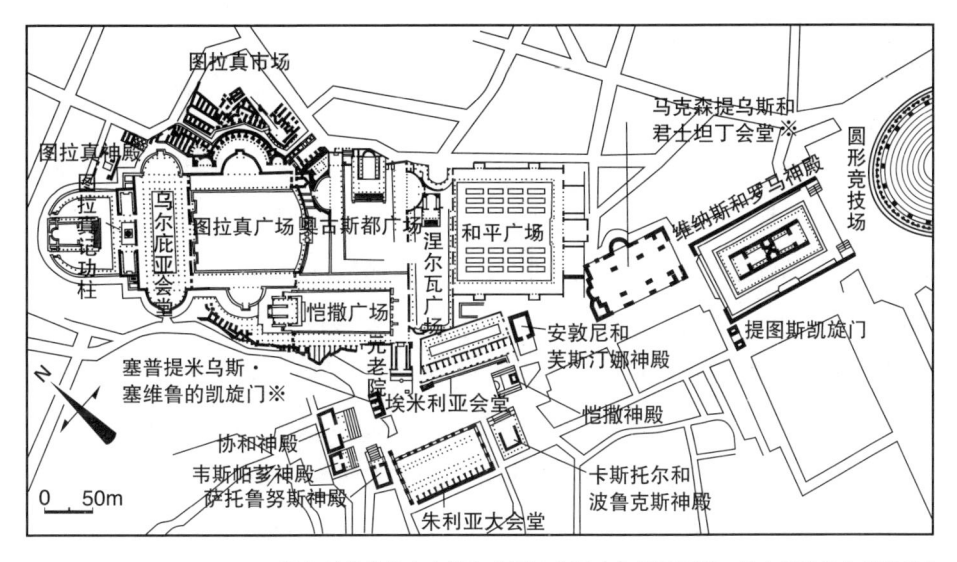

五贤帝时代的皇帝广场和古罗马广场（为便于区别，后来的建筑上标了※）

第一章　皇帝图拉真 | 109

印有图拉真广场入口的硬币

北是苏布拉平民居住区。和平广场的东南在其延长线上有圆形竞技场，中间过于狭窄。如果建在奥古斯都广场的西北侧，同样过于窄小，因为背后有奎里尔诺山连绵的山脊阻碍。

图拉真希望建一个比所有前任皇帝广场都要大的广场，建筑师阿波罗多洛斯帮助他实现了这一愿望。他采用了一个极其大胆的方法，把奎里尔诺山山脊线以下的山坡削平，并在下面开辟出一大片平地。

图拉真和阿波罗多洛斯这两个人的性格实在有很多相似之处：为了修建大道，他们可以削去多瑙河沿岸的岩壁；为了修建阿皮亚大道的支线以缩短距离，他们也可以削去特腊契纳的山腰。总之，凡遇到阻碍时，两个人都会不约而同地选择正面突破而不是迂回解决的方式。也正因为如此，他们得到了五倍于奥古斯都广场的土地面积。

但是，图拉真想要的不只是比所有前任皇帝广场都大的广场，他还想要一个拥有更多功能的"广场"，是所有前任皇帝广场都不具备的。阿波罗多洛斯同样满足了他的这一要求。

人们来到图拉真广场，最先进入眼帘的是列柱。穿过列柱进到里面，出现在人们眼前的是地面铺着大理石的巨大广场。广场的三条边都用双层列柱走廊围绕着。这么多的圆柱连成一片，气势非凡。列柱内侧是办公场所和店铺，左右是连通的半圆形建筑，这里是孩子们上学的学校"艾萨多拉"。正面高出几个台阶的是乌尔庇亚会堂（Basilica Ulpia），建有屋顶，可以遮阳挡雨，地面是色彩斑斓的大理石。这里用于商业谈判或审判。乌尔庇乌斯是图拉真的家族姓氏。

会堂对面沿墙而建的是公共图书馆，里面有陈列卷轴读本的书架。图书馆分左右两个馆，一个馆陈列的是希腊语读物，另一个馆陈列的是拉丁语读物。

通过螺旋上升的浮雕描述达契亚战争的图拉真记功柱就建在这两个图书馆的

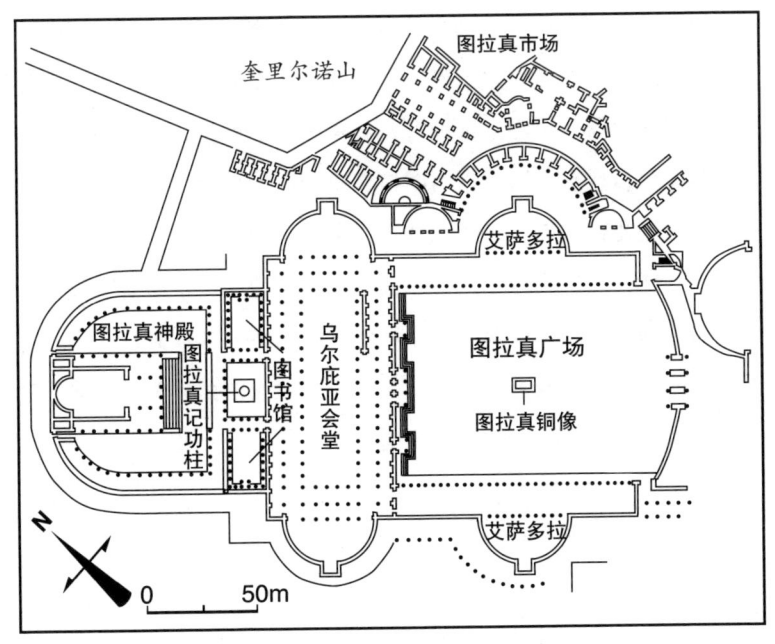

图拉真广场全貌

中间，而没有建在从远处也能看得到的广场中央。大概是为了方便人们既可以从下面往上看，也可以在会堂和图书馆的台阶上就近欣赏吧。除去基座，高达40米的圆柱上面，是身穿军装的图拉真铜像。只是在进入基督教时代后，圣徒彼得的铜像取代了它。圆柱下面是图拉真和他的妻子普洛蒂娜死后埋放骨灰的地方。在公共建筑物下面是为捐造者事先建造好的墓地，这样的做法不仅在希腊本土，而且在希腊人定居的小亚细亚西部，自古就有。一定是希腊人阿波罗多洛斯把这一习惯用到了图拉真记功柱的建造设计上。

图拉真记功柱的里侧，计划要建一座三面用列柱走廊围起来的神殿。这是献给神君图拉真的，建造任务自然落在下一任皇帝的身上。只要没有意外的变故，罗马皇帝通常会被神化。大概图拉真从没怀疑过自己也会被神化吧，因为他为后任建这座神殿预留好了位置，同时还留下了阿波罗多洛斯设计的图纸。他确实是一个思维缜密的人。

第一章 皇帝图拉真 | 111

与在多瑙河上修建石桥的时候一样，阿波罗多洛斯充分发挥出自己的才能，让委托人图拉真的名字永留青史。他在削平奎里尔诺山的斜坡上建了几个人工平台，形成一大商业中心。这种有效利用斜坡的做法，即便对现代的建筑师们依然有借鉴作用。现在，这一带叫图拉真市场，顺着奎里尔诺山下行的路可以进入这里。因为是建在斜坡上，所以站在这里，下面的广场一览无余。

就这样，图拉真的愿望得以圆满实现，他建成了所有前任皇帝都无法与之相媲美的广场。首先，规模之大非以前的广场所能及；其次，不仅有会堂，还有图书馆和描绘达契亚战争的圆柱，甚至还有巨大的商业中心。除了这些，广场中央还矗立着驾驭四匹战马的图拉真铜像。

罗马时代的广场不是为了军队的阅兵仪式而建，它是人们集会、工作和学习等日常生活的场所。只有这样的生活场所才是真正的"广场"，这就是罗马人的观点。

在过去了1900年后的今天，我们已经很难想象出如此雄伟、壮观的图拉真广场的全貌，以及以它的建成作为收官之作的皇帝广场的全貌。

必须一提的是，一心为了在德国人无论如何也不可能拥有的场所向希特勒展示军队阅兵仪式，墨索里尼在这里铺了一条宽阔的大道，使得皇帝广场横遭分割。我们知道，右边可以看古罗马广场、左边可以观皇帝广场、正面可以眺望圆形竞技场的这条路是独一无二的。尽管墨索里尼在努力保护罗马时代的遗迹上面花过不少气力，但由于铺建了这条左右两侧配有绿地的大道而遭人痛批。现在，道路的左右两侧一直在进行考古挖掘作业。可是，只要不拆除这条墨索里尼命名为皇帝广场大道的路，那么要想完全复原罗马时代的中枢完全没有可能。倘若不能完全复原，那么要想象其全貌终究是难事一桩。事实上，韦斯帕芗的和平广场已经被其他建筑物挡得严严实实，建在图拉真神殿上面的建筑也不可能拆除。所谓考古学，就是在这种状态下展开工作的一门学科。通过研究及调查获取的知识必不可少，但是，仅此远远不够。最重要的是在掌握知识的前提下还要加上想象力。

为此，我想说三个常识性的问题。当你站在遗迹上的时候，或许对你会有所帮助。

第一，罗马人建造的所有建筑物，都是把人类的存在放在第一位进行设计的。只要想象一下圆形竞技场可以容纳 5 万人的情况，也就不难理解为什么那种规模对圆形竞技场来说是最合适的。电脑制图只能为我们提供模拟的"盒子"，却无法让我们体验到"盒子"加"人"的感觉。

第二，在现代人类活动的区域内保留下来的遗迹，大多数都在 5 米以上的低洼处。但是，古罗马广场和皇帝广场却不是一开始就建在低洼地上的。罗马帝国灭亡后的 1000 年间，由于建筑物的倒塌，石头、砂砾的不断堆积，导致地面上升。后人就在新形成的地面上，建起新的建筑物，铺设新的道路，遗迹随之被掩埋。19 世纪中叶，在这里进行了挖掘工作，终于重现了旧时的原貌。也就是说，到了现代，古代罗马的地上一层变成了地下一层。

第三，现在我们看到的遗迹，不是因为漫长岁月的风吹雨淋等自然侵蚀所造成的。进入基督教统治时代后，这些遗迹被看做是异教的象征，成为他们泄愤的对象，也成了建筑资材的最便捷的提取场。雕像、圆柱、多色大理石地面、刻有浮雕的墙面，能拆的都被拆走了。甚至贴在墙上的大理石板，因为容易揭下来，也全部被拿走了。石材本来就是切割好的，所以揭下来就可以直接用做建材。

如果你想看罗马时代的圆柱，与其找它的遗迹，不如直接去基督教教堂。不仅方便，还能看到很多。这就是当今的现实。即使在讴歌古代复兴的文艺复兴时期，尽管对古代建筑资材的使用上不尽相同，但是遗迹被看做建筑资材的提取场的情况和以前没有任何不同。在当时，唯一的例外是米开朗基罗把戴克里先皇帝的浴场中部分变成了教堂。除此之外，没有一处逃过变成建材提取场的命运。甚至连圆形竞技场也只剩下了三分之一。原因据说也是因为能取走的都取走了，留下来的只有混凝土加固过的砖块。因为只有这些东西既无法取走又没有可再用的价值。但是，尽管如此，依然有人把它们挪做了墙体。图密善皇帝的竞技场（今纳沃纳广场）周边公寓的墙就是原本用来支撑竞技场观众席的墙体。

连美国人都说，图拉真是务实的罗马皇帝中尤其务实的一位。他建造的所有公共建筑都具有实用性。在首都罗马以外，我最先想说的就是奥斯提亚港湾的建设。

罗马不靠海，所以需要在台伯河河口建港口。图拉真首先把奥斯提亚建成了港口。奥斯提亚本来就是一座临河的城市，没有船只避风港。再有，因为台伯河的水流从上游带来的沙土，海岸线不断向海里退去。因此船要在奥斯提亚靠岸，必须沿河逆流而上。为此，来自东方和非洲的大型船只能到那不勒斯附近的部丢利（今波佐利）靠港，在那里卸下物资，再通过阿皮亚大道运往罗马。

尤里乌斯·恺撒最早意识到首都罗马附近需要有一个可供大型船只安全靠岸的港口，克劳狄乌斯皇帝把他的这一想法变成了现实。关于当时的建筑情形，在《罗马人的故事7·臭名昭著的皇帝》中已经作了详细描述，在这里不再重复。然而，到了半个世纪后的图拉真时代，鉴于港口的吞吐量以及其他情况，有必要对港口进行改造。

图拉真和阿波罗多洛斯在克劳狄乌斯港再往里的位置，新建了一个六角形的海湾状码头。六角形的每个边都可以横向停靠船只。码头上还建了仓库。就这样，这里变成了一个完美的港口。不仅避免了顺河而下的泥沙淤积，还能同时停靠多艘船只并装卸大量货物。在有了这样的新的运输体系后，大船上的货物卸到小船上，通过运河，进入台伯河，再逆流而上运至罗马。

罗马帝国灭亡以后，这个港口随之荒弃。现在，克劳狄乌斯港已经完全被埋在地下，图拉真港成了一个六角形的池子。从被叫做"霍萨图拉真"（Hossa Traiana）的图拉真港到台伯河的运河也名存实亡，只有近海捕鱼的小渔船还会利用这条运河。这个曾经是地中海最大的港口，现在只用于从渔船上卸下供罗马人吃的鱼这类东西了。

图拉真是一个实用主义者，他并不满足于只修建奥斯提亚港一个港口。因为无论什么事，仅靠一个方案很难从根本上解决问题。所以，图拉真在另外的地方又建造了三个港口。其中两个此前曾经是渔港，他把它们改造成正式港湾。另一个则是完全新建的，之前那里是一个空无一物的地方。

第一个曾经的渔港所在地是安提乌姆（今安齐奥）。因为这个地方建有皇帝别墅，又是卡利古拉、尼禄出生的地方，所以，已经有小型的港口。图拉真把它改造成了避风港。地中海的风向随时都在变化，当时船只遇难的主要原因就是遭

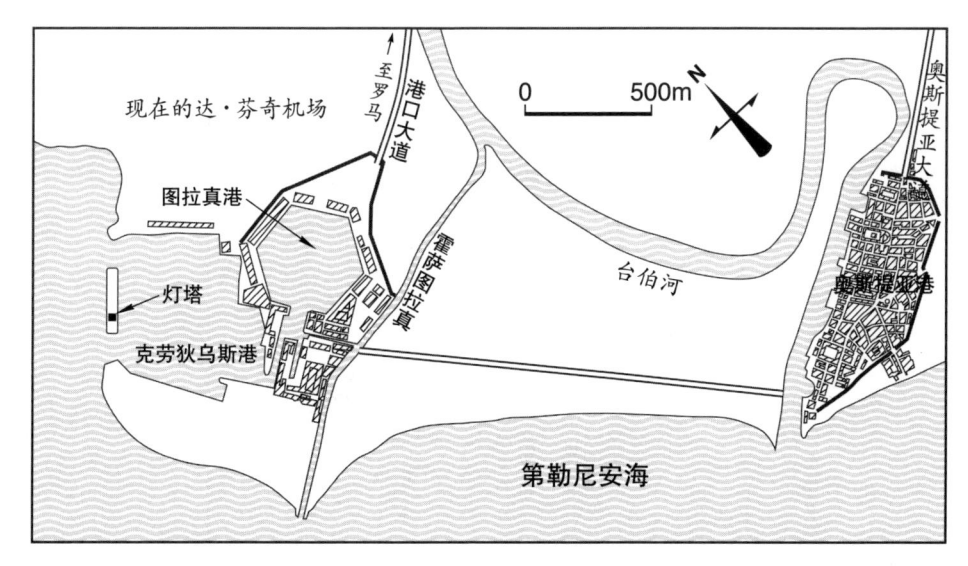

图拉真皇帝改造后的奥斯提亚港湾

遇暴风雨。之前，船只遇到暴风雨，只能想方设法开往奥斯提亚港。图拉真为他们的船只提供了躲避暴风雨的场所。

泰拉奇纳（今特腊契纳）港兼具避风港和装卸港的双重用途。因为从特腊契纳到罗马有一条几乎笔直的阿皮亚大道。

这两个港口位于罗马南边。位于自罗马向北的罗马大道沿线的森图姆塞利（今奇维塔韦基亚）的港口是图拉真新建的港口。这里同样兼有避风港和装卸港两种功能。森图姆塞利这个名称本身就是"仓库很多"的意思。由于该港口的建成，当时负责向首都罗马供应小麦的、来自科西嘉和撒丁岛的船只可以直接进入奇维塔韦基亚港口，航路缩短了许多。在这里卸下的货物再通过罗马古道运往罗马。为此，奥斯提亚港的负荷量大大减轻，也为来自东方和北非的船只提供了方便。

意大利半岛一直伸向地中海中部。罗马从共和制时代开始，作为主要粮食的小麦一直是依赖海外进口。长筒靴形状的意大利半岛东侧是亚得里亚海，西侧是第勒尼安海。亚得里亚海的一侧有意大利中部的拉韦纳和安科纳（现在还用此名称），意大利南部已经有巴里乌姆（今巴里）、布伦迪西姆（今布林迪西）、特兰

第一章　皇帝图拉真　| 115

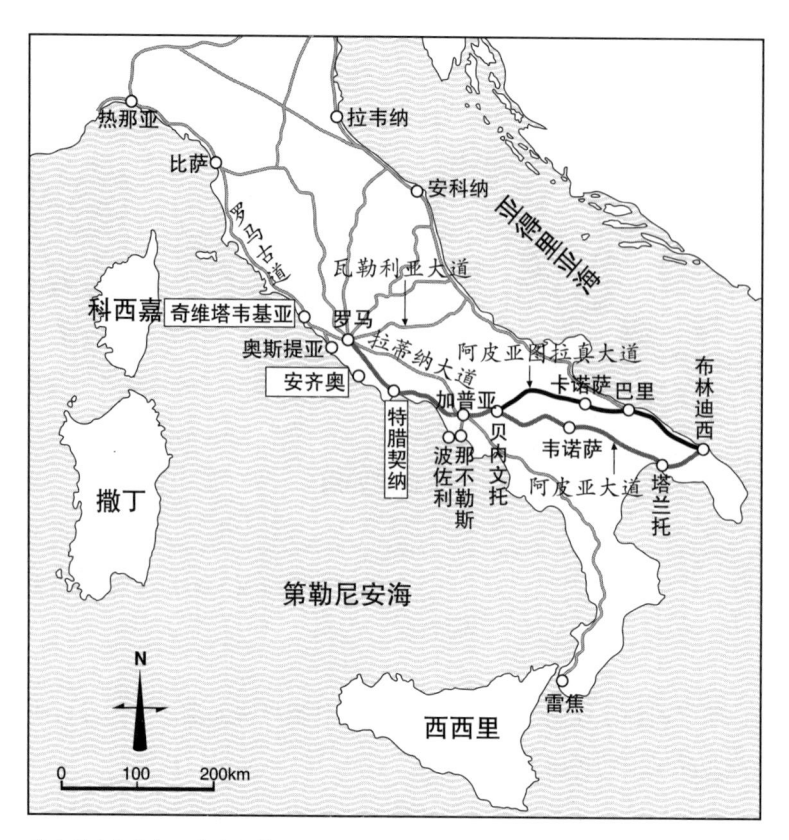

意大利半岛的主要大路和港口（▭为图拉真改造成港湾后的地方）

特（今塔兰托）等港口。绕到第勒尼安海的一侧，则自北向南有热努亚（今热那亚）、比萨（现在还用此名）、奇维塔韦基亚、奥斯提亚、安齐奥、特腊契纳、波佐利、拿波里（今那不勒斯）、雷吉乌姆（今雷焦）等港口。"条条大路通罗马"，这句话同样适用于海上。

在注重效率的图拉真看来，他一定认为改变随罗马历史一起流传下来的传统，不需要任何犹豫。其结果是被罗马人称为"大道女王"的阿皮亚大道变成了复线。

公元前312年在阿庇乌斯领导下兴建的第一条罗马大道——阿皮亚大道，从罗马出发，经过特腊契纳到达加普亚，在这里与同样从罗马出发、由内陆南下的拉蒂纳大道会合后，进入内陆，经过贝内文托姆（今贝内文托）、维努西亚（今韦诺萨）到达塔兰托。从这里向东再走70公里，抵达终点布林迪西。这条道路现在依然还在使用，叫七号国道。

公元107年，图拉真考虑从贝内文托到布林迪西再建一条支线，以期实现道路的复线化。这条支线在贝内文托与南下的阿皮亚大道分离，指向东方的亚得里亚海，经过卡努基乌姆（今卡诺萨）到达布林迪西。最初的阿皮亚大道在离开贝内文托后，要穿过层层山谷。所以，与此相比，这条命名为阿皮亚图拉真大道的道路，其优势在于只需越过亚平宁山脉，就可以到达普利亚地区的平原。

这条大道在巴里附近，与沿亚得里亚海南下的大道会合。于是，罗马有了两条向东延伸的干线。再加上从罗马出发，沿瓦勒利亚大道一路向东，到亚得里亚海再沿海南下，直抵布林迪西的大道，通往东方的路就有了三条。

最初的阿皮亚大道因为遇到海边的悬崖而不得不绕道。图拉真则采用劈山修路的方法，使这条路的距离大大缩短。为此，特腊契纳的山腰被劈开一大块。从悬崖顶上垂直铲凿的痕迹，即使到了现在也依然清晰可辨。站在这里，没有新的感慨，也没有其他任何感受，只有一个想法：又是这样做的。

意思为"阿皮亚和图拉真的大道"的这条阿皮亚图拉真大道的起点是贝内文托。为了纪念这条大道的开通，在贝内文托建造了一座凯旋门。

既然这个凯旋门不是为图拉真凯旋而建，所以也许你会认为实用不是它的目的。如果你真是这样想的话，那就大错特错了。一件东西，无论其实用性多强，终究比不上让人心情愉悦更为实用。拱形的凯旋门不仅是大道的装饰性建筑，同时也起到了宣传大道建设者功绩的作用。贝内文托的凯旋门上，雕刻的是推出育英基金政策的图拉真向孩子们发钱的画面。

图拉真主持的公共建筑中，仅在首都罗马和意大利本土，而且还只是列举了其中主要的一些建筑，其质和量就已经达到了相当高的水平。那么，如果扩大到帝国全境，其数量之庞大让人想起来都觉得头痛。因此，对于意大利本土之外的公共建筑，我只列举一个例子。最具代表性的还要数西班牙的阿尔坎塔拉桥。这座桥至今依然保存完好，见到这座桥的人一定会发自内心地感慨，罗马人建的桥

第一章　皇帝图拉真　｜　117

贝内文托的凯旋门

向孩子们发放育英基金的图拉真（凯旋门的一部分）

阿尔坎塔拉桥

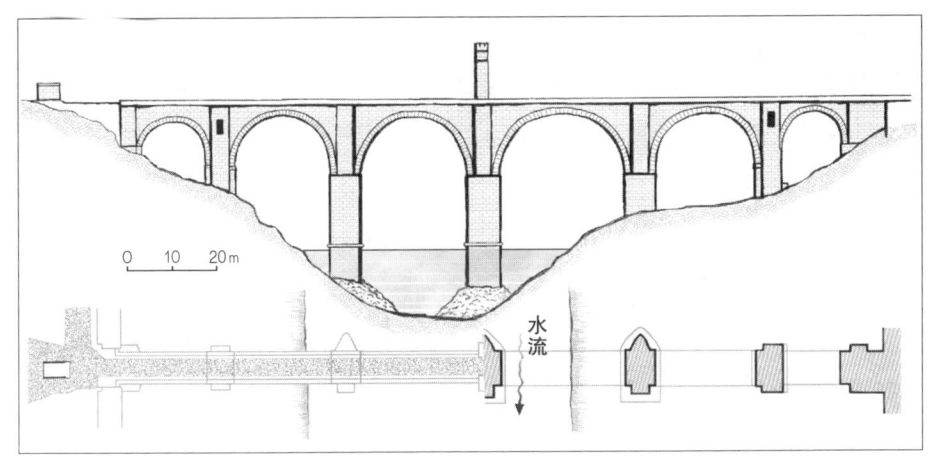

阿尔坎塔拉桥桥梁侧面图（上）和平面图（下）

竟是这样的！同时他也会明白，为什么桥既是大道的延长线，又是大道的装饰性建筑。这座桥是典型的一例，既实用又美观，展示出罗马人建筑的高超水平。这座桥建在流经阿尔坎塔拉的塔霍河上。由于靠近现在的西班牙和葡萄牙国界线，所以有人会发出疑问，为什么图拉真要把桥建在如此偏远的地方？那是因为在罗马时代，伊比利亚半岛属于罗马帝国，从地中海到大西洋的干线需途经此地。这条大道从现在的加的斯向北，通过希斯帕利斯（今塞维利亚）以及图拉真的出生地意大利卡，到卢西塔尼亚行省首府古斯塔埃梅里塔（今梅里达）。从那里再向北，经过阿尔坎塔拉，到达布拉卡拉奥格斯塔（今葡萄牙的布拉加）。从城市的名称中我们可以了解到，这是第一代皇帝奥古斯都修建的伊比利亚半岛的干线之一。阿尔坎塔拉需要一座水量大增时也能保持纹丝不动的桥梁。

只是这座现在依然是名桥的桥不是图拉真皇帝建的。碑文上有这样的内容：建造者：尤里乌斯·雷切尔及其朋友，感谢图拉真提供了帮助。这里所谓的帮助，应该不是指资金帮助，而是派了工程师去。对于从未为故乡做过一件好事的图拉真来说，有人愿意以地方出身的皇帝为榜样，参与公共建筑事业，他一定由衷表示欢迎。皇帝以身作则，以此带动其他人一起参与的代表是奥古斯都，也许，图拉真是效仿第一代皇帝的做法吧。以身作则需要旺盛的精力，在这一点上，图拉真无疑是优秀的。

被图拉真"带动"起来的人中，我想介绍几位。因为有文献及石碑，所以有幸让后世的我们认识他们。我在这里列举的人只限于捐赠了具体的公共建筑设施的人，而不包括提供资金支持的人。

小普林尼——向自己的出生地科莫市捐赠了神殿和图书馆。

小普林尼的岳父卡尔普尼乌斯·法巴图斯——向科莫市捐赠了列柱走廊。

公元 113 年的执政官科尔涅利乌斯·多拉贝拉——向自己的出生地科菲尼昂捐赠了公共浴场。

佩特罗尼乌斯·墨德斯图斯（属于骑士阶级）——全额承担了的里雅斯特半圆形剧场的改建费用。

图拉真的贴身仆人、解放奴隶乌尔庇乌斯·维苏威——向意大利中部的切尔韦泰里市捐赠了学校。

出身西班牙的元老院议员——向自己的出生地科尔多瓦捐赠了会堂。

图拉真的第一号亲信李锡尼·苏拉——替没有为出生地提供任何好处的皇帝，在连接塔拉戈纳和巴塞罗那的大道上建造了凯旋门。

在现在的马其顿和阿尔巴尼亚的都拉斯，有个人向市里捐赠了图书馆。

弗拉维王朝时代进入元老院的、小亚细亚出身的三位元老院议员——共同向以弗所捐赠了图书馆。

捐赠的公共建筑物中图书馆最多，是因为当时的读物都是手写的，非常昂贵，普通百姓很难接触到。

由此可见，把自己的财富回赠社会的不仅仅是被后人称为属于既得利益阶层的人——罗马社会领导阶层的元老院议员。即便是原来的奴隶，能否向自己的出生地或打算安享晚年生活的地方城市捐赠公共建筑，只取决于一个条件——就是他是否有足够的资产。

同样在地方自治体，也具备被图拉真"带动"起来的条件。先皇涅尔瓦提出的有关个人遗产继承的法律同样适用于地方自治体：非直系亲属继承，需要缴纳5%的遗产税。遗赠给公共组织是否需要纳税，我们不清楚。假如遗产税或赠与税的税率过高，也许会是一个问题，但是5%的话，地方自治体应该是能够承受得起的。

正因为如此这般的条件都具备，所以，图拉真时代出现了公共建筑事业的高潮。当然，尽管建筑物建造目的是为了公用，却也不能没有计划地乱盖乱建。小普林尼在比提尼亚行省担任总督期间，曾经写信给图拉真，询问是否可以允许建菩尔萨浴场。对此，图拉真是这样答复的：

"如果建设所需的费用不会使菩尔萨市的财政负担过重，同时能确保建成后的管理费用，可以同意建造公共浴场。"

之后，关于尼西亚在建的体育中心，小普林尼再次向皇帝征求意见。这个中心附设剧场，也许是因为场馆规模过大，也许是因为偷工减料，尚未建成就有几个地方开始坍塌。他向图拉真讨要主意，对此，图拉真的回答是这样的：

希腊人这个民族真是无话可说，一说到建体育场就忘乎所以。因此体育馆的规模才会越建越大。他们真应该好好学一学如何满足于适合自己的规模。

为了便于理解公共建筑和行省统治密不可分的罗马时代，我想介绍下面这封信。

普林尼致图拉真皇帝

尼科美迪亚居民为了建造引水渠，已经耗资331.8万塞斯特斯，仍尚未完工。非但没有完工，甚至因为停工，侵蚀情况非常严重。为此，不得不又拿出20万塞斯特斯新建了一条引水渠。但是，这条引水渠目前也处于半途而废的状态。虽说这样的结果已造成很大的浪费，但是为了向人们提供生活用水，别无选择地需要继续投入资金。

为此，我亲自到现场作了实地考察。水源没有问题，水质很清澈，水量也很充沛。问题是如何把这些水引到市区。我想，只能像最初那样，把拱桥连起来，建一座高架桥。但是，最初建起来的拱桥可以利用的少之又少。因此只有重建。我想，第一次建引水渠时，用的石材可以拿来继续使用。其余部分用砖块就可以了，因为用砖块施工方便而且费用也相对较低。

为了不再重蹈以往的覆辙，我请求派引水渠和建筑方面的专家来协助完成这项工程。我的任务只有一个，就是确保在您的统治期间建造起来的公共建筑不会辱没您的崇高威望。

图拉真皇帝回复普林尼

向尼科美迪亚市内引水的必要性我已充分了解。希望你全力以赴完成此项工作。同时，追查造成这一不幸事件的负责人的责任——工程是怎样开始的？为何半途而废？等等。我等待你对此事的调查结果报告。

图拉真怀疑工程的发包方和承包人之间有不正当的交易。罗马在共和制和帝制时期，公共建筑的建设过程中出现的不正之风，是受到严加监管的事情之一。

对行省人民的不正之风，图拉真当然会感到愤怒。但是，有时候他对耿直的部下小普林尼也会发泄不满。对于比提尼亚行省总督提出的派遣引水渠和建筑专家，皇帝是这样回答的：

你那儿不可能没有建筑师。因为帝国内不存在没有这方面专家的行省。既然这样，你为何还要求我从罗马派遣专家？更何况，罗马现在还需要特意从希腊请专家来参与建设。

小普林尼任职的比提尼亚行省位于面向黑海和马尔马拉海的小亚细亚西北，历史上，生活在这里的希腊人为数不少。而且，图拉真开展公共建筑事业的左膀右臂阿波罗多洛斯虽然出生在叙利亚的大马士革，却是地地道道的希腊人。小普林尼的任职地是希腊人居多的帝国东方，所以，图拉真的意思是，你想要建筑工程师，自己在当地找吧。读到图拉真的这些话，真的很想笑，甚至让人有一种情不白禁想偷看这位皇帝真容的冲动。只可惜留下来的肖像上，他的表情无一例外都是沉着稳重的。

可以说，罗马的公共建筑事业没有希腊人就无法取得成功。另一方面，活跃在这个领域的希腊人，只要与罗马人合作，通常都会有好的结果。但是如果是希腊人之间的合作，结果却往往不甚理想。这个现象的确很有意思。从伯里克利和苏格拉底时代开始，希腊人就是一个想象力和进取心都超常的民族，但是，在组织能力和效率方面，这个民族总是得不了高分，只能是不及格。既然上帝不同时予人两物，只有相互合作，取长补短了。

在罗马皇帝的职责中，除了保障边境安全和完善基础设施建设之外，维护国内政治秩序也是一项必不可少的内容。说是维护国内政治秩序，实则意味着维护罗马帝国全境的秩序，说极端点，就是维护行省统治的秩序。

行省治理

行省治理的好坏，是决定帝国命运的重要问题。

所谓行省，原本是罗马实施征服后纳入自己势力范围的地方。所谓行省人民就是被征服的人民。如果这些人起来造反，罗马只能派出军团予以镇压。即使没有发展到叛乱的地步，只要出现不稳定的迹象，罗马也会派遣军事力量驻扎在那里。但是为了防备外敌入侵，常驻国界线的军事力量不能减少。这样一来就只有增加军队的数量。由此增加的费用也只能通过增加以行省税为主的各种税收来补充。如此一来，就会陷入恶性循环。行省人民难免会因为纳税负担加重而产生不满，从而起来反抗。

为了避免出现这种情况，罗马规定：

第一，不得提高税率。这是基本政策。

第二，通过完善当地的基础设施，努力促进行省的经济发展，以此提高行省人民的生活水平。这样做不是因为罗马人已经认识到了人文主义的精神。事实上，人只要不必担心会饿肚子就会追求安稳。过激化行为通常是绝望的产物。既然罗马的税收制度是按收入的百分比来征收，那么只要经济发展活跃，行省税、关税和营业税自然会随之增加。

行省治理的第三条策略是彻底贯彻地方分权制。

享有罗马公民权的军团兵中，有很多人在服役期满退役后留在了当地，加入当地的殖民城市建设。罗马把这些殖民城市和地方自治体变成了行省统治的中心。那些成为罗马地方自治体的城市，本来就是原住民的城市，也就是行省人民的城市。"自治"的方式在意大利本土和城邦的传统影响时间较长的希腊系城市采用的是"选举"的形式，这与以部族酋长统治为传统的高卢所实行的世袭制形式不同。但是，罗马人是务实的民族，他们并不介意行省采用什么样的"自治"方式，只要当地居民接受就可以。

但是，过分纵容地方分权，国家就会解体。疆域辽阔的罗马帝国之所以能在较长的时期里，实现令人满意的统治，是因为它把中央集权和地方分权有机地组合在一起。如何把矛盾的两个方面结合起来是一个重要课题。罗马人很好地解决了这个课题。他们把"地方"内政交给各地方自治体,"中央"则对这些地方自治体所属的行省施行统一管理。

行省总督从帝国中央——罗马派遣。行省人民有义务服从总督对全行省的统治。当然,如果只有义务没有权利,很难指望义务会得到很好的执行。于是,罗马给了行省人民监督权。如果他们对总督的统治不满,可以向中央提出指控,条件是指控必须等总督任期结束之后提出。因为,尽管是指控的形式,实质上它也是对行省总督工作的鉴定。这样的鉴定应该贯穿整个任期。其次,审理在首都罗马进行,原、被告双方都必须到庭。再则,行省总督的任期只有一年,行省人民无须忍受太长时间。

作为原告行省人民的代理而担当公诉人之职的是兼任辩护律师的小普林尼和塔西佗这样的元老院议员。因为元老院协助皇帝统治帝国是帝国的国策,那么弄清行省人民不满的原因也是元老院议员的责任。也就是说,这是公务要求。律师费有规定,上限是1万塞斯特斯(相当于一个士兵10年的薪金收入)。所以,因无法承受庞大的律师费而选择忍气吞声的情况并不多见。

这一制度开始执行是在进入帝制时代以后。此时的罗马,基本国策已经由强调对外扩张转为重视对内建设。于是,通过施行仁政确保国内稳定的政策受到重视。甚至连塔西佗,这位曾经把很多皇帝批得一无是处的人,也说与共和制时代相比,进入帝制以后,行省总督的"透明度"更高了。原因之一是皇帝们都很重视对受到指控的行省总督的审判。他们经常亲临现场,聆听审理的整个过程。被告是元老院议员,判决结果由他的同僚——其他的元老院议员——投票决定。皇帝虽然立场中立,但是他亲临现场意味着最高权力者的重视。

站在被告席上的前行省总督当然允许有辩护律师,但是毕竟与从前的处境已经完全不同。提比略、克劳狄乌斯和图密善等皇帝都是以积极参与对他们的庭审而闻名。至于提比略,还有一件很出名的事,就是他总会在法庭上提出尖锐的问题,不仅被告本人,甚至连辩护律师也会不知所措。图拉真虽然不会提出过于尖锐的问题,但他也是经常光顾庭审现场的皇帝之一。

那么，为什么指控前行省总督的状况始终没有停止过呢？

关于罗马帝国内的行省，第一代皇帝奥古斯都把它们分成了"皇帝行省"和"元老院行省"两类，区别在于行省是否有常驻军队。罗马军队的最高司令官是皇帝。所以，有他领导下的军团驻屯的行省是皇帝行省，没有军队驻扎的行省是元老院行省。皇帝行省通常都在边界线附近，需要军团常驻。元老院行省因为地处内地，而且行省化历史较长，比较稳定，所以无须部署军事力量。这是皇帝行省和元老院行省之间的区别。

担任皇帝行省的总督要求有军事方面的才干，所以任命权在罗马全军的最高司令官，也就是皇帝的手上。

另一方面，担任元老院行省总督，条件是出任过执政官。任命方式是通过元老院议员互选产生。

日语中，这两种人都叫总督。同样，几乎所有行省总督都在元老院拥有一席之地。但是如果用拉丁语原文的话，首先他们的官名就不一样。皇帝行省的总督叫"Legatus Imperiale"，元老院行省的总督叫"Proconsul"。前者的意思是"皇帝特使"，后者的意思是"代执政官"。按照现代人的观点，前者来自军队，后者来自政府部门。

皇帝行省总督的任期不止一年，通常都是若干年。任免权都在直属上司皇帝的手中。

元老院行省总督的任期是一年，与执政官一样。目的是尽可能地为更多的元老院议员创造机会。超过一年的情况几乎没有。对元老院议员来说，这是个名誉职位，所以即使当选为行省总督，也不领取工资。与皇帝行省必须时刻防备外敌来犯不同，元老院行省的特点就是太平，无须整天神经紧绷。在这种环境下，自然就会有人乘机让自己的腰包鼓起来。因为后世的我们知道，这类审判中的被告，几乎无一个例外都是元老院行省的总督。

也许有人会说，不要区分皇帝行省和元老院行省，让皇帝来任命元老院行省的总督不就可以了吗？然而，如果你试图这样做，就算是好评如潮的皇帝，估计也会立刻被从他的皇帝宝座上赶下来。因为罗马帝国的真正掌权者不是皇帝，始终都是罗马公民和元老院。所以元老院行省的总督只能由元老院选举产生，监管他们的只能是行省总督的检举制度。

小普林尼是直接参加庭审的人，有时候作为原告的代理，有时候为被告作辩护。从他写给他朋友的信中，我想介绍两例此类庭审。这两例庭审，皇帝都出席并聆听了辩控的全过程。

其中一例是指控西班牙南部贝提卡行省（图拉真出生地的行省）总督库拉希克斯而进行的庭审。

原告不是该行省的几个居民，而是整个行省，指控的理由是受贿。原告揭发库拉希克斯担任总督期间，收受的贿赂足以积累起庞大的财产。贝提卡行省议会议员来到罗马后，请小普林尼担任原告代理，他接受了。作为公诉人，元老院议员小普林尼邀请了另一位同事一起担任原告代理。因为需要搜集证据，仅靠一个人很难做得周全。审判行省总督不只是司法的判决，同时具有政治意义。所以关注审理过程的人，以皇帝为首，非常多。

公诉人小普林尼和他的同事在审理开始前确定了起诉方案。他们决定集中力量，各个击破，而不同时指控所有被告，因为贝提卡行省议会指控的除了总督库拉希克斯，还有两位副总督加上库拉希克斯的妻子、女儿、女婿以及贝提卡行省警察长共计7人。小普林斯掌握了有力的证据，其中有库拉希克斯发布的命令文书和库拉希克斯写给他在罗马的女友们的亲笔信。所以，要证明库拉希克斯有罪非常容易。因为信中有这样的内容：

太好了！真是太好了！终于从债务中解脱出来了，我可以一身轻松地回到你们身边了。我已经攒下了400万塞斯特斯。不过我为此出卖了半个贝提卡行省。

不知道是因为知道公诉人掌握了确凿的证据而感到绝望，还是因为已经意识到等待他的会是什么结果，庭审开始前，库拉希克斯死了。不清楚是病死还是自杀。但是，被告的死亡并不意味着指控可以撤销，罗马法律允许缺席审判。这个案例除了受贿罪，还适用渎职罪。因为被告中的大多数都是"官员"。

当然被告方也有辩护律师。

此人叫雷斯提托斯，和小普林尼一样也是元老院议员。按照小普林尼的说法，他是一个"在这样的庭审中表现老练、反应灵敏、遇到不可预知的证据或证人时能迅速作出反应的人"。但是，即便是如此优秀的辩护律师，雷斯提托斯好像也放弃了为库拉希克斯作无罪辩护。因此，辩护集中在了两位副总督身上。他让他们说因为是上司的命令，不得不服从。两位副总督没有否认受贿的事实。非但如此，他们还承认自己曾经索贿并得到了贿赂。但是，他们辩称自己这样做是不得已而为之。

至此，法庭上的争论焦点集中到了对于上司的命令，下属是否不分对错，都有义务服从这个问题上。为了推翻被告方提出来的这个论点，小普林尼和他的同事着实"捏了一把汗"。

为了寻找判例，原告的两位辩护律师找到了军团，也就是军事法庭，并且他们的努力有了回报。因为他们用下面的话辩驳了被告方的辩护律师：

"在罗马，即使是上司的命令，如果这个命令违反法律，军团兵就没有服从的义务。"

指控总督的这场庭审，审判长由执政官担任，陪审员由元老院议员担任。判决结果如下：

前总督库拉希克斯——有罪。因为被告已死，无法进行体罚，所以只判处没收财产。但是，对他就任总督前和之后的财产要分别处置。就任总督前的财产由其女儿继承，就任总督以后的财产全部归还贝提卡行省；已用于还债的部分向债权人索回，还给贝提卡行省。

这一判决有两点很值得人关注：

第一，弗拉维王朝时代固定下来的、父母之罪不株连子女的判例中，又多了库拉希克斯案一例。

第二，与图密善时代相比较，刑罚轻了很多。图密善受到元老院议员的憎恨的原因之一就是对行省总督的不正当行为处罚过于严厉。那么，刑罚变轻，是不是也反映了图拉真不喜欢过于严厉的做法呢？

两位副总督——有罪。理由除了受贿罪，还有一项，就是盲目服从上司的命令。这样的人不适合担任公职，二人被发配到边境地区5年。

贝提卡行省的警察长——有罪。被判处逐出意大利本土2年。也就是说，这2年内，他不得踏进首都罗马甚至意大利本土一步。

库拉希克斯总督的女婿——因证据不充分，被判无罪。他只是随妻子前往贝提卡，没有担任或公或私的工作。

库拉希克斯的妻子和女儿——无罪。与其说是因为证据不充分而被判无罪，不如说是因为犯罪的可能性极小而作出的无罪判决。有关这两个人，原告方的辩护律师小普林尼从一开始就认为无罪，所以他甚至没有寻找证据。

姑且认为胜诉的小普林尼和他的搭档拿到了辩护费的上限近1万塞斯特斯。在罗马时代，这笔钱规定由委托人分两次付清，第一次是提出委托时，支付6000塞斯特斯，第二次是判决出来后，支付余下的4000塞斯特斯。辩护费包括取证及寻找证人的经费，所以，这样的付款方式也许是考虑到会有败诉的可能吧。

顺便提一句，诬告者会被处以诋毁名誉罪。

图拉真时代，民事审判的陪审员总数有所增加。原来是100人，后增加到了180人。100人的时候，陪审员分4组，每组25个陪审员，分别负责一个庭审。所以有4个庭审同时进行。但是人数增加到180人以后，不知道是负责一个庭审的陪审员人数增加到了45人，还是同时进行的庭审数增加了。总之，增加到180人以后，"百官法庭"这个称呼没有变，尽管它的意思是"100个男人"。美国有一部电影叫《十二个愤怒的男人》，其中陪审员的称呼在罗马时代就已经这样叫了。

第二个案例中，小普林尼担任的是被告方的辩护律师。原告是生活在小亚细亚西北部的比提尼亚行省人民，被告是担任该行省总督的巴苏斯。

指控的理由是巴苏斯在任期间收受赠品，并根据自己的好恶对行省人民区别对待，只重用他怀有好感的人。

对此，被告方辩护团进行了反驳。他们称巴苏斯的统治是公正的，原告方收买部分行省人民起来反对他，这件事有力地证明了这一点。因此，作为行使统治的责任人，巴苏斯不仅不应该受到弹劾，反而应该给予嘉奖。

于是，原告方改变了策略。他们把巴苏斯接受的赠品数量和价格作为问题提了出来。于是，行省总督可以接受什么样的礼品成了辩论的焦点。

根据尤里乌斯·恺撒制定的法律，只要馈赠物的总额不超过1万塞斯特斯就可以接受。但是，在其后图密善执政的15年间，他严格要求行省总督做到公正。受到他的执政思想影响的罗马人认为，不管馈赠物是什么，一概拒绝接受才是值得赞赏的态度。

亲临庭审现场的图拉真说，在担任高地日耳曼行省总督的时候，自己也接受过赠礼。但是，只限生日和萨图努斯节（对罗马人来说是冬季休假）。他还坦白地说事后都归还了。出席庭审的元老院议员也分成了两派，一派坚决主张不允许收受礼品，一派认为只要在合理的范围内就可以接受。双方为此展开了激烈的辩论。

好像是后者的意见占了上风。总之，对巴苏斯作出的判决结果是无罪。后来，尤里乌斯·巴苏斯依然坐在元老院议席的位置上。

有意思的是，审判巴苏斯时，站在比提尼亚行省一方，作为原告辩护人的维拉努斯后来任职比提尼亚行省总督，一年后结束任期，刚回到罗马就受到了比提尼亚行省人民的指控。这次指控没有进行庭审，因为行省人民撤诉了。但是，这件事引起了皇帝图拉真的警觉。他想，来自比提尼亚行省人民的指控如此之多，或许原因不在派去那儿的总督身上，而是在行省方面。

但是，比提尼亚是元老院管辖的行省，这就意味着皇帝不得随意干涉。如果皇帝想要运用自己的权力来解决比提尼亚的问题，他最好按照第二代皇帝提比略提出并定下来的做法，也就是设立一个由元老院议员组成的委员会。然而，图拉真这个男人的性格特点是遇到问题从不选择迂回战术，他会果断实施正面突破。再加上所谓的法律只要没有作出明确规定，有些事情是可以变通的。

这种做法也是提比略开的先例。那就是如果有必要，元老院行省可以暂时划归皇帝行省。图拉真很好地利用了皇帝的这一权力。尽管只是暂时的，但是，比提尼亚行省成了皇帝的管辖范围。被派往该行省的总督，任务之一就是弄清该行省究竟存在什么问题，同时妥善地解决这些问题。于是，该行省的总督官名由"Proconsul"变成了"Legatus"。也就是说，这个位置从担任过执政官的人发迹的"中继站"，变成了皇帝直属特使的位置。图拉真任命小普林尼担任该行省的总督，一定是在庭审巴苏斯时，看到小普林尼的表现，听到他辩护时的见识，而对他倍加赏识吧。因为，在这之前，小普林尼甚至从未去过比提尼亚，而且，无论是在皇帝行省还是在元老院行省，他都没有担任过总督之职的履历。

就这样，才有了后来的《小普林尼与图拉真皇帝之间的往来信函》，为后世的我们了解罗马帝国行省统治提供了依据。信件是在小普林尼驻比提尼亚期间，也就是公元111年至113年春季的一年半时间里写的。当时，小普林尼的年龄在50岁左右，皇都图拉真也是50多岁快60岁了。

小普林尼

《罗马人的故事8·危机与克服》中写到过的普林尼（C. Plinius Caecilius Secundus）是小普林尼的伯父，也是巨著《博物志》的作者。为了区别于那个普林尼，在这个普林尼的名字前，欧美人用"年轻的"、日本人用"小"来称呼。他是一位人品极好的人，对于同行文人，他从不妒忌，也不带任何偏见。他会由衷地赞美对方的才能。他是罗马社会领导者阶层元老院中的一员，为此，他充分履行了自己的职责。同时他还是一位乐善好施的人，积极参与把财产回馈社会的活动。他热心关照自己的熟人，对自己身为罗马帝国的一员备感骄傲。他是一个懂得感受幸福的罗马人，甚至仅仅因为妻子喜欢自己的作品就会感到幸福不已。塔西佗与他不同。作为同时代人，塔西佗总是在指责自己国家的缺点，为这些缺点悲愤激昂，结果成了一名悲观主义者。性格如此不同的这两个人，不仅作为文友相处融洽，而且在辩护律师的工作中，两人也经常合作。这些事实让人觉得很有些不可思议。也许既有悲观主义者又有乐观主义者，才构成了这个人类社会的全貌吧。

塔西佗比小普林尼年长五六岁。小普林尼写给塔西佗的一封信中有这样一段话：

> 我知道您绝对不会炫耀自己的作品。但是，我在欣赏您的作品时，最想把自己内心真实的想法和盘托出，甚于其他任何时候。
>
> 不知道后世的人们是否会记得我们。虽然我认为我们多少有一些被记住的价值。我不会说，这是由于我们的天分，因为这样说显得过于傲慢。我只想说，这是源于我们的勤勉，源于我们的热忱，源于我们对名誉的尊重。
>
> 人生就是怀着这样的理想不断努力。但是，只有少数人可以得到显赫的声誉。除此之外的绝大多数人，我想至少还值得从默默无闻和被忘却中得到拯救。

看到这样的话，我不由自主地起了同情心。于是，我一边嘟哝着说没关系，我会引用你的东西，一边继续阅读他的作品。同时我也在猜测，塔西佗读到这封信时是怎么想的。我想，塔西佗一定不会写回信。因为他很清楚自己的才能。与谦虚的小普林尼不同，他坚信自己有历史学家的天分，坚信能为后世留下辉煌名声的是自己。

塔西佗也属于元老院阶级，因此，他应该也是一个家境殷实的人，拥有符合元老院阶级身份的资产。但是，我们从来没有听说他曾经捐赠过图书馆或者为贫困家庭孩子的育英基金提供过资助。当然，他也没有帮助过自己的文友，更别说向皇帝举荐什么人。关照熟人之类的事情一概与他无关。他既不炫耀自己的作品，也从不夸奖朋友的作品。

因此，对于这两人的作品，后世给出的评价是，小普林尼的作品是"幸福的罗马行政官文人的墨宝"，相反，称塔西佗的著作是"罗马帝政时期最优秀历史学家的杰作"。

因为最适合做朋友的小普林尼缺少创作成熟作品必不可少的、也可以说是恶意的"毒"。因此，此人留下来的作品只是一些写给朋友知己的书简以及与图拉真之间的往来信件，外加当选候补执政官时的演讲。除此之外，好像也写过一些东西，只是，水平仅限于得到妻子的称赞。

我想请读者朋友们再看一遍他写给塔西佗的信，就从"不知道后世的人们"开始读到最后。在阅读的过程中，把其中的"我们"换成"罗马人"：

> 不知道后世的人们是否会记得罗马人。虽然我认为罗马人多少有一些被记住的价值。我不会说，这是由于罗马人的天分，因为这样说显得过于傲慢。我只想说，这是源于罗马人的勤勉，源于罗马人的热忱，源于罗马人对名誉的尊重。
>
> 人生就是怀着这样的理想不断努力。但是，只有少数人可以得到显赫的声誉。除此之外的绝大多数人，我想至少还值得从默默无闻和被忘却中得到拯救。

在很长一段时间里，我都有这样一个想法，就是把这段文字放到某一卷的卷首。

塔西佗和小普林尼都是元老院议员，他们的经历有很多相似之处。两人都在他们给以恶评的图密善皇帝统治时代，屡次担任过公职。年长的塔西佗在涅尔瓦皇帝时代当选过候补执政官，小普林尼在图拉真皇帝时代当选过候补执政官。只是，做到行省总督的只有小普林尼一个人，因为塔西佗尚未为自己的公职生涯画上圆满句号就结束了他的人生，虽然小普林尼被派往比提尼亚行省的时候，塔西佗尚健在。还有一点，他们俩都没有孩子，更别说有3个孩子了。所以他们都不是《有孩子的元老院议员优待法》这一条法律的受益者。

第一代皇帝奥古斯都制定的这项法律，是为了防止统治阶层下一代子女人数日渐减少。该法律规定，官职选举中，优先考虑有3个以上孩子的人选。此外，每个官职都有若干年的停职时间，但是，根据该法律，有3个孩子的人不适用这一规定。

当然，这不是绝对条件。即使一个孩子也没有，皇帝也有权让他成为不受这条法律约束的人。图拉真对小普林尼就使用了这一权力。

塔西佗应该是罗马帝制时期最优秀的历史学家。相信同时代的人一定也是这样认为的。但是，有能力的作家并不代表他一定是有能力的行政官，而且当时的社会正处于以统治公正而闻名的图拉真时代。在对阿非利加行省总督布里斯库的庭审中，塔西佗和小普林尼合作进行了辩护，而坐在审判长位置上的正是图拉真。那么，图拉真起用小普林尼难道只是看中了他对比提尼亚的了解吗？还是像现代美国历史学家所评价的那样，这位务实的皇帝要的不是一位能够写文采漂亮的报告的特使，而是要一位能够忠实履行职责的特使呢？

不管怎样，假如塔西佗也担任了行省总督，情形又会怎样呢？这一设想深深地吸引了我，让我备感好奇，欲罢不能。

被称为"光荣的职务"的、元老院议员必须担任的国家官职，包括财务检察官、法务官和执政官，其任职地都是首都罗马。但是，行省总督不同。代执政官虽然是元老院议员仕途的终点，但是不能自由选择任职地。任职地要通过抽签决定。这个官职任期只有一年，但是在开展日常政务和司法活动的同时，必须弄清该行省存在的问题，解决总督职权范围内可以解决的问题。超出总督职权范围的问题则向元老院汇报，并请求元老院对解决方案进行立法，就好像对铺设完成的罗马大道用心进行维护维修，使其继续发挥作用一样。

皇帝的工作与此相同，只是范围更大，遍及帝国全境。如果塔西佗担任过行省总督的话，那么，他应该会更深刻地理解皇帝的职责之严肃和重要，并因此让评论家的身份得到升华。如果真是这样的话，塔西佗或许就会从"罗马帝制时期最优秀的历史学家"一跃成为"贯穿共和制和帝制时代的罗马最优秀的历史学家"了。他的写作能力，堪与尤里乌斯·恺撒媲美，他的批判精神是创作杰出历史著作的重要条件。当然，这不是唯一条件。

被后世评价为"幸福的罗马行政官文人墨宝"的小普林尼的著作中，称得上是白眉之作的《小普林尼与图拉真皇帝之间的往来信函》，总共由124封信组成，其中73封是普林尼写的信，51封是图拉真的回信。这部书已经有了日文版，就是国原吉之助教授翻译的《普林尼书信集》，收录于讲谈社学术文库中。

只是，这部译作不是全文翻译，而是节译。前面介绍的小普林尼写给塔西佗的信就没有收录进去。小普林尼写的 73 封信中只收录了 32 封，图拉真写的 51 封回信中也只收录了 12 封。但是，既然日语版已经有了，所以在这里，我只想说说我的感想。

首先我有一个疑问。就算小普林尼的信确实出自他自己亲笔所写，那么，皇帝图拉真的信也是亲自回复的吗？

事实上，皇帝官邸有一个部门，直译叫"书信科"。因此，我们可以这样认为，小普林尼写给图拉真的信首先由该部门的官员拆看，然后向皇帝汇报。皇帝对此作出口头答复，再由"书信科"官员写成文字，送到比提尼亚。

专门研究了这些信件的学者对拉丁文原文进行逐字分解后得出的结论令人咋舌：几乎所有回信都是图拉真亲自回复，而绝非出自其他官员之手。因为连专业水平不高的我也知道，无论是口述还是亲笔书写，这些信一定出自敢于对自己说过的话负责的人。

那么，图拉真皇帝为什么会如此诚恳地把自己的想法告诉小普林尼呢？

前面已经提到，为了彻底解决问题，小普林尼担任总督的比提尼亚行省从元老院行省变成了皇帝行省。鉴于这一特殊情况，负责解决该行省问题的责任人此时是皇帝图拉真。当然，除此之外，还有不为人知的情况。

比提尼亚一带在米特拉达梯国王时代曾经是盛极一时的本都王国（《罗马人的故事 3·胜者的迷思》中有详细描述），成为罗马行省以后依然是一个具有古老历史、经济发达、城市居多、人口较为稠密的地方。以行省首府尼科美迪亚为首，这里有后来的君士坦丁堡、再后来的伊斯坦布尔的前身拜占庭、尼西亚、菩尔萨等城市，还有黑海南岸的赫拉克利亚和锡诺普等等。另外，面向黑海以及东部与亚美尼亚王国接壤的地理位置，也使这里成了一个战略要地。把小普林尼派到此处的时候，图拉真心中已经悄悄萌发了远征帕提亚的想法。这个想法在几年后变成了现实。帕提亚王国与亚美尼亚王国之间的关系非常密切，不是可以轻易分割开的。远征的时候，最重要的是要保证后方的稳定。比提尼亚行省就属于远征帕提亚的大后方之一，而且从经济实力上来说，也是帝国极为重要的地方之一。

当然，皇帝没有把自己的这一想法透露给他的特命全权总督。因此，小普林尼天真地相信图拉真要求重建财政、维护社会秩序都是为了比提尼亚行省的发展，因而干劲十足。

小普林尼去行省各城市了解了财政问题的原因后，写信给皇帝，说向罗马派遣表敬使节团和对米西亚行省总督进行表敬访问，两项所需的1.2万塞斯特斯的支出毫无必要。比提尼亚行省没有军队驻守，米西亚行省兼顾保护比提尼亚的安全任务。他说，自己只是给米西亚行省总督送去了表敬文书。他询问这样做是否妥当。图拉真回信说："你做得很好，我亲爱的塞古都斯。"

尽管重建财政是当务之急，却不能削减岁出。就像前面讲到的，为了居民用水，需要建设引水渠。当然，总督还有一个任务就是必须弄清之前工程发包时的不正当嫌疑，并追查相关责任人。此外，同样是前面提到过的体育中心的建设。皇帝已经下令，体育中心的规模只要符合该地方自治体的财政即可，所以需要缩小规模后重新开工。

对于小普林尼提出的为了重建财政，是否有必要强制下调利息这个问题，皇帝表示反对。他回答说："我充分理解这样做的必要性。但是由国家强制下调利息，不符合我们这个时代的公正精神。"对"私"强制下调利息等于强迫"私"向"公"提供资金，大概他是不希望因此出现行省人民的骚乱。

至于图拉真为什么要如此执著于重建比提尼亚的财政，原因是当财政出现漏洞的时候，获利者一定只有少数人，绝大多数人都会成为受害者。如此一来，社会就会出现动荡。相反，施行仁政归根结底就是要建设本分人不吃亏的社会。

维护社会稳定的障碍是一小部分人占据权力，组织封闭，排除异己。小普林尼提出是否可以允许消防员成立工会。对此图拉真回答：消防员之间相互帮助是可以的，但是不宜成立工会组织。他讨厌政治结社。

我非常佩服这两人之间的通信有如此之多。小普林尼因为写信对象只有一个人，所以每月平均写4封信可以理解。但是，图拉真写信的对象绝不止小普林尼一个人。仅仅在皇帝行省任职的总督就有13人之多，还要加上各军团基地从负责人即军团长，到各级长官、财务负责人等，少说也有100多人。此外还有来自百姓的请愿书等等，需要他回复的信件很多。就好像公司董事长创建主页后，需要答复所有进入主页的电子邮件一样。我想就算有人求我，我也不想当这个罗马皇帝。

但是，对于皇帝来说，这一切却是宝贵的信息来源。小普林尼写给图拉真的信中，甚至写到了前往比提尼亚的旅行路线，尽管初看这件事情好像跟比提尼亚行省总督并无关系。作为皇帝的代理，他甚至把自己进入比提尼亚时，比提尼亚行省人民如何迎接自己的经过也写信向皇帝作了汇报。

"勤勉"是同时代人献给图拉真皇帝的颂词之一。像提比略皇帝，尽管与图拉真一样，创建了"主页"，但是，对于进入主页的邮件，他一概不作答复。而图拉真皇帝却认真地一一作答。所以，前者得到的是很差的评价，后者得到的则是极高的好评。特别是属于元老院阶级的人们对以这两位皇帝为代表的类型的评价倾向于哪一方，与他们担任的职务有关。因为他们的工作内容之一就是要随时发送"电子邮件"，即报告。

那么，对于以地中海为中心，势力范围遍及欧洲、中近东和北非的幅员辽阔的罗马帝国，皇帝们又是如何进行统治的呢？这应该是每个人都想知道的问题。要统治如此庞大的帝国，情报必不可少。为了使报告和指令的上传下达顺畅、安全，他们很早就发展了国营的邮政制度。由此可见，他们早就了解情报传递的重要性。以公务为目的的国营邮政系统也服务于普通百姓。在这一点上，它与出于军事目的而遍布罗马帝国的罗马大道一样。罗马的大道也为民间的物资交流所用。

至于罗马为政者如何收集信息，大致可以分为如下两种：

一、来自在各行省担任公职的人的汇报。

二、来自行省人民的消息。

第一种情况，最好的一个例子就是小普林尼写给图拉真的信。

第二种情况又可以分为四类：

（1）行省议会代表一年一度前往首都罗马作表敬访问。因为是表敬访问，所以与元老院和皇帝会谈无疑是行程内容之一。

（2）按现在的说法就是院外活动。按罗马时代的说法，则是保护人与被保护人的关系。这种活动在（1）的表敬访问制度尚未固定下来的共和制时代尤为常见。格拉古兄弟的被保护人在北非，原因可追究到其祖父西庇阿·阿非利加努斯时代。庞培的被保护人在他本人统治的中近东。尤里乌斯·恺撒作为全高卢的保护人而闻名。总之，征服一个地方后，成为这个地方的保护人，就是罗马的风格。

进入帝制时代以后，这样的关系并没有消失。虽然因为不再是征服的时代，像共和制时代那样有名的利益代表已经消失。但是，因为还有（1）的制度在起作用，所以尽管院外活动的重要程度有所下降，但是，只要地方和中央还有联系，无疑它还是有用的。帝制时代的保护人中，有与行省人民建立起良好关系的、在行省任职的总督，有与行省经济往来密切的人等等，通过这些人的介绍，使得正在作表敬访问的行省代表有了参加皇帝的宴请，也就是私下接触皇帝的可能性。

（3）与（1）一样，是行省通过正规途径，直接向皇帝请愿的方法。请愿好像以文书的形式居多。罗马帝国为此还在官邸内特设了一个接收请愿书的部门叫"文书科"。

（4）是最激进的信息收集方法，同时也是中央和地方的接触方法，即审判行省总督。因为是审判，所以有原告和被告双方的辩论。通过辩论，不仅总督统治的问题，就连该行省存在的其他问题也会一起弄清楚。进行庭审的时候，被告、公诉人、被告方辩护律师、陪审员都是元老院议员。这种时候，皇帝只要在首都，一定亲临庭审现场。甚至有的皇帝为了出席庭审，推迟前往别墅的时间。

庭审行省总督的制度是为反映行省呼声之目的而制定的，是了解行省现状的绝好机会。

作为帝国统治的最高责任人，皇帝通过这些方法收集信息，并以此为基础，根据帝国统治的政治策略，作出判断。对于当场可以解决的问题，他会马上下达指令。如果需要通过制定政策来解决的问题，他会交给元老院，请他们制定相关的法律后实施。就连从不回复"电子邮件"的提比略皇帝，据说他的日常工作也是忙得不可开交。罗马皇帝们即使不遭遇暗杀，其统治时间也只有20年左右。也许过于繁重的工作是造成这一情况的原因之一。

图拉真统治期间，皇帝和元老院相处非常融洽。这是罗马时代和后世的人们给出的一致评价。其原因之一是因为图拉真作为一位领袖很会关心他人。

小普林尼曾经请求皇帝给予自己的朋友、熟人特别关照，这多少有些令人吃惊。他曾经请求皇帝授予给自己治过病的、出身于埃及的希腊人医生以罗马公民权；希望皇帝同意朋友苏维托尼乌斯（《罗马皇帝传》的作者）享受"有3个孩子的特权"。也许小普林尼尽管人格高尚，也一心想着要好好利用皇帝这个关系。对于小普林尼的这些要求，图拉真既没有置之不理，也没有给他难堪，而是尽可能地予以满足。当然，不是所有要求他都满足。毕竟图拉真虽然不是极端的保守主义者，终究他还是一位保守主义者。与他相比，作为既得权力阶层，元老院比皇帝的保守倾向强烈得多。我想，皇帝能与这样的元老院保持良好关系，也有部分原因源自他们相似的思想基础。

话说回来，帝制时代的小普林尼也好，共和制时代的西塞罗也好，阅读他们的书信，感觉都跟走关系有关，让人以为罗马社会似乎是靠人际关系来维系的。但是，关系到选拔人才，作为一个制度难道真的有那么不好吗？

罗马人没有中国的科举制那样的制度。希腊的雅典、小亚细亚的罗得岛以及埃及的亚历山大可以算做是当时的大学。但是，在这些地方学习过的人仅靠这一点，是不可能进入帝国中枢的。以培养精英为目的的机构只有元老院。但是，有一个当议员的父亲，也不意味着就可以自动进入元老院。要进入元老院，条件是当选过财务检察官或护民官，并顺利结束任期。皇帝有推荐权，所以经过军团基层锻炼的人也有可能进入元老院。

罗马人在人才选拔方面注重关系，我认为是他们务实主义性格的一种体现。所谓关系，就是你推荐一个人就要为你的推荐负责。如果推荐者人格高尚又有才能，那么他推荐的人同样人品好又有才能的几率也会高。当然，风险是避免不了的。但是，通过客观的考试选拔人才难道就能完全规避风险，就不会出现无能或品行低劣的行政官吗？

共和制时代，只要是西塞罗推荐的年轻人，尤里乌斯·恺撒一概收为自己的部下，因为他赏识西塞罗的见识。图拉真对小普林尼提出的请求基本上也给以满足，同样因为他认可小普林尼的诚实和一心为公的精神。选拔人才是一场竞赛，参赛者不只是录用者和被录用者两个人，还要加上推荐者。这些参赛者都要承担责任，我想这就是罗马人经常采用靠关系录用人才的理由。

不管是认真听取他人建议的结果，还是其他什么原因，所做的事被人喜欢总是好的。图密善皇帝做一件事的时候，元老院经常怨声载道。而图拉真做同样的事情，别说反对，就连元老院议员自己也会去做。他们既没有抱怨，也没有不满。想象一下确实有点意思。

小普林尼写给皇帝的信，常常以"主君"（Domine）开头。所谓主君，意思是"统治自己的人"，在基督教中就是"神"的意思，因此通常翻译成"主啊"。但是，在罗马，就是"主君"一个意思。

讽刺诗诗人马提雅尔在他的诗中称皇帝是"主君"，对此图密善皇帝置之不理，让元老院非常生气。塔西佗还因此断定图密善是一位专制君主，对皇帝的称呼也改成了"恺撒"或是"第一公民"。此后仅仅过了十几年，元老院议员小普林尼又称呼皇帝为"主君"，图拉真坦然接受了。为此，就连不指责他人缺点就难受的塔西佗也没有批评他。甚至图拉真在亲生父亲和姐姐死后，神化他们，为他们铸造了纪念银币这件事情，也没有人提出异议。提比略对"主君"这一称呼很敏感，每次听到这样的称呼，他都表现得很神经质，说："主君是我家用人对我的称呼，大将军是士兵对我的称呼，第一公民是公民对我的称呼。"他这样解释完全无助于人们对他产生好感。人真是难以捉摸啊！

不管怎样，图拉真是元老院给予很高评价的一位皇帝。元老院还给了图拉真一个称号，叫"Optimus Princeps"。之前没有一个皇帝得到过这样的称号，直译就是"最高第一公民"，意译是"至高无上的皇帝"。图拉真最初推辞过，但最终还是接受了。这一件事情非常有助于我们了解罗马人心目中的理想皇帝是怎样的。

被罗马人看做是理想皇帝的这位皇帝，对基督教徒又是怎么看待的呢？还有，在法治国家罗马帝国担任过辩护律师和公诉人，直接参与过与法律相关工作的小普林尼对基督教徒又是怎么看的呢？在《小普林尼与图拉真皇帝之间的往来信函》中，在后世最著名的就是关于二人如何对待基督教徒的部分，我想在这里作全文介绍。顺便提一句，行省总督享有对行省人民的司法权。

普林尼致皇帝图拉真

　　主君啊，当我难以作出判断的时候，我总是询问您的意见。因为您会比任何人都能更好地引导迷茫中的我，为无知的我指明前进的方向。

　　迄今为止，我还没有接触过对基督教徒的审判案例。因此我不知道这种审判该如何进行。有什么样的证据就可以起诉？反国家罪或无信仰者的刑罚适用于什么样的罪状？被指控的当事人年龄能否作为减轻刑罚的依据？对于成年人和25岁以下的年轻人，尽管都是基督教徒，是否需要像其他刑罚一样区别对待？为自己是基督教徒而表现出悔意，并愿意放弃这一信仰的人，是否可以赦免他的罪？或者，不管他现在多后悔，只要他曾经是基督教徒，就要给予处罚？还有，对于从未做过一件坏事的人，仅仅因为他是这个邪恶组织的一员，就应该给予处罚吗？

　　对于被指控为基督教徒的人，目前我采用以下一些做法。

　　首先，我会一而再再而三地问他们，你们是基督教的信仰者吗？如果回答说"是"，我让他们想清楚，并告诉他们如果说谎，我只能采取刑讯手段。因为我认为，皈依基督教意味着什么没有多大关系，仅执迷不悟这一条就可以定罪。

　　到最后依然坚称自己是基督教徒的人中，也有罗马公民权所有者。这些人有权向皇帝上诉，所以我把他们押送去罗马了。然而，不知道是否受我这一做法的影响，告发基督教徒的数量在不断增加，而且情形也起了变化。

　　首先罗列有很多人名的匿名告发增多，为此我改变了我的做法。

　　第一，遭到告发的人，如果表明自己不是基督教徒，或者在我第一次审讯的时候向诸神祈求，并对您的肖像表示敬意的人，以及诅咒基督教的人，一律无罪释放。为此，我叫人在法庭上准备了您的肖像和供奉肖像所需的香料和葡萄酒。

　　第二，即使是被检察官提起公诉的人，虽然一开始承认自己是基督教徒，但是后来翻供否认自己是基督教的人，或者曾经是基督教徒现在已经不是的人，不管这个曾经是3年还是20年，一律判处无罪。当然，判他们无罪释放的条件是他们要敬畏我们的诸神，诅咒基督教的神。

根据我收集到的信息，基督教徒的罪行或过失是这样的。他们在规定的那天（大概是星期天）黎明集合，齐唱赞颂基督的歌，唱歌结束后，庄严宣誓。宣誓的内容不过是不做对社会有害的事情，不盗、不抢、不通奸，严守承诺，发誓受托保管的东西必须按委托人的要求随时归还等等。这个仪式结束后，大家回家一起用餐，吃些面包，喝点葡萄酒。很普通也没有恶意。当然，根据您的意思，凡是与我宣布过的秘密社团相勾结的集会我是禁止的。

被告如果是奴隶的话，我想有必要在审讯时进行拷问。然而，在审讯两个他们称之为副主祭的女奴隶时，并没有发现邪恶而疯狂的迷信以外的东西。

因此，在了解您的想法之前，我决定推迟一切与基督教相关的审判。因为我认为，关于裁决的尺度，我应该征询皇帝的意见。现在的情形是，第一，被告发的人很多；第二，不分年龄、社会地位、性别，这样的人今后还有增加的趋势。

受这种迷信蛊惑的除了城市，也已经殃及地方。但是我感觉可以防止这种蛊惑的继续蔓延。因为一度被废弃的神殿和寺庙因前去敬神的人的增加而变得热闹起来了。还有，被宣判无罪的祭祀活动也已经出现，尽管时间还不算太长。把用做供品的家禽肉拿来售卖的人在减少，这一情况现在也得到了很大程度的改善。

被认为是基督教信仰者的人之中，我想大多数只是因为新鲜而被骗入教的。因此我认为，这类人只要有悔改的表现，并决心脱离基督教的话，应该予以免罪。

图拉真回复普林尼

亲爱的塞古都斯，你根据法律处置被告发的基督教徒的做法非常好。因为在对待这个问题上，用规范帝国全域的标准来处理本身就是不可取的。（基督教最初出现在罗马帝国的东方，公元 2 世纪的这个时候尚未波及帝国西方。图拉真时代殉教的主教有两个人：一个是耶路撒冷的主教，另一个是安条克的主教。)

搜捕基督教徒，借口有罪强行追查这样的做法不可取。当然，受到正式检举，并招供的人应该受到惩罚。对于弃教者应该予以关心，但是，他们必须明确表示敬畏我们的诸神，明确表示自己的悔意。只要这些想法明确，不管以往怎样，都可以免罪。

匿名告发没有任何法律价值。接受这样的告发，违反我们这个时代的精神。

在这里，我想顺便介绍一下《圣经·使徒行传》中圣保罗对信徒们的教诲：

你们的日常生活不可张扬，互不说坏话、发泄不满，也不起争端。因为神的孩子都是完美无缺的，是纯洁的。同时也为了不给这个邪恶、堕落的社会授以口实。

尽管生活在这个邪恶、堕落的社会里，你们必须恪守神的教诲，就好比黑夜里双手捧着一盏明灯。

虽说同为一神教，但是，与屡屡反对罗马的犹太教徒不同，基督教徒以公元70年耶路撒冷沦陷为分水岭，与犹太教划清界限，并进一步加强了暗中活动的做法。但是，多神教和一神教的对立，与其说是宗教的对立，不如说是源自文明观不同的罗马帝国和基督教的对立，这种对立虽发展缓慢却实实在在地开始了。

图拉真的私生活

也许有人会问，为什么我没有写图拉真皇帝的个人生活。那是因为实在没有可写的东西。站在基督教徒的立场去看，罗马皇帝无疑是邪恶、堕落的罗马社会的象征。然而，在图拉真身上，你找不出一丝一毫跟邪恶或堕落有关的东西。很多人之所以能出人头地，是因为他们身后有一群亲人或亲戚为他们铺好了路，让他们轻而易举就能得到诸多好处。但是，像这样能帮得上忙的人，图拉真一个都没有。

图拉真没有孩子。他有一个比他年长5岁的姐姐叫马尔恰娜，姐弟俩关系非常好。弟弟当上皇帝后，姐姐也住进了首都罗马的皇宫。但是，她从不炫耀自己的身份，生活简朴，不好出风头，非常满足于管理家中事务。姐姐唯一担心的是弟弟的健康。但是，图拉真是一个身体强健的人，从来不知道生病是什么。所以这件事情也无须她过多操心。姐姐死后，弟弟神化了她，把她加入了诸神的行列里。对此，罗马人全然不介意。因为就连被罗马打败的失败者的诸神，他们也会授予"罗马公民权"，这才有了30万之众的神。基督教徒有一个说法曾经流行一时，说罗马有意把基督教的神也纳入诸神的行列中，但是因为基督教徒的拒绝最终没有成功。对罗马这样的提议，基督教徒自然会拒绝。因为假如接受这个提议，基督教就不是一神教了。

马尔恰娜有一个女儿叫马提蒂亚，图拉真非常喜欢这个比自己小15岁的外甥女。这个女人的性格与她母亲相似，同样无法为编年史的作者提供写作素材。

在这方面，图拉真的妻子普洛蒂娜也一样。可以说，她是一位当之无愧的贤妻。只要看她与同住在皇宫中的大姑子相处融洽的关系上就可以略见一斑。马尔恰娜和马提蒂亚出生于行省西班牙，在小镇意大利卡长大，普洛蒂娜则出生于南部法国行省的主要城市之一尼姆，在罗马长大。她是一位非常有修养的人，甚至可以聊有关希腊哲学的话题。其修养之高，据说超过她的丈夫图拉真。

但是，这个女人同样不喜欢抛头露面。图拉真没有封她"奥古斯塔"（Augusta，意思相当于"皇后"），对此，她丝毫没有怨言。有意思的是，图拉真没有封妻子"皇后"的称号，却在姐姐马尔恰娜死后，给了她"奥古斯塔"的封号。

这三位女性都是皇帝身边的人，自然她们的地位不容忽视。既然她们如此质朴，罗马上流社会的夫人们也不敢张扬。因此，图密善时代的夫人们那种盘得高高的、夸张的发型在图拉真时代已难得一见。

图拉真对自己的姐姐、姐夫、外甥女、外甥女婿以及妻子的亲属都没有给予

普洛蒂娜　　　　　　　　　　　　马尔恰娜

特殊的照顾。他把外甥女的女儿萨宾娜嫁给哈德良，也许与自己是哈德良的监护人身份有关。但是，哈德良的升迁跟他没有关系，完全是靠自己的能力。可以说，对待别人的事，图拉真总是尽可能地给以满足。但是，对自己家的事情，却从不徇私，非常光明磊落。

至于图拉真的缺点，罗马时代的史学家们能指出的其中一条据说是饮酒。其实他和普通罗马人一样，每天当星星还在天空闪烁的时候起床，结束一天繁忙的公务后入浴、按摩，然后用晚餐，这时他会喝一点酒。当然，并不是说他离不开葡萄酒。只是希腊人和罗马人习惯用凉水或温水兑酒喝，而他从不兑水，这才是他被说成酗酒的原因。

图拉真还有一个缺点，就是喜欢让漂亮的年轻人陪侍他共进晚餐。那么，他的这一嗜好是否带有邪恶、自我堕落的倾向呢？有人认为，望着被夕阳染得通红的天际，听着树叶摇曳发出的声响，结束一天的生活是人生的最大享受。小普林尼就是这样一个人。对图拉真来说，他最大的享受来自美少年们。无论是希腊时代的作品，还是罗马时代的上等仿制品，年轻人的雕像之美总是令人叹为观止。图拉真的这种感情不是同性间的爱，他只是欣赏未成年少年纯真的美，就像欣赏风景一样。证据是图拉真的"风景"中，没有一个人的名字被外界所传或议论。

私生活健康，缺点也只是这些无伤大雅的事情，让传记作家实在难以下笔。正因为如此，这位"至高无上的皇帝"没有好运到可以有他的传记留下来。

第一章　皇帝图拉真　｜　145

被誉为"至高无上的皇帝",对于皇帝来说不是一件容易的事。对于元老院一致同意授予他"至高无上的皇帝"的称呼,图拉真一度拒绝接受,不是因为他觉得自己配不上这个称号,而是因为他想在自己真正配得上这个称号的时候再接受。对于图拉真来说,他已经取得了达契亚战争的胜利,实现了帝国有史以来的最大版图。但是他认为要配得上这个称号,还有一件事要做,那就是完成之前的诸位皇帝没有做到的一件事情。

帕提亚问题

罗马与帕提亚的关系说到底就是希腊罗马文明与波斯文明的关系。亚历山大大帝消灭了波斯帝国。但是,在大帝死后出现的希腊诸国中,希腊人能掌控的地方,即便是旧波斯领地内,也只成功保住了其临近地中海的西边部分。而把这些希腊人带回他们自己的国家的正是罗马人。因此,罗马与帕提亚的正式接触始于庞培称霸希腊诸国。其后的经过简要介绍如下。

公元前63年,庞培消灭了希腊诸国之一的叙利亚塞琉古王朝,为罗马称霸中近东一带奠定了基础。希腊诸国中唯一留存下来的埃及已经成为罗马事实上的附属国。(《罗马人的故事3·胜者的迷思》中有详细描述。)

庞培、恺撒和克拉苏结成的"三头同盟"中,庞培的名气如日中天,恺撒在高卢战争中屡屡建功立业。受到这两人成就的刺激,公元前54年克拉苏决定远征东方,征服帕提亚。遗憾的是,一年后惨遭失败。总司令官克拉苏以下的将官,除了率领500名骑兵逃脱的卡西乌斯,其余全体阵亡。4万人的远征军,最终逃到叙利亚安条克的不足1万人,其中包括那500名骑兵。2万人阵亡,被俘人数多达1万人。这些俘虏虽然躲过了被杀的命运,却被送到了帕提亚王国最东北边境的梅尔夫,终生在那里服役。这种遭遇无异于被发配到边疆。[《罗马人的故事4·恺撒时代(上)》中有详细描述。]

公元前 44 年，击败庞培拉开内战序幕的恺撒准备远征帕提亚。远征的目的之一是为 9 年前的战败报仇雪耻。其次，通过这次远征，让中东各国重新认识罗马的实力，并救出 1 万名罗马俘虏。然而，就在出征前的 3 月 15 日，恺撒遭到了布鲁图和卡西乌斯派的人暗杀。[《罗马人的故事 5·恺撒时代（下）》中有详细描述。]

公元前 36 年，为了与恺撒的养子屋大维抗衡，试图向东方扩张势力的安东尼，与他的情人埃及女王克娄巴特拉扩张领土的野心一拍即合，开始了第二次远征帕提亚。但是，这次远征再次以失败告终。在 8 个月的远征中，11 万大军损失了 2 万人。尽管这次失败不是毁灭性的，却也改变不了失败的事实。一心想成为恺撒继承人的安东尼，野心落空，还给后人留下一个未解决的隐患。[《罗马人的故事 5·恺撒时代（下）》有详细描述。]

公元前 21 年，第一代皇帝奥古斯都（以前的屋大维）认为不解决帕提亚问题，就无法实现帝国东方的稳定。于是，在帝国建立还不到 10 年的情况下，着手解决这个问题。他希望通过外交手段而不依靠军事手段解决。当然，他所谓的外交手段并非单纯的通过对话。帕提亚与亚美尼亚接壤，他首先发兵攻打亚美尼亚，并与亚美尼亚订立了同盟条约。然后拿着这份同盟条约，与帕提亚进行谈判，并最终签订了友好条约。

条约的内容是这样的：帕提亚承认亚美尼亚归罗马统治；幼发拉底河为罗马和帕提亚各自势力范围的界线，双方互不侵犯；允许并尊重两国国民之间的通商自由。帕提亚方面接受了上述所有条件。谈判在幼发拉底河中的小岛上进行，当时 21 岁的提比略代表奥古斯都参加谈判并签署了条约。

帕提亚方面归还了在 33 年前打败克拉苏军队和 15 年前战胜安东尼军队时抢走的所有罗马军团旗帜——银鹫旗，并且归还了帕提亚士兵从阵亡的罗马士兵身上剥下来的、作为战利品保存起来的罗马将士的盔甲和武器，但是并没有归还俘虏。因为 33 年前被送到梅尔夫的罗马士兵已经全部死亡。（《罗马人的故事 6·罗马统治下的和平》中有详细描述。）

此后，罗马和帕提亚之间维持了 70 余年的和平时期。

帕提亚王国是典型的东方专制国家，为了继承王位，内讧不断。每当出现难以收拾的局面时，他们就会对外采取强硬措施。还有，与自己同属波斯文明的亚美尼亚竟臣服于异域文明的罗马帝国，这对帕提亚人来说也是难以释怀的事情。

维持了较长时间的和平最终被打破，是在进入尼禄皇帝时代以后。这次挑起战争的是帕提亚。罗马派往前线迎战的是名将科尔布罗。

尼禄任命科尔布罗指挥大军，甚至给了他一份空白委任状，全权委托他解决帕提亚问题。科尔布罗是一位武将，但是他时刻都在关注中东的情势。所以虽然在军事上取得了节节胜利，他还是认为从国家形态到生活习惯，把亚美尼亚长期置于罗马统治之下是不现实的，因为与罗马相比，帕提亚距离亚美尼亚要近得多。因此，科尔布罗提出了一个方案，帕提亚国王欣然接受。这个方案就是亚美尼亚国王的候选人由帕提亚国王推荐，罗马皇帝主持亚美尼亚国王的加冕仪式。皇帝尼禄也同意了这一有名无实的解决方案。亚美尼亚国王来到罗马接受由尼禄皇帝主持的加冕仪式是在公元65年。自此，和平再次降临到罗马与帕提亚之间，并且维持了半个世纪之久。这次问题得以解决，虽说是科尔布罗做了工作，但是也显示了尼禄在对外政策上的政治敏感性着实了得。（《罗马人的故事7·臭名昭著的皇帝》中有详细描述。）

公元68年至70年，罗马发生内战，后来又有犹太叛乱。但是，帕提亚不仅没有乘其之危，甚至还主动提出向罗马派遣援军。由此可见，罗马和帕提亚之间，以这种形式相处，多么受帕提亚方面的欢迎了。（《罗马人的故事8·危机与克服》中有详细描述。）

图拉真接手的正是这种状态下的帕提亚问题。依靠军事力量远征帕提亚，似乎并无必要。然而，长期和平的状态会麻痹当事者。事实上，来自帕提亚的挑衅行为并非完全没有。

对罗马人来说，帕提亚问题的导火索常常是亚美尼亚。帕提亚把亚美尼亚列入了本国统治势力范围的一个国家，在帕提亚宫廷之上，地位仅次于帕提亚国王的就是亚美尼亚国王。正是基于这样一个现实，尼禄的和平条约才得以长期维持。帕提亚国王是专制君主，专制君主最害怕的不是外敌而是内患，即可能威胁到自己王位的人。只有让危险人物成为名誉、权力以及财富均居帕提亚第二的亚美尼亚国王，并让他远离自己，帕提亚国王的位置才能安然无恙。

亚美尼亚国王梯里达底由衷敬佩名将科尔布罗。他到访罗马后，又把尼禄当兄长般看待。尼禄也没有亏待他的殷勤，派出工程师团队，帮助其重建了亚美尼亚首都。为了表示感谢，梯里达底甚至把首都改名为尼禄市。可以看出，出身帕提亚王室的这位国王有多么强烈的亲罗马倾向了。梯里达底去世的时间不清楚，据说他比公元37年出生的尼禄小几岁。梯里达底寿命较长，在亚美尼亚国王位置上的时间也不短。如果他比尼禄小三四岁的话，可以推断，图拉真即位的公元98年，他尚在世。那个时候，帕提亚国王已经从沃洛吉斯换成了帕科鲁。梯里达底一死，帕科鲁国王就把自己的儿子阿克西达瑞斯扶上了亚美尼亚国王的位置。此时，因为与尼禄之间的条约依然有效，所以叙利亚行省总督代替皇帝，为亚美尼亚新国王举行了加冕仪式。

公元110年帕科鲁去世，继承帕提亚国王王位的是帕科鲁的弟弟奥斯罗埃斯。即位后不到两年，这位国王就以无能为由，要推翻侄子阿克西达瑞斯，让阿克西达瑞斯的弟弟帕尔塔马西里斯当亚美尼亚国王。围绕亚美尼亚的王位，亲兄弟之间分成两派，引发了争端。新国王在帕提亚军队的帮助下，向亚美尼亚发起进攻。现任国王于是向罗马皇帝发出了求助。

罗马和亚美尼亚是同盟关系。对于同盟一方提出的求助，另一方给予回应是同盟者的义务。同时，对罗马方面来说，未征求罗马皇帝的意见，擅自更换亚美尼亚国王，是违反尼禄与帕提亚之间和平条约的行为。无疑，帕提亚国王的做法让罗马皇帝颜面扫地。但是，帕提亚没有直接攻打罗马。另一方面，面对弟弟的进攻，亚美尼亚国王在国民的支持下进行了出乎意料的顽强抵抗。如果要派遣援军，那么只要是驻扎在与亚美尼亚接壤的卡帕多西亚的2个军团就应该足够了。

但是，图拉真认为此时正是从根本上解决帕提亚问题的绝好机会。他所谓的从根本上解决，就是通过军事力量，彻底铲除这个隐患。图拉真是一位遇到阻碍

第一章　皇帝图拉真　｜　149

绝不迂回绕行，而是果断采取正面击破的人。45岁当上罗马皇帝的图拉真此时即将迎来自己的60岁。

远征

公元113年10月27日，带着市民和元老院对自己马到成功的期待，图拉真皇帝离开了罗马。同行的将军与达契亚战争的时候几乎一样，只少了一个人。图拉真率领比自己年轻一代的这些武将，准备在达契亚战争胜利的基础上，再次赢得胜利。然而，远征帕提亚的参谋中少的不是单纯的一个人。

少的这个人正是李锡尼·苏拉，他是图拉真的同乡，与图拉真年龄相仿，任职地也几乎相同，因此他既是图拉真的好友，又是图拉真的第一亲信。遗憾的是，达契亚战争结束不久，他就去世了。公元107年以后，敢于对图拉真犯颜直谏的人再也没有了。好在图拉真的自我约束能力很强，因此在相当长一段时间里，弥补了这一缺憾。研究者中有人认为，如果苏拉还活着，很可能图拉真不会远征帕提亚。图拉真不缺少追随他的、有能力的武将。但是，追随偶像的人，其想法往往比自己的偶像还要过激。更何况，图拉真并不完全信任绝对忠诚的这一代之后的下一代。这又是成功者身上容易出现的一个现象。

参加这次远征的将军与达契亚战争的时候是同一批人。但是，在他们指挥下作战的军团，由于战场从多瑙河移到了幼发拉底河，所以自然不是之前的那些军团了。当然，军团不需要新编，因为卡帕多西亚有2个军团，叙利亚有3个军团，犹太有1个军团，罗马时代称为阿拉伯的地方现在叫约旦，那里有1个军团。仅这些就已经7个军团了。如果再调来埃及的2个军团，光是主力部队就达9个军团，共计5.4万人。除了主力部队，罗马军队通常还有辅助部队的士兵以及有特殊技能的士兵参加战斗。所以，投入帕提亚远征的兵力合计达10万人之众。前线基地是叙利亚行省首府安条克。罗马帝国虽然在较长的时间里，维持了和平的状态，但是在防卫方面从不松懈，始终处于临战的状态。从战略要地的设施到军粮补给以及为确保这一切而完善的帝国动脉——道路网，所有的一切都是完善的。从黑海到红海的帝国防线建设已经完成并开始发挥作用。20世纪发掘出来的、每隔1罗马里就有一块的路标上，显示的建设年份都是在帕提亚战争之前。

也就是说，只要图拉真有此想法，任何时候都可以越过黑海—红海防线，向东攻打帕提亚。

秋日阳光下，图拉真离开了罗马。沿着阿皮亚大道一路南下到达贝内文托，从这里，走在自己修建的阿皮亚图拉真大道上向布林迪西行进。这一次，他带上了女人——不只带了妻子普洛蒂娜，还带上了与普洛蒂娜年龄相仿的外甥女马提蒂亚。高官去地方任职妻子随行，这在罗马帝国是司空见惯的。但是，那都是去和平、安稳的行省（小普林尼也带了妻子去比提尼亚），带女性上战场没有过先例。

庞培在横扫东方之行时，没有带妻子同行。恺撒在高卢战争的8年间，也是独自度过的。当然因为离异，当时的他没有妻子也是原因之一。但是，即便有妻子，大概也不会带她同行。对于罗马武将来说，让妻子随同前往战地是否合适，是无须再三思量的一件事情。曾经因为克娄巴特拉随同安东尼出征，就让安东尼手下的士兵们愤怒不已。

也许图拉真只是想把她们留在安条克，并没打算带去帕提亚，所以无须担心。但是，只要战争一打响，与埃及的亚历山大相匹敌的、在东方数一数二的大城市安条克，就会变成前线阵地。或许，图拉真比普通公民和元老院议员更相信，即使面对的敌人是强大的帕提亚，只要有他图拉真在，一定稳操胜券。

从布林迪西坐船，横渡亚得里亚海，在希腊登陆后，来到第一个落脚点雅典时，帕提亚国王的使节已经等候在那里了。

受国王奥斯罗埃斯的委托，使节前来请求图拉真同意让帕尔塔马西里斯即位亚美尼亚国王。对此图拉真置若罔闻。他继续挥师向东，从希腊进入小亚细亚。经过小亚细亚南岸，到达叙利亚安条克的时候，已经是公元113年年末了。

事实上，当帕提亚国王得知雅典谈判破裂后，向安条克发起了进攻。当然，所谓的进攻其实只是制造点小麻烦而已。所以一接到图拉真接近的消息，帕提亚军队马上撤走了。

在适合远征的春季到来之前，图拉真是在叙利亚行省首府安条克度过的。这里是帕提亚战争的前线阵地。其间，他应该对军队进行了全面检查，并选拔了远征军。具体情形不详，因为我们找不到任何记录帕提亚战争的、同时代人写的文献，也没有像记录达契亚战争的图拉真记功柱那样的物证，更无法从卡西乌斯·狄奥在100年后写的历史著述中查找线索。好在还是有人执著地寻找相关记录。根据他们提供的信息，好像图拉真只带了卡帕多西亚的2个军团、叙利亚的3个军团、犹太的1个军团以及约旦的1个军团，共计7个军团参加远征，但不是所有将士都参加。因为处于边防要地，各军团基地需要留下至少2个大队。所以，远征军人数不是7×6000人，而是7×5000人，主力部队为3.5万人。

图拉真认为这个战斗力还不够强大，于是他命令莱茵河防线的1个军团和多瑙河防线的3个军团移师幼发拉底河前线。他没有选择从距离更近的埃及调兵，理由大概有两个：第一，虽然只有罗马公民权所有者才有成为罗马军团兵的资格，但是根据罗马开国之初以来的做法，驻扎在东方的军团中，很多士兵是拥有罗马公民权的当地人。甚至这样的当地人在军团中占了大多数。图拉真无心让这样的军团去参加远征。第二，他更相信自己亲自指挥下参加过达契亚战争的士兵们。

为了确保基地自身的安全，这两个防线同样分别留下了两个大队驻守。所以，参加远征的人数大概是4×5000，共2万人吧。这样，仅主力部队就达到了5万人，再加上辅助部队的士兵，共计10万人。不知道为什么，远征比达契亚大得多的大国帕提亚，图拉真调动的军队与达契亚战争的时候相比并没有增加，甚至还有所减少。

公元114年春天，图拉真留下家眷，把她们托付给时年38岁的哈德良后，离开了安条克。同行的是已经与他很默契、参加过达契亚战争的将军们。行军的第一个目的地是第十二雷鸣军团基地梅利泰纳（今土耳其的马拉蒂亚）。这个位于最前线的基地是韦斯帕芗皇帝建立的，位于幼发拉底河上游，前面就是亚美尼亚。

从梅利泰纳继续向北走罗马大道到达萨塔拉（今土耳其的凯尔基特）。这里是第十五阿波利纳里斯军团的驻军基地。在这里，大部队与从多瑙河移师而来的军团先遣部队会合。

图拉真把周边各国的国王和酋长们召集到了一起。发生战争时，参战的罗马军队通常是一支多国籍军队。能够让这些小君主国和豪族参战，本身就是罗马统治已经覆盖了他们的居住地的证明。所有人都响应了罗马皇帝的号召，唯独不见亚美尼亚新国王帕尔塔马西里斯的身影。

图拉真下令全军向艾雷盖亚（今土耳其的艾尔祖鲁姆）进发。艾雷盖亚位于罗马帝国和亚美尼亚王国国界线的东部。这意味着罗马军队开始向亚美尼亚境内发起进攻了。而帕尔塔马西里斯真的很有意思，他竟然在艾雷盖亚等候图拉真的到来。

帕尔塔马西里斯极力辩解，说自己没有应召前去萨塔拉，是因为在前往萨塔拉的途中受到了前国王的阻挠。他说，因为亚美尼亚前国王阿克西达瑞斯无能，所以，同是帕提亚王室出身的自己才会取代他即位国王。这样做并没有违背和尼禄皇帝之间签订的条约，因为罗马皇帝只有主持加冕仪式的权力。他还说，对于图拉真皇帝主持加冕仪式，他没有异议。

说完，帕尔塔马西里斯摘下戴在头上的亚美尼亚国王王冠，把它放在了图拉真的脚边。

图拉真正色答道，帕提亚国王可以不经罗马皇帝同意，擅自撤换亚美尼亚国王之类的话，在尼禄条约中找不到一个字。他让帕尔塔马西里斯和一行随员滚出去。

随即，在距罗马军队扎营地不远的地方，帕尔塔马西里斯和他的一行随员全体被杀。

一接到报告，图拉真马上宣布，卡帕多西亚和亚美尼亚合并，成立行省，并任命有过执政官经历的卡提留斯·西维勒斯就任新行省总督。图拉真没有把王位还给前国王阿克西达瑞斯，还杀了帕提亚王室成员帕尔塔马西里斯。至此，罗马和帕提亚彻底撕破脸面，即将进入正面对决。

接到图拉真命令的将军们率领各自的军队分散到了亚美尼亚全境。群情振奋，好像要争相立功。其中卢修斯·昆图斯率领的军团跃跃欲试，他们离开历史上作为罗马势力范围边界的幼发拉底河，一直打到了底格里斯河上游。这年夏天，这一带的重要城市尼西比斯（今努赛宾）很快被攻陷。美索不达米亚北部（今土耳其、叙利亚、伊拉克国界线相接的一带）全部落到罗马军队的手中。在这次远征行动中没有展开一场正式会战。

得知这一消息的首都罗马一片狂欢。这时，图拉真向元老院提出愿意接受自己曾经拒绝过的"至高无上的皇帝"称号。

短暂的秋季到了，漫长的严冬已经临近，官兵们需要休整。图拉真受到当地贵族的盛情款待，他没有回安条克，就在战地和士兵们一起度过了冬季。

战争爆发的第二年，即公元115年，从春季到秋季，罗马军队继续向东、向南扩大着占领的范围。图拉真也来到了底格里斯河畔。他宣布，已经被彻底占领的美索不达米亚全境也纳入了罗马行省之列。

新的势力范围一经确定，罗马帝国东部的国界线就不再是从黑海沿幼发拉底河到红海的这一条线，而是变成了黑海、亚美尼亚、底格里斯河以及红海出口的阿拉伯半岛。也许图拉真曾经这样想过，也许他做过这样的梦，他要进一步扩大称霸的版图，征服帕提亚王国，继而与印度直接接壤。有记录显示，几年前，曾经有印度使节来到罗马与图拉真会面。根据研究者的研究，还有来自中国的使节也到访过罗马。不管怎样，这年年底，为图拉真取得的胜利而欢欣鼓舞的元老院，早早决定要授予他"帕提库斯"（Parthicus）的称号，意思是"帕提亚征服者"。

不清楚图拉真是否是因为对战果感到满意，这年冬天他回到了安条克。然而，在图拉真逗留期间，安条克发生了地震，皇帝因此受了轻伤。图拉真不迷信，但是，士兵中有不少人认为这是个不祥之兆。

公元116年，罗马把进攻目标定在了亚述和巴比伦曾经风光无限的地方。春天一到，图拉真离开安条克，率领南下而来的军队向东直抵底格里斯河，然后沿河南下，直指帕提亚王国首都泰西封。这条路线与亚历山大大帝东征的路线一样。

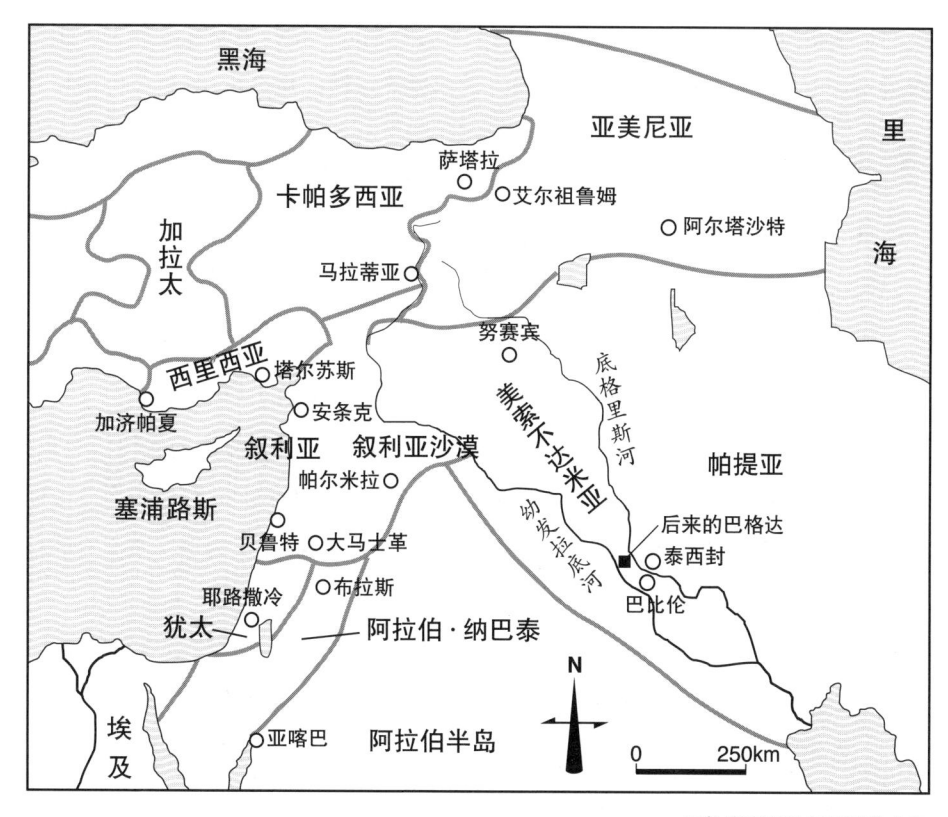

图拉真远征帕提亚时的中东

当然，图拉真不是为了效仿亚历山大大帝而选择这条路的。选择前人，特别是亚历山大这样具备异乎寻常的战略眼光的人所开辟的行军路线，就像选择数学定理一样，对任何人来说都是最简便合理的。这与古代港口现在依然被用做港口的道理一样。当然，选择450年前亚历山大大帝走过的路线，对提高士兵的士气也相当有效。

向帕提亚王国首都泰西封（现在的伊拉克首都巴格达以南40公里处）发起的攻城战役尽管因为找不到任何文献资料，不知其详情，但好像没有持续很久，城市就被攻陷了。沿幼发拉底河运来的罗马式攻城武器在这次攻城战中第一次有了用武之地。

帕提亚国王奥斯罗埃斯在城市沦陷前已经逃走。罗马军队的战利品是黄金制

第一章　皇帝图拉真　｜　155

成的宝座和国王的一个女儿。在士兵们清理首都期间，图拉真带领幕僚去了距泰西封不算太远的古都巴比伦。据说当时，他说了这样一句话："要是我再年轻一些，或许军队已经开进印度了。可惜……"

因为攻陷帕提亚首都，连元老院议员们也不禁欣喜若狂，他们只能强忍着，让自己不至于失态。元老院一致同意只要皇帝图拉真愿意，举行什么样的凯旋仪式都不为过。

图拉真此时的年龄是当年亚历山大大帝东征时的三倍。他没有带领队伍向东，而是转向南方，来到了底格里斯河和幼发拉底河流经的波斯湾。

之前到过这个地方的人，别说是罗马皇帝，就连军团长级别的人也没有过。如果把波斯湾纳入罗马统治之下，那么就意味着来自东方的通商路线黑海、波斯湾和红海悉数落入罗马的控制范围之中。这样一来，帕提亚作为连接东西方的枢纽，其重要性将大大降低。

对罗马来说，之所以解决帕提亚问题有难度，原因之一就是以叙利亚的安条克和埃及的亚历山大为两大中心的罗马帝国东方与作为东方物产中心的帕提亚之间，有着密不可分的经济关系。因此，守卫帝国东方的幼发拉底防线只能作为"开放的国界线"，"边境的城墙"（屏障）不能建得太高，因为只有确保帝国东方的经济稳定，才能保证包括西方在内的罗马帝国的统治安然无恙。

如果帕提亚王国从地球上消失，或者迫使它成为一个小国蜗居于波斯湾以东的话，那么承担着罗马帝国东方经济发展任务的希腊系居民，很可能会像亚历山大大帝东征时那样深受鼓舞，把他们的经济交流活动一步步向东扩展。帕提亚境内星星点点地坐落着许多希腊人的城市，那是亚历山大留下来的礼物。若是幼发拉底河这条罗马与帕提亚之间的边界线消失，由于当地人同属希腊民族，那么在这一区域实现共存共荣易如反掌。

至于图拉真为什么一定要发动对帕提亚的战争，因为没有可查证的史实，所以只能依靠想象。如果他想到过亚历山大大帝，那么远征帕提亚不是因为他对一个未知之地充满好奇，也不是因为他无止境的领土占有欲，而是因为他感受到了一种魅力——亚历山大大帝东征的遗产之一，即促进东西方人和物的交流，对他有一种深深的吸引力。罗马帝国时代的西方已经发展成为人和物交流的一大中心，与亚历山大大帝时代的西方不可同日而论。所以，如果远征帕提亚取得成功，到那个时候，图拉真才是名至实归的"至高无上的皇帝"了。

但是，结论下得太早，结果很可能只是一场梦。

帕提亚王国被认为是专制君主国家。但是，它不是一个强权在握的国王下面官僚机构完善、国家运作规范的王国，而是国王统辖各地割据势力的国家形式。因此，它有一个明显的缺陷：当王室因继承人问题发生内讧时，各地割据势力因为支持对象不同，会发生争端。此时的帕提亚尽管仍属于波斯民族的国家，但是，与亚历山大大帝攻打的波斯帝国在形式上已经完全不同。

当然，这种形式的国家，在受到外敌威胁时，会显示出其另一面。因为一旦帕提亚王国被征服，各地方势力就会成为直接的受害者。如果在以前，罗马总是善待征服地的权贵阶层，授予他们家族名号，把他们吸纳进统治机构等等。但是，达契亚战争结束后，达契亚民族被彻底从其原住地清除出去。这样的战后处理方式就不允许帕提亚的那些地方割据势力怀揣幻想。

如果这些割据势力纷纷调集各自的兵马，集结到逃亡中的国王身边，奋起反对罗马的话，对图拉真来说，或许并不难对付。亚历山大大帝东征时，大流士也曾集结了15万人的兵力，后来增加到30万人之众。尽管图拉真不像亚历山大大帝那样是个天才的统帅，但是，图拉真率领的也是一支以辽阔大地为战场、善于打会战并在战斗中所向披靡的罗马军团。

不知道是否因为满足于到达波斯湾，图拉真决定回安条克过冬。沿着幼发拉底河逆流而上到达中游，从那儿再顺着罗马大道向西回到安条克。然而就在这个时候，美索不达米亚全境内爆发了起义。

不清楚这次起义是否和逃亡中的国王奥斯罗埃斯有关，也不知道这次起义是否是各地方势力相互间商议的结果。总之，帕提亚方面利用游击战术，向驻留在当地的罗马军队发起了反击。这次反击，与其说是为了拯救处在生死存亡关头的帕提亚王国，不如说是各个地方势力痛感自己已陷入危机之中。

战争中，正规作战不是胜利就是失败。但是游击战不同，就算没有取得胜利，也不能说它失败了。美索不达米亚的起义大大牵制了罗马军队，它在这个占领后已经变成要塞的地方动弹不得，而且事态愈演愈烈，甚至有军团长中了游击战的诡计而战死。在安条克的图拉真接到的报告显示出美索不达米亚全域内的起义呈现出了烽火燎原之势。

　　等到翌年春天，大举攻打起义者，罗马军队或许可以彻底浇灭这把火。但是，火浇灭后该怎么做？如果继续依靠军事力量进行压制，投入帕提亚战争的11个军团就要全部困在美索不达米亚一地。然而，罗马帝国的防线不只是东方。继续占据美索不达米亚所需要付出的代价，帝国能承受得起吗？

　　在安条克的叙利亚行省总督官邸，围绕这个问题展开了激烈的争论。在图拉真的指挥下，参加过达契亚战争和帕提亚战争的大多数将军，为了罗马帝国的荣誉，力主大举反攻。但是我们不清楚图拉真的想法。我们只知道，迄今为止从不知道生病为何事的皇帝病倒了。此外，已经63岁的图拉真除了帕提亚问题，还有一件事情让他担心。

　　图拉真率领罗马军队向美索不达米亚北部远征的前一年，即公元115年，犹太发生了叛乱。原因与以前一样，是出于对希腊系人民的反感，并且，他们对周围希腊系人民的憎恶进一步转移到了对霸权者罗马人的憎恶。希腊人很有经济头脑，在这方面犹太人丝毫不在希腊人之下。这两个民族的人很难做到利害一致，极易导致民族感情激化。此外，希腊人对于与罗马人共生共荣持欢迎的态度。但是，犹太人不一样。严格奉行一神教的犹太教徒拒绝共存，他们总是伺机闹独立。他们认为罗马专心对付帕提亚的这个时期，正是奋起反抗的最佳时机。

　　然而，犹太是罗马帝国的行省。行省人民叛乱，对罗马人来说，就不是单纯的叛乱，而是一种背信弃义的行为，而且是从背后下手的卑劣行径。事实上也的确如此。

　　希腊人是擅长贸易的民族，犹太人也是长于通商的民族。居住在幼发拉底河东西两岸的希腊人之间互有来往。自然，生活在罗马境内的犹太人和生活在帕提亚境内的犹太人之间也有交流。罗马方面因此认定导致犹太人叛乱的导火索是帕提亚。事实上，有研究者认为，美索不达米亚各城市的犹太人居住区，为采用游击战术反击罗马军队的帕提亚人提供了后援。

发生在犹太的叛乱之火很快蔓延到了帝国版图内的埃及、昔兰尼加以及塞浦路斯岛。叛乱的始作俑者犹太人没有攻打罗马的军事基地，他们把进攻的矛头指向了希腊系人民的商店和农庄。埃及行省长官手中握有2个军团，却没有及时采取行动，导致叛乱范围迅速扩大，因此遭到免职。新派去的年轻将领托尔波在希腊系人民的配合下，成功镇压了埃及和塞浦路斯的叛乱。发生在塞浦路斯岛的叛乱，行为非常过激，当地人对非犹太人一律格杀勿论。他们把享有罗马公民权的人关进圆形竞技场后大开杀戒。最后，从帕提亚战争中抽调出第七克劳狄乌斯军团，才得以镇压塞浦路斯的叛乱。幸存下来的犹太人被驱逐出境。从此犹太人被禁止进入塞浦路斯，否则以死罪论处。

叛乱虽然被镇压下去，但是，已经燃烧起来的这把反叛之火并没有完全扑灭，还在四处起烟。同时已经发展到帕提亚西部地区的游击战也必须予以全面打击。适合作战的公元117年春季已经来临，图拉真却没有向东出发。这一年7月的月底，他终于离开安条克，目的地却是罗马。在他的妻子普洛蒂娜、外甥女马提蒂亚的陪伴下，身患重病的皇帝坐上船向西出发了。帕提亚战场的总司令官换成了哈德良。

去世

向西行驶的船上旅行时间并不长。沿着小亚细亚南岸向西航行期间，图拉真的病情突然恶化，船不得不就近停靠在塞留斯（今加齐帕萨）港口，等待病情稳定继续前进。然而，皇帝的病始终不见好转。公元117年8月9日，皇帝图拉真因病去世，离64岁生日还差一个月零几天。图拉真统治罗马帝国长达20年，临死前，他指定哈德良继承皇位。

简单的火葬仪式后，骨灰在同行的妻子普洛蒂娜和外甥女马提蒂亚、近卫军

图拉真

团长官的守护下,继续前往罗马。从带着雄心壮志向东去的那一年算起,已经过去了4年时光。市民和元老院没有为皇帝举行丧礼,而是用凯旋仪式迎接他们的皇帝归来。皇帝骨灰瓮放在四匹白马拉的战车之上。凯旋仪式的主人公是已故之人,这样的凯旋仪式在869年的罗马历史上尚属首次。

正因为他是位得到高度评价的好皇帝,所以图拉真的雕像在经过了1900年后的现在依然还有很多。站在其中一个雕像前,我脱口说出了这样一句话:

"为什么你会如此地努力?"

大理石雕像当然不会回答我,因此就由提出问题的我来代为回答。从学术的角度讲,这只是假设。词典对"假设"的解释是为了合理解释事实所作的假定,也就是想象。当然,想象是基于种种事实的基础展开的,没有任何事实基础的想象只是空想。因此,我试图揣测图拉真的内心想法,作出这样的回答:

"因为是第一位行省出身的罗马皇帝,所以需要比常人付出更多的努力。"

这样的人难道不是很常见吗?那些因为是女人中的第一个人,或者因为是东方人中的第一个人,所以他或者她只能格外地努力。

不管怎样,在图拉真统治的20年间,他真正做到了一心一意地认真履行皇帝的职责。

第二章

皇帝哈德良
（117年8月9日—138年7月10日在位）

NON UNO DIE
ROMA AEDIFICATA EST

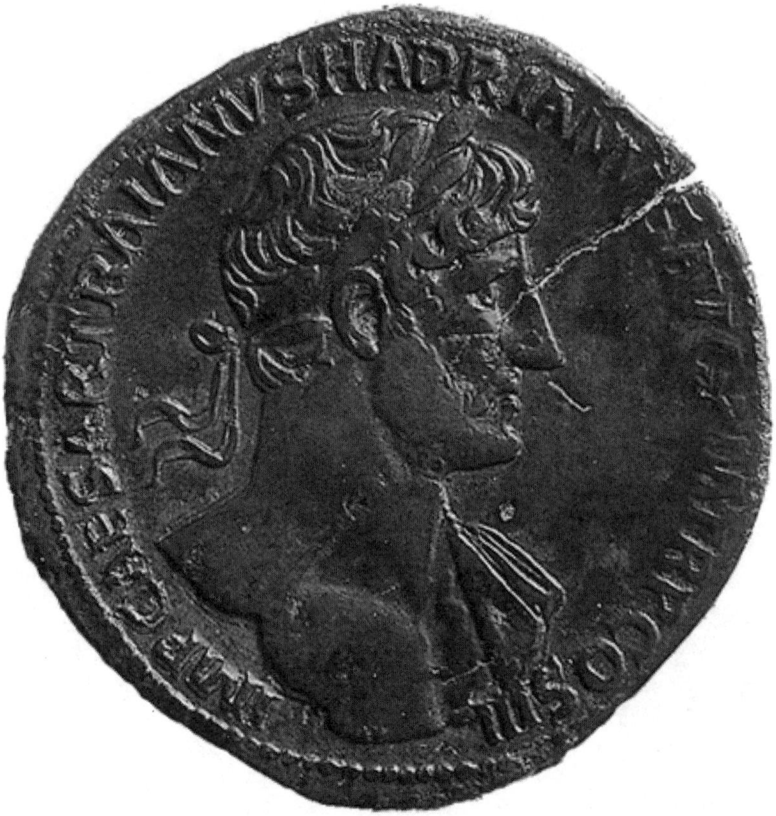
CAES TRAIANVS HADRIAN

少年时代

公元76年1月24日，普布利乌斯·埃里乌斯·哈德良（P. Aelius Hadrianus）在意大利卡出生。这个城镇在古代叫西斯帕尼亚，位于伊比利亚半岛南部。图拉真也出生在这个城市。哈德良比图拉真小23岁。意大利卡是公元前3世纪第二次布匿战争期间，西庇阿·阿非利加努斯让退役后的士兵在当地留下兴建起来的殖民城市。所以，可以认为，出生于此地的罗马人，祖籍都是意大利本土。我们不清楚图拉真的祖先出生于意大利的何处，但是，我们知道哈德良祖先的出生地。那是一个叫哈德利亚的小镇，位于意大利中部，靠近亚得里亚海，据说地名就源于亚得里亚海。

图拉真的家族进入罗马社会统治者阶层——元老院阶级——是在他父亲这一代。与他的家族相比，哈德良的家族要早许多。公元前1世纪，在与元老院一派的斗争中尤里乌斯·恺撒获胜。他是一位愿意选用行省出身的人，哈德良的祖先就是因为恺撒的推荐进入了元老院。只是后来，在历史上似乎销声匿迹了。也许是因为缺少才能，哈德良的父亲最高只做到法务官，当然不幸早逝也是原因之一，因为他去世的时候还未达到担当执政官的资格年龄。

到了公元1世纪，原本名不见经传的图拉真家族，其地位突然超越了哈德良家族。在韦斯帕芗皇帝时代，图拉真的父亲曾立下赫赫战功。经他的推荐，哈德良的父亲进入了贵族行列。这两个家族有姻亲关系。侄子经叔伯的推荐成了元老院议员中地位较高的贵族。后来登上皇位的图拉真与哈德良的父亲是表兄弟关系。

父亲哈德良和出生于加的斯的波利娜结婚后，生下了一儿一女。女儿与母亲同名，儿子就是哈德良。母亲娘家位于100公里开外、同属贝提卡行省的一个小镇。虽然出身良家，也不过是镇上一个普通女子。姐姐波利娜嫁给了出生于同一行省的塞尔维亚努斯。

尽管哈德良是元老院阶级中地位较高的贵族的儿子，但是，他并没有在罗马帝国的特殊环境中长大。10岁之前，哈德良不过是西班牙南部的一个乡下孩子。

10岁那年，父亲去世了。哈德良的父亲不是猝死，因为在临死前，他为儿子指定了监护人。

监护人有两位，一位是图拉真，另一位是阿奇利乌斯·阿提安。

当时，图拉真33岁，还只是军团中的一位大队长。没有人能够预测到12年后他会当上皇帝。哈德良的父亲仅仅因为是同乡又是表兄弟的原因，把年幼的儿子托付给了当时33岁的图拉真。另一位监护人阿提安也是同乡，属于骑士阶级（equitas），在罗马社会中，地位仅次于元老院阶级。接受监护人委托时，他的地位如何不清楚。但是，作为身强体壮、行省出身的人，他一定以图拉真的父亲为榜样，正走在军团生涯的发展道路上。为了儿子的将来，哈德良的父亲没有选择把他托付给居住在罗马的贵族，而是选择了年纪尚轻却很有发展前途的这两个人。

在罗马社会，因战争或其他诸多原因过早失去父亲的孩子很多。所以，委托他人做监护人是一个非常普遍的现象。接受委托后的监护人通常也会尽力完成好这一职责。父亲早早去世的小普林尼就是在伯父大普林尼身边长大的。可能是哈德良的两位监护人图拉真和阿提安商量后的结果，他们决定让这位10岁的少年到首都罗马接受中等教育。于是，哈德良来到了意大利卡无法比拟的大城市罗马，从10岁到14岁，在这里接受了良好的基础教育。其间有一年，可能住在图拉真的家里。因为图拉真当选法务官后回到了罗马。据说他上的是昆体良的私塾。昆体良受图密善皇帝的委托，著有《教育论原理》。

在罗马上学期间，精美的希腊文化让聪明的少年哈德良大开眼界。学习希腊语是出身于罗马精英阶层家的孩子必不可少的功课，但是，少年时代的哈德良热衷的不只是希腊语，而是希腊文化的全部。为此，在一起就学的少年伙伴们送了他一个外号叫"希腊人"。然而，这件事成了两位监护人担心的原因。

共和制时代的罗马精英认为，罗马男人必须具备质朴而刚毅的性格。进入帝制时代后，尤其在首都，具有质朴而刚毅性格的人已经大不如从前。与意大利本土相比，这种性格在偏远地区保留得更为纯粹和长久。图拉真和阿提安都是质朴而刚毅的男人。在他们看来，沉溺于希腊文明等同于软弱。于是，14岁的哈德

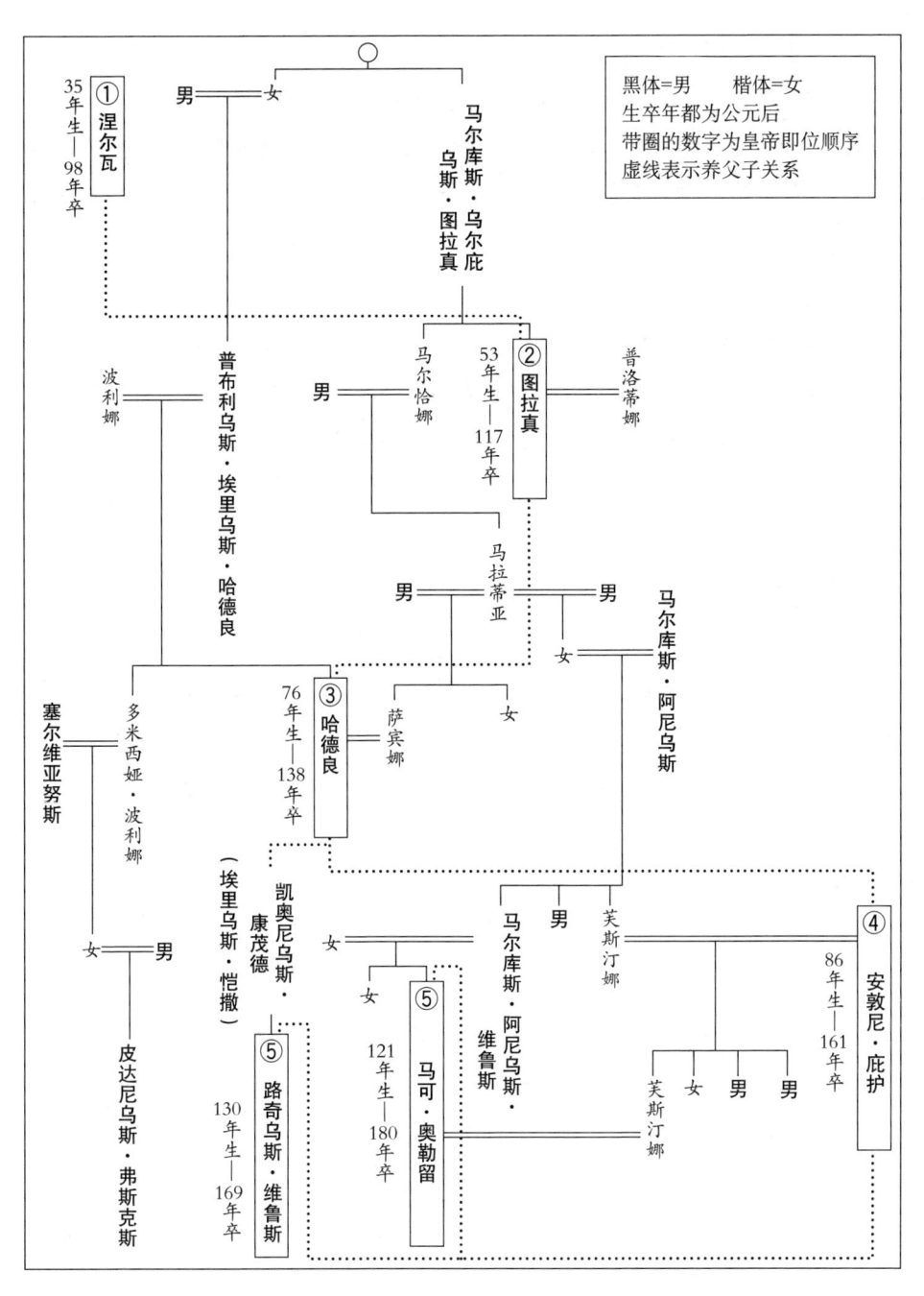

涅尔瓦皇帝到马可·奥勒留皇帝的系谱（略去了一部分）

```
                            ○
         男 ══ 女                          黑体=男    楷体=女
                    马尔库斯·乌尔庇乌斯                    生卒年都为公元后
                                                        带圈的数字为皇帝即位顺序
 ①涅尔瓦                                                 虚线表示养父子关系
 35年生—98年卒

                    男 ══ 马尔恰娜    ②图拉真 ══ 普洛蒂娜
                                    53年生—117年卒

 波利娜 ══ 普布利乌斯·埃里乌斯·哈德良

                        男 ══ 马拉蒂亚 ══ 男    马尔库斯·阿尼乌斯 ══ 女

 塞尔维亚努斯 ══ 多米西娅·波利娜    萨宾娜 ══ ③哈德良    女
                                76年生—138年卒

        女 ══ 男                    （埃里乌斯·恺撒）
                                   凯奥尼乌斯·康茂德
                                                               马尔库斯·阿尼乌斯·维鲁斯 ══ 芙斯汀娜    ④安敦尼·庇护
                                                                                                86年生—161年卒
 皮达尼乌斯·弗斯克斯                ⑤路奇乌斯·维鲁斯        女    ⑤马可·奥勒留
                                130年生—169年卒       121年生—180年卒

                                                    芙斯汀娜 ══  女 男 男
```

良被送回了故乡意大利卡。

然而，哈德良又让这两位监护人起了新的担忧——哈德良迷上了狩猎。意大利卡位于低矮的丘陵地带，骑在马上追猎野猪、小鹿，感觉非常畅快。虽然狩猎与质朴刚毅并不相悖，但是在重视平衡的罗马人传统中，热衷或沉迷于任何事物都不是好现象。于是，在故乡生活了3年之后，已经有过兵役见习期的这位年轻人再次被叫回了罗马。

由此可见，哈德良的这两大爱好，即对希腊文明的迷恋和对狩猎的狂热，在十几岁的时候已经养成。这两个爱好粗看似乎毫无关联，但是，它们有一个共同点，就是感性。在哈德良的一生中，他始终是个感性的男人。

青年时代

再次被叫回罗马的这位年轻人，等待他的是最基层的行政职务。这一定又是两位监护人商量后的结果。这个部门在共和制时代就已经存在。工作内容主要是审查奴隶变成解放奴隶后，是否已满足取得罗马公民权的必要条件。当然，这个职位上的工作并非只此一项。第一代皇帝奥古斯都把另一项工作也放在了这个部门，那就是审查遗产继承和监护是否得当。如果审查结果符合条件就予以核准，如果需要通过裁决，就转到法务官那里。该部门共有10名工作人员，都是20岁上下的人。

无论在共和制时代还是帝制时代，罗马精英的培养体系完全一样。20岁出头的年轻人，就要负责处理民间琐事，接触人类社会的最底层。按察官的职责中，有一项是监督公娼制度是否正常健全；财务检察官的任务是检查经费的收支情况；护民官则保护普通百姓。一句话，都属于社会工作。从事过这类工作，也担任过要求是通才的军团士官后，年满30岁就可以进入元老院并成为元老院议员，负责的工作就不再局限于社会工作，也要参与国家大事。

因此，哈德良在20岁前后，担任的下一个工作就是军团士官。

第一个任职地是驻扎在远潘诺尼亚行省的第二辅助军团。军团基地位于现在的匈牙利首都布达佩斯，是多瑙河防线的要塞之一。也就是说，他被送到了前线。

他在军团中的地位很高，担任的是副军团长（Tribunus Laticlavius）之职，我把它翻译成"穿红披肩的大队长"。这是出身于元老院阶级的人的惯例。"穿红披肩的大队长"是10个大队长（Tribunus）中的首席。在图拉真的章节中已经有过描述，因为他们的正式军装有一条"披肩"，与元老院议员的托加同色，都是红色，要从肩上垂下来，因此得名。担任该职位的人需要一定的能力。如果仅仅因为漂亮的军装就自以为是的人是难以胜任的。因为，担任该职位的人，其地位仅次于军团长。当军团长因故不能履行职务时，必须马上代替军团长，指挥6000名军团兵加上辅助部队士兵，共计1万人。

让一个对军务可以说是一无所知的、20来岁的年轻人担任责任如此重大的职位，也许你会认为过于轻率。但是在罗马帝国，这却是常有的事。因为，既然担任了受人尊敬的职位，理应担负起更重的责任。尽管暂时对军务一无所知，但是，他的周围有很多专家。没有红披肩的大队长多数是军团基层锻炼者。尤其在"罗马军团骨干"的百人队队长中，不乏作战经验丰富的老兵。

因此，可以理解在这种情况下，像空降兵那样降落到军团基地的"穿红披肩的大队长"，尽管表面上得到了大家的尊重，却免不了让实战经验丰富的老兵们内心颇不以为然。因此，对于此时的哈德良来说，最重要的事情就是要把他们表面上的尊敬变成发自内心的敬佩。当然这需要能力。好在士兵们都是战斗在最前线的人们。他们很清楚，指挥官的无能会直接关系到自己的生死。年轻的哈德良似乎合格了。

过了大约两年时间，他接到了调令。这次的任职地是位于多瑙河下游的远米西亚行省，身份是第五马其顿军团的"穿红披肩的大队长"。该军团的驻扎地在特劳埃斯米斯，位于现在的罗马尼亚境内。附近有负责守卫多瑙河下游和黑海的舰队基地。

在该地任职期间，皇帝图密善遭遇暗杀。涅尔瓦在元老院的大力支持下继承

第二章 皇帝哈德良 | 167

皇位。公元96年似乎过去得很匆忙，这一年哈德良20岁。

第二年，即公元97年10月，涅尔瓦指定图拉真为皇位继承人。两个月后的公元98年1月27日，年事已高的涅尔瓦去世。

根据《皇帝传》一书的描述，为了让图拉真尽早知道涅尔瓦的死讯和他继承皇位的消息，时年22岁的哈德良沿着多瑙河上游一路策马狂奔，一气通过日耳曼长城，来到位于莱茵河中游的科隆，赶去通知图拉真。也许正因为图拉真是自己的监护人，所以他内心充满了喜悦之情。时间正值隆冬，那一带的这个季节天寒地冻。虽然走的是相当于现代高速公路的罗马大道，那也是因为他年轻才做得到。这里有一个疑问。先皇去世和新皇帝登基这样重要的消息，为什么没有从罗马一路北上送到科隆，而是从罗马送到多瑙河下游，再由哈德良骑马带到科隆呢？对于这个疑问，我决定不作展开。因为已经过了45岁的图拉真，看到曾经"让自己担心"的哈德良长大了的样子，他又是冒着严寒远道而来，感觉比当上皇帝还要高兴。

不清楚哈德良在随后的日子里是否留在图拉真身边，协助一心一意备战达契亚的皇帝；也不清楚一年半后，是否与终于回到首都罗马的图拉真在一起。或者传递完消息后，又返回到多瑙河下游的基地，继续履行他的"穿红披肩的大队长"职责。公元101年，哈德良当选为财务检察官，迈出了"光荣的职务"的第一步。年龄刚刚25岁，他的第一步走得非常顺利。

但是，皇帝图拉真没有特别关照他这位财务检察官，反倒因为关系亲近，还委派他兼做另外一件事——当皇帝因故不能出席元老院会议时，他要把写有皇帝意见的文书拿到元老院，并在会上宣读。

第一次代替皇帝参加元老院会议的时候，他受到了元老院议员们的嘲笑。他们取笑这位年轻的财务检察官拉丁语"地方口音"太重。虽然当时的通用语言是希腊语，但是，罗马还有一种通用语言，就是罗马人的母语拉丁语。因此，不管你的希腊语说得有多好，但如果拉丁语说不好，就没有资格成为帝国的精英。为此，哈德良开始发愤学习拉丁语，并在很短的时间里，克服了由少年时期养成的地方口音。无独有偶，尤里乌斯·恺撒的写作能力也是经过了磨炼，就连他的政敌也不得不称赞他的写作"看不出丝毫小地方的土气"。

哈德良的勤奋刻苦让自己得到了新的职位。在顺利结束财务检察官的任期后，他担任了编辑《元老院纪事》部门的负责人。该部门的具体工作是：在对元老院会议上的讨论内容及决议等进行汇总后，让专职记录的人记录下来并进行妥善保管。但是，该部门的工作不只是保存记录，还要抄送很多份，发到帝国全境的所有行省、军团及地方自治体。因为能看到这些记录，所以即使在边境的人，也能够了解首都的情况。这就是现代研究者说的"罗马时代的报纸"。想出这个主意的人是尤里乌斯·恺撒。但是，设立这个叫"curator actorum senates"的职位，并以制度化的形式固定下的人是第二代皇帝提比略。如果一定要翻译这个职位的话，就是《元老院纪事》负责人。被委以这项工作，表明哈德良的拉丁语水平已经达到了"看不出丝毫小地方的土气"的程度。

这个时期内他结婚了，新娘萨宾娜是图拉真的姐姐马尔恰娜的外孙女，也是皇帝的外甥女马提蒂亚的女儿。哈德良的父亲与图拉真是表兄弟关系。所以，与萨宾娜结婚，使得他与皇帝之间的关系又近了一步。图拉真没有孩子，在他最近的亲属中，哈德良是唯一的男性。

大概从这个时候起，哈德良萌发了自己想当皇帝的念头。图拉真的继承人就是自己。要继承皇位，23岁的年龄之差正合适。当然，要实现自己的这个雄心壮志，还不能掉以轻心，因为图拉真最看重公正。尽管是亲属，不，正因为是亲属，反而得不到特殊的照顾。44岁那年被涅尔瓦指定为继承人之前，图拉真做梦也没有想过自己会当上皇帝。相反，哈德良在25岁那年，这件事已经进入了他的筹划之中。实现这一愿望的方法，恰恰由于图拉真是个公正的人，反而更加简单容易。与其去作一些风险性很大的冒险尝试，不如脚踏实地履行好自己的职责。

公元101年到102年，第一次达契亚战争爆发。哈德良好像是中途才加入这场战争的。当时，他没有被委以重任，所以也没有什么战功记录在案。事实上，与其说是参战者，他更像是一个观战者，只是待在图拉真的大本营里而已。

萨宾娜　　　　　　　　　　　哈德良

哈德良亲自撰写的回忆录中，据说有这样一句话：那时，他已然是图拉真关系最亲密的圈子中的一员。罗马帝国皇帝们的回忆录随着帝国的灭亡早已消失。根据罗马时代的历史学家的说法，能够陪伴图拉真畅饮葡萄酒到最后的正是哈德良。在其他下属一个个被皇帝灌倒后，只有年仅25岁的哈德良能够陪伴他到最后。事实上，身为司令官的图拉真，其身边的人，包括每一个列席参加作战会议的人，都是久经沙场的勇将。与他们在一起，会让这位20多岁的年轻人感到有压力。

到了3年后的公元105年至106年间，第二次达契亚战争一开始，图拉真便对哈德良委以重任，任命他为军团长，统率驻扎在波恩的第一密涅瓦军团，参加达契亚战争。以30来岁的年纪，指挥包括主力军团兵和辅助军团兵共计1万人的部队，这种情况在罗马并非绝无仅有。与以往不同的是，他接受任命是在战时而不是平时。与第一次不同，第二次达契亚战争期间的罗马军队，就像突然被放归山野的猛虎，彻底投入战斗。对于这位雄心勃勃的年轻人来说，这正是表现其战略战术才能的最佳时机。哈德良充分抓住了这次机会，在战场上，他率领的第一密涅瓦军团表现突出。很快，在驻扎在莱茵河和多瑙河防线的军团中间，哈德良的名字被传了开来。

迈向皇帝之路

达契亚战争取得完胜之后，哈德良随图拉真回到罗马。同年，他参加法务官竞选并顺利当选。从此，他进入了"光荣的职务"的第二阶段。为此，他要承担"既得利益阶层回馈社会"的义务。这项义务在罗马就是出资举办角斗士比赛和竞技比赛。所需的400万塞斯特斯是图拉真替他出的。原因是，一方面因为哈德良在经济上并不富裕，另一方面，图拉真作为他的监护人，也算是尽义务。在罗马社会，监护人的意思就是"代理父亲"。

说到监护人，除了图拉真，哈德良还有一个，名叫阿提安。他在图拉真登基后被提拔为近卫军团指挥官。于是，哈德良有了皇帝和近卫军团指挥官这样两位实权在握的监护人。

结束法务官任期后，作为前法务官，已经具备了担任行省总督的资格。只是，仅有过法务官的经历，只能担任任命权在皇帝的皇帝行省的总督。元老院行省的总督选举权在元老院手中，只有担任过执政官的人才有被选举权。

因此，哈德良任职的地方位于多瑙河前线的远潘诺尼亚行省，这是他曾作为"穿红披肩的大队长"驻守过的第一个行省。总督官邸所在地——行省首府阿奎因库姆（今布达佩斯）也是军团基地的所在地。作为总督，他的任务不仅仅只是率领军团，负责防卫。同时，他又是对包括地方百姓在内的整个行省实施统治的责任人。时间是在达契亚刚刚成为行省之后。因此，位于达契亚西侧、负责监视达契亚的布达佩斯，其重要性大大提高。任命他掌管远潘诺尼亚行省，充分证明了皇帝图拉真对他的信任。

已经31岁的哈德良没有辜负皇帝对他的信任。当时，萨尔马提亚人看到达契亚王国灭亡后，自以为是地认为多瑙河北岸势力最强大的部族非己莫属。于是，他们横渡多瑙河，试图入侵罗马领地。作为回应，哈德良率领的第二辅助兵团一举击退了他们的进攻。

第二年，哈德良应召回国，离开了远潘诺尼亚。原因是他被推荐为执政官候选人并顺利当选。既然是皇帝推荐，那么在元老院的选举中，候选等于当选。以 32 岁的年纪当选执政官，除了破格，找不到更合适的词来描述了。图拉真曾受到图密善皇帝的偏爱，第一次当选执政官时，年龄虽不大，但是也已经 38 岁。所以，32 岁当选只能说是既破格又破例。传说这是李锡尼·苏拉强烈推荐的结果。苏拉是图拉真的同乡、同龄人、第一亲信，也是最好的朋友。也许苏拉早就看出，哈德良尽管也是出生于西班牙，但是，他与图拉真和自己的性情完全不同。正因为如此，才最适合成为图拉真的接班人。

然而，年纪轻轻就担任执政官之职的哈德良，在 4 年后却遭遇了低谷，非常不得志。

原因之一是，非常认可他的苏拉在哈德良当选执政官之前不幸去世。

另一个原因是，因为苏拉的去世，被称做图拉真手下"四大天王"的几个将军们开始表现出他们的不满，他们对哈德良的破格升迁颇有微词。图拉真不能无视他们对哈德良的抵触情绪，同时，他好像也在反省自己是否过于重用哈德良了。

图拉真是信仰公正至上的人。正因为哈德良与他关系亲近，才更不愿意表现出有偏袒行为。

这样一来，哈德良在 35 岁以后的 4 年间，虽有"前执政官"的资历，却始终无缘成为行省总督。当然，图拉真并不是真的不喜欢他。因此，在哈德良未被委以重任期间，才会让他替自己做一些事情，如起草正式演讲的草稿等等。

这 4 年间，哈德良都想了些什么，我们不得而知。相信就算回忆录留存至今，我们也不可能找出他在那个时期的一些思想活动。在他最不得志的 4 年中，最后一年即公元 112 年，哈德良被希腊雅典市授予了"执政官"（archon）的称号。这是雅典在鼎盛时期的最高官职，也是一个荣誉头衔。梭伦和特米斯托克利斯都曾经得到过这一荣誉。随着城邦国家雅典的衰落，罗马时代的雅典"执政官"除了荣誉头衔，已经没有任何实质性的价值。雅典方面授予他这个荣誉称号，目的是希望哈德良作为皇帝家庭成员之一能够做雅典的保护人。少年时代外号叫"希腊人"的哈德良，一定对这个荣誉满心欢喜。

哈德良虽然不得志，但是他依然不失为一个引人关注的人。毕竟年纪尚轻，仍有机会。这个时期，罗马出现了两大派系，一派不看好哈德良，另一派非常认可他，而且，这两派的分歧越来越呈现表面化。前一派是自认为拥戴图拉真的将军们，后一派则是年轻的一代，他们虽然和前一派一样受到图拉真的重用，但是，地位多处于军团长的级别。在这段时期，图拉真对哈德良的态度很不明朗，或许这正是担心两派对立的图拉真真实思想的写照。

当然，图拉真不是一个因为有这种顾虑而完全束缚自己用人安排的人。公元113年，出发远征帕提亚的图拉真的随行人员中，哈德良出现在了其中。

一位年长自己的女人

《皇帝传》的作者说，哈德良37岁那年，再次返回前线是因为皇后普洛蒂娜的推荐。他还说普洛蒂娜特别欣赏哈德良。这里所谓的"欣赏"，是"爱恋"或是"喜欢"的意思。那么事实又是怎样呢？

首先是普洛蒂娜的年龄问题。我们知道她去世的年龄，却不清楚她出生的年份。从图拉真身边的人的夫妻年龄差距来推断，很可能普洛蒂娜比丈夫图拉真小12或13岁，比哈德良大10至11岁。顺便提一句，哈德良与妻子萨宾娜的年龄差距是12岁。

那么，能让年长自己10岁的女人"欣赏"的年轻男性需要具备什么样的条件呢？

第一，是漂亮。当然这里说的漂亮不是指容貌，应该是能让人感到赏心悦目的"美"。

第二，是年轻。这不是说年龄越小越好，它的意思应该是随时能让人感受到充满活力的青春朝气。没有一点朝气的年轻人很多；从另一方面来看，充满朝气的中年人却也不少。

第三，是思维清晰。这一条，重要的不是知识，而是智慧。年长的女人爱上的年轻人是能成为下一代中的佼佼者的人。

第四，是感性。正因为看多了缺少感性的丈夫和同龄男性，所以才会喜欢感情丰富、又努力自我克制的男人。

第五，是要胸怀大志。既然能打动一个对世间百态了然于心的女人的心，可见，这种胸怀大志不是仅满足于出人头地或成为有钱人之类的小想法，它必须是远大志向。为实现自己的远大志向，当事人一定会比普通人处心积虑得多。

哈德良具备所有这些条件。

但是，一个女人对丈夫的要求则不同。即使不具备上述五个条件，也不妨碍他们成为夫妻。女人对丈夫的要求，是懂得人情世故，并且能让她感到踏实就可以了。哈德良似乎更加擅长与年长自己的女性沟通，他与普洛蒂娜、图拉真的姐姐马尔恰娜和外甥女马提蒂亚这些年长的女人们相处非常融洽，却始终与妻子萨宾娜的关系欠佳。原因在于萨宾娜比他年轻，更糟糕的是她还是他的妻子。对哈德良来说，最难的事情莫过于让身边的人有一种安全感。

罗马时代的历史学家和编年史作者试图求证普洛蒂娜和哈德良之间的真实关系，结果都以失败告终。因为他们关心的只是两人间是否有性关系。普洛蒂娜是一个有教养、有自尊的女人。对于这样的女人来说，情感并不等于性。她并不害怕出轨行为暴露后，女人遭到流放，男人被处死刑。而是一旦发生性关系，两人就会变成平凡的男女关系，这样的结果会让她感到非常失望。再说，图拉真是个不错的丈夫。哈德良是个雄心勃勃的年轻人。既然如此，她有什么必要让两人的关系沦落为庸俗的男女关系呢？普洛蒂娜不是希腊悲剧中的费德拉。在尊重自己的感情方面，可以说她是个利己主义者。还有，如果用一句话来评价哈德良，只能说，他也是个彻头彻尾的自我中心主义者。

我坚信这两人之间不存在性关系。正因为他们之间没有性关系，所以，普洛蒂娜才会一直活在哈德良的心中。

先不论是否是皇后力荐的结果，总之，哈德良参加了帕提亚战争。只是，这次他没有像第二次达契亚战争那样，率领军队参加战斗，因为图拉真任命他担任了叙利亚行省的总督。换言之，就是在战争期间，他要负责看守后方基地安条克。但是，在地位等同于埃及亚历山大的东方大都市安条克，想过奢华的官府生活是不可能的。因为所谓后方基地，对于重视后勤的罗马来说，就是补给基地。因此，负责后勤保障的任务就落在了总督哈德良的身上。此外，他还有一个任务，就是保证随图拉真同来的普洛蒂娜和马提蒂亚的安全。

普洛蒂娜

驻扎在帝国东半部的所有军团都在叙利亚行省总督的管辖之下。因此，他同时又是帝国东方防线的负责人，"名气"很大。但是，在帕提亚战争期间，哈德良没有亲自率领军团参加战斗的"实绩"。图拉真把战场指挥权统统交给了那些经验丰富的将军们了。他们自达契亚战争以来一直追随图拉真共同作战。因为没有找到有文字的任何史料，所以我们不清楚自尊心极强、对自己的才华深信不疑的哈德良，是如何度过37岁至41岁之间的这一段"蛰伏期"的。但是，他终究是哈德良。尽管身在后方，他一定睁大了清醒的眼睛，注视着帕提亚战争的进展。

在图拉真皇帝的章节中，已经作过详细描述。图拉真怀着必胜的信念发动了帕提亚战争，结果却与这位皇帝的期待相悖。因操劳过度一病不起的皇帝大概听从了妻子和外甥女的劝说，答应回首都罗马。从安条克走海路向西出发之前，他任命叙利亚行省总督哈德良为远征军总司令，命令他继续战斗。

然而，沿着小亚细亚南岸航行的途中，图拉真的病情急剧恶化。船紧急停靠在最近的港口塞留斯，等待病情稳定后继续航行，然而结果却不是大家所期待的。公元117年8月9日，被全帝国人们盛赞为"至高无上的皇帝"的图拉真结束了64年的人生。据说临死前，他把哈德良收为养子，并指定他继承皇位。

第二章　皇帝哈德良

然而，这件事成了哈德良登基之谜的起源。至今，论述此事的研究论文依然层出不穷。

登基之谜

图拉真真的是在指定哈德良为皇位继承人之后去世的吗？还是在皇帝去世后，皇后普洛蒂娜暂时隐瞒了图拉真去世的消息，同时，紧急派出信使前往安条克通知哈德良，等哈德良接受属下军团的宣誓忠诚，造成登基的既成事实后，才公布皇帝死讯的呢？一直以来，大家怀疑的正是这一点。

皇帝临死前，陪伴在他身旁的是他的妻子普洛蒂娜、外甥女马提蒂亚、禁卫军团长官阿提安和皇帝的御医4个人。

图拉真宠爱的外甥女马提蒂亚好像比普洛蒂娜小两三岁。但是，她与几乎同龄的这位舅妈相处非常好，就像一对姐妹，对普洛蒂娜总是言听计从。她也很欣赏女儿萨宾娜的丈夫哈德良，甚至充耳不闻女儿向她发泄的对丈夫的不满。对女婿来说，她无疑是个理想的岳母。

近卫军团两个长官之一的阿提安和图拉真一样，受哈德良父亲之托，作为监护人，从哈德良10岁开始，就一直在照顾他。

而皇帝的御医，几天后却蹊跷地死了。

认为图拉真并没有指定哈德良继承皇位的人提出了以下三条论据：

一是亚历山大大帝死前也没有指定具体的继承者，只留下一句遗言，说："把帝国交给有统治能力的人。"

二是有传言说，图拉真生前曾经对法学家奈拉提乌斯·布里库斯说过："万一自己发生不测，我的帝国就拜托您了。"

三是在帕提亚战争期间，图拉真给元老院写过一封信，内附一份名单。说是为了避免帝国统治出现空白，万一自己发生不测，请元老院从中推选继位者。当然这也是传闻。

第一条即使在事发当时也只不过是出现在街头巷尾的传言。图拉真是个责任心非常强的人，他绝不可能为了效仿亚历山大大帝而做出如此不负责任的事情。更何况，亚历山大大帝没有合适的人选可继承皇位，而图拉真则有这样的人选。

第二条也由于图拉真是一个务实的人，所以其可能性极小。法律方面的专家，正因为是专家，才更容易受到已有法律条文的束缚。而政治家在需要的时候，必须制定新的法律。推荐"内阁司法部部长担任首相"这类事情，图拉真是一定不会做的。

问题在于第三条。图拉真以公正为终生信条，对元老院始终表现出极大的尊重。所以，这个做法不是没有一点可能。问题是元老院没有收到过那样的信，而且，是否真有这样一份名单也不清楚。

当时的罗马人不像后世的研究者那样执著于要解开这个谜团。因为只要冷静观察，在当时的领导者阶层中，确实没有比哈德良更适合继承皇位的人。

第一，41岁的年龄让人们感觉很放心。

第二，哈德良迄今为止的经历也无可挑剔。他担任过各种职位，有足够的资历成为帝国统治的最高负责人。

第三，哈德良思维清晰。这在元老院里也是众所周知的。

第四，他在军团将士中享有很高的威望。

根据哈德良写的《回忆录》，8月9日他在安条克接到了被图拉真收为养子的消息。

8月9日，皇帝在塞留斯去世。

8月11日，东方军团的将士们向他宣誓效忠——"大将军"的欢呼声在新皇帝哈德良的身边响起。

从塞留斯到安条克，海上距离400公里。坐高速船，两天就能到达。如果照看皇帝的人决定隐瞒皇帝去世的消息，只要拖延两天再向外宣布就可以了。而且，因为图拉真一生表现出来的强烈责任感，又因为大多数人认为哈德良是最合适的人选，所以，尽管皇帝在临死前指定继承人的决定非常仓促，但是，当时的

第二章　皇帝哈德良

人们相信哈德良继承皇位是图拉真的真实心愿。

图拉真在哈德良10岁那年成为他的监护人，在随后的30年间，他们虽然时有分离，但是，作为监护人，很难想象图拉真会不了解形同儿子的哈德良的性格。

首先，他应该清楚哈德良在每个职位上都充分履行了他的职责。论责任心，哈德良完全没有问题。

其次，哈德良在历任公职时表现出来的、作为领导者的潜质尽人皆知。所以，说图拉真不放心他实在说不过去。

对于罗马人来说，只要哈德良对希腊文化的热爱和对狩猎的嗜好不是太过分，都是"德"的一部分。

尽管如此，图拉真在64岁之前，的确一直没有指定他为继承人。按照图拉真的性格，如果说是因为担心将军中有一些人怀有对哈德良不满的情绪，这样的解释也让人难以接受。

按照我的想象，很可能是图拉真在哈德良身上看到了某种自己无法理解的东西。那种东西或许可以叫做性情。它不会成为他讨厌哈德良的理由，但是，它会让他感到不安。这种东西在女人普洛蒂娜的眼里，是一种魅力，非常具有吸引力。但是，对于男性图拉真来说，即使在理性上，他可以接受，但是，真要指定其为继承人，会让他犹豫再三。

拉丁语中有一个词叫"临终"（in extremis），意思是最后时刻。现在，英语、法语和意大利语都还在使用这个拉丁语。哈德良继承皇位正是在"in extremis"。

当上皇帝后，哈德良在安条克写了送往罗马元老院的第一封亲笔信。

信中，他首先为自己未等元老院同意就接受军团的忠诚宣誓表示了歉意。同时，他为自己的这种做法作了解释。他说帝国的统治不允许出现空白，即便是极为短暂的空白期。的确，从安条克到罗马，往返需要两个月的时间。或许元老院对此也深有同感，总之，对于哈德良登基，元老院的态度非常积极。前面已经多次提到，罗马皇帝只有得到元老院的同意才能正式成为皇帝。

信中还提出了一个请求，表面上看，这个请求似乎名正言顺，实际上，它暗含了非常深的含义，那就是把已故图拉真神化。这件事情同样必须征得元老院的同意，现任皇帝才能把它付诸实施。涅尔瓦统治罗马不到一年半的时间，也成了罗马诸神中的一个，就是因为图拉真提出把先皇神化并且在元老院接受这个请求后而得以实现的，所以，新皇帝只是请求把先皇神化而已。但是，在罗马，继承人至少与先皇要有养父子的关系。所以，如果图拉真成了神，那么养子哈德良就是"神之子"。恺撒的养子奥古斯都在恺撒被神化以后，尽管肉身依然是凡人，却成了"神之子"。从这个意义上来说，哈德良与奥古斯都一样。不同的是，因为图拉真的养父涅尔瓦也是神，所以，哈德良是两个神的"后代"。

拥有多达30万个神的罗马人，对于皇帝死后被神化，不会有任何不良反应。但是，在政治上，"神之子"却拥有不容小觑的力量。之前他不过是集中了罗马帝国精英的元老院的一员，成为神之子后，就成了可以凌驾于他们之上的人。奥古斯都充分理解并运用了神化的这一作用。不难想象，拒绝成为奥古斯都第二的哈德良，一定也有同样的想法。哈德良身在安条克，已经早早开始为巩固自己的地位作准备了。

身为皇帝的哈德良

作为皇帝，哈德良得到了正式名字，叫"Imoerator Caesar Traianus Hadrianus Augustus"。同时，他的统治，按罗马人的说法叫"皇帝的日常作息"（dies imperi）——在堆积如山的、急需解决的问题中开始了。

首先是犹太问题。发生在两年前，即公元115年的犹太教徒叛乱还没有完全镇压下去。为了彻底镇压这次叛乱，罗马派出了勇将托尔波。哈德良指示他尽快终结这场叛乱。犹太人有很强的散居倾向，只要地方合适，无论城市还是乡村，一定会有他们的居住区。所以，要稳定帝国东方，就不能允许犹太社会处于不安稳的状态之中。

第二个问题是发生在不列颠的原住民暴动。不列颠原住民的居住地好像是后来的苏格兰与英格兰接壤的地带。要解决这个问题无须皇帝亲征。因为在不列颠常年驻有3个军团。既然如此，为什么这里还会发生叛乱呢？犹太人造反是利用图拉真全力投入帕提亚远征的这个机会。同样，不列颠人也认为，此时正是奋起反抗罗马的好时机。因为当兵力集中在辽阔帝国的某个地方时，其余地方的防卫就会减弱。这种时候，减弱的不是实际的防御力量，而是防御的意识。骁勇善战的喀里多尼亚（今苏格兰）人正是瞄准了罗马驻军思想麻痹的机会发起了暴动。但是，正因为问题出自上层的思想意识，所以，只要作为最高司令官的皇帝认真对待，态度严厉，驻扎在当地的军团兵就会受到感染。事实上，罗马军团刚一开始反击，不列颠问题就解决了。

第三个问题是发生在北非毛里塔尼亚行省的叛乱。关于这次叛乱的详情不清楚，只知道，托尔波在结束对犹太人叛乱的镇压后，马不停蹄地赶往毛里塔尼亚行省，去解决此次叛乱。因此，这次叛乱在发生之初就被早早镇压了。但是，这次叛乱，性质与前面提到的两次叛乱不同。它不是在罗马发动帕提亚战争时借机而起的。

叛乱的主角好像是毛里塔尼亚出身的骑兵们。他们在达契亚战争和帕提亚战争中，作为罗马军队的组成部分，始终战斗在最前线。事实上，这次事件反映出的是他们的队长卢修斯·昆图斯的态度。一方面，看到后期的图拉真对帕提亚战争表现软弱，他大不以为然。另一方面，对于哈德良继承皇位，他更是不满。所以，对哈德良来说，尽管这次叛乱规模很小，也必须予以镇压。

第四个问题是位于多瑙河北岸的萨尔马提亚人的问题，因为他们威胁到了罗马领土，哈德良决定亲自出马，理由是这个对手在他常驻布达佩斯、担任行省总督时曾经打过交道。当然，这只是表面理由，事实上还有一个不能公开的理由，那就是他要从帕提亚战争中撤出驻扎在多瑙河的军团。而皇帝亲自率领这支军团前去击退入侵蛮族的理由，可以模糊撤军的意图。

也就是说，刚刚登基的哈德良亟须解决的最大问题是，如何在不伤害罗马帝国名誉的前提下，结束先皇发起的帕提亚战争。

事实上，哈德良对这件事早有打算。有一位英国研究者说过："为了维护帝国的安全，和平必不可少。为了帝国的将来，哈德良决定冒险一搏。"而哈德良正是这样去做的。

奥古斯都曾经试图扩大对日耳曼的称霸，直至易北河。但是，继他之后的提比略皇帝则冒着风险，果断地把军团撤到了莱茵河沿岸。而哈德良面临的是与提比略相同的风险。此时，将士们还在摩拳擦掌准备继续战斗；元老院因罗马军队攻陷帕提亚首都还沉浸在欣喜之中，甚至他们一致同意，只要图拉真愿意，举办任何形式的凯旋仪式都可以接受。因此，哈德良要撤军，必须作好充分的心理准备——承受来自将士们和元老院的反对和蔑视。

提比略皇帝把总司令官日耳曼尼库斯调到了东方，同时，把年年都要向日耳曼发起进攻的罗马军队留在了莱茵河畔的军事基地，从而实现了撤军日耳曼的计划。哈德良也采用了类似的做法。

哈德良被图拉真任命为指挥帕提亚战争的总司令官。但是，他以击退萨尔马提亚人的入侵为由去了多瑙河前线。

于是，东方防线重新退回到了帕提亚战争开始之前、图拉真确立的从黑海到红海的防线。参加帕提亚战争的东方各军团也分别回到战争开始前各自的驻扎地，努力保护黑海至红海的防线。

哈德良对将军们的安置与提比略皇帝不同。日耳曼尼库斯被提比略调到东方，与属下将军们一起去了新的任职地。但是，前往多瑙河前线的哈德良没有采用调任的方法，他直接让将军们回罗马去了。理由是自图拉真登基皇位以来，一直与他同甘共苦的这些将军不能缺席专门为图拉真——实际上是图拉真的骨灰——在首都举办的凯旋仪式。当然，哈德良的真正用意是为他们事实上的隐退作准备，而且，结果也确实如此。在他们回到意大利本土后，没有一个人重回前线。

看到罗马军队不再打过来，帕提亚国王于是回到了首都泰西封。原本已经扩大到美索不达米亚一带的、反抗罗马的游击战活动，好像跟从来没有发生过似的偃旗息鼓了。帕提亚国王重新任命了帕提亚王室的一个人为亚美尼亚国王。哈德良表示接受。

一切又回到了帕提亚战争开始之前的状态，只不过哈德良没有归还帕提亚首都沦陷时图拉真缴获的黄金宝座和国王的女儿，也没有派人代表皇帝和帕提亚国王坐在幼发拉底河中的小岛上，为帕提亚和罗马回归和平签署正式条约。因为他担心这样做，会使那些反对他的、已经显出端倪的暗火燃烧起来。不管出于什么理由，撤军总是不体面的。他希望尽可能低调地完成撤军。他把图拉真任命的亚美尼亚行省总督塞维鲁斯调到帝国东方防线担任当地的最高统治者，即叙利亚行省总督，这也是出于这一考虑。

在东方结束了所有该做的事情后，哈德良于这一年的 11 月率领军团向西方出发了。部队穿过小亚细亚，渡过赫勒斯滂海峡（今达达尼尔海峡）进入欧洲。行军途中，他把随行的军团一个个安置在沿线的驻扎基地。后来，有同时代的人评价哈德良是"immensi laboris"（不知疲倦的人）。他从不浪费机会和时间。

注入黑海的多瑙河下游北岸，夹在向北突出的达契亚行省和黑海之间，是劳库索拉尼人的居住地。该部族好像属于苏拉布人的一支。部族首领与哈德良进行了会谈，并成功缔结了同盟关系。按罗马惯例，哈德良向该部族的权贵们授予了罗马公民权。

第二年，即公元 118 年，哈德良来到了多瑙河中游地带。在达契亚行省和远潘诺尼亚行省之间，生活着雅兹盖斯部族。为了巩固与该部族之间的同盟关系，哈德良与该部族代表进行了谈判。从地图上看，你一定会奇怪罗马为什么没有把这里变成行省。如果这里变成行省，就可以大大缩短多瑙河防线。然而，对于长期与罗马保持同盟关系的部族，即使它是未开化的民族，罗马也会尊重它的独立地位。不过，从上面种种事例来看，哈德良似乎是一个喜欢通过上层之间的谈判来解决问题的人。

春天，皇帝沿多瑙河逆流而上，来到了远潘诺尼亚行省。在这里，他只能通过诉诸武力来解决萨尔马提亚人的问题。不过，他好像留在了布达佩斯的总督官邸，没有亲自出阵。因为英勇善战的将领托尔波在平息了毛里塔尼亚的叛乱后，已经来到多瑙河。他全权委托托尔波指挥作战，把这个蛮族远远地赶到多瑙河北部。这时，图拉真任命的远潘诺尼亚行省总督在与萨尔马提亚人的战

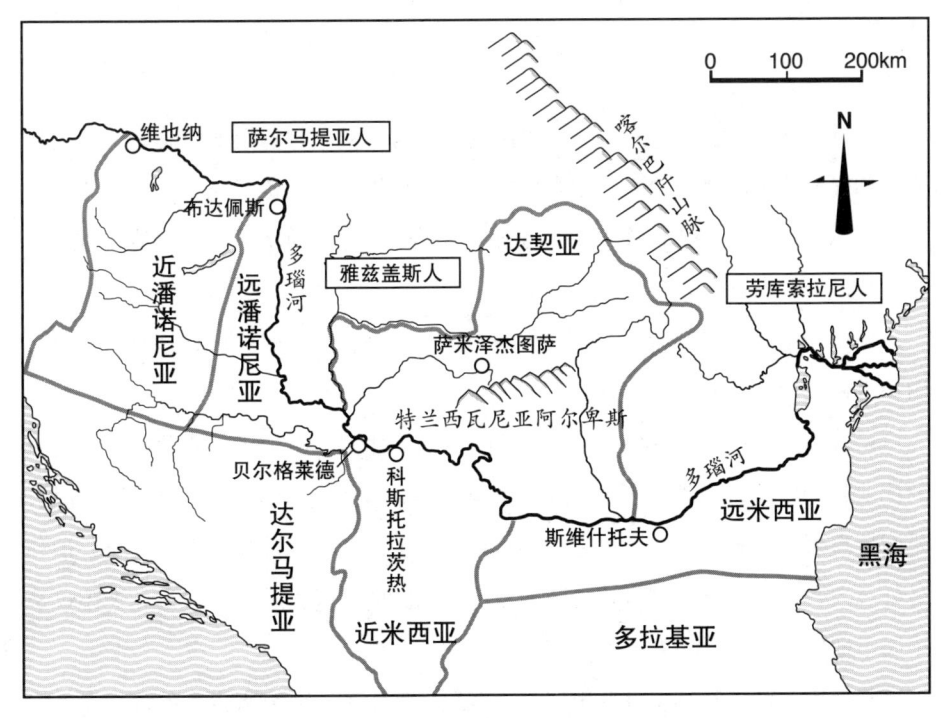

多瑙河流域

斗中阵亡了。

图拉真消灭了多瑙河北岸势力最大的达契亚王国,这对于罗马帝国来说是一件值得庆贺的事情。但同时,也意味着达契亚人气焰嚣张时,悄无声息的中小部族开始猖獗的时代已经到来。虽然对手越分散越容易对付,但是,必须清楚,可能的情况下应该通过外交手段,不得已的情况下只有通过军事手段来解决蛮族的问题,是一件长期的任务。罗马人说这些人是蛮族,不只是因为他们的生活水平与罗马人不可相提并论,同时,也是法治民族罗马人对这些不习惯遵守承诺的人的蔑称。

在多瑙河前线逗留期间,哈德良收到了来自近卫军团指挥官阿提安的一封密信,内容是先皇的四位重臣正在密谋推翻他。

肃清

哈维迪乌斯·尼格里努斯——图拉真任命的达契亚行省第一任总督。在达契亚和帕提亚战争中是一位表现出色的将领，深受图拉真的信赖。

科尔涅利乌斯·帕尔马——横扫阿拉伯（今约旦）的功臣，阿拉伯行省第一任总督，两次当选执政官。

普布利乌斯·塞尔苏斯——也是图拉真手下的将军，同样当选过两次执政官，图拉真也只担任过三次执政官。

卢修斯·昆图斯——本书已多次提到过他。此人是出生于北非昔兰尼加（今利比亚）的将军，在达契亚和帕提亚战争期间，率领毛里塔尼亚骑兵勇敢征战，是图拉真事实上的左膀右臂。在图拉真记功柱上出现的次数仅次于图拉真。他和另外三人一样，仅凭"前执政官"的身份，当时的罗马人就知道他是元老院议员中属于地位最高一层的人。

哈德良不可能没有想过会出现这种情况。就像英国研究者说过的那样，为了维护帝国的安全，和平必不可少。对于为确保和平，决心冒险一搏的哈德良来说，所谓的"危险"，就是因他的执政理念与图拉真的截然不同，因而受到攻击。

看完密信后，哈德良秘密派人给阿提安送去一封信，指示他马上采取行动。近卫军团中，有类似现在美利坚合众国 FBI（联邦调查局）的职能部门。指挥官阿提安"马上采取了行动"，近卫军团的士兵们在接到指挥官的命令后分头行事。

尼格里努斯在意大利北部法恩扎的别墅中被杀。
帕尔马在意大利中部特腊契纳的别墅中被杀。
塞尔苏斯在意大利南部拜亚的别墅中被杀。
昆图斯在旅途中被杀，不清楚他正要往哪里去。

这一结果让元老院备受打击，好像突然被当头浇了一盆凉水。首先，这四个人不是在被捕后判处死刑被杀，士兵也没有假扮成强盗半夜入室实施暗杀。他们是在光天化日之下，被近卫军公然杀死的，甚至连辩解的机会都不曾有过。其次，这四个人都是"前执政官"。在图拉真统治的20年间，别说当选过执政官的议员，就连普通元老院议员，也没有一个人受到过谋杀皇帝罪或叛国罪的指控，更没有人因此罪名受到审判，被判死刑。虽然担任过执政官的人中，有人受到过审判，那是因为他们在担任行省总督期间，实施苛政而遭到弹劾。因叛国罪受到审判的人一个也没有。

第一代皇帝奥古斯都非常忌讳恺撒被杀事件重演。他把谋杀皇帝的行为等同于叛国行为，把叛国罪变成了法律。然而，这个法律被继他之后的几任皇帝利用来肃清元老院内的反对派。在提比略、尼禄、图密善这三任皇帝的时代，皇帝和元老院关系不融洽的原因之一，就是他们把这个制度当成了清算反对派的武器。哈德良刚登上皇位，就杀死四个元老院中的有权势者，让元老院想起了曾经的噩梦。他们害怕图密善皇帝后期的恐怖政治会再次降临。

据说古代曾经发现过哈德良亲自撰写的回忆录，里面对杀死四位前执政官作了辩解。哈德良声称自己没有下令杀死他们，杀他们是阿提安个人的意思。在《皇帝传》中，对这个问题也展开了论述。还有，现代最著名的历史小说、法国女作家玛格丽特·尤瑟纳尔写的《哈德良回忆录》（*Mémoires d'Hadrien*）中，关于这件事情的解释也没有突破以往的说法。

尤瑟纳尔的这部著作是杰出的文学作品，采用了书信的形式。信是年事已高的哈德良在临死前，写给年轻的马可·奥勒留（哈德良之后的第二任皇帝，被称为哲学家皇帝，是五贤帝中名气最大的）的。因为是老年哈德良的回忆，所以整部作品充满了忧郁的情绪。虽然这只是一部小说，但是，这部文学作品中，对相关事件的调查非常详尽。在阅读的过程中，你可以找出它们的出处，或来自这个史料，或依据了那个史实等等。从这个意义上来说，它与德国剧作家布莱希特所著《尤里乌斯·恺撒的事业》堪称双璧之作。只是与生性乏味的、过于现实的恺撒相比，哈德良因为性格相对更具多面性，也更接近现代的人，所以作为小说主人公，写起来似乎更容易些。当然，布莱希特的作品写得非常传神，完美地展示了从共和制过渡到帝制的转变过程中恺撒那段充满了快乐的经历。

尤瑟纳尔描写哈德良的作品是一部成功之作。据说因为这部作品，她作为女性，第一个成功跻身于法兰西学院。这本书的日语译本很早就有了，是多田智满子翻译的，题目叫《哈德良回忆录》，由白水社出版发行。在罗马时代的所有皇帝中，现代法国人最喜欢哈德良，想必也是尤瑟纳尔的功劳。先不论你是否接受尤瑟纳尔心目中的哈德良，至少《哈德良回忆录》是一部具有最高文学创作水平的杰作，它一定会让你享受到阅读这类杰作时的愉悦之情。

杀死四位前执政官可以说是哈德良一生中唯一的污点。那么关于这件事，尤瑟纳尔又是如何解释的呢？对此，虽然篇幅较长，我还是打算作全文介绍而不是概述。我之所以这样做是为了向尤瑟纳尔表示敬意。因为我想，一篇佳作是不能够用概述来替代的。

……收到曾经的监护人送来的密信之时，正逢我接受萨尔马提亚人权贵们的归顺、即将返回意大利的时候。信中说，昆图斯回到罗马后，去见了帕尔马。还说，我们的对手利用他们现有的社会地位，开始召集曾经的属下士兵。他还写道，只要这两个人继续密谋，我们的安全就得不到保障。

我命令阿提安马上采取行动。这位令我充满敬意的老人于是雷厉风行地行动了。但是，他的行为超出了我的预想——他出击的结果是让我的对手从地球上彻底消失了。

几个人在同一天被杀，相隔仅仅几个小时。塞尔苏斯在拜亚别墅中被杀，帕尔马在特腊契纳的别墅中被杀，尼格里努斯在法恩扎乡下的家门口被杀，昆图斯在结束与同伙的密谋后正准备上马回城的时候被杀。

一时间，首都罗马笼罩在恐怖之中。我那已不再年轻的姐夫塞尔维亚努斯，表面上因为我的登基似乎放弃了自己的觊觎，内心里却正等待着看我出错。所以清除这四个人，一定让他感受到了前所未有的欣喜。我的周围又一次充满了恶意中伤的谣言。

我是在回意大利的船上得知这一情况的，这让我非常震惊。无论是谁，一旦除掉了对手，一定会松口气。采取行动的人竟是我的监护人——一个长期以来对任何事情总是表现得无动于衷的老人。但是，在决定采取行动之时，他忘记了在以后长达20年的岁月里，我将生活在这四个人的死亡带来的阴影之中。

这让我回想起几件事：我想到了屋大维时代，奥古斯都因为肃清反对势力而留下了永远抹不掉的污点的事实；我想到了尼禄在即位之初犯下的罪行，以及这些罪行与他后来的罪孽之间的关系；我还想到了图密善在最后几年虽然政绩平平，却在这一点上比起前面几位皇帝有过之而无不及，因为他失去了人性，他的行为让人不寒而栗，虽然他身在皇宫中，却像是一头被逼到森林尽头穷途末路的野兽，最后只有面对死亡。

我的执政生涯从一开始就毁在了自己的手中。在有关我的记载里，这件事永远会出现在第一行，抹也抹不去。它再也不会从我的脑海里消失。元老院——那个伟大又脆弱的政治集团，那个一旦感觉受到威胁就会团结一致的机构，一定忘不了他们的四位同僚因我的命令被杀这一事实。如此一来，那三个可恶的阴谋家和一个凶残的野兽就会被尊崇为殉道者吧。

我给阿提安送去一封信，严厉地命令他马上到布林迪西来，向我解释他的所作所为。

他在港口附近一个旅馆的房间内等我。房间朝东，据说维吉尔就是死在这里的。我去的时候，他拖着一条腿到房间门口迎接我，他患了痛风。

当剩下我们两个人的时候，从我的口中冲出的是一句又一句的批评和责备。

我对他说，我希望自己的执政是温和的、理想的，没想到我执政之初就杀死了四个人。这四个人中，只有一个人罪有应得。尽管如此，至少也该摆摆样子。像这样缺少合法程序的处置，必定遭到众人的谴责。不管以后我的表现多么公正、多么宽容，这一次权力的滥用，一定会被别有用心的人拿去作为随时向我发难的口实。不仅如此，甚至连我的美德也会被认为是虚伪的。它将成为暴君传说的源头，再也难以在历史上抹去。

我还说出了自己的担忧。我说，难道我就像嗜血成性的野兽那样，已经无法从人性的残忍一面中挣脱出来了吗？难道我也成为犯一次罪会导致犯另一次罪这种说法的一个例子吗？

这位忠心耿耿的、年事已高的朋友，难道不是利用我内心希望尽快从这件事中解脱出来的弱点，打着为了我的幌子，对长期以来他与尼格里努斯和帕尔马之间的不和作了了断吗？他不仅把我希望以和平方式推进的事业毁于一旦，而且把我回到罗马的执政经历变成了黑暗之旅。

老人问，可以坐下吗？坐下后，他把缠着绑腿的那条腿放到旁边的脚台上。我一边继续发泄着不满，一边把护膝盖在他那条病腿上。

他任由我一吐为快，脸上始终带着微笑，好像老师看着学生正勉为其难地背诵很难的课文一样。

我说完后，他用沉着的语调问我，你想过怎么对付反对你的这些人吗？他说，如果有必要，收集这四个人合谋试图杀你的证据并不难，虽然这有多大用处另说。他继续说道，要完成政权的顺利交接，不排除异己是不可能的。我的职责就是做这些事情的时候，保证你的手是干净的。如果舆论要求有人作出牺牲，你把我从近卫军团指挥官的位置上撤下来就行了。我想，没有比这更简单的事情了。

他已经想好了对策，并建议我采用他的方案。他说，为了改善与元老院之间的关系，如果需要我作出更大的牺牲，降我的职，流放我，我都愿意。

迄今为止，阿提安对我来说，是父亲，是一个忠实的领路人。他会给我零花钱，在我困难的日子里，给我鼓励。但是，直到现在，我才第一次认认真真地看他那胡须剃得干干净净的、沉稳的面庞和静静地放在拐杖上的满是皱纹的双手。

很早，我就知道这个男人为什么总是装出很幸福的样子。因为他有深爱的妻子，虽然她身体不是太好；他有两个女儿，都已经结婚；他还有女儿的孩子们。他把自己朴实而强烈的希望寄托在了这些外孙的身上，就像自己曾经的那样。他嗜好美食，喜欢希腊产的浮雕贝壳以及年轻的舞者。

但是，与所有这一切相比，他对我的爱总是放在第一位。在漫长的30

年里，他最关心的就是如何保护我，为我效力。

然而，我却把自己的想法、自己的打算以及对未来的梦想，放在了他和我的关系之前。也许他认为对我真诚是一件非常自然的事情，但是我却觉得这简直就是奇迹，太不可思议。他的真诚已经超越了一般的理解，即没有一个人值得为之作出如此献身。即使到了这个年龄，我依然无法对此作出解释。

我接受了他的建议，他失去了地位。浮现在他脸上的笑容显示，他早已料到我会这样做。他知道，没有比立刻接受他的忠告更好的办法来回报昔日的友人。而且，敏锐的政治感觉证明，在找不到其他更好的对策时，尤其如此。

他不需要作出更大的牺牲。几个月的隐居生活之后，我成功为他争取到了元老院的议席。对于出身骑士阶级的人来说，这是最高的荣誉。

他像个从不怠慢家人及工作的人那样，静静地安享富裕却不张扬的晚年。我也成了他家的常客，频频地前往位于阿尔巴诺山附近的他的别墅。

那件事情已经过去，没有留下后遗症。就好像亚历山大大帝在会战前夜，进入罗马前，向恐怖之神供奉牺牲之类的事情已经成为往事一样。但是，我没有忘记，这次所供奉的牺牲中，还有阿提安。

……

多么动人的一个场面。作为同行，我不得不甘拜下风。在《哈德良回忆录》中，我想这应该是最动人的一个场面吧。

但是，事实果真如此吗？哈德良在得知四位前执政官的阴谋后，命令近卫军团指挥官阿提安"马上采取行动"。那么，他所谓的"行动"难道只是逮捕这四个人，而没有杀掉他们的意思吗？

据说哈德良在自己的回忆录中说，杀死四个人是阿提安擅自作出的决定。但是，有些事情，当事人不一定会说出真实情况。特别是当这件事必定会影响后世对自己的评价时更是如此。所以，如果你认为当事人亲自写的就一定是事实，那就太幼稚了。还有，以哈德良所写的回忆录为基础，写成的《皇帝传》是在戴克里先统治时期出版发行的作品，比哈德良时代整整晚了170多年。所以，它也只

第二章　皇帝哈德良　｜　189

是众多事例中的一个，和其他"史实"一样，不得不思索一个永远不解的问题。这个问题就是，被认为是史实的事情就一定是真相吗？

尤瑟纳尔的小说是立足于这一"史实"来写的。但是我想，也许她自身不希望哈德良身上有杀人的污点，不希望哈德良是个会做违反人性的事情的人。

那么，"马上采取行动"的"行动"到底是什么意思呢？所谓采取行动，按照词典的解释，就是作出相应的处理。因为说是证据很容易找到，那么他的意思难道是拿证物证据，揭发并逮捕他们，然后进行有律师辩护的正式审判吗？

可是，如果那样做的话，难道就可以免遭非议吗？

罪名是叛国罪。这样的重罪要由元老院进行裁决。在先皇图拉真统治期间，没有一个人被指控这一罪名，自然也就没有过这样的裁决。事实上，尽管作出裁决的是元老院，但是只要皇帝态度坚决，最后元老院总是会服从皇帝的意志。所以如果这四个阴谋家被宣布有罪，大概也会被执行死刑。但是，这样做是否能有效地消除元老院议员们的恐慌呢？这样做难道就可以抹去以此罪名剪除政敌的事实吗？既然如此，那么，哈德良与提比略、尼禄以及图密善又有什么不同呢？图拉真从来不以叛国罪来置元老院议员于死地，而继图拉真之后的哈德良，却要用这一罪名来惩罚元老院中的四个位高权重者。因此可以说，他的处境极为不利。

君主或领袖的道德观与普通人的道德观不同。作为普通人，诚实、正直、忠诚和清廉是极好的美德。但是，作为公职人物，尤其是公职人物中地位最高的人，就不一定能守住这些美德。拉丁语中，同样一个词"美德"（virtus），如果是说普通人，可以翻译成"美德"。但是，如果是说公职人物，可以翻译成"才能"。但是，很多时候感觉这一译法似乎并不全面，所以屡屡被翻译成了"力量"。图拉真能做到普通人的道德观和皇帝的道德观相统一，是因为他功绩卓著。达契亚战争的胜利扩张了罗马帝国的版图。所以，如果有人试图谋杀图拉真，普通市民首先就不愿意，元老院也不会答应。正因为图拉真没有出现政敌的可能性，所以才无缘叛国罪。但是，哈德良不要说是扩张领土，就连战争他也决定远离，除非不得不打。不仅如此，为了把军队从图拉真远征之地撤回来，也做得小心翼翼，生怕引起别人的注意，而且，还做好了遭到谴责的心理准备。就像提比略，不惜违背奥古斯都的意愿，把军队从易北河撤到莱茵河时，作好了接受指责的心理准备一样。如果提比略不顾帝国全体的安全保障，而是和奥古斯都一样，一心要征服日耳曼，把称霸的脚步伸至易北河，元老院应该会支持他。还有，作为元老院议员，历史学家塔西佗或许也不会那样指责提比略了。

如果说哈德良是在年事已高的监护人表白后才猛然醒悟的，那么在此之前难道他真的没有想过要杀掉这四个阴谋家吗？下令"马上采取行动"中的"行动"真的没有杀死的意思吗？杀死四个人真的是阿提安擅自作出的决定吗？

公元118年的当时，哈德良已经不是一个20或30来岁的年轻人，他已经是一个非常成熟的成年人了。再过半年，就要迎来43岁的生日。从共和制时代开始，在罗马，作为国家最高领导人的执政官，资格年龄是40岁以上。

哈德良最出名的是他在统治期间，有三分之二的时间用在了对帝国全域进行巡回视察上。他实施统治，一定亲力亲为。无论什么事，他都要用自己的眼睛去实际观察，然后作出判断。这就是他的性格。任何事情，必须由他自己来作决定。所以，对于先皇的四个重臣，同时又是元老院中的位高权重者，哈德良下达的命令，可能会是含糊其词的"采取行动"这么简单吗？再说了，他回到罗马以后，也没有找到更好的对策。

如果用写小说的手法，对这件事情进行改写，我会假设哈德良下达的"采取行动"的命令中，包括杀死这四个人。

……我那年事已高的监护人等候在港口附近旅馆的一室内，拖着一条腿到房间门口前来迎接我。他患了痛风。

老人对着已是皇帝的我问，可以坐下吗？在椅子上坐下后，他把缠着绑腿的那条腿放到旁边的脚台上。我很自然地把护膝盖在了他那条病腿上。

从我10岁起，在很长一段时间里，阿提安经常给我零花钱，在我困难的日子里会给我鼓励。他脸上的胡子剃得干干净净的，态度沉稳，那双满是皱纹的手静静地放在拐杖上面。我好像第一次看到他似的，盯着他看了好一会儿，然后毅然开口道：

"请你辞去近卫军团指挥官的职务。"

看到自己亲手抚养长大的年轻人已经成长为一个成熟的男子汉，老人的脸上浮现出了发自内心的微笑。

被免去近卫军团指挥官之职后，阿提安过了几个月的隐居生活。随后，我成功地为他争取到了元老院的议席。对于出身骑士阶级的人来说，这是最高荣誉。

他的别墅位于阿尔巴诺山附近，我成了这座别墅里的常客。阿提安很富裕，但是不张扬，他非常满足于过安静的晚年生活。我们之间再也没有提起曾经发生过的那件事。……

如果有人批评我的这篇文章缺乏文学色彩，我心甘情愿地接受。但是，政治是无情的。如果你不正视这一点，就不可能成为成功的政治家，更别提要实现人人幸福的目标。从政，权力基础稳固是前提。如果权力基础不稳固，权力的行使就不能贯穿始终。

我和一些学者不同，我不认为哈德良采取了转嫁责任的做法。我完全同意尤瑟纳尔的意见，是阿提安主动作出了牺牲。所谓牺牲，根据词典的解释，就是献出自己的生命，舍弃自己的利益。我认为这个词还有一个意思，就是虽死犹生。领袖身边有一个愿意为自己牺牲的人，我认为这就是领袖的"美德"力量。

挽回失地

公元118年7月，在离开罗马11个月之后，哈德良以皇帝的身份首次回到首都，迎接他的是罗马冷冰冰的气氛。哈德良以皇帝的身份第一次参加元老院会议的时候，元老院议员们个个面孔紧绷，表情漠然。会上，42岁的皇帝极力为自己辩解。他说："杀死四位前执政官不是自己的本意。虽然在接到有人密谋加害皇帝的报告后，曾下令马上采取行动。但是，我的本意只是要求查实此事，而不是采取不合法的行动。近卫军团指挥官阿提安误解了我的意思，擅自作出了杀人的决定。因此，我决定免去阿提安近卫军团指挥官的职务。"

接着，哈德良庄重起誓，以后不经正式审判绝不乱杀一位元老院议员，这样的不幸事件绝不会再发生。然后，他又明确表态，即使元老院议员应该受到处罚，那也要经过元老院的审判，而且在超过半数的元老院议员投票认为有罪的情况下，才实施惩罚。

议员们的表情并没有因此而轻松下来。因为哈德良没有像图拉真刚登基时那样，明确表态说绝不用叛国罪来惩处元老院议员。而且，他们也许在心里暗自思忖，刚刚杀死四个反对派，居然还能这样发誓。

哈德良希望元老院议员理解政治必须无情，在这一点上，他显然过于现实。因为，罗马帝国的正式掌权者是元老院和罗马公民。

回到首都不到一年的时间里，哈德良大刀阔斧地作了一系列决定，让认真严肃的税务人员大跌眼镜。

为庆祝皇帝登基，哈德良向公民权所有者发放每人70第纳尔银币的一次性赏金。虽然没有留下任何记录，但是，这件事情一定是有的。因为在图拉真死后，哈德良接受忠诚宣誓时，为了削弱从帕提亚撤军的印象，已经向军团兵发放了一次性赏金，他们都是罗马公民权所有者。

除了"赏金"，哈德良还热心组织公民们热衷的表演，在圆形竞技场举办了角斗士比赛，在大竞技场举行了由四匹白马拉的战车比赛等等。

只是，这些事情都不是哈德良的首创，任何一位皇帝登基时都会这样做。所以，他不过是承袭了以往的惯例而已。举办这些活动、发放赏金的理由是和公民们同庆皇帝登基，所以，所需资金要从皇帝公库中支出。哈德良发放的一次性赏金，金额是其他皇帝的两倍。

哈德良收买人心的策略不只针对首都罗马公民。按照惯例，皇帝登基时，意大利本土的地方自治体及行省要向新皇帝赠送黄金制作的头冠。哈德良决定免去本土地方自治体的贺礼，来自行省的贺礼减半。这个决定的意义不只是减税这么简单。在古代，赠送黄金制作的头冠是表示恭顺的意思。亚历山大大帝在东征途中，收到过不计其数的黄金头冠。免去这样的贺礼，意味着本土地方自治体从此与首都罗马的地位完全平等，行省也向平等迈出了一步。哈德良还把这一决定变成了法律，所以，只要不修改此项规定，作为帝国政策，它就要执行下去。

研究者中有人认为最早取消头冠贺礼的是图拉真。不管怎样，正是这两位出身于行省的皇帝，让意大利本土和行省开始走向平等。至于哈德良的下一个决定，图拉真一定做梦也没有想过。尽管这件事情实际上毫无必要。

要让这件事情收到预期的效果，首先必须出其不意，同时必须大获成功。就在几年前刚刚建成完工的、墙体还在发出耀眼光芒的白色图拉真广场上，他宣布，税金的滞纳部分一笔勾销。迄今为止，没有一个皇帝有过如此大的手笔。中央耸立着先皇图拉真骑马雕像的开阔广场上，记录有未纳税人名单及金额的纸莎草文书堆积如山。熊熊燃起的大火把这些文书变成了灰烬。勾销滞纳金的这一举措，不仅惠及滞纳者本人，也惠及了其家族子孙。为此，皇帝公库和国库的岁入至少减少了9亿塞斯特斯。不明就里汇聚而来的市民们发出了阵阵欢呼声，他们情不自禁地围着熊熊燃烧的大火狂欢庆贺。

至此，这件事情还没有结束。因为，如果就此结束的话，辛勤劳作、规规矩矩纳税的人就会吃亏。哈德良深知只有建立一个正直人不吃亏的社会才是善政的根本，他自然不会忘记要实施公平的税收制度。他决定，以后每隔15年登记一次不动产，根据不动产的价值来决定征税额。拖欠税款的不只是那些精明人以及生性懒惰者。因为"人口普查"（census）是30年到40年进行一次，其间，资产的价值难免会发生变化。为此，出现了很多愿意缴税却不能缴的人。

所谓公平的税收制度，换一个说法，我想应该是一种惠及面广并且浅显易懂的课税制度。根据研究者们的研究，罗马帝国已经实施了公平的税收制度。既然对税制有这样的认识，罗马的皇帝们自然会极力避免提高税率。关税为"二十分之一"（vicesima）、营业税为"百分之一"（centesima）、国有土地租赁费（因为几乎是永久性的，所以可以认为是税）为"十分之一"（decima）的固定税率，就是税率没有变化的最好证明。在这一点上，哈德良也采取了保守的态度。

在这样努力推行公平税制的同时，哈德良也致力于改善社会福利。只是图拉真已经把很多福利变成了制度，所以哈德良只是对这些制度作了微调，以便其能更好地发挥作用。它们是向贫困家庭子女提供养育资金的育英基金制度，向中小规模的农业及手工业者提供低息贷款的贷款基金制度，向元老院阶级中经济困窘的人提供援助的制度，向母亲品行不端以外的原因造成的贫困母子家庭提供资助的制度。最后一条是哈德良的首创，附加了母亲品行不端以外的原因这一条件，很有意思。可见，罗马帝国的福利援助对象，必须是自身努力的人。

作为统治者，哈德良认为除非不得已，否则无须把所有事情制度化或法制化。现代研究者中，有一个人评价哈德良是"功能和效率的信奉者"。

就这样，不到一年的时间，围绕着皇帝哈德良的气氛彻底改变。虽然元老院议员中还有一些人念念不忘那次事件，但是，普通市民因为那件事本来就和自己没有关系，它只是特权阶层的不幸，所以，把它从记忆中删除，没有任何抵触。

这一时期，哈德良连续发行了新的银币和铜币。之所以没有发行金币，是因为银币和铜币的流通量远多于金币。大家都会使用的流通货币，也是罗马为政者用于政策宣传的媒体。哈德良在这些罗马货币上，刻上了自己的统治宗旨，它们是：

宽容（Pietas）
和睦（Concordia）
公正（Iustitia）
和平（Pax）

罗马帝国统治的最高权力者是皇帝。所以，刻在货币上的这些政见能否变成现实，关键在哈德良。而施行这些政策的基础，因为图拉真的四位重臣已经除掉而变得非常完美。

但是，如果你认为这些举措就是为了让人们忘记曾经杀害四位前执政官的话，哈德良也太可怜了。善于运用政治策略的人，做任何事情绝不会只为了一个目的。哈德良的真正目的，是希望元老院和市民们忘掉远征帕提亚无功而返的事情。罗马人确信自己才是霸权者。正因为他们信念如此坚定，所以才愿意承担起保障帝国安全的重任，甚至作好了流血牺牲的准备。既然罗马人有这样的想法，那么对他们来说，没有一件事情比撤离远征之地更有损霸权者的声誉，没有一件事情比撤军远征之地更动摇作为霸权者的信心。

为了达到这一真正目的，哈德良不惜说了谎。在元老院，他说："图拉真决定回罗马前任命自己担任远征军总司令官的时候，重病在身的先皇指示我从美索不达米亚地方撤军，我服从了先皇的意志。"

按照图拉真的性格，即使他心里承认远征帕提亚是一次失败的行动，也绝不可能说出"撤军"两个字。但是，可以证明此事的四个人已经被杀，死无对证。虽然除了这四个人外，近卫军团指挥官阿提安也能作证，但是，他是哈德良的忠实支持者，无论说谎还是做别的什么，他都会站在哈德良一边。

此外，还有一个人可以证明此事，只要她愿意这样做的话。这个人就是图拉真的妻子普洛蒂娜。但是，她和阿提安一样，也是哈德良的支持者。她保持了沉默。先皇的皇后好像离开了帕拉蒂尼山上的皇宫，在宫廷举办的公共活动及私人宴席上都见不到她的身影。她回归宁静的生活，享受自小热爱的希腊文化。如果说她做了什么带点官方性质的工作的话，那就是担任了希腊哲学研究团体，按现在的说法，就是希腊哲学研究基金会的名誉会长。

尼禄的母亲阿格丽皮娜让他的儿子非常讨厌自己，是因为她动不动就会说："你当上皇帝都是我的功劳。"阿格丽皮娜是第一代皇帝奥古斯都的后代，在罗马社会属于贵族阶层。相反，普洛蒂娜只是出身于法国南部行省的一个女人，充其量只有世袭的罗马公民权。但是，说到生活品位，也许真的跟血脉没有关系。普洛蒂娜和哈德良都住在意大利本土，但是，两人之间好像仅限于偶尔的通信。哈德良因为被图拉真收做了养子，所以，在户籍上他们是母子关系。

在第一年放手实施笼络人心的政策后，第二年，哈德良也没有离开意大利本土。市民们很高兴看到皇帝留在首都。在斗兽场或竞技场的贵宾席上，只要看到有皇帝在，大家就会觉得很安心。从哈德良的角度来说，他留在罗马是为了监督各项政策是否得到了落实，同时，还要让大家发自内心地相信自己是个好皇帝。

他甚至没有出去打猎以满足自己的爱好。因为罗马人认为，打猎是东方君主的嗜好。这一点，只要想到亚历山大大帝就知道了，因为他也有这个爱好。而且继亚历山大大帝之后的希腊诸国君主们，也都继承了他的这一爱好。除了希腊诸国的君主，罗马人还知道，东方的各君主，从帕提亚国王、亚美尼亚国王到贝都因的酋长，在爱好打猎方面，兴趣完全一致。还有一个原因，在意大利境内，所谓的狩猎，充其量就是追逐野猪或者鹿，这对于以捕猎狮子为梦想的哈德良来说，完全满足不了他的兴趣。

哈德良的另一个爱好是希腊文化。这个时期，哈德良同样没有表现出他对希腊文化的热爱。一方面是为了不引起元老院中保守派的疑心，另一方面，他不希望自己被普通市民看做是与尼禄、图密善一样的皇帝，因为这两位皇帝对希腊文化的热爱尽人皆知。不管怎样，他身为"至高无上的皇帝"之后，要让大家承认自己是个好皇帝非常不易。

只要不是因为外出巡视意大利各地，或者有无论如何也离不开的工作，他一定出席元老院会议。和其他议员一样，他会起身欢迎担任议长的执政官，并积极参与讨论。每一次他都不忘作出这样的声明：为了维护国家的统治，作为皇帝，在必要时行使权力是为了罗马公民，而不是为了自我满足。他拒绝一切为他举行的竞技活动，除非庆祝他的生日。他努力和所有元老院议员平等相处。有人邀请他去家里做客，他总是高高兴兴地答应。他努力以"第一公民"而不是"皇帝"的姿态出现在大家面前。

作为皇帝，职责之一是完善基础设施。在这方面，由于图拉真做得很彻底，所以，几乎没有必要再建新的基础设施。维护修缮工作随时都在做，所以，这一时期，哈德良只做了一件事，就是为已经神化的先皇建一座神殿。图拉真广场建设之初，神殿的基础已经打好，设计也已经完成。在建筑师阿波罗多洛斯的指挥下，这项工程进展得非常顺利。

作为"第一公民"，他的工作不只是参加元老院会议。罗马有一项法律，是尤里乌斯·恺撒制定的。凡是教师和医生，不分人种、不论民族，一律授予罗马公民权。条件是，用合理的价格传授知识、医治病人。这项制度在当时依然有效，所以在罗马，诊疗所很多。只是，大规模的医院设施只有"台伯河中岛"上有。哈德良去那里看望了接受治疗的病人。

同样也是拜恺撒制定的这项法律所赐，在首都罗马，有很多私塾。但是，没有一所大学。作为高等教育的学府，大学一直是罗马称霸以前就很出名的希腊雅典、小亚细亚的帕加马、罗得岛、埃及的亚历山大的专利。所以，在罗马，就算哈德良想访问大学也无处可去。如果首都罗马或意大利本土有大学的话，我想，哈德良一定会去的。因为无论是慰问病人，还是激励学生，访问的根本目的并没有多大区别。

因此，不知疲倦、埋头苦干的哈德良，这个时期关心的对象是一般民众。只是，如果过分关注的话，即便是哈德良，难免也会有力不从心的时候。

在首都，公共浴场多如牛毛。一天午后，皇帝去了其中一家公共浴场，很可能是图拉真浴场。在当时，这个浴场不仅新而且大，还很壮观，所以最受市民的欢迎，去的人也最多。去公共浴场与市民一起享受泡浴，是标榜自己民主的皇帝们常做的事情，所以哈德良不是第一个。但是，去浴场的次数，哈德良无疑最多。也许有人会担心保安的问题。但是，在浴场，所有人都是裸身。不知道是否因为这个原因，在罗马史上，公共浴场内没有发生过一起行刺事件。或许这里比元老院会场，甚至比皇宫还要安全。在罗马，无论是雕像，还是竞技选手，罗马人早已看惯了裸体。但是，即便如此，如果自己的肉体变老变丑，相信也不会有人愿意把自己的身体暴露在众人面前。皇宫里有正式的罗马式浴池。好在哈德良本来身体就很健美强壮，再加上这个时期他才40岁出头，正是男人最有魅力的时候。所以，他才会经常去公共浴场，在那里，不管他愿不愿意，都要和大家一样赤身裸体。

这天午后，哈德良看到一位老者胡乱地在身上抹完肥皂（不是现在的肥皂，但是用途与肥皂相似）后，用力在浴场的墙壁上上下下来回地蹭后背。记忆力超群的哈德良记起了这位老者曾经是自己手下的一名百人队队长。于是，他把他叫过来，问他为什么要那样做。

上了年纪的百人队队长自然认识哈德良。虽然现在是皇帝和市民的关系，但是，他曾经是哈德良称为战友的士兵中的一人。他实实在在地回答说自己没有钱雇人帮自己搓澡。在古代，所谓搓澡，是用类似于小型镰刀的工具把身上的泥垢刮下去。也许你会担心会不会受伤。但是，那是个用小刀剃胡子的时代，所以，尽管刀具很锋利，只要熟练就不会有问题。

深表同情的哈德良于是送给这位上了年纪的昔日部下专门搓澡的奴隶，一送就是两个，而且，雇用奴隶所需的费用也帮他出了。老兵感激涕零自不必说，而哈德良自己也心满意足地走在了回皇宫的路上。

有意思的是，第二天下午再次走进浴场的哈德良，看到的是站在墙前蹭背的老人站了满满一墙。不知道皇帝是怎么应付这一场面的。或许刚看到时大吃了一惊，继而哑然失笑吧。我们唯一知道的是，老人们的公开表演一无所获，以及在随后一段时间里，这一事件成了市民们最开心的谈资笑料。

两种除垢刀

不管怎样，在透着寒冷的气氛中回到罗马的哈德良，用了短短两年时间，彻底改变了罗马公民对自己的看法。甚至，哈德良认为，自己离开首都罗马或离开意大利本土，已经完全没有问题。更重要的是，统治的组织架构已经非常稳固，即使皇帝不在，"内阁"依然可以正常运转。但凡是功能和效率的信奉者，不用说，他一定知道组织建设的重要性。有研究者评价哈德良是"天才型组织者"。而哈德良进行的巡回视察，则成了尽情发挥他组织才能的机会。

哈德良的"旅行"

罗马皇帝出门在外的时间之多超乎想象。原因是皇帝为了履行他的职责，必须作实地考察，了解情况。所谓皇帝的职责，一是保障国家安全，二是有效统治行省，三是完善帝国境内的基础设施。但是，迄今为止，皇帝在全帝国境内进行巡回视察好像没有计划性。只有需要皇帝亲自出马时，皇帝才会出行。有战争的时候，皇帝出动的目的是亲征。既然到了这个地方，自然他会顺便视察周边地区的统治情况，同时，尽可能完善当地的基础设施。对皇帝来说，实地考察非常有用。历任皇帝中，只有提比略自登基后，从未离开过意大利本土。那是因为，在56岁那年继承皇位以前，作为先皇奥古斯都的军队司令官，他的足迹几乎已经踏遍了帝国的重要地域。而且，当了皇帝以后，由于边防建设做得很彻底，所以，没有发生需要皇帝亲征的战争。就连图拉真皇帝，尽管发动了达契亚和帕提亚两场大的战争，在其统治期间，除了为军事目的，他也没有"旅行"过。没有公共事务的需要，罗马皇帝一般不会"旅行"。如果以旅游为目的离开罗马的话，一定会受到元老院和市民们的批评。尼禄皇帝之所以遭到抨击，正是因为他游览了他向往的希腊。

但是，哈德良没有在意罗马人的这种想法，毅然决然地进行了大规模的"旅行"，目的是视察，并根据视察情况，进一步完善基础设施。从他"旅行"的全过程来看，没有一位皇帝可以与他相提并论。不仅时间跨度大，而且，范围也极广。唯一可以与他相比的，只有事实上的第一代皇帝尤里乌斯·恺撒。但是，恺撒到过很多地方是因为转战各地的需要，而且，正因为他是恺撒，所以，在前往下一个战场的途中，常常就便解决了希腊系居民和犹太系居民在经济权利方面的矛盾（很显然，这类工作是属于皇帝行省统治的职责范畴）。

作为罗马全军的最高司令官，皇帝哈德良出行时，一个军团都不带。罗马人是一个崇尚现实的民族，只要皇帝的所作所为有成效，他们就不会向皇帝发难。这是哈德良敢于外出"旅行"的根本原因。然而，要让人们看到"旅行"的成果需要时间。因此，哈德良通过发行货币让人们随时了解自己的行踪。在货币上，印上当时的罗马人很容易理解的象征性图案和文字。例如，生活在帝国西部的人们，只要看到全新的银币和铜币，马上就会知道，皇帝视察了东部的以弗所等等。元老院因为会有报告送来，自然知道皇帝的行踪，而首都罗马和意大利本土

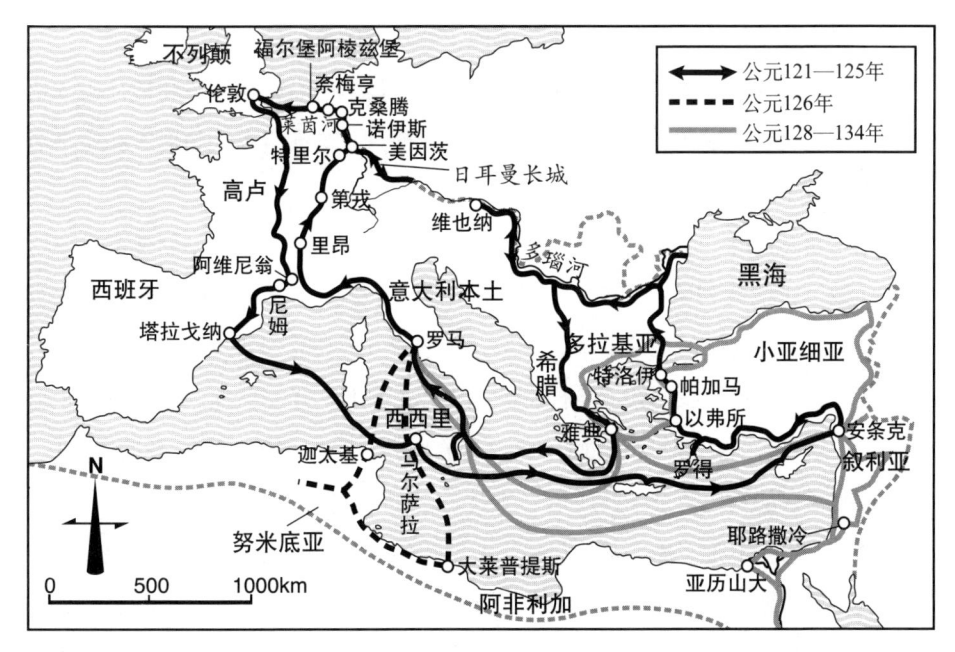

哈德良巡回视察之行

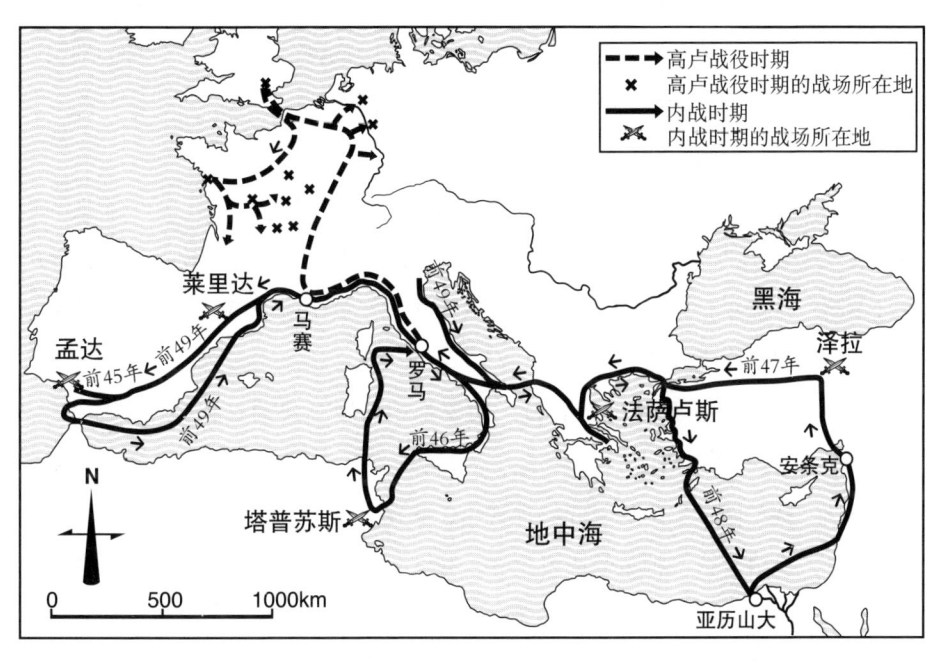

尤里乌斯·恺撒转战各地

其他地方的居民，通过新发行的货币也能了解自己的皇帝此时在何处。所以，从意图上来说，哈德良的做法与图拉真把建在多瑙河上的石结构大桥和被征服的达契亚的象征性图案刻在货币上是一样的。不同的只是刻在货币上的图案和文字与战争的主题无关。

正因为他采用了这样的方法，所以，我们作为后人，尽管看不到他亲自撰写的回忆录，也能找到哈德良旅行的路线。对于哈德良来说，所到之处，只要有需要，马上着手解决问题是常事。于是，这些地方都会立起一块记录这件事的石碑。通过这些史料，我们知道哈德良的巡视，不是我们想当然地以为只是走走形式，夜夜歌舞升平的那种。哈德良巡视过的地方，绝大多数是边境及偏远地区。因为他要视察的是边防设施，所以自然会是这样的地方。

哈德良出行不带军团，甚至带皇后一起出行也只有一次。但是，哈德良从来不会漫无目的地、由着性子走到哪儿是哪儿，也不像我们想当然以为的那样，皇帝出行会带很多不干事的宫里人，常常与他随行的是一支建筑领域的专家队伍。此外，他也带过诗人一起出行，在旅途中可以陪自己聊聊天。只要不是不适宜旅行的冬季，在显示皇帝所到之处的货币发行时，哈德良已经向下一个目的地出发了。他的确是一个"immense laboris"（不知疲倦的人）。

公元 121 年，新的一年到了。1 月 24 日是哈德良的生日。41 岁半登基的哈德良迎来了自己的 45 岁。为庆祝皇帝生日，首都罗马举行了竞技会。与往年的生日不同，这一年，皇帝向全体市民发放了一次性赏金。理由很充分，就是提前祝皇帝巡回视察圆满成功。

4 月 21 日是罗马的建国纪念日。大家都相信罗马建国是在公元前 753 年 4 月 21 日，由罗穆路斯创建。每年的这一天举行盛大庆祝活动已成惯例，皇帝兼任大祭司。在卡匹托尔山的朱庇特神殿里，哈德良以祭司的形象，用托加的一端遮住头部，主持了这一神圣的庆祝仪式。仪式结束后，皇帝宣布要在首都罗马建一座献给维纳斯的神殿。根据神话传说，罗马建国始祖罗穆路斯是维纳斯女神的后代，传承了女神的血脉。

就这样，哈德良在动身踏上旅途之际，作好一切他认为必要的准备。换言之，他采取了一系列对策，以避免元老院和公民们产生被皇帝抛弃的感觉。第一个目的地是帝国西部。

为什么他最先去的不是东部而是西部呢？理由很简单，因为，帝国东半部在结束帕提亚战争的时候，哈德良已经大体上完成了设施的建设。

莱茵河

从首都罗马出发，沿罗马古道北上，进入相当于现代法国南部的纳尔榜南西斯高卢行省，然后顺罗讷河逆流而上到达里昂。在罗马时代，里昂叫吕格杜努姆。可以认为，这个城市是除去法国南部之外的、整个高卢的中心。

尤里乌斯·恺撒在征服高卢后，原封不动地保留了作为失败一方的高卢各部族的聚居地。后来的皇帝们继承恺撒的做法，建设大道，把这些城市连了起来。所以，在罗马时代盛极一时的高卢城市，源于罗马人建设的城市极少，而里昂就是这极少的城市之一。里昂是罗马人建起来的城市，在古代，它的地位远比巴黎重要。如果单纯从地理条件上作比较，在法国，显然巴黎要优越得多。但是，如果把罗马帝国西部全都考虑进去的话，无疑里昂更加重要。因为无论是伊比利亚半岛，还是意大利半岛，亦或是莱茵河前线，从里昂去这些地方，几乎都是等距离的。

除了驻扎在莱茵河沿岸斯特拉斯堡的一个军团以外，在包括法国南部的高卢全境，罗马没有派一个军团常驻。里昂也只有一个大队，不到500人的士兵实在称不上是常驻军队。有这样一支军队，是因为罗马实行帝制以后，把皇帝职权范围内的金银币铸造厂设在了里昂。铜币的铸造权在元老院，所以，铸造厂就设在首都罗马。

公元前1世纪中叶，恺撒征服高卢后，战后处理做得非常完美，以至于到了公元2世纪，也就是经过了200年以后，罗马仅在高卢东端的斯特拉斯堡派驻了一个军团,而该军团的主要任务只是守卫莱茵河防线。这样的事实确实值得大书特书。好的政治路线直接关系到军事经费的节减。

正因为高卢是罗马化的典范,哈德良在里昂的任务非常简单。他无须视察高卢全境,在里昂只逗留了几天,就出发前往莱茵河防线。

从里昂沿罗马大道北上,经过第比奥(今第戎)后,继续北上,到达摩泽尔沿岸的奥古斯塔特雷维罗伦(今特里尔)。这里是特雷维利人的家乡,奥古斯都把它建成了一座城市,比利时行省的首府就设在了这里。哈德良把莱茵河防线的所有负责人召集到了特里尔。从莱茵河河口到日耳曼长城的莱茵河防线,自北向南,有基地位于贝特拉(今克桑腾)和波纳(今波恩)的低地日耳曼2个军团、基地位于莫根提亚肯(今美因茨)和阿尔金图拉特(今斯特拉斯堡)的高地日耳曼2个军团,共计4个军团负责。把高地日耳曼、低地日耳曼两个行省的两位总督和两位总督指挥下的4个军团的军团长以及在各基地任职的高层士官们召集起来,最合适的地点莫过于特里尔。因为这里是与各基地相连的大路交会处。

特里尔会议的议程一定是前线的现状汇报。会议结束后,哈德良沿莱茵河去了美因茨,目的是视察前线。因为没有蛮族来袭的报告,所以我想,他一定带上了所有参加特里尔会议的人。一位指挥官,如果只了解自己负责的区域,那么要让这个区域的防卫做到尽善尽美绝无可能。

视察整个莱茵河防线,首先从日耳曼长城开始。视察过程中,发现问题当即确定解决方案并立即执行。在图密善皇帝所建日耳曼长城中间地段,往东增建了约30公里,就是这个时期哈德良视察的成果。

其间,哈德良始终与士兵们同吃同住在一起。

结束对日耳曼长城的视察后,皇帝一行回到美因茨,顺着莱茵河的流向,又视察了低地日耳曼防线。此时已进入公元121年的秋天。

在这里,他还视察了波恩。这里是第二次达契亚战争期间,他指挥过的第一涅尔瓦军团的驻扎地。他也视察了军团的分队基地诺瓦埃吉姆(今诺伊斯)和图拉真组编的第三十乌尔庇乌斯军团驻扎的克桑腾。随后,经过莱茵河河口

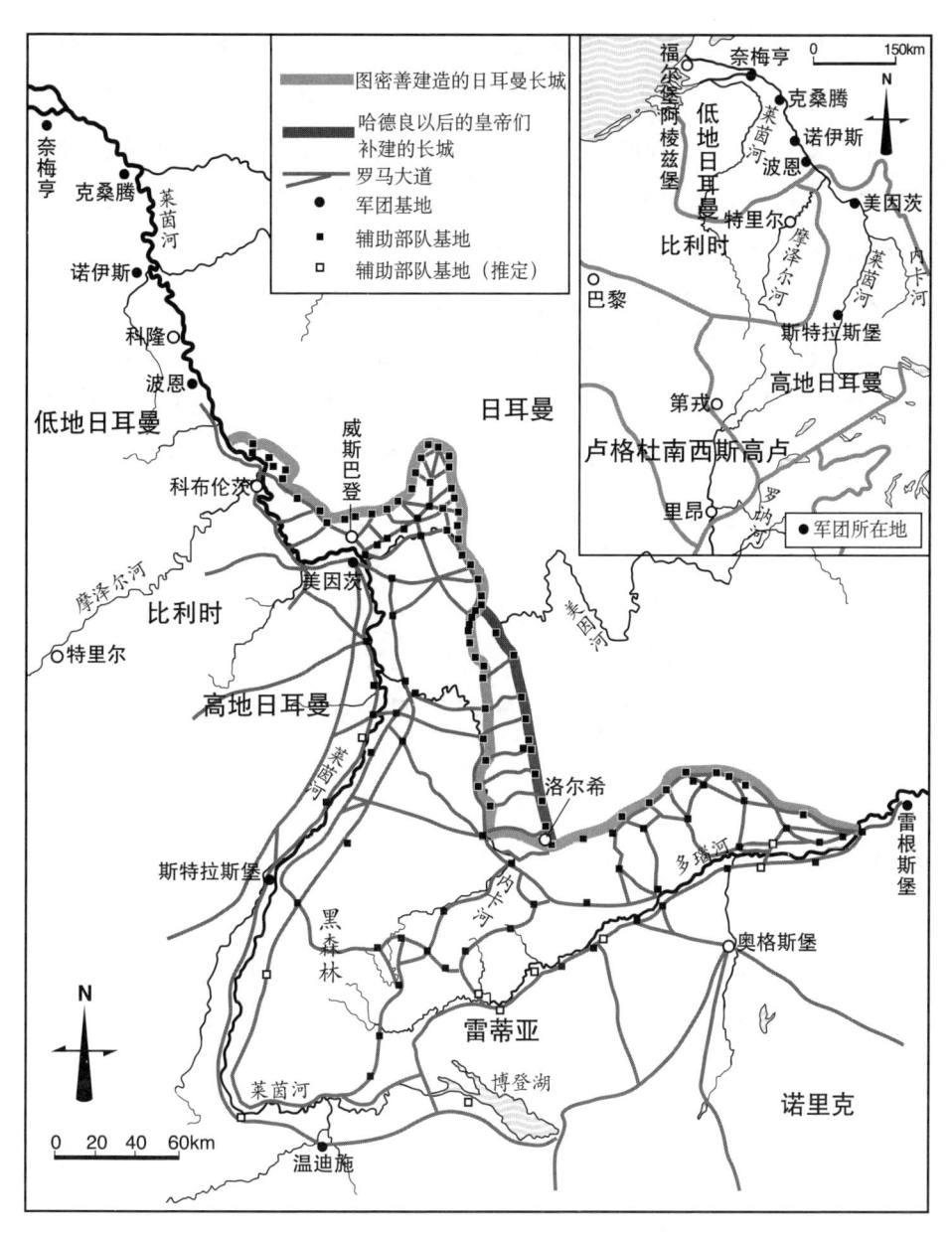

日耳曼长城 [出自 "The Cambridge Ancient History" 罗马篇和莱茵河防线（右上图）]
日耳曼长城与罗马在其他地区的防御体系一样，由碉堡、辅助部队基地、军团基地和纵横交织的罗马大道构成。

附近的分队基地诺维奥马基（今奈梅亨），在河口建了一座城市，命名为"科林哈德良"（意思是"哈德良广场"。——译者注）。这一带现在属于荷兰境内。在罗马时代，罗马的手已经伸到了包括乌特勒支在内的莱茵河河口一带。在当时，乌特勒支叫特莱尔腾。顺便提一句，现在位于福尔堡阿棱兹堡的科林哈德良并不是军团及其分队驻守的基地，这里是罗马帝国的自治体之一，原住民有自治权，在当时叫"地方自治体"。当然，承认其自治权的是哈德良。这个地处偏僻的穷乡僻壤，得到了一个文明的名字——科林哈德良。也许你会想到，哈德良之所以给这个地方这样一个名字，是因为在这里也建了一个广场吧。真实情况究竟如何，只能等考古学的研究结果。不管怎样，哈德良巡视的第一年，全部花在了莱茵河防线。

这年冬天，他就在该前线的某个基地度过。考虑到第二年春季的日程，他过冬的地点应该离河口很近。在北欧严寒的冬季里，就连青壮年男子也不敢轻易走出户外，近两个月的时间，他很可能住在以基地为中心的、军民混住的城里，准确地说，应该是在克桑腾度过，而不是在只有军人居住的军团基地。

重建

哈德良在视察莱茵河防线期间，做了所有在以后巡视其他地方时，同样要做的事情。那就是要重建防御体系。不是改变防线的位置，也不是迁址军团基地，更不是改造联结各基地的道路网，他对整个防御体系进行了合理的重建。对设施已经退化的地方，毫不犹豫地加以修复；需要加固的地方立即予以加固，使整个防线更符合现状的需要。一位研究者对哈德良所做的事业给出的评价是"重建"（shake-up），翻译成日语应该是"革新"。

接触罗马史，感受最强烈的是罗马人做事情一以贯之的延续性。

最典型的一个例子就是阿皮亚大道。阿庇乌斯把大道从罗马修到了加普亚；继他之后的人从加普亚修到了贝内文托；接下来的一个人又从贝内文托修到了塔兰托；再后来的什么人从塔兰托修到了布林迪西。至此，阿皮亚大道才算完成。在这条大道建设完成后，罗马人依然还在继续。尤里乌斯·恺撒对阿皮亚大道进行了全线修复。奥古斯都也对弗拉米尼亚大道实施了全线修复。以他们为代表，其后的皇帝和权贵们不断对已有设施进行修复或扩建。在罗马人看来，重建和新建一样，都是了不起的公共事业。如阿皮亚图拉真大道。图拉真认为与其绕山路南下，不如直达海岸线再南下更合理。于是，他在贝内文托，把这条大道一分为二，直接修到了布林迪西。阿皮亚大道是第一条罗马式大道，又是南下的干线道路，在当时被誉为"大道女王"。即便是这样一条道路，罗马人也没有特殊对待。只要需要，就毅然决然地进行重建；如果不需要，就不作修改。假如这就是真正意义上的保守主义，那么，罗马人堪称是真正的保守主义者。哈德良出身于西班牙，但是，他也是真正的罗马人。以莱茵河防线为例，哈德良需要做的只是"革新"，因为之前的几位皇帝已经在这里打下了坚实的基础。尤里乌斯·恺撒最早确定这条防线；提比略稳定了这条防线；图密善通过建设日耳曼长城，进一步提高了这条防线的作用。

那么，哈德良采取怎样的措施，来实现帝国安全保障的重建呢？

所谓组织工作，不管它本身多么完善，决定其职能的终究是人。哈德良在人事安排上，可谓颇费心思。

高地日耳曼和低地日耳曼这两个行省的总督都是指挥一个战略单位，即两个军团的司令官。前线行省相当于军事行省，所以，总督是军事和民事两方面的负责人。担任这样的总督，可以没有当选过执政官，但是，担任过法务官是基本条件。因为只懂军事的人成不了真正的军事家。前线行省通称皇帝行省，属于皇帝的管辖范围，总督任免权都在皇帝手中。哈德良巡视高地日耳曼、低地日耳曼两个行省时，两位总督都是先皇图拉真任命的。也许是图拉真眼光确实不错，哈德良没有换掉他们。但是，在巡视其他地方时，哈德良撤换过总督。当然，他没有采用生硬的做法，如免职、撤换等，而是采用了迂回的方法，保全他们"光荣的职务"。首先，他以回元老院的名义，免除其职务，然后由皇帝提名参加执政官选举。在他们有了执政官的经历后，再派往远离前线的、和平的行省，去担任元老院管辖下的行省总督。这样做的结果是，负责帝国安全保障的前线总督，全部变成了哈德良认为能力足够强的人。

军团长的任免权也在兼任罗马全军最高司令官的皇帝手中。作为军团长，统率的是有罗马公民权的军团兵6000人和来自行省的人数相当的辅助兵，其资格条件是担任过法务官。身经达契亚和帕提亚两大战争的图拉真，任命了不少虽然资格条件不符但军事才能突出的人。对这样的人，哈德良采用的方法是，首先免除其职务，让他们回到首都罗马。认为确有能力的人，皇帝推荐他当选法务官。在有了法务官资历后，再派他回到前线。在平时，只有遵守秩序，组织才能有效发挥作用。

就像下页图表所反映的那样，罗马军团中有10个大队长。除了第一大队长指挥960名士兵外，其余9个大队长的手下都是480名士兵。罗马军队里，说到分队，其实就是大队。所以，如果有分队驻扎的基地，防守该基地的责任在大队长。

大队长由军团长任命。与军务能力相比，军团长更倾向于任命那些受士兵们欢迎的人为大队长。因为进入帝制以后，军团的主要目的变成了防守。对于这一倾向，哈德良进行了改革。他要求任命大队长必须以军事能力为首要条件，而不是士兵中的人气。当然，"穿红披肩的大队长"职位，只有元老院子弟才能担任，因为这是给元老院子弟的特别待遇，这一个传统做法没有改。自身担任过这个职务的哈德良很清楚，作为帝国领导阶层的预备力量，让他们一开始就担任重责，亲身体验实际事务非常重要。

大队长之后是下士官百人队队长。他们是"罗马军团的中坚"。这个名称是共和制时代留下来的。实际上，到了这个时候，除了第一大队的百人队队长统率160名士兵外，其余的百人队队长下面只有80名士兵。百人队队长大概相当于现在的中尉，只是翻译成中士好像并不合适。因为他们尽管是下级军官，但他们之中有四分之一的人，有权参加军团长及司令官召集的作战会议。

与大队长不同，对于百人队队长的任命条件，哈德良加上了他是否受士兵们欢迎的条件。原因大概是因为百人队队长总是和士兵们在一起，无论是在军团基

罗马军团（罗马公民兵，约6000人）

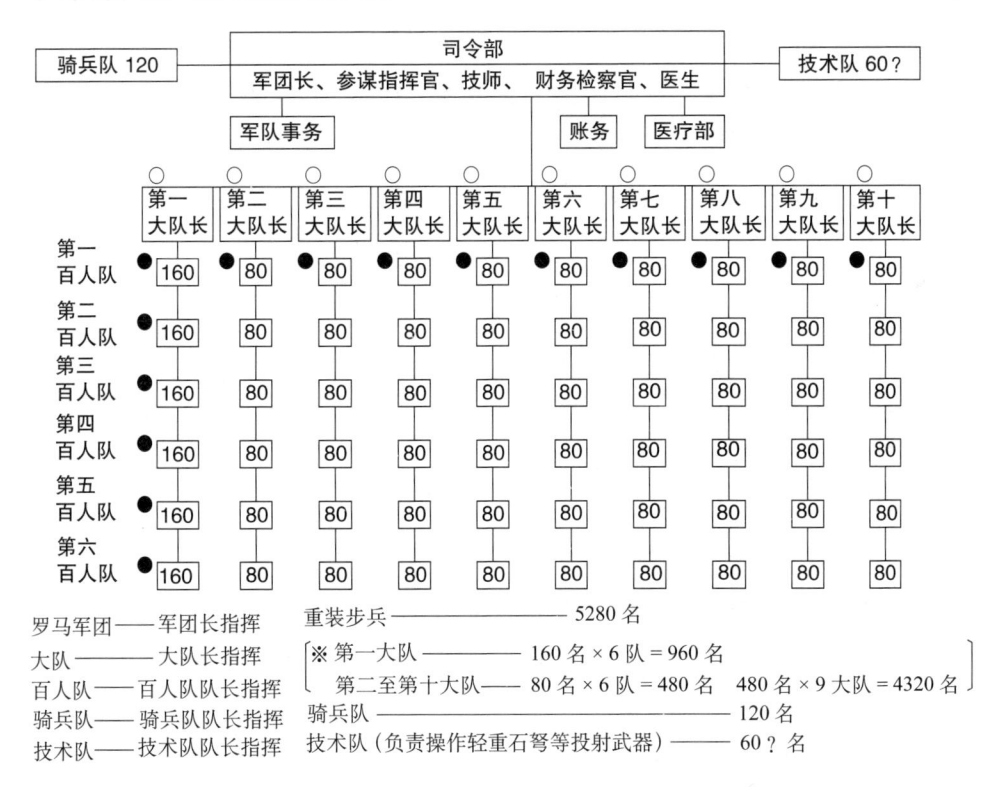

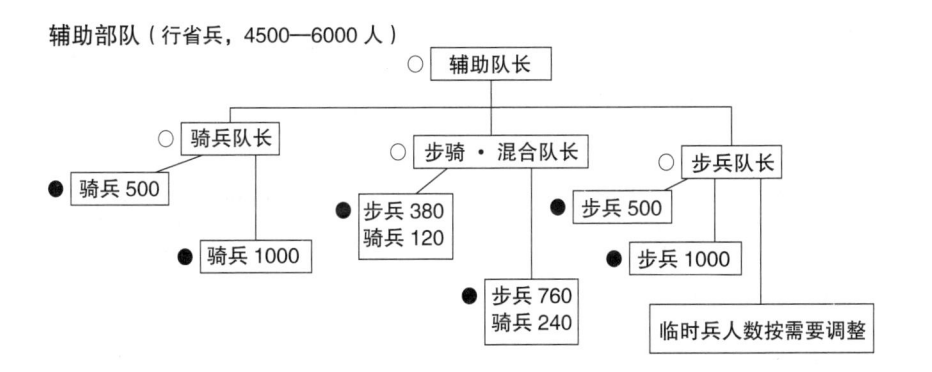

```
骑兵队 120 ── 司令部 ── 技术队 60？
            军团长、参谋指挥官、技师、财务检察官、医生
              │         │
           军队事务   账务  医疗部
```

	第一大队长	第二大队长	第三大队长	第四大队长	第五大队长	第六大队长	第七大队长	第八大队长	第九大队长	第十大队长
第一百人队	160	80	80	80	80	80	80	80	80	80
第二百人队	160	80	80	80	80	80	80	80	80	80
第三百人队	160	80	80	80	80	80	80	80	80	80
第四百人队	160	80	80	80	80	80	80	80	80	80
第五百人队	160	80	80	80	80	80	80	80	80	80
第六百人队	160	80	80	80	80	80	80	80	80	80

罗马军团——军团长指挥
大队————大队长指挥
百人队———百人队队长指挥
骑兵队———骑兵队队长指挥
技术队———技术队队长指挥

重装步兵 ———————————————— 5280 名
※ 第一大队 ———————— 160 名 × 6 队 = 960 名
　第二至第十大队 ———— 80 名 × 6 队 = 480 名　480 名 × 9 大队 = 4320 名
骑兵队 ——————————————————— 120 名
技术队（负责操作轻重石弩等投射武器）———— 60？名

辅助部队（行省兵，4500—6000人）

```
              ○辅助队长
      ┌──────────┼──────────┐
  ○骑兵队长   ○步骑·混合队长   ○步兵队长
  ●骑兵 500   ●步兵 380        ●步兵 500
               骑兵 120
  ●骑兵 1000                   ●步兵 1000
              ●步兵 760
               骑兵 240       临时兵人数按需要调整
```

说明：1. 指挥官级别的将领来自部落酋长的子弟，他们也是行省人，但是多半获得了罗马公民权。
　　　2. 财务、医疗由军团相关部门的指挥官协助辅助部队。
　　　○印 —— 有资格参加司令部的作战会议者。
　　　●印 —— 有1个人可以参加作战会议的大队。

（参考了 Edward N. Luttwak，"The Grand Strategy of the Roman Empire"）

地，还是在野外的宿营地，他们与士兵们在同一个房间内或同一个帐篷里生活起居。不像大队长，有军官专用的设施。用餐的时候，百人队队长也要和士兵们在一起。不过，话虽如此，一个人无论在士兵中的人气有多高，仅凭这一点，是不能当百人队队长的。哈德良为百人队队长人选定的标准是身体强健，性格开朗，主动热情。因为只会对部下温和，是无法胜任"罗马军团中坚"的职责的。

再接下来是罗马军队中的主力军团兵。军团对士兵的选拔也很严格，不是你志愿加入就可以加入，也不是考试通过后就可以马上成为军团兵的。事实上，罗马军队很早就已经对新征士兵有所要求。只是在执行上，不同的司令官或军团长，有的会比较严格，有的却很宽松。为此，哈德良制定了标准，并下发到全军。从此罗马军队有了统一的征兵标准。

首先用年龄限制来筛选志愿者。在平时，应征年龄为17至21岁。有紧急事态发生时，放宽至30岁。是否拥有罗马公民权也是条件之一。但是，年龄等条件都符合要求，有不良前科的人和奴隶商人一律不得录用。

其次，对身体条件也有要求。身高必须在1米65以上，体格和视力也要达标。

此外，智力也是检查内容之一。这不是要求志愿者有多高的智商，只是要求有普通的读写计算能力。罗马一直采用双语制，拉丁语和希腊语并存。但是，军队中的通用语言是拉丁语，所以如果拉丁语特别好，会比较有利。

志愿者通过上述测试后，还不能马上加入军团，通常还要经过4个月的"试用期"（probatio）。在此期间，要测试他们是否适应集体生活。他们还要参加预备役的演习，当然使用武器是必不可少的。

只有顺利结束"试用期"的人才允许入伍。他们会拿到刻有所属军团及自己姓名的金属身份牌（signaculum）。他们要把身份牌挂在脖子上，向诸神和皇帝忠诚宣誓（sacramentum），之后，才正式成为军团兵。期满退役的年限分别是，军团兵20年，不要求有罗马公民权的来自行省的辅助兵25年，海军26年，只有近卫军团兵为16年。期满退役时，根据在军团中的地位，可以领取相应的退役金。辅助兵还会得到世袭的罗马公民权。

像这样片面追求士兵的素质，使得对于来自帝国各地士兵的素质要求越来越高。后来的历史学家一致认为哈德良应该对这样极端的做法负有最主要的责任。他这样做的直接后果是把罗马军队变成了行省人民的军队，使罗马军队失去了罗马的特点。提出这一观点的人，依据的佛尔尼教授发表于 1963 年的 *II Reclutamento delle Legioni*，直译叫《军团兵招募法》，里面有这样的一张表。

表中记录了每个行省的详细数据。在这里，我只摘录行省出身的军团兵总数。还有，这个数字仅限陆军，不包括海军和近卫军团。

《军团兵招募法》中收录的表（单位：人）

	奥古斯都—卡利古拉	克劳狄乌斯—尼禄	韦斯帕芗—图拉真	哈德良—3 世纪末
意大利本土	215	124	83	37
行省	134	136	299	2019

话虽如此，如果你真心相信这个数字的话，难免会有错误的认识。这是因为：

一、既然罗马时代的公文都已不存在，那么可以参考的就只有考古调查发掘出来的碑文。还有，或依然躺在地下，或被挪作新建房屋的材料，或遭毁损后又回到土里的众多史料，究竟都说了些什么，始终是个未知数。

二、这个数字不是每一年的数字，也不是这个时期全军人数的总计。

三、如果不考虑罗马军团兵的总数和每年因期满退役、战死及病死而需要补充的缺员人数，表中的数字不能作为判断的依据。研究者们认为一个军团每年出现的缺员人数在 240 人左右。

军团及军团兵数和缺员数（估算）

	奥古斯都—卡利古拉（公元 9—14 年）	克劳狄乌斯—尼禄（公元 41—68 年）	韦斯帕芗—图拉真（公元 69—117 年）	哈德良—3 世纪末（公元 117—192 年）
军团总数	25	28	30	28
军团兵总数（人）	150000	168000	180000	168000
每年的缺员总数（人）	6000	6720	7200	6720

因此，我想上面这个表也有必要一并列出。

也就是说，第一个表中的数字并未正确反映罗马军队的全貌，它只是反映了一种倾向。随着时代的变迁，负责罗马帝国安全保障的士兵，由意大利本土出身的人更多地转向了行省出身的人。

原因是生活在繁华帝国的本土——意大利的罗马公民，即使不服兵役，也有很多其他谋生手段。事实上，尤里乌斯·恺撒时代，作为主要兵源地的意大利北部，经过200年以后，已经被多瑙河沿岸地区，即现在的巴尔干地区取而代之了。军团兵人数少于意大利本土的行省只有希腊。那一定是因为受到了希腊人在各个方面的才能以及通商、海运及建筑美术等方面的才能的影响。

罗马军队中，出身于非意大利本土的人开始加入的时间，要追溯到与迦太基名将汉尼拔作战的西庇阿·阿非利加努斯时代。而且，从那时起，这种状况成了罗马军队的常态。尤里乌斯·恺撒率领的罗马军骑兵，几乎都是曾经的对手高卢人和日耳曼人。继恺撒之后，第一代皇帝奥古斯都把迄今为止的惯例变成了明确的制度，规定构成罗马军队的两大部分是有罗马公民权为条件的军团兵和行省人民的辅助兵。

出身本土的罗马人和出身行省的罗马人，所占比例发生逆转，也许是从韦斯帕芗到图拉真的时代。还有，可以确定的是，在哈德良以后，这一逆转比例的差距越来越大。

原因之一，随着时代的变迁，出身行省的罗马公民权所有者人数不断增加。首先，军团兵中，服役期间与当地女子相识相知，期满退役后结婚，继续留在兵役地附近的人很多。其次，辅助兵期满退役时，要授予他们罗马公民权。罗马公民权是世袭的，这就意味着其子女也名正言顺地成了罗马公民。而且，因为父亲的职业，孩子志愿加入罗马军团就成了极自然的一个选择。

因此，出身本土的士兵人数和出身行省的士兵人数比例逆转，不能笼统地说是因为出身本土的人不愿意服兵役的结果，更不是兼任罗马全军最高司令官的皇帝图拉真和哈德良因为自己是来自行省的罗马公民，因此，更愿意选择行省出身的人，而不选择意大利本土出身的人。

我想起了本田宗一郎说过的一句话。只要能继承本田精神，无论他是美国人还是其他任何国家的人，都可以来做本田的社长。罗马人，尤其是哈德良，一定也是这样想的吧。那么，哈德良是如何把"罗马精神"灌输给士兵们的呢？

首先，他全面推出了高强度的实战模拟演习。罗马军队的训练之严格自古有名。即使是在军团兵互为敌人的模拟作战中，双方也是真刀真枪地打。演习中，打伤战友一律不问责。当然，演习之外打伤战友，掌握士兵生杀大权的军团长会给以严厉处罚。

有人认为连日不断地参加如此高强度的训练，不如改行当角斗士更能赚钱。于是，他们会选择中途退役。在罗马军团，士兵期满退役时可以拿到退役金，而中途退役，也会有很多特殊待遇。其中之一，引用《罗马人的故事5·恺撒时代（下）》的内容，是这样的：

恺撒把地方自治体议会议员的候选资格年龄，也就是被选举权的资格年龄分成了三种：

一、无兵役经历者——30岁以上；

二、作为军团兵，服过兵役的人——23岁以上；

三、服过兵役中的骑兵，或担任过百人队队长的人——20岁以上。

恺撒还明确规定了什么样的人只有选举权没有被选举权。他们是犯罪者、作伪证者、军团逃兵以及被流放者、角斗士、演员、妓女。

尤里乌斯·恺撒制定的这个法律，到了2世纪以后的哈德良时代依然沿用。

行军是必不可少的训练内容之一。只要不是事发突然，罗马军队行军的平均速度是每小时5公里，一天的行军路程是30公里上下。行军中，每个人必须自带15天左右的干粮，武器加上粮食、餐具等，全部装备重量达40公斤。

据说哈德良在检阅士兵行军的时候，与士兵们一起徒步行军。非但不骑马，甚至从着装到其他装备，都与普通士兵无异。他这样做的目的是为了让士兵们懂得，既然成了罗马的战士，首先必须学会吃苦耐劳。无论是普通士兵还是皇帝，在这一点上没有区别。

演习中,哈德良加入了又大又重的攻城武器使用方法这一项。罗马军团中有专门负责管理这种武器的人,却没有专门操作这种武器的士兵。通常的做法是,军团兵按负责人的指示操作武器。所以,只要是军团兵,每个人都必须掌握它的使用方法。

有记录说,德国皇帝威廉二世(1859—1941)曾经复原了罗马军队的这种机械武器,并进行了实际操作。根据这一记录,据说石弓,当时叫"弓"(arcus),射出去的第一支箭命中了50米开外的靶子,第二支箭把扎在靶子上的第一支箭漂亮地断成了两截。除了石弓,还有一种叫"蝎子"(scorpio)的投石器,用于投射长达60厘米的超强箭。射出去的箭据说一下子射穿了立于340米开外的、厚度达2厘米的板子。现代研究者绘制了图纸,对罗马军队使用的各种兵器的射程距离作了图解。

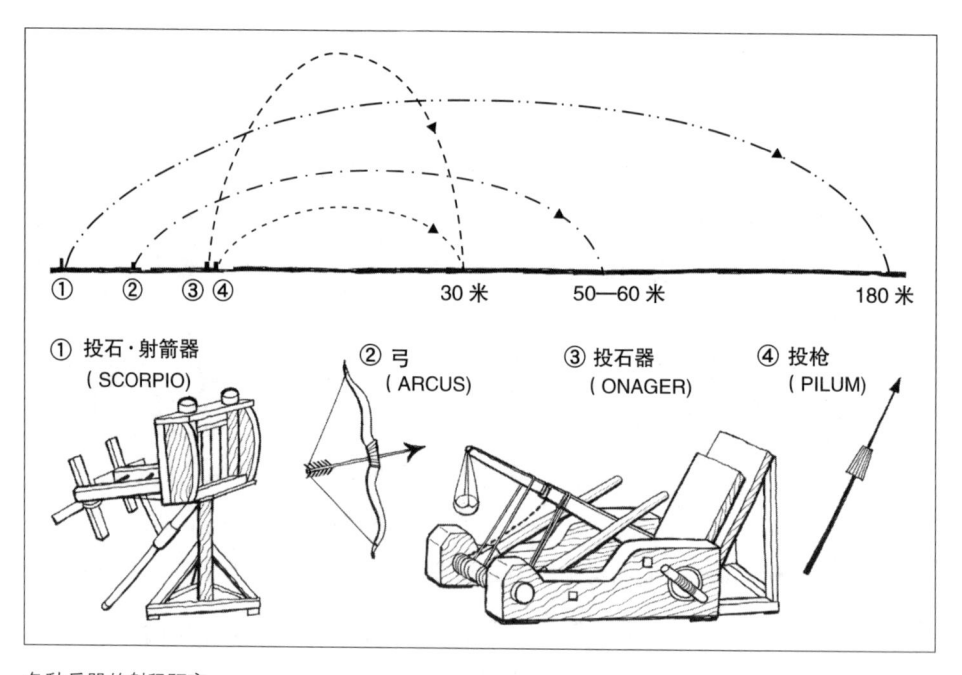

各种兵器的射程距离

从这些图上可以看出，与其他同时代的国家相比，罗马军队在兵器机械化的先进程度上远远走在了前面。除了兵器本身有很高的精确度以外，它们都做成了可移动的武器。甚至，百人队队长指挥下的每个军团中队就配有一个"蝎子"。努力提高机械化程度是最高司令官同时又是皇帝的责任。使用这些机械则是军团兵的任务。这大概就是哈德良的想法吧。

演习之余，皇帝对士兵们在基地内的日常生活，也作了严格要求。

起床、用餐、就寝等，一切听从喇叭声指挥；夜间站岗打盹是死罪；基地内，不得有罗马式城里必有的列柱走廊，也不可有庭院；罗马人用晚餐时，通常一条胳臂要支在类似床的桌子上，但是，在基地内，即便是晚餐，这样的进餐方式也是不允许的；偷盗战友的财物，立即开除；士兵可以抗议或反对，但是，严禁聚众抗议，必须通过百人队队长；无正当理由或未经上司同意擅离基地，会受到严惩。

话虽如此，哈德良并非只是单纯地严格要求士兵们。他视察了基地内的医院。为了让伤病员都能得到充分治疗，他逐一检查了医院设施及人员配备的情况。罗马军团都有附属医疗队，有内科医生、外科医生和护士。甚至还有为马、牛治病的兽医。罗马军团基地内的医院向生活在基地周边的居民开放。虽然身为百姓，但是他们总是以这种或那种方式与基地有着千丝万缕的联系。所以从情理上和策略上来说，这也应该吧。军队的医院允许有庭院，这一点确实符合哈德良的想法。他深知，如果只重视精神生活，一旦发生紧急情况，很难指望士兵能发挥较强的战斗力。这是一支被称为以后勤补给取胜的罗马军队。哈德良视察后勤，并根据视察结果作出的指示往往一语中的，让人不得不深表敬佩。

军团长下面有两位专门负责基地内务的指挥官：一位是财务检察官，是财务方面的负责人；另一位是基地总管，负责基地内部的管理。基地总管的重要任务是补充并保管兵器和粮食。

由于前线基地时刻处于和敌人对峙的状态，随时有可能遭到敌人的包围。所以，为了防备这一情况，往往在不知不觉间，粮食和武器补充过多，结果出现了

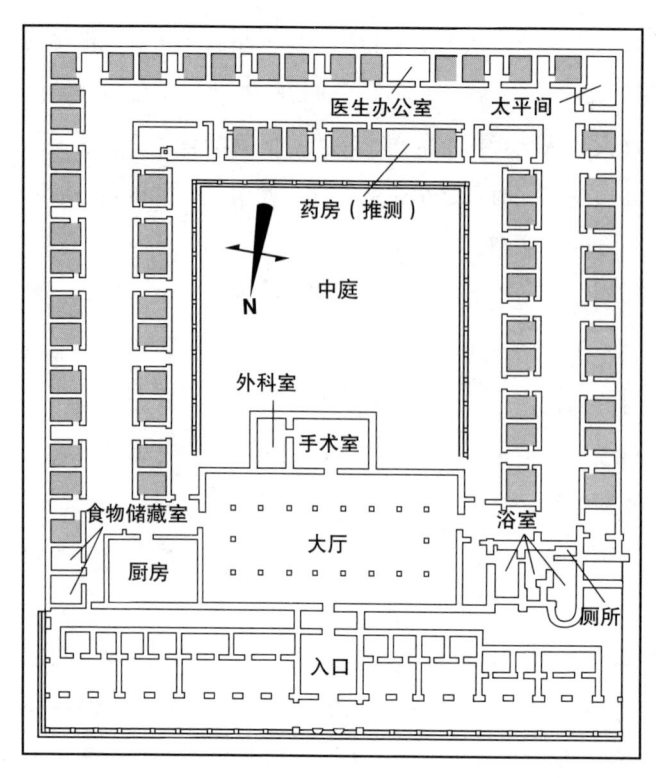

克桑腾军团基地的军队医院平面图（■为病房）

大量库存积压。

库存过多，粮食就会发霉腐烂，导致无法食用，只能丢弃。兵器长时间不用也会生锈，即使送到军团所属的兵器修理站，依然可能无法修复，不能使用的兵器堆积如山。这就是说，虽然主观上从未想过要浪费，但是，实际情况却是购买军粮、军需的经费浪费极大。

哈德良非常不希望看到这种情形。他在军团基地、军粮供给地以及联系两者的补给线之间推行了系统化的管理。只要流通有了保障，就不需要有过多的库存。这种做法的成效就体现在基地内的库存量控制在了最小的限度内。

从这件事情上，反映出哈德良重视效率的想法。同样，这样的想法在加强防卫力量方面也得到了充分的体现。

罗马军队分为军团兵和辅助兵。军团兵为主力部队，辅助兵以辅助作战为任务。辅助部队由行省人民构成。公元69年以前，辅助部队由出身同一个部族的人构成，指挥官也由该部族之长的族人担任。尼禄皇帝死后发生内乱的那一年，就有行省利用这次混乱造反起义。当时的主角就是在罗马军队中服役的辅助兵。正因为辅助军团的士兵构成来自同一个部族，所以他们要拿起武器转而反对罗马非常容易。

吃过一回亏的罗马，在结束内战后，从韦斯帕芗时代开始，改变了辅助部队的构成。由原先清一色的同族人，变成了不同部族出身的人。指挥官也变成了由罗马军团的老兵来担任。

其结果是，虽然依然保留了辅助兵的名称，但实质上他们已经非常接近正规士兵。期满退役时，不仅可以领到退役金，还能得到罗马公民权。这些做法进一步推进了辅助兵向正规士兵的转变。

"和平"是哈德良的格言。他相信要维护和平，首要条件是确立防御体系。但是，在帝国财政方面，他并不希望增加军团兵。在他统治期间，甚至还成功裁减了2个军团。事实上，增加辅助兵的做法也行不通。因为，这样做违反奥古斯都制定的政策，即辅助兵人数不得超过军团兵人数的规定。虽然辅助兵已经变成了正规的兵力，但是，他们始终都是行省人民。在负责帝国安全保障的罗马军队中，即使在数量上，行省人民也不能超过罗马公民。

哈德良通过招募临时兵（Numerus），成功地解决了这个问题。

所谓"临时兵"，直译的意思是"数目多的人"或"众多的人"。临时兵由居住在周边的行省人民中的志愿者构成。他们不定期服役，也没有兵役期限的规定。说起来有点像季节性的服兵役。他们主要担任警戒任务。因为不能指望他们会有战斗力，所以，无须对他们进行训练。临时兵在服役期间，饮食起居可以得到保证，还能有些许薪酬。所以对于农闲期的农民及一时失业的人来说，这是一项非常有利的制度。

对于罗马帝国来说，因为是临时性的士兵，所以，在他们退役时，无须支付

利用河流的防线（莱茵河、多瑙河等）

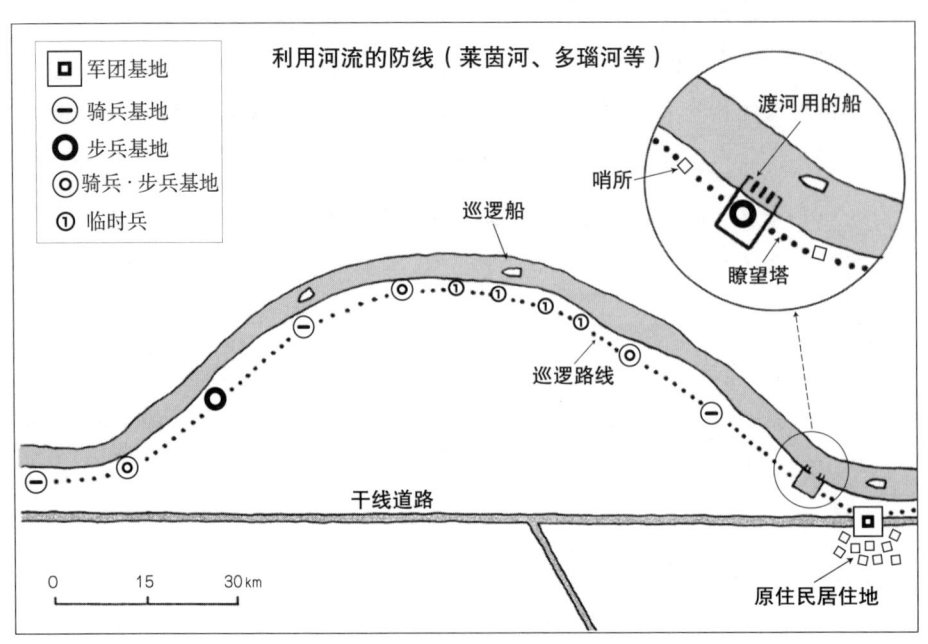

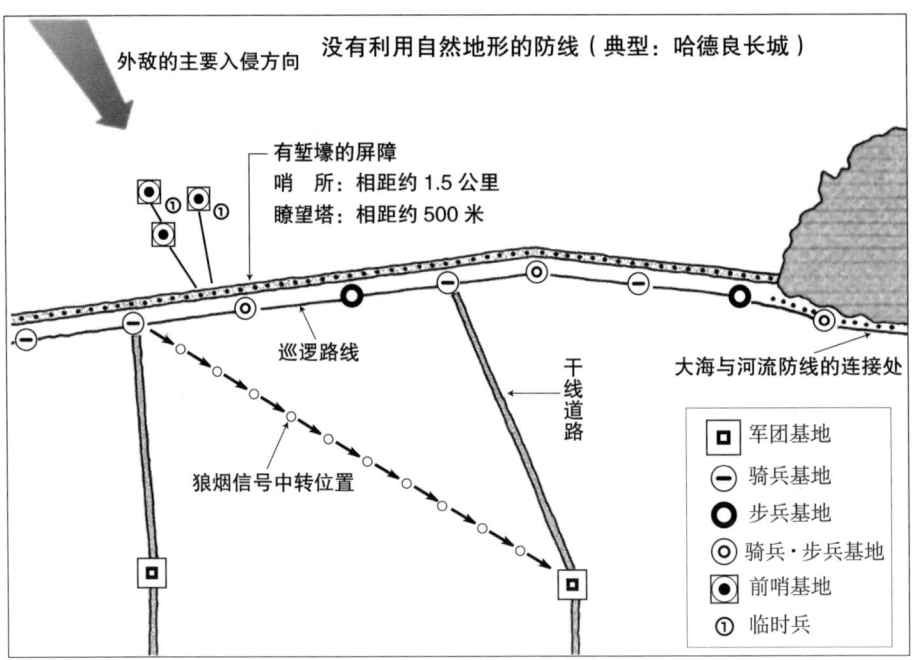

- ▫ 军团基地
- ⊖ 骑兵基地
- ◯ 步兵基地
- ⊙ 骑兵·步兵基地
- ① 临时兵

巡逻船
巡逻路线
干线道路
渡河用的船
哨所
瞭望塔
原住民居住地

0　15　30 km

没有利用自然地形的防线（典型：哈德良长城）

外敌的主要入侵方向

有堑壕的屏障
哨　所：相距约 1.5 公里
瞭望塔：相距约 500 米

巡逻路线
干线道路
狼烟信号中转位置
大海与河流防线的连接处

- ▫ 军团基地
- ⊖ 骑兵基地
- ◯ 步兵基地
- ⊙ 骑兵·步兵基地
- ⊙ 前哨基地
- ① 临时兵

（上下图都摘自 Edward N. Luttwak, "The Grand Strategy of the Rome Empire"）

退役金，也不需要授予他们罗马公民权。在不增加罗马公民人数的情况下，这一措施既补充了战斗力，同时，还有利于消除因贫困引起的叛乱苗头。

因为是临时充当士兵，所以我们不清楚临时兵的具体人数。在莱茵河和多瑙河两条防线以及不列颠，每个军团好像有 500 人左右。军团兵 6000 人、辅助兵略少于 6000 人的军队里，500 人的数字，我想只能说是对军事力量的补充，但算不上是加强。

以上是哈德良在视察包括日耳曼长城在内的莱茵河防线全线时，做的全部事情。这些事情是在不到一年的时间内完成的。所以，发行刻有"日耳曼前线军队"（Exercitus Germanicus）的货币应该可以接受。在以后的巡回视察中，哈德良的风格与这一时期完全一样。就是说，无论走到哪里，非做不可的事情和解决此地独有的问题，这两件事同时进行。例如，在莱茵河沿岸，不需要修建新的屏障。但是，到了下一个目的地不列颠，却需要这样的屏障。

哈德良在处理这两件事情时，可以看出一个共同点，就是明确军团基地内部的责任体系。为了加强组织架构的功能，明确责任之所在是首要条件。在组织架构中，经常会有一些非常不希望责任分明的人，原因是这样的人通常都不喜欢承担责任。既然人类社会是由形形色色的人构成的，那么，这样的人就不可能会消失。但是，一个组织架构内，如果这样的人占了多数，那么这个组织的功能就会弱化。

哈德良要避免出现这样的情况。军团基地是罗马社会的一个缩影。这些地方后来成了后世欧洲的主要城市，恰恰充分证明了这一点。军团基地内部，不仅有医疗设施和公共浴场，甚至还有成衣铺、银行和邮局。没有的只是为士兵的妻儿所建的设施。因为，罗马军队中，在服役期间，下级军官以下的士兵禁止结婚。当然，在父亲服役期间出生的孩子，在父母结婚后，承认其为嫡出。还有一点，不清楚为什么，罗马的军团基地内没有宪兵。

哈德良既没有增加也没有减少军团基地的人员数。但是，他明确了每个人的职责范围。从军团基地的人员一览表中看以看出，职责分工非常细，让人深切地感受到要转嫁责任绝无可能。

对自己的行为负责，是比出身意大利本土的罗马人更像罗马人的皇帝哈德良，努力让和自己一样出身行省的士兵们牢记在心的罗马精神。

不列颠

皇帝哈德良的统治达 21 年。其间，他待在意大利本土的时间有 3 次，加起来只有 7 年。从 45 岁到 58 岁的 13 年间，基本上都巡游在各行省之间，进行视察。

前面已经讲过，我把哈德良在巡回视察过程中，完成的业绩大致分成了两类：

一、无论走到哪里，非做不可的事情。

二、解决此地独有的问题。

关于第一类事情，在视察莱茵河防线的章节中已经讲过，所以，在有关哈德良以后的出巡篇幅中，我将略过不讲，而只讲第二类事情。但是，请读者朋友不要忘记，不管他走到哪里总是有第一类事情要做。正因为在哈德良每一次巡游中，都有第一类和第二类事情要做，所以他的出巡才有了意义。它们让我们充分理解到，哈德良耗费如此长的岁月巡回视察帝国各地的意图。

公元 122 年的春天一到，已经 46 岁的哈德良登船离开莱茵河河口向不列颠出发了。不列颠之行一定是早有计划。因为 5 年前的 117 年，在这里发生了布里甘特人起义、第九西班牙军团惨遭歼灭的不幸事件。虽然哈德良即位后不久，从大陆派遣另一个军团，增援常驻的两个军团进行反击，成功镇压了这次起义，但重建不列颠防御体系的工作已经刻不容缓。

罗马在不列颠常驻有 3 个军团：第二奥古斯塔军团驻扎于威尔士地方加的夫附近的伊斯卡（今卡莱奥恩）；第十二瓦莱里亚胜利军团驻扎于英格兰西部的德瓦（今切斯特）；第六胜利忠诚军团驻扎于英格兰东部的埃布拉库姆（今约克）。这 3 个地方的军团基地与以伦底纽姆（今伦敦）为中心的东南部之间，早已布满

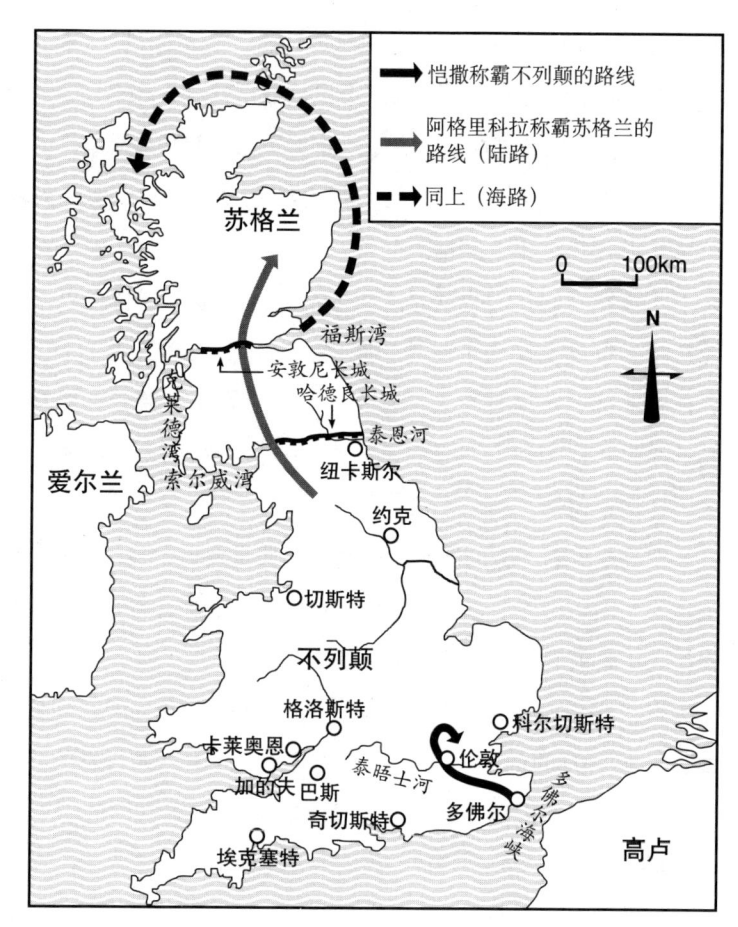

哈德良皇帝时代的不列颠（为方便起见，加入了安敦尼·庇护皇帝建的长城）

了罗马式的道路网。因为罗马在伦底纽姆统治的时间已经很久。还有，相当于高速公路的大道，也分别从切斯特和约克通到了罗马人称为喀里多尼亚的地方，即后来的苏格兰。在图密善皇帝时代，历史学家塔西佗的岳父，也是身为罗马军队的将军阿格里科拉提出了主动进攻的作战策略，使罗马帝国的征服步伐迈到了苏格兰的腹地。

公元117年发动叛乱的布里甘特人是一个土著民族，生活在当时尚未区分开的英格兰和苏格兰交界处。这个部族更早的名称并不清楚，布里甘特是罗马人取

第二章 皇帝哈德良 | 221

的名字。在拉丁语中，意思是山贼或强盗。英语中的 brigand 可能就是以这个拉丁语为词源的。既然罗马人为这个民族取了这样一个名字，那么，这个民族一定很抵触向罗马化的方向发展，拒绝定居下来从事农牧业。

但是，并非所有布里甘特人都拒绝罗马化。随着罗马人移植而来的果树及花草扎根开花结果，英格兰受罗马的影响不断加深。生活在这一带的布里甘特人不断被罗马同化。也就是说，生活在这个部族居住地以南的布里甘特人，已经在相当程度上接受了罗马的同化。也许发生在公元117年的起义，是起因于居住在北部的布里甘特人，看到自己的同族人日益受到罗马化的影响而心生不满的结果。因为他们残忍虐杀的不只是罗马士兵，对站在罗马一边的布里甘特人同样毫不留情。

罗马是称霸一方的国家，他们的责任是要保护接受其统治的人们。哈德良要重建不列颠防御体系，具体地说，就是为了保护已经接受罗马化的人免遭外族的侵扰，于是就有了著名的"哈德良长城"。

古代罗马人称为"哈德良壁垒"（vallum Hadriani），现代英国人命名为"哈德良长城"（Hadrian's Wall）的这个屏障，是不列颠行省的防御设施，始于泰恩河河口，经过纽卡斯尔到索尔威湾，共80罗马里（约合117公里）。全程由石结构城墙、塔楼以及要塞构成。没有利用大河这种天然界线。在这一点上，与日耳曼长城的理念有异曲同工之处。日耳曼长城就建在莱茵河与多瑙河之间。

石结构城墙的剖面图，如下页图所示，"北"属于罗马帝国之外，"南"属于帝国以内。因此自北向南：

（1）堑壕——是一条宽度为9.1米、深度为9米的V字形壕沟。贯穿城墙最顶部有一条监视通道。通过这条通道，可以看到堑壕最深处。建堑壕的目的，首先是对付蛮族的马队进攻，其次是阻碍蜂拥而至的蛮族集体进攻。

（2）石墙——向北部分高度为6至10米，南侧为4到6米。高度不同是因为地势造成的。石墙厚度与地势无关，都在3米左右。

（3）道路——沿石墙而建的路，全线按罗马式大道建造而成，即全线铺设。目的是为了马匹和货车也能顺利通行。大路的宽度也和罗马大道一样，为

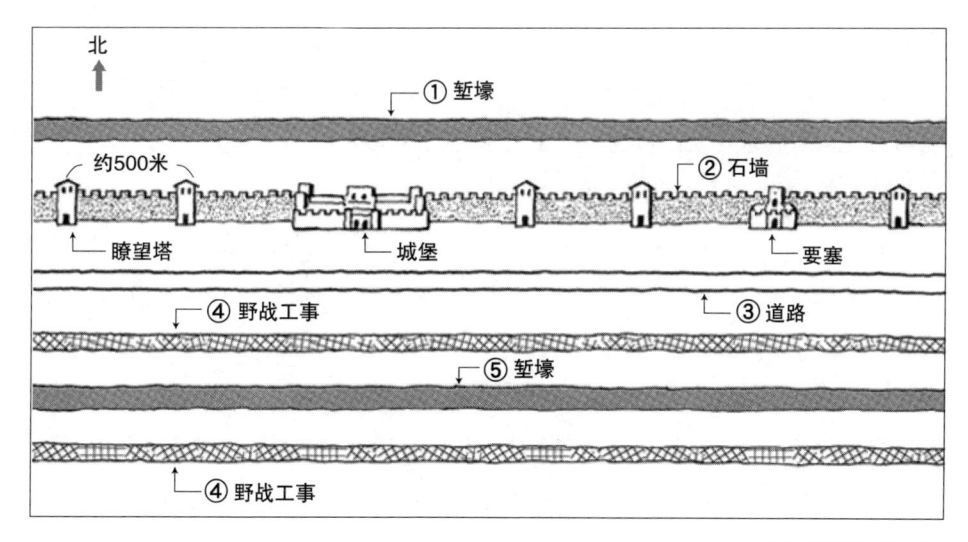

哈德良长城的模型图

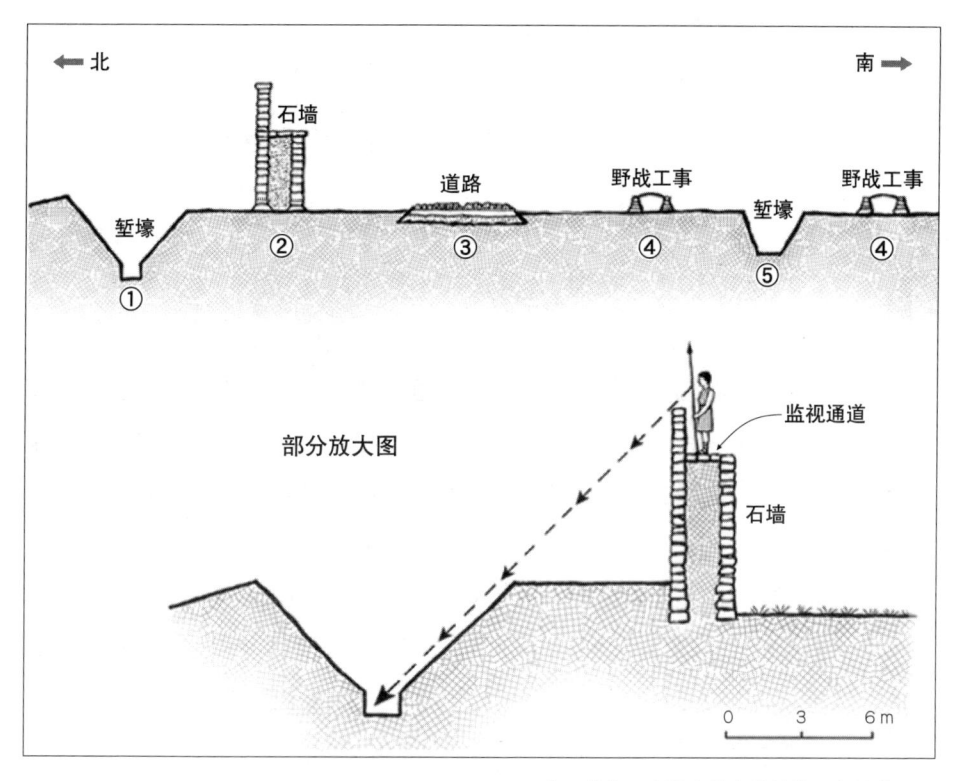

只有石墙位置（没有塔之类的位置）的截面图

两车道。

（4）野战工事——这是一条高 3 米、宽 6 米、距离很长的堤防线，同样沿城墙而建。共有两条，是平行的。两条工事之间有堑壕。

（5）堑壕——宽度和深度都在 6 米左右。

如果外敌骑马试图突破城墙，（4）和（5）可以起到阻挠的作用。如果蛮族成群袭来，它们也有双重屏障的作用。哈德良长城包括（1）到（5）的全部内容。

哈德良长城的各个要冲位置都建有城堡、要塞和监视塔。出于战略需要的考虑以及地势的原因，分别部署了守备队。位于平原地带的城堡上部署的是骑兵部队、骑兵和步兵的混合部队；位于丘陵地带的城堡上部署的是步兵部队；以警戒为任务的塔楼上部署的是临时兵；设在哈德良长城外侧的前哨基地，部署了由辅助兵和临时兵构成的混合部队。各城堡要塞之间的平均距离为 1.5 公里。监视塔之间的距离因受地势的影响，平均 500 米。

这是最前线。从这里，有罗马式大道通往军团基地。一旦哈德良长城抵御不住外敌的入侵，位于约克和切斯特的两个军团基地，可以派出主力部队迎战敌人。

1900 年后的哈德良长城，因为长年累月的风吹雨淋，又因为长期被当做采石场而得不到保护，因此与罗马时代的其他遗迹一样，想知道它曾经的样子，只能借助自己的想象力了。英国人非常重视对古罗马的研究。对于英国人来说，这条长城又是位于自己国家境内的重要的罗马遗迹，因此，他们为保护这一遗迹，作了全面细致的调查。甚至，这条长城沿线还出现了小型旅馆，为参观遗迹的客人提供住宿方便。这里成了初夏到初秋，适宜周末旅行的一个景点。令人感到欣慰的是，尽管如此，这里并没有带上一丝庸俗的商业气息，非常符合英国人的作风。罗马时代的遗迹，即便在意大利境内，也应该交给英国人来管理是我一贯的主张。位于不列颠的罗马时代的遗迹和雕像，在质和量上，绝对比不上意大利本土，就连大英博物馆中的文物也不例外。但是，英国人悉心照料罗马时代留下来的遗物，难道真的只是单纯地出于对古罗马的热爱吗？又或者是他们依恋这样一种信念，即继承古罗马人的是大英帝国子民自己？不管怎样，站在哈德良长城上，要追忆强者们曾经的梦想，必须在大雪纷飞、寒风呼啸的冬季去。建造这座长城的哈德良前往不列颠的时间是春季至夏季。这是英国最好的季节。但是，在此执行军务的罗马士兵们，却要在寒风凛冽的地方守护这条建成后的长城，防御来自被大雪覆盖的敌人阵地的进攻。守护帝国的疆界并非易事。

顺便提一句。哈德良之后的安敦尼·庇护皇帝时代，在哈德良长城以北，连接福斯湾和克莱德湾的中间，又建了一条长城，叫"安敦尼长城"。如果以这条线为边界线，并作为罗马帝国的防线稳固下来的话，那么后来的爱丁堡和格拉斯哥也进入了帝国的版图以内。这样一来，意味着苏格兰也将被罗马同化。然而，作为接受了罗马化的地区和未罗马化地区的界线，帝国防线最终停留在了哈德良长城上。而这一结果，直接影响到了后来英格兰和苏格兰的各自为政。

我想，看到这两条长城的人，即使不是军事专家，也能感觉到，哈德良长城是亲临现场的人构想并建造的成果。相反，安敦尼长城则是以收集到的情报为基础规划建造起来的，是坐在办公室里的成果。

不清楚哈德良于公元 122 年的何时横渡多佛尔海峡进入高卢。但是，从他随后的行动范围来推测，离开不列颠的时间很可能是夏末或初秋。他需要视察的帝国疆域太大，时间不允许他等到士兵们把哈德良长城建成后再离开。不列颠多雨，所以在建造这条长城时，必须考虑把粮库建成高脚楼，还要考虑在前线服役的士兵们的卫生条件，并根据罗马人的风格，又要考虑舒适性。所以，在潺潺流动的小河畔还建起了浴场。然而，包含这一切设施的长城建成后，哈德良却无缘亲眼一见就离开了人世。现实生活中，这样的事情再正常不过了。有人很幸运地可以实现自己的梦想，有人则享受这些人带来的成果。以公共利益为目的的成果尤其如此。

就像前面所述，在受罗马化影响至深的高卢，需要哈德良进行改革的地方几乎没有。我们只知道他做了一件事情，就是建设阿维尼翁。就在这个地方，哈德良接到了先皇图拉真的妻子普洛蒂娜去世的消息。我们不清楚，哈德良听到这位总是默默支持他，甚至在必要的时候毅然站出来为他撑腰的女人去世的消息时，是怎样的心情。我想，就算他亲自撰写的回忆录保留至今，也不可能会有类似这样的关于个人情感的内容。我们只知道一个事实，得知普洛蒂娜去世的消息之后，皇帝哈德良在这个女人的出生地尼马苏斯（今尼姆），为这位户籍关系上的养母修建了一座神殿。

西班牙

　　鉴于上述原因，哈德良在高卢的逗留时间很短。在这短短的时间里，哈德良还接到了一个来自遥远东方的消息。在埃及的亚历山大，当地居民之间发生了冲突。这次冲突和以往不同。不是希腊系居民和犹太系居民之间的冲突，而是发生在埃及原住民中间的一场骚乱。起因是一头牛。

　　自古以来，埃及就有一种信仰——崇拜牛为神圣之物。甚至公元前5世纪的希腊历史学家希罗多德为此还记录下了"往事"。根据希罗多德的描述，那不是一头普通的牛，而是吸收了日月之精华的牛，证据就是这头牛皮肤上呈现出来的特殊斑纹。人们于是深信，这种斑纹表明它吸收了来自太阳和月亮的神奇力量。

　　当时，圣牛来到了地球上，人们在它身上发现了其他牛身上没有的斑纹。人们欣喜若狂。然而围绕着把这头牛放在哪个城市、交给什么人来奉养等问题，当地住民之间发生了争执。相信这种神奇事情的人们竟然是罗马帝国的子民。

　　对此，哈德良认为无须亲自出手解决，他只写了一封措辞严厉的亲笔信，余下的事情全权交给了驻埃及的行政官。但是实际上，如果是听到劝告头脑就会冷静下来的人，一开始就不会起争执。所以哈德良认为，自己早晚必须去埃及，重整那里的统治秩序。只是眼下他在西方还有不得不做的事情。公元122年至123年冬季，皇帝在西班牙的塔拉戈纳度过。在塔拉戈纳，他召集了伊比利亚半岛的殖民城市和地方自治体的代表。

　　罗马公民权所有者的人数在不断增加。出身于行省的辅助兵不是罗马公民，但是，因为他们为保卫帝国出过力，所以在他们期满退役时，要授予他们罗马公民权。所以，简单计算一下，每25年就会诞生15万新的罗马公民。这就是罗马帝国的国策。因为这一制度，罗马帝国保证了前提条件为罗马公民权所有者的军团兵的数量。但是，如果长期维持这样的政策不变，难免会造成新老罗马公民之间出现矛盾。因为无论新老公民，既然都是罗马公民权所有者，他们的利益当然也一样。除了必须遵守罗马公民法的规定外，同样无须缴纳相当于收入的1%的行省税。

于是，老公民心里就会产生不满。他们的不满，导致了新老公民间的针锋相对，在有三个行省的伊比利亚半岛，具体表现在招募军团兵时，新老公民都不予配合。

老公民统称"意大利人"，他们祖祖辈辈生活在意大利本土。图拉真和哈德良也属于这一派人。面对应招军团兵，这些老公民平静却明确地说"不"。另一方面，统称为"西班牙人"的新罗马公民，则态度强硬地回答说"不"。之所以一派态度平静，一派强硬，大概跟哈德良属于老公民派有关。新公民派担心属于老公民派的皇帝会向老公民派妥协，提出损害自己既得利益的方案，于是表现出了强硬的态度。作为帝国全军最高司令官的皇帝，有必要采取措施。

在塔拉戈纳召集两派代表举行的会议上，不知道哈德良采用了什么样的调停策略。根据罗马人惯常的做法，很可能提出了妥协的方案。即凡是罗马公民都能享受到的各种权利中，某些权利只对新公民设限。所谓某些权利，应该不是免除行省税这种关乎实际利益的权利，很可能是地方自治体议会的议员候选资格之类的权利。人这种动物，只要流动性有保证，还是愿意接受待遇上的不同。已经有300年历史的罗马公民和3年前刚刚成为罗马公民的人之间，这种不同的待遇只要不是一成不变的，很多时候更利于社会的稳定。

不管怎样，哈德良成功解决了这一问题。来到塔拉戈纳后，他没有回故乡意大利卡，也没有建纪念皇帝登基的建筑物。这样做或许是为了不刺激到这两派。

在西班牙停留期间，发生了这样一件事。当时，哈德良正在总督官邸独自散步，一个奴隶手持利刃突然向他刺来。等人们得知变故，匆匆赶来时，皇帝已经制伏了刺客。他把犯人交给了来人。后来,当他知道这个犯人因为神经错乱才有此行为后,不仅没有惩罚他,反而下令给他治疗。

这一插曲让人联想到这样两件事:

第一,很可能在罗马时代,对于疯子已经不问责了。

第二,尽管已经 47 岁,但是,哈德良的体格尚好。他本人似乎对此也是信心十足。

哈德良在西班牙唯一的消遣就是骑着马在故乡的山野上狩猎。

然而,就像在等待春天到来似的,哈德良接到了一个重大消息。这是叙利亚行省总督送来的紧急报告,报告称,帕提亚王国出现了不稳定的动向。尽管和埃及的骚乱一样,都是来自东方的消息。但是,帕提亚王国出现动荡,与发生在埃及的、围绕神牛问题的当地居民之争不能相提并论。哈德良相信外交也是解决问题的重要手段之一。于是,皇帝决定亲自前往。

地中海

这次旅行从西班牙出发,目的地是叙利亚。要自西向东横向穿越罗马帝国。因为决定中途不作停留,直接前往叙利亚,所以这次选择海上旅行,自西向东要横跨地中海。

虽然是皇帝航海旅行,但没有大规模的护航队。因为罗马早就清除了曾经的海盗巢穴。长期以来,地中海一直享受着"罗马统治下的和平"。不带护航队旅行,本身就是安全与和平的明证。本来就不喜欢兴师动众的哈德良,好像只带了三四艘快船就出航了。

从塔拉戈纳港到罗马外港奥斯提亚,顺风的话,只需要 5 天时间。即使只靠划桨,20 到 25 天也能到达。途中回趟罗马非常方便,但是哈德良没有这样做。因为一旦回去,脱身就不那么容易了。具体航程我们不清楚。总之,离开塔拉戈纳以后,他可能站在船的左舷,一路上眺望着撒丁岛南端。到了位于西西里岛西端的马尔萨拉时，停靠了一下。接着，绕过西西里南端，到达克里特岛。然后，站到船的右舷，望着克里特岛的北边，一路向塞浦路斯岛驶去。经过塞浦路斯后，继续航行，直到安条克外港塞琉西亚。如果他走的路线是这样的话，那么，季节应该是初夏。从塔拉戈纳只需要一个月多一点时间，就可以进入安条克。

尤里乌斯·恺撒在翻越阿尔卑斯山时，充分利用旅途中的时间，写下了比较论的文章，题为《类推论》，还送给了西塞罗过目。这两人虽是政敌，但是，对于写文章，两人的观点一致，就是清晰明了。哈德良与恺撒也有共同之处。不仅行动范围广，而且两人都是不肯浪费时间的人。那么，在近两个月的航海期间，他都想了些什么呢？

因为没有留下任何史料，连传说也没有，所以我们只能依靠想象。他在进行思考时，面对的是一片大海，不是咆哮不休的北方大海，也不是一望无际的大洋，而是初夏平静的地中海。从飞机上看下去，就连拖着一条白色浪花的渔船都能看得清清楚楚。罗马人称地中海是"我们的海"或"内海"。它是罗马帝国全体民众的海，既不存在现在这样 200 海里主权的问题，也不会发生捕鱼船被抓的事件。也许这期间，他思考的是两年后实施的罗马法汇编的事情。这里的想象，或者更准确地说是猜测，其唯一的依据是哈德良回到首都罗马后开始实施的这一浩大工程，无论在工作的内容上，还是在人选的问题上，初期就已经基本确定。苏拉最先尝试做过这件浩大的工程，后来恺撒也尝试过，但是他们最终都没有完成。

东方

皇帝到达叙利亚行省首府安条克时，那里已经处于临战状态，作好了随时应对帕提亚战争的准备。然而，哈德良没有选择战争。他决定采用领导人会谈的方式，与帕提亚国王协商解决问题。哈德良很清楚帕提亚的特殊情况。他知道，帕提亚王国对罗马帝国摆出强硬的态度，并非国王所愿，更多的原因是国王受到了来自国内强硬派的压力。两国领导人会议的地点定在幼发拉底河中的小岛上，哈德良没有带军团随行。

关于帕提亚国王与罗马皇帝之间的会谈详细经过，我们无从知晓，但是我们知道结果：那就是避免了一次战争危机。罗马方面曾经担心帕提亚军队会进攻罗马帝国的领地。但是，帕提亚国王回到首都后，马上下令解散了军队。帕提亚与罗马不同，除了正常的警备以外，这个国家没有常备军。当战争爆发时，常常临时组织军队。而且，帕提亚历代国王最害怕的不是罗马帝国，因为罗马帝国是一个可以讲理的国家，他们最害怕的是王室内部的权力之争以及来自帕提亚东北部的亚细亚高原部族的进攻。哈德良选择领导者之间的会谈，不是因为他只喜欢这种手段，而是他认为，解决罗马与帕提亚之间的问题，高层会谈是有效的。

就这样，帕提亚问题轻松得到了解决。既然已经到了帝国的东方，从不肯浪费时间的哈德良决定从安条克北上，进入小亚细亚，视察小亚细亚南部和西部。

这是一次愉快的旅行。现代的小亚细亚南部是向德国输送劳动力的一大劳动力来源地。与土耳其语这种当地的通用语言相比，在这个地方，使用简单的德语沟通起来更方便。但是在罗马时代，这里是个城镇，拥有可容纳上万人的半圆形剧场。拥有可容纳上万人的公共设施，意味着这是一个人口数倍于这个数的城市。从飞机上看下去，小亚细亚只是一片荒芜的土地。但是，走进里面，你会发现，这是一个非常富庶的地方。富到历史上的强国都要争相占为己有。在罗马时代，这里属于元老院行省。这意味着，这里的罗马化历史已经很久，社会稳定，不需要驻扎军队。作为帝国最高责任人，需要亲自抓的事情极少。所以对哈德良来说，这一定是一次可以满足他从小的愿望和好奇心的旅行。

哈德良访问了罗得岛。罗得岛的意思是蔷薇花盛开的岛屿，这里风景优美、气候宜人，在当时，还是文化中心之一。按照哈德良的性格，想必他会去林都斯神殿吧。这个神殿建在高高的悬崖上，必须攀爬险峻的小路才能到达。回到小亚细亚西端后，他也去了历史学家希罗多德的出生地哈利卡纳苏斯、希腊哲学鼻祖泰勒斯出生的米利都、美丽的商业港口以弗所以及曾经的希腊诸国之一、后来一直是文化中心之一的帕加马，还到了荷马叙事诗《伊利亚特》的故事发生地特洛伊。以雅典为代表的希腊文化都起源于小亚细亚西部一个叫爱奥尼亚的地方。现在，这里属于土耳其的领土。但是，即便是现代，只要到这个地方旅行，你依然会抑制不住地怀念起希腊文化。所以，这些遗迹依然保存完好，应该说，这一带和罗马时代的希腊本土并没有两样。也许，哈德良与比提尼亚出生的美少年安提诺乌斯相识，就是在这个时期，就是在小亚细亚。

哈德良

哈德良没有直接去雅典，尽管到爱奥尼亚旅行的人都会想去。因为，从季节上来说，他还可以继续视察边境。

横渡达达尼尔海峡，皇帝和人数不多的随行人员进入了欧洲大陆，并向北去了色雷斯。色雷斯曾经是为亚历山大大帝培养骑兵的地方，这个山岳地带作为马的产地非常出名。罗马帝国的军团中，有很多骑兵出生于色雷斯。

经过色雷斯，到达多瑙河防线。这里是哈德良在青年时期度过军旅生涯的地方，也是他登基后，回归首都罗马前，进行过重建的地方。因此，视察期间，需要做的事情很少，视察的速度也很快。尽管如此，他还是从多瑙河河口开始视察，直到维也纳所在的中游地带。在视察莱茵河防线时，他已经完成了对日耳曼长城的全线视察。所以，作为罗马全军的最高司令官，这个时候，皇帝哈德良完成了对莱茵河和多瑙河这两大帝国防线的视察。

冬季已经临近，皇帝的行程朝向了南方。他打算在亚该亚行省首府雅典过冬。

雅典

少年时代起就一直向往的地方，到了48岁才得以亲眼所见。如果是你，你会作何感想？哈德良曾经被他的学友们取了一个外号，叫"希腊人"，他的两位监护人图拉真和阿提安曾经因为担心他过于迷恋希腊，把他送回了西班牙乡下，

第二章　皇帝哈德良 | 231

让他远离只会培养出软弱性格的希腊文化，代之以学习质朴而刚毅的罗马式生活。后来，军务和政务又占据了哈德良的全部生活，所以，尽管从距离上来说，意大利距离希腊不远，但是，对他来说，希腊始终是一个遥不可及的地方。这一次，哈德良来到雅典，一待就是6个月。这就不只是过冬了，很可能他把出身于比提尼亚的美少年也叫到了雅典。

哈德良是第一个蓄胡须的罗马皇帝。从共和制初期开始，罗马男子已经习惯把胡子剃得干干净净。我想这是因为，历史上，罗马的崛起和希腊的衰退正好在同一个时期。罗马人大概不愿意自己被看成与希腊人一样吧。当然这只是我的想象。自古以来，希腊人一直喜欢蓄长而浓的胡须。但是，深受罗马人爱戴的亚历山大大帝，虽然是希腊人，留下来的肖像却几乎都没有胡须。所以，罗马人养成不蓄胡子的习惯也很正常。

罗马成为强权大国后，希腊进入罗马的统治之下。这一时期，胡须成了通称"学者"的教师的标志。即使是现在，看到一个不知名的男性肖像，如果蓄有胡须，我们常常会认为他是"学者"。在图拉真活着的时候，哈德良即使心里很想蓄胡子，但是，也许终究没有这个胆量。

当然，就像图拉真记功柱上看到的那样，罗马男人并非没有一个蓄胡须的。在尤里乌斯—克劳狄乌斯王朝，有专职的奴隶，每天早上为主人剃胡须。距离那个时代，帝国历史已经过去了一个世纪。其间，热爱希腊文化的尼禄曾经遮遮掩掩地蓄过一些胡须。到了哈德良时代，也许这种顾虑已经不再需要了。不管怎样，哈德良保存到现在的肖像都是有胡须的，当然这些肖像都是他当上皇帝以后的肖像。那个时候，至少有一点可以确定，罗马皇帝蓄希腊式的胡须已经不会成为新闻。继哈德良之后的皇帝们，留下了来的肖像绝大多数都是蓄胡须的形象。尽管不像女人的发型那样变化繁多，但是，蓄胡须也是一种时尚。

哈德良在访问希腊之前已经开始蓄胡子。只是，哈德良就像第一次出国旅行似的，只要是希腊的东西，每一项他都愿意亲身体验。雅典市内自不必说，像德尔菲、科林斯、斯巴达、奥林匹克等所谓的名胜古迹，他全部游览到了。还有，虽然没有记录，他一定也去了矗立在苏尼翁海峡的波塞冬神庙，在那里欣赏了太阳从地平线缓缓升起的日出景象。他甚至还迷上了厄琉息斯秘仪，这实在让人忍俊不禁。

厄琉息斯秘仪是一种宗教，因为起源于距离雅典不远的厄琉息斯而得名。这一宗教信奉的是宙斯的姐姐、富饶的大地之神德墨忒尔和她的女儿珀耳塞福涅。仪式通常是在夜里秘密举行，一切无关人员不得进入，所以被称做秘仪。希腊人认为年年必至的冬季，是德墨忒尔在哀叹与女儿的别离。因为女儿要去冥界6个月，不能回来。这是一种民间宗教，与信奉狄俄尼索斯的宗教一样。自古以来，信奉狄俄尼索斯的宗教在希腊人中间一直都很盛行。拉丁语叫巴克斯的信奉狄俄尼索斯神的宗教仪式，有唱又有跳，气氛非常热闹。与此相反，只因为与冥界有关，厄琉息斯秘仪是在夜间悄悄举行，而且对信徒的选择也很严格。如果说信奉狄俄尼索斯的宗教是大众宗教的话，那么厄琉息斯秘仪则是少数精英的宗教。所谓宗教，不管是什么教，一定有利益值得期待。厄琉息斯秘仪向信徒承诺的是死后可以得到平安。在罗马，皇帝兼任大祭司，是负责祭祀罗马守护神的最高权力人。然而，加入这个秘仪的皇帝却大有人在。第一代皇帝奥古斯都和第四代皇帝克劳狄乌斯就是其中的两人。奥古斯都是一位冷静的统治者，他加入该教是出于政治上的考虑，他需要顾及被统治者希腊人。克劳狄乌斯加入该教是在登基之前。希腊和罗马都是多神教世界。虽然他们加入了希腊精英的宗教——厄琉息斯秘仪，但是，保守的元老院没有说一句责难的话。到了4世纪末，因为皇帝狄奥多西毅然推行一神教——基督教，厄琉息斯秘仪与古代其他众多宗教一起，被作为邪教遭到了扼杀。

秘仪在厄琉息斯的一个深洞内于深夜举行，所有参加者都会携带短刀前往，虽然这是禁止的。但是，哈德良总是一个人前去参加，既不带武器，也禁止警卫同行，忠实地遵守古代的规则。

欧美的美术馆、博物馆中展出的哈德良皇帝雕像与皇妃萨宾娜的雕像放在一起的不多。相比之下，与他宠爱的安提诺乌斯的雕像放在一起的占了绝大多数。皇帝与这位比提尼亚出生的美少年之间的关系，在当时和后世都很引人关注。

比提尼亚位于小亚细亚的西北,图拉真曾经任命小普林尼作为特命全权总督赴任此地。自古以来,这个地方多希腊族居民。但是,出生于此的希腊人,没有任何特别,特别的只是安提诺乌斯容貌之不同寻常的美。

不清楚安提诺乌斯是何时、何地与哈德良相识的,我们只知道他出生于11月27日,却不清楚具体是哪年的11月27日。从我们唯一清楚的、他的殁年开始倒推,再加上被神化之人的特权——裸体雕像所显示的身体年龄进行推测的话,与哈德良相识的时候,很可能安提诺乌斯在15岁左右。这位希腊人身上所流露出的东方甜美的忧愁多于希腊人的知性,他是一个完美无缺的希腊人。成熟、内心充满激情的48岁的罗马皇帝爱上了这位美少年。他俩的相识可以形容为"命运的邂逅"。这一次,哈德良爱上了同性年轻人,而不是异性。这是发生在他视察向往已久的希腊文明圈之旅期间的事。

按照我个人的想法,不管是异性还是同性,对于"美"的敏感反应,是人类感情极其自然的流露。对美的敏感反应发展成为爱也是非常自然的结果。古代希腊是男性的世界。所谓"男性的世界",指的是男性最有吸引力的时代。在这个"男性世界"里,也有女同性恋者。女诗人萨福就是其中一例。成年男性爱上少年的事例更是不胜枚举,如苏格拉底、柏拉图等等。一句话,你可以把这种感情看做是,只要热爱希腊文化,就会爱上美少年。

当然,这并不意味着不爱美少年就不是希腊作风。事实上,伯里克利从来无缘少年之爱,他爱的始终只有女人。而他却被认为是比一般希腊人更像希腊人的人。

伯里克利是雅典人,生活在雅典人自诩自己就是希腊的那个时代。对于伯里克利来说,希腊是他的祖国,不是憧憬的地方。但是,对哈德良来说,希腊却是他憧憬的地方。无论他付出怎样的努力,希腊都不会成为他的祖国。

我没有一丝一毫小看哈德良的意思。我只想说,只要站在他的立场上,你会非常理解他的那种感情。

本来只是为了过冬,却逗留了6个月之久。可见哈德良在希腊并非只是像游客一样,两眼闪着光,欣赏自己向往的这个地方。他是皇帝。正因为是皇帝,就有他可做的事情。

哈德良是个有梦想的人，同时他也是个现实的人。看到的希腊，尤其是雅典，早已没有了昔日的风光，他的心一定被深深刺痛。也许，正是这样的感觉让他产生了重振雅典的念头。

雅典衰退的原因就在雅典人身上。希腊民族是一个优秀的民族，对于他们来说，在海外寻找更大的发展平台易如反掌。按现在的说法，希腊人才外流导致本地人才缺少才是希腊衰退的根本原因。

如果继续放任这一状态，留在希腊的将是那些走不出去的人。如此一来，经济就会衰退，社会活力也会随之衰弱。一个社会失去了活力，人和物就只有出没有进了。罗马在多瑙河畔保护着希腊的安全，但是所谓真正的安全保障，如果后方不能承担起后方的职责，一切都是徒劳。如何让以雅典为中心的希腊全域，再次兴旺起来，也是罗马帝国统治者面临的一个课题。

哈德良是一个冷静而现实的人，他应该不会想让雅典重回伯里克利时代的繁荣，因为民族与人类一样都是有寿命的，要让进入老年期已经很久的希腊，重返青壮年时期是绝对不可能的。

因此，哈德良很可能设想要把雅典建成一座文化艺术及观光城市，把希腊建成一个商业及观光地。

尽管历史已经进入了罗马时代，但是历代罗马皇帝都没有想过要把文化艺术的中心迁到罗马去，它还在雅典。因此，如果要把这个城市变成文化艺术城市，只需建立起一个稳定的运行体系即可。然而，只有教授和学生的城市，充其量只能促进人和物的流入。为此，哈德良着手对那些曾经实用的、现在已成为名胜古迹的雅典公共设施进行了彻底的修缮。同时，他还为雅典市新建了一座公共建筑，叫"经济中心"，是一个很壮观的市场。对此，雅典市民自然是喜出望外。

为了使全希腊成为观光之地，他倡议开展希腊自古就有的四大竞技活动，以期找到出路。

希腊在鼎盛时期，曾经有四大颇具影响力的竞技活动。每当举行这些活动时，人们会从希腊各城邦纷纷前去助阵。即使在战争期间，也会临时休战，为这些竞技活动让路。

皮提亚竞技会——每四年举行一次。地点是在希腊中部的德尔菲。此项竞技活动是献给阿波罗的。

尼米亚竞技会——每两年举行一次。地点是在伯罗奔尼撒半岛中部的阿古斯。此项竞技活动是献给宙斯的。

科林斯地峡运动会——每两年举行一次。地点是伯罗奔尼撒半岛东北部的科林斯。此项竞技活动是献给波塞冬的。

奥林匹克运动会——每四年举行一次。地点是在伯罗奔尼撒半岛西部山区的奥林匹亚。此项竞技活动是献给主神宙斯的。

这四大竞技活动的举办安排非常合理，每年总有一个地方会举行竞技会。古代希腊人心目中的"竞技"主要形式是体育竞技。但是，除了这一种形式以外，音乐、诗歌、戏剧等，只要是希腊人心目中的文化，都是竞技活动的内容。竞技会举办地，以神殿为中心，有很多活动场馆。当然，神殿内供奉的神，一定是这些竞技活动奉献的对象。希腊人在各个场馆都装饰了希腊雕刻及绘画。所以，前来观看竞技的人们，可以同时接触到希腊艺术的精粹。

哈德良为了振兴这些活动，不仅亲临现场观看比赛，为活动助兴，还拿出赏金奖励优胜者。他的目的只有一个，就是聚拢人气。只要人多了，物也会随之丰富起来。总之，哈德良想通过同时采用精英之道和大众之道的方法，使希腊重新获得生机。希腊正好有一个精英和大众都接受的东西——德尔菲神谕。苏格拉底也曾经去求过。

哈德良在以雅典为首的全希腊投入了超乎寻常的热情。有人认为这是源于他个人对希腊的热爱。但是，我认为，除了这一条，还有一个原因。作为皇帝，他有统治上的考虑。为庆祝他捐赠给雅典市的奥林匹亚宙斯神殿完工，在该神殿完工3年后的公元128年，发行了刻有"Olympeion"的货币。对于哈德良来说，在雅典建造神殿和视察军团基地一样，都是为了政治。但是，在修复后的老街和新的街区之间，他建了一个拱形门，上刻"至此以前为忒修斯（被认为是雅典建国的始祖）所建雅典，自此以后为哈德良所建雅典"，充分反映了哈德良表面上对人宽容，本质上却是自我中心主义倾向极强的个性。

当然，仅仅6个月的时间，不可能完成上面说的所有事情。事实上，公元124年秋到125年春，在雅典逗留期间，他只是提出设想、制订实施方案，并下令着手建设而已。与建在不列颠的哈德良长城不同，对于"哈德良所建雅典"，他要在建成完工以后，亲自去看一看。不对，他只想亲自去看一看而已。

既然回到了希腊，那么，他一定会从这里直接回意大利。如果你真是这样想的话，那你实在没有资格去体验哈德良的旅行。最适合旅行的季节——春季还没有过去。而且，在希腊逗留6个月之后，哈德良已经彻底迷上了希腊。所以，当他乘船离开雅典外港比雷埃夫斯以后，目的地却不是意大利本土的港口城市布林迪西，而是西西里岛。

西西里岛上的大多数城市是希腊移民建设的。由于罗马使用双语制，希腊语和拉丁语并存。所以，虽然与意大利本土只隔了一个狭窄的墨西拿海峡，但是西西里成为罗马帝国领土以后，通用的语言依然是希腊语。特别是岛屿的东半部分，曾经被叫做"大希腊"（Magna Graicia）的一带，锡拉库萨、塔兰托、墨西拿等，由希腊人以殖民的方式兴建起来的城市非常多。在这些希腊色彩浓郁的城市里，一定也留下了哈德良的足迹。保存至今的记录中，说他登上了当时埃特纳活火山，不是因为对火山本身感兴趣，而是为了在埃特纳山上欣赏从东边海面冉冉升起的太阳。据说在埃特纳山上看到的日出是七彩的。在古代，这里是有名的景观之一。

这年夏天即将过去的时候，哈德良终于回到了首都罗马。为了尽早让全帝国知道自己已经回到意大利本土，皇帝发行了刻有这条消息的银币。离开意大利四年半回来后，必须通过发行货币，上刻"皇帝回到意大利"（Adventui Augusti Italiae），告知全帝国，的确有点意思。但是，正因为哈德良喜欢亲赴各地视察，所以，他才能够充分履行自己的职责。

只是，普通百姓不会理解他的这种想法。于是，哈德良组织并举办了由1835组角斗士参加的比赛。比赛期间，他向首都罗马普通市民通报自己已经结束巡视之行回到了罗马。

所有人都以为这下皇帝会踏踏实实地留在罗马了。然而，哈德良踏踏实实待在罗马的时间只是一个冬季。公元126年春天一到，已经50岁的皇帝再次动身向北非出发了。这个男人行事风格的确出人意料。可想而知，他与妻子之间一定相处不好。不过，这一次出巡纯粹只是为了工作。

北非

哈德良一行从首都外港奥斯提亚出发一路直奔迦太基。第三次布匿战争结束后，因为被撒上了盐而变成不毛之地的迦太基，在经过了3个世纪后的此时，作为罗马帝国的一个城市已经相当繁华。在罗马到迦太基沿线的海底，现代水下考古工作人员打捞无数在此遇难的船上遗物的工作还在进行。这些遗物充分显示，迦太基成为罗马领地以后，与第二次布匿战争时代一样，再次成为北非物产的一大集散地。除了物，迦太基还有杰出的人物如马克斯·科尔涅利乌斯·弗龙托。哈德良不仅让他进入元老院成为议员，还请他负责马可·奥勒留的教育。从其个人的名字和家族的名称来看，他似乎是拉丁人。实际上，他曾经是迦太基人。

以迦太基为首府的阿非利加行省是元老院行省，罗马化历史较长，因此很稳定。和高卢的里昂一样，首府迦太基只驻扎了不足500名士兵。守卫漫长防线的军团基地在西侧相邻的努米底亚，负责抵御来自埃及以外的昔兰尼加到毛里塔尼亚（今利比亚到摩洛哥）的沙漠民族的袭扰。哈德良此行的主要目的就是视察这个军团。

哈德良在迦太基几乎没作停留就向西南出发，通过铺设在北非的罗马式道路网，进入了拉姆巴斯希（今阿尔及利亚的龙柏斯）。这里是守卫非洲防线的唯一一个主力部队——第三奥古斯都军团的基地。

通过在龙柏斯发掘出来的纪念柱（现收藏于卢浮宫美术馆）上所雕刻的文字

内容，我们仿佛听到了哈德良在视察期间讲话的声音。在为纪念皇帝巡游而建的这根纪念柱上，刻画了哈德良在看完士兵们的演练后，面对整整齐齐站在自己前面的士兵们发表演讲的场面。在毒辣的白日照射下，参加近乎实战的演习的是第三奥古斯都军团的全体士兵和第二西班牙骑兵部队以及附属于罗马军团的由行省人民构成的辅助部队。

哈德良站在士兵面前，首先称赞了军团兵在训练时，战术运用非常熟练。他说，这是士兵们利用前线执勤及建设城墙、要塞等防御设施的间隙刻苦训练的成果，所以更值得赞赏。他又说，作为战士，每一名士兵对战术的运用越精通，对帝国精简军人数量越有利。士兵人数的减少，可以大大减轻帝国在防卫方面的经费负担。

接着，他表扬了第三奥古斯都军团军团长费边·卡图里努斯的治军能力。4年后，在皇帝的推荐下，此人当选了执政官。

随后是对骑兵部队的讲话，他盛赞骑兵运用的战术。他说："这种战术看似简单，但是，只有经过长期艰苦的训练才能熟练运用。身负沉重的全副武装、高举长枪的第二西班牙骑兵部队让我看到了他们冲锋时无坚不摧的力量和训练有素的战术。"

最后，他没有忘记对辅助部队的士兵们讲话。他慰问了在部队指挥官科尔梅阿努斯的领导下从事要塞建设的士兵们。他说："正是你们的付出，才使军团兵和骑兵在战斗中得以更出色的发挥。也正因此，使你们的家园、土地以及家人免遭来自沙漠游牧民族的袭扰。"

我有一点感想。我想，哈德良作为最高司令官对士兵所作的演讲应该很出色，完全可以和尤里乌斯·恺撒的演讲媲美。根据同时代的记录，据说士兵们绝对拥戴哈德良。我想，这一点完全可信。

相信哈德良在视察其他地方时，也会作类似的演讲。同样，为了纪念皇帝亲临视察，为了让士兵们记住皇帝的到来，一定都建了纪念碑。此外，好像为了告知天下自己履行了皇帝职责似的，每视察一个地方，哈德良都会发行一套纪念自己巡回视察的货币。

北非及周边地区

在龙柏斯军团基地，哈德良召集来了从昔兰尼加到毛里塔尼亚的前线所有指挥官，听取了他们的汇报，并下令要求他们马上着手进行必要的工作。

因为历代皇帝采取的一系列措施，非洲前线的设施建设基本已经完成。此时的问题是如何合理分配现有军事力量，使之发挥更高的效率。请读者朋友们参看下页的图。守卫利比亚到摩洛哥前线的是一个军团的6000名士兵加上分队规模的骑兵以及人数相近的辅助兵，保守估计不超过2万人的兵力。因此，最大限度地追求效率成了当务之急。

来自沙漠民族的袭扰必须予以击退。虽然他们来袭只是掠夺财物，不会侵占土地。但是，如果这种袭扰的频率过高，当地居民会无法容忍，长此以往，他们会设法迁往临近大海的城市避难。一旦居民离去，田园就会荒芜。天长日久，就会变成沙漠。要防止出现沙漠化现象，必须通过不间断地种植农作物，保证绿色植物的生长。在古代北非，绿洲很多，不像现在变成了沙漠。原因是最初的迦太基和随后的罗马都很重视振兴农业。迦太基人甚至拥有技术性极强的农业书籍。消灭迦太基后，罗马很快把这种农业书籍从腓尼基语翻译成了拉丁语。此外，这两个大国还有一个共同点，他们都保护定居的农民不受来自沙漠游牧民族的侵

沙漠地带的防线——威胁程度相对较低的地方
（昔兰尼加、阿非利加、毛里塔尼亚等行省）

- → 流浪民族、掠夺民族的入侵
- 有城墙的城市
- ⊖ 骑兵基地
- ⊙ 步兵基地
- ◉ 骑兵、步兵基地
- …… 用于监视的据点
- ▲ 蓄水池
- △△△ 绿洲

罗马式大道　农耕地　地方道路

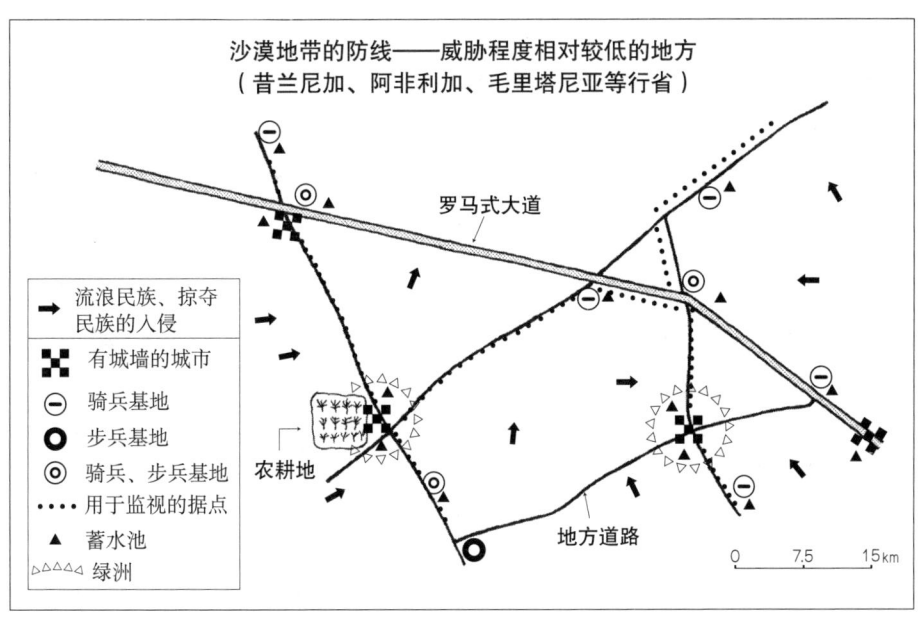

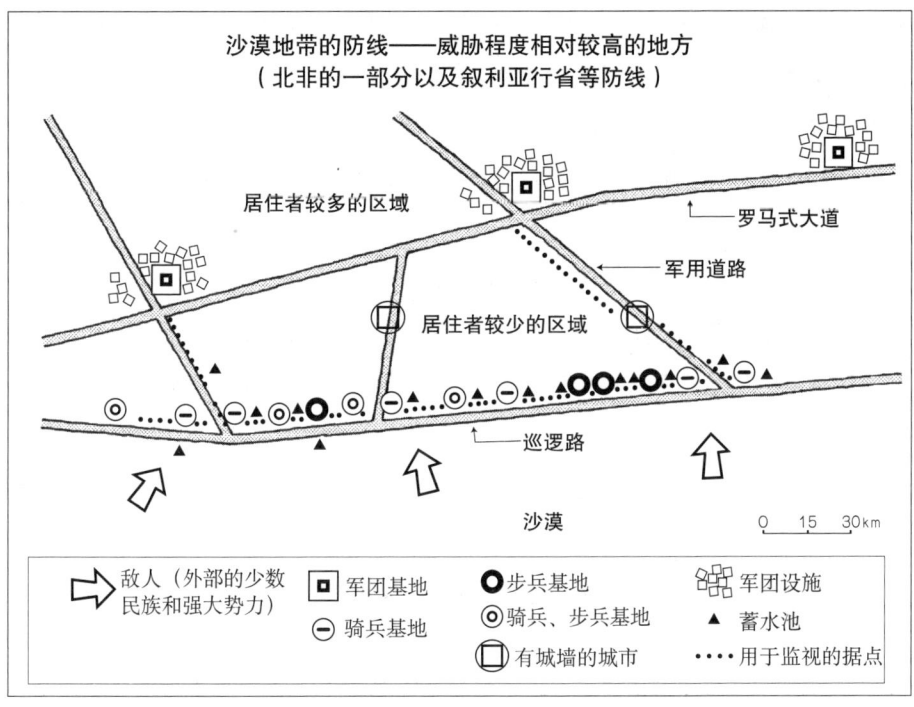

0　7.5　15km

沙漠地带的防线——威胁程度相对较高的地方
（北非的一部分以及叙利亚行省等防线）

居住者较多的区域　罗马式大道　军用道路　居住者较少的区域　巡逻路　沙漠

- ⇨ 敌人（外部的少数民族和强大势力）
- ⊟ 军团基地
- ⊖ 骑兵基地
- ⊙ 步兵基地
- ◉ 骑兵、步兵基地
- 有城墙的城市
- 军团设施
- ▲ 蓄水池
- …… 用于监视的据点

0　15　30km

（上下图都参考了 Edward N. Luttwak,"The Grand Strategy of the Rome Empire"）

扰。罗马帝国灭亡后，北非的居民很多是定居下来的曾经的游牧民。我想，他们理解只要有绿地就会有降雨的道理，也理解为保护绿地，唯一的办法就是"和平"的道理。

离开龙柏斯后，哈德良马不停蹄地来到了东部相邻的塔姆加第（今提姆加德）。这是在图拉真时代，根据图拉真皇帝的指示，为第三奥古斯都军团期满退役士兵退役后留在殖民地所建的殖民城市，建设者是正在服役的军团兵们，他们在服役期间为自己建造了退役后的落脚之处。不知道是否因为这个原因，建成后的城镇呈正方形，感觉好像把军团基地放大后搬过来的一样。不过，就因为它不是基地，所以城中有半圆形剧场，有作为公共场所的广场，就连公共浴场，大大小小加起来也有14个之多。罗马人面临沙漠的威胁，也要营造完美的罗马式生活。

统称殖民城市的这种共同体，绝大多数是退役士兵与当地女子结婚后定居下来而形成的城镇。罗马中央政府不仅承认其自治，还给予多方优惠政策，帮助殖民城市发展。一方面是希望这些城镇成为本地区经济发展的中心，同时，还因为它们在安全保障方面可以发挥一定的作用。因为这里的居民曾经是军队中的"老兵"。现役军团基地附近，只要有退役士兵居住的城镇，这个地方的防卫力量就可以得到极大的加强。

除了非洲前线，罗马在所有前线都采用了这一做法。罗马军团基地不是孤立存在的，附近有地方老百姓居住的"平民居住区"（canabae）。在军团基地、辅助部队基地、城堡、用于监视的要塞及监视塔构成的军事"屏障"内侧，相当于基地城市的"平民居住区"、退役士兵居住的"殖民城市"以及当地居民长期生活的地方很多。这些都是"地方自治体"，罗马承认其自治权。这些地方通过罗马式大道相连，形成了功能性更强的统一有机体。正因为如此，仅仅15万人左右的主力士兵，不仅守住了整个帝国，还为后来的欧洲那些起源于罗马军团地基的主要城市打下了良好的建设基础。一个基地，如果只有驻扎的军团，那么在罗马军队撤离后，它的结局只有一个，就是逐渐荒废。但是，罗马军队的基地是一个有机体，有当地的百姓生活在附近。所以，在罗马军团撤离，甚至罗马帝国灭亡后，地方百姓移居到基地内，依然可以继续他们的生活。

罗马军队最高司令官哈德良的巡回视察中，优先考虑的当然是前线军团基地。但是，他也没有忘记走访地方百姓居住的地方，按罗马人的说法就是行省人民居住的"地方自治体"。对罗马来说，这些人不只是被保护对象，他们同时也是参加防卫的人。

哈德良访问了退役士兵居住的城镇提姆加德之后，向东沿罗马式大道回到阿非利加行省（今突尼斯、利比亚北部），视察了萨布拉塔、的黎波里和大莱普提斯（Leptis Magna）等沿海城市。在布匿战争时期，这些城市都属于迦太基，因此，居民都是迦太基人。遗留至今、保存完好的遗迹大莱普提斯，因为皇帝塞普提米乌斯·塞维鲁出生于此地，一下子发展成为宏伟的大城市。但是，在这位迦太基族的罗马皇帝出生前20年，哈德良已经为这个城市建起了大规模的罗马式公共浴场。在这一带的城市里，罗马帝国没有派驻一个军团甚至一支部队。建浴场意味着要有水渠，罗马时代的北非，不仅已经有了纵横交错的罗马式道路网，而且，也建起了漫长的高架引水渠，水就从山区引到城市。

离开大莱普提斯，哈德良坐船回到了罗马。这次巡视始于公元126年春季，回到首都罗马的时候，据说夏天还没有完全过去，大概这次旅行的日程安排很紧。

接下来将近一年半的时间，哈德良没有离开首都，也没有离开意大利本土。大概是这期间，他开始了《罗马法大全》的编纂工作。

《罗马法大全》

所谓法律，是决定"善良和公平的艺术"（ars boni et aequi）。这句话出自法学家培特·J.杰尔苏（P. J. Celsus）。他受哈德良之邀，参与了把罗马法集大成的这一项大事业。顺便提一句，我把拉丁语"ars"翻译成了"艺术"。它的意大利译语是arte，西班牙语也是arte；法语是art，英语也是art；德语是Kunst。被认为是"善良和公平的艺术"的罗马法，反映了罗马人的法律观。他们认为，所谓法律应该顺应时代，作相应的修改。罗马法的历史大致可以分为三个时期：

第一个时期——公元前753年到公元前150年前后的600年间。其间，罗马建国，意大利半岛统一，在与大国迦太基的生死较量中胜出，并称霸于地中海。说起来，这个时期制定的法律，应该只考虑本民族即拉丁民族即可。

第二个时期——公元前150年至公元300年的450年间。这个时期，大量的其他民族加入了罗马帝国。相应的，法律变成了多人种、多民族、多宗教、多文化共存共荣的法律。这一时期的罗马法已经可以称做国际法了。

第三个时期——公元4世纪到6世纪的约250年间。这是从君士坦丁皇帝把东方的基督教变成国教，直到东罗马帝国皇帝查士丁尼发行《罗马法大全》（Codex Justinianus Repetitae Praelectionis，又称《查士丁尼法典》）为止的时期。

用一句话概括，第一个时期和第二个时期的罗马法是真正的罗马法，第三个时期的罗马法，我认为它已经变成了东方化的、基督教的法律。

在哈德良之前，已经有两个人尝试把第一和第二个时期的真正的罗马法进行汇编。两人做这件事的时间都在公元前1世纪。

第一个人是独裁官科尔涅利乌斯·苏拉（关于这个人，在《罗马人的故事3·胜者的迷思》中有详细描述）。苏拉思维清晰，又具备大胆果敢的行动力，而且为了实现目标，有持之以恒的决心。但是，恒心不是一成不变的。为了完成元老院强化政策，他甚至出任了独裁官。但是，当他看到这一政策成功后，却选择了引退。而且，从刑法尤其先进的法令集大成的工作中也抽身而退了。

第二个人是尤里乌斯·恺撒。他成为终身独裁官以后，找出了苏拉未完成的法令集大成，开始挑战民法的法令集大成。遗憾的是，因为他遭到了布鲁图的暗杀，这项工作再次半途而废。

在前两任的尝试过去了170年以后的此时，皇帝哈德良为什么又要再次着手进行这项工作呢？

他在帝国内巡回旅行的目的是视察帝国防线。在视察过程中，为了重建帝国安全保障体系，他废弃了一些他认为无用的东西，也重新整理了他认为可以继续保留的东西。

所谓的法令集大成，不是单纯地把所有法令汇总起来就可以的。首先，要把不好的法令，或者因不符合时代的需要，事实上已经失效的法令全部废除，同时，要制定必要的新的法律，然后，再把数量庞大的法令进行汇总整理，重组罗马社会的规则即罗马法。所谓整理、重组，无论是军备还是法律都是一样的。我想，哈德良的确是一位对罗马帝国实施了真正意义上的"重建"的人。

受哈德良之邀，参与罗马法集大成工作的法学家中，我们只知道三个人的名字，他们是涅拉修·普利斯库斯、培特·J.杰尔苏以及塞尔维乌斯·尤利安努斯。

这三个人无疑都是法律方面的专家。但是，如果你认为他们只是单纯研究法律的、类似于大学教授那样的人，那就大错特错了。这三个人不仅法律知识丰富，而且都有丰富的实践经验。当然，哈德良选择他们来做这项工作，不是因为他们有丰富的实践经验，因为在罗马，精通法律的人都有丰富的实践经验。他只要以法律知识是否足够丰富作为选择条件就可以了。因为，掌握法律知识的人，一定都有丰富的实践经验。

三个人中，普利斯库斯年纪最大，他的经历也最不清楚。我们只知道，在图拉真和哈德良时代，他一直都是皇帝的"内阁"成员之一。他是元老院议员，因此，大概也担任过几次被称为"光荣的职务"的国家要职。

杰尔苏好像比哈德良年长几岁，在图拉真时代，曾担任过法务官，并两次当选执政官。此人也是哈德良的"内阁"成员之一。除了多达39卷的《学说汇纂》(*Digesta*) 以外，其著作的涉及面很广，包括书信集、评论等。他是一位出生于法国南部的罗马人。

根据后来的职业生涯推断，尤利安努斯接到哈德良的任命，负责这项工作的时候，大概在30岁左右。他出生于曾经是迦太基领地的阿非利加行省。他的全名叫路奇乌斯·奥克塔维厄斯·科尔涅利乌斯·尤利安努斯。因此，有一种可能性非常大，就是，他的祖先是迦太基人，在罗马人征服迦太基后，被卖身为奴。后人又从奴隶成功变身为解放奴隶，并得到了昔日主人的家族名称。在帝制时期的罗马，这样的人并不罕见。

此人同样多次担任过罗马的重要职位，如财务检察官、军团大队长、国税厅长等。国税厅长之职，小普利尼也曾经担任过。这个部门的任务是管理从元老院行省收上来的税。杰尔苏也出任过这个职位，卸任后，还担任过管理来自皇帝行省的税收的总管。除了上述职位，尤利安努斯还担任过只有元老院议员才有资格担任的法务官。在哈德良时代，他似乎晋升到了"光荣的职务"的中间阶段。

下一代皇帝安敦尼·庇护刚登基，他就当选了执政官兼任祭司。在罗马，大祭司是皇帝。此外，他还曾经任职低地日耳曼驻军的司令官。

尤利安努斯好像寿命很长。在皇帝马可·奥勒留时代，他依旧还很活跃，曾赴西班牙出任塔拉戈纳行省的总督，还到阿非利加行省（首府迦太基）担任阿非利加行省总督，然后才结束官职生涯。此人留下了多达90卷的《学说汇纂》。

这三个人分别都留下了各自的《学说汇纂》。由此看来，我想，哈德良应该没有让这三个人坐在一起共同来完成《罗马法大全》，而是分门别类，每人负责一部分，交给他们各自完成。普利斯库斯也留下了《学说汇纂》，只是不清楚一共有多少卷。尤利安努斯负责的是按年度分类的临时措施法的集大成，内容是皇帝有权在征得元老院同意之前发布的命令。这部集大成没有和《学说汇纂》编在一起，而是作为独立的著作留了下来。这三个人使用的基本资料是，保存于公文书库中的、由历任法务官记录下来的判例。

完成这一大事业并正式出版这部《罗马法大全》，据说是在迎来哈德良统治第14个年头的公元131年。从此，罗马的政治家、行政官、检察官以及律师，凡是与法令及判例相关的人，都可以有自己的《罗马法大全》了。也就是说，6世纪中叶，在东罗马帝国皇帝查士丁尼完成的《罗马法大全》出版发行的400年前，罗马人已经有了自己的法令集大成。甚至现代罗马法研究者们也说，查士丁尼完成的只能算是东方基督教性质的《罗马法大全》中，也转载了大量哈德良时代三位法学家整理的、集大成中的法令及判例。也就是说，哈德良重组的罗马法成果，也被查士丁尼吸收进了他的《罗马法大全》中。我想，这就是哈德良在法律方面作出的具有历史和法律意义的贡献。关于这一点，就让我们交给专家们作进一步的研究吧。在这里，我只想从这三人的《学说汇纂》中摘录一些有意思的内容。需要声明的是，我只是从学者们明确指出为哈德良时代制定的法律中，摘录几例而已。现代法学界，把一生都献给了对罗马法研究的研究者依然为数不少。

一、不以叛国罪提起诉讼。一想到哈德良本人登基之初，即以此罪名惩处了四位前执政官的事情，这一条似乎显得有点虚伪。但是，也许这条法律已无必要，因为后来它受到了统治阶层的藐视。

二、对故意杀人、过失杀人以及正当防卫杀人实施区别对待。虽然没有明确指出后两者无罪，但是，新制定的法律倾向于无罪。

三、被判处死刑或流放的人，按照之前的规定，其资产全部充公进入国库。新的罗马法规定，留下其总资产的十二分之一给他的家人。其实，皇帝为了表示自己实施仁政，这一做法早已是既成事实。所以，这一条只是把既成事实以法律的形式加以规定而已。

四、明确遗产继承权。罗马人很早就承认私有财产权，所以对他们来说，这是理所当然的事情。但是，哈德良制定的法律还规定，不得接受不相识之人赠与的遗产，不得接受有子女的熟人赠与的遗产。我想，制定这条法律的目的是为了保护家族继承权，摆脱来自以皇帝为代表的统治阶层有形无形的压力。

还有一条法律规定，父亲死后11个月出生的孩子有要求继承遗产的权利。也许你会说妊娠时间不是9个月吗？对此，我们并不清楚罗马时代的人们是怎么想的。

五、士兵服役期间不得结婚。在其服役期间出生的孩子只能算庶出。但是，这个庶出的孩子也为家庭一员，享有遗产继承权。

此外，关于士兵的资产也作了明文规定。规定指出，在其阵亡、病死甚至自尽后，家人有继承权，但违反军规被判死刑的除外。这条法律一定是哈德良重建军事力量期间实施的。也就是说，这是一项提高士兵社会地位的法律。

六、对于攻击并掠夺因船只遇险游到岸边的落难者的人，之前的法律通常不加以追究。新法规定，对于这种行为，按盗窃行为严加惩处。

七、严禁对孕期女性进行处罚。

八、关于奴隶，新法规定，不管出于什么理由，严禁主人滥杀奴隶或割除其身体的任何部位；禁止主人动用私刑。若有必要应该提起诉讼，交给法庭裁决。

严禁在家设置禁闭奴隶或其他用人的设施。

虽然奴隶是主人的私有财产，但是严禁把他们卖到妓院或角斗场。

主人或主人家成员遭奴隶杀害时，为获取证词，对用人采用持续刑讯的范围，只限用于当时在事发现场或现场附近的人，而不是所有用人。

当确定罪犯就是奴隶，并决定判处其死刑的情况下，原法律规定，要对这家所有奴隶执行死刑。新法废除了这一条，并明文规定，只判处罪犯一个人死刑。事实上，之前的法律虽然规定有连坐，但是在现实中，已经有相当长时间没有那样执行了。尼禄皇帝时代，曾经因为连坐，一次处决了400个奴隶。对此，当时的市民们群情激奋，抗议声此起彼伏。从此以后，再也没有人因连坐受到惩处。

九、明文规定了埋于地下的金子及其他物品的所有权。根据这一规定，如果发现金子或物品的人为土地所有人，那么，埋藏物全部归此人所有；如果金子或物品所埋之处为公有土地，原规定埋藏物归国家或地方自治体所有，新法则改成了土地所有者和发现藏物的人平分埋藏物；如果金子或物品所埋之处为他人土地，则由土地所有人和发现藏物的人平分埋藏物。

几年前，有报道说，一位英国农民在自己所有的农地里发现了大量罗马时代的硬币，他得到了那些硬币，因为他有这些埋藏物的所有权。由此看来，哈德良的法律在现代英国似乎依然有效。不过，我更关心的是大英博物馆是否会把这些罗马时代的货币统统买下来。大英博物馆里收藏有多达10万枚的罗马时代的硬币，博物馆还专门辟出一块地方展出这些硬币，供人们欣赏或研究。我想与其把这些新发现的硬币拿出去拍卖，让它们散落在社会上，不如集中保存于一个地方供人们随时欣赏，更符合人类共同遗产的使命。我不知道，那些硬币后来的命运如何。

让我们再回到哈德良的法律上来。除了上面这些规定外，还有几条法律，非常符合哈德良疾恶如仇的性格。

十、严惩擅自修改用于买卖活动的重量等计量器具、为自己获取更多利益的人。哈德良认为经济活动的基础一定是公正。

十一、严禁为获取廉价、方便的建材而毁坏有历史价值的古老建筑。按现代人的想法，就是保护文化遗产。遗憾的是，到了基督教成为国教、其他宗教一律遭到排挤的时代，这条法律彻底失效。

十二、禁止公共浴场内的男女混浴。罗马人早已习惯裸体，几乎所有神像都是裸体，参加竞技比赛的选手也是半裸体。所以，迄今为止，罗马人从来没有禁止过在浴场的男女混浴。欣赏眼前女性美丽的裸体或许会让人们联想到活生生的维纳斯。只是，话虽如此，类似"性骚扰"的行为并非全然不存在。对"公"与"私"相当敏感的哈德良皇帝不能容忍这类事件。

禁止男女混浴需要相应的设施。之前所建的公共浴场都不分男浴和女浴。而且因为坚固，改造这些浴场也不是一件容易的事。于是，通过划分入浴时间来区分男浴和女浴。上午第七时（13 点）之前为女浴时间，第八时（14 点）到日落（18 点前后）之前为男浴时间。在罗马时代，男人劳作的时间通常是从日出到下午 1 点。当然，关于入浴时间的规定，各行省按照当地的习惯可以作适当调整。例如，有矿山的地方，浴室会开到夜里 9 点。禁止男女混浴，是以法律的形式加以规定的，所以任何人都必须遵守。然而，对此心怀不满的真的只是男性吗？或许女性也会有不满吧？

不管怎样，严禁男女混浴，绝对受到基督教及伊斯兰教的欢迎。落落大方的罗马式沐浴从此永远不再有了。

维纳斯神殿

哈德良在公共建筑领域方面，值得大书特书的业绩很少。原因是图拉真时代，出现过建设大规模公共建筑的高潮。古人留下来的史实，都是"新"的，是同时代人的成果。所谓"新"，是指少且引人注目。而经常做的事情就不叫"新"。对于罗马人来说，修理或修复已有的东西是理所当然的事情，所以很少会被记录下来。只有道路或桥梁等，因为希望对其进行修缮的人是直接受益者，所以，为了感谢实施修缮的人，会留下一些记录。只是，这些史实不会出现在文献史料中。后世的我们，只有通过发掘出来的石板、铜板上的碑文才能得以了解。根据这些碑文，我们了解到，哈德良巡回视察之际，带建筑师及技术员团队随行，是因为他有明确的目的。对于那些无须通过发行货币进行宣传的皇帝的日常职责，他也做得很完美。所谓保持，难道不是检测一个组织机构是否健全的有效指标吗？到了哈德良时代，建于首都罗马市中心的公共建筑物，已经有了200年的历史。至于阿皮亚大道，其使用寿命已经长达400年。

话虽如此，罗马时代皇帝的三大职责之一就是完善基础设施建设。皇帝作为最高权力者，不能无视社会舆论，如果只做与"新"毫无关联的事情，他很难长期稳坐权力之巅。哈德良深知这一道理，所以，在第一次巡察出发之际，他宣布要兴建一座神殿，用来供奉女神维纳斯和同为女神的、神化的罗马。

这座神殿建在古罗马广场东南端，圆形竞技场前面，建筑形式非常特别。按照以往的建筑方法，在一座神殿内可以同时祭祀两位神，即维纳斯和被神化的罗马。但是，哈德良建的这座神殿，因为两位神是背靠背连在一起的，只能分别祭祀。这座颇具独创性的神殿内部，特别是祭祀维纳斯女神一侧的神殿内部，圆柱都是产自希腊的深红色大理石，现代人称其为"古代红"。地面据说是用灰白色和红色大理石铺就的马赛克图案。现在，这座神殿只剩下两位女神背与背相连部分的一点内壁，所以，我们不清楚祭祀罗马女神的神殿部分，用于圆柱和地面的大理石是什么颜色。不管怎样，与壮观的图拉真式样相比，华丽是哈德良的特色。

前面已经提到过，作为建设者，哈德良与图拉真不同。图拉真是把所有与建筑相关的事情都交给出生于大马士革的希腊人建筑师阿波罗多洛斯去完成。哈德良则与尤里乌斯·恺撒同属一个类型，他有自己的想法，建筑师及工程师需要做的只是把他的想法变成现实而已。对于建筑界的行家来说，他这类人应该不太容易打交道。哈德良的建筑师们不像阿波罗多洛斯，只要了解图拉真的性格和他想要的东西，就可以充分展示作为建筑师的才能。然而，正因为恺撒和哈德良不是

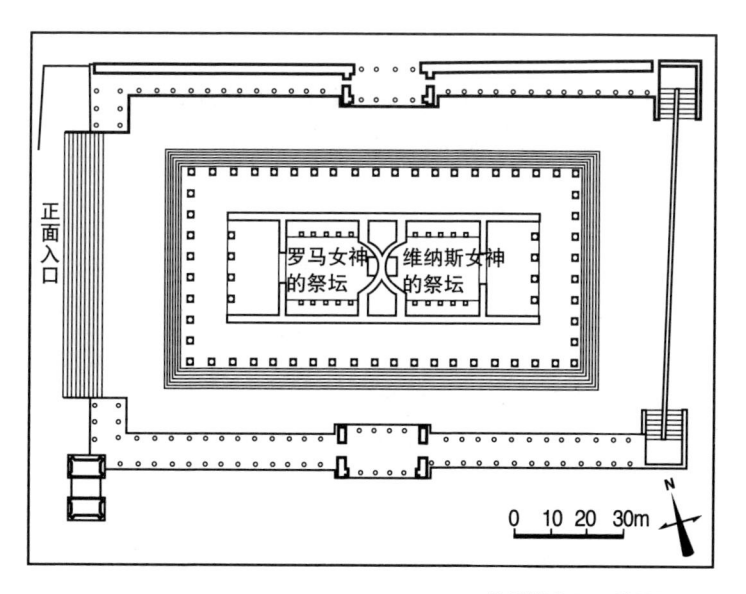

维纳斯和罗马神殿平面图

建筑专家，所以，他们才不会受建筑概念的束缚，才能想出集多种功能于一处的广场设计，才能想到两位女神背靠背连在一起的、这种前所未闻的建筑式样。这两人中，恺撒是幸运的。他的设计在后来各位皇帝兴建"广场"时，得到了传承。而背靠背连在一起的神殿设计风格就没那么走运了。毫无疑问，这样的风格美观又华丽，却没有一个后人模仿。也许罗马人不太适应在祭拜完维纳斯女神后，出门绕到相反位置再去祭拜罗马女神的做法吧。这座神殿因其独创性成为到访首都罗马的行省人民必看的名胜，而罗马人民却用行动对皇帝的这一独创性神殿作出了评价。他们常常只祭拜两位神中的一位，省略祭拜另一位神。事实上，行省人民中好像也没有人模仿这座神殿的式样。因为，在罗马帝国境内找不出一个地方留下过这种样式的神殿。

对于这座颇具独创性的建筑，阿波罗多洛斯好像说过这样的话："女神站起来会穿透神殿屋顶。"这话传到了哈德良的耳朵里，让皇帝感觉很不爽，被说成是外行令他难堪。哈德良的统治开始以后，阿波罗多洛斯参与公共建筑事业的机会少了很多，而这件事让他更加受到冷遇。我想，哈德良充其量只是个艺术爱好

第二章 皇帝哈德良 | 251

者，而不是真正的艺术家。

然而，尽管他是外行，他的设计和代表当时最高水平的技术完美结合后，却创造了辉煌的成果。最好的一个例子，我认为非万神殿莫属。

万神殿

虽然后世对其内部有过若干改动，万神殿依然不失为古罗马留存至今的、保存最完好的建筑。万神殿最早建于公元前1世纪末，由阿格里帕建造。当时，尤里乌斯·恺撒把屋大维时代的奥古斯都收做养子，打算让他做自己的继承人。但是，奥古斯都缺乏军事才能，所以为了弥补这一缺陷，恺撒提拔了一名年轻武将，做屋大维的助手。此人就是阿格里帕。恺撒的眼光非常独到，这位名叫马尔库斯·阿格里帕的武将对奥古斯都非常忠诚，无论在他登基之前或之后，态度始终如一，被认为是独一无二的忠臣。他还是奥古斯都独生女的第二任丈夫。夫妇俩生了很多孩子，使奥古斯都后继有人。所以他也是个忠义之士。

阿格里帕在公共建筑事业方面也是皇帝的最得力助手。在首都罗马，他建起了为数众多的公共建筑物。首都的第一座正式公共浴场就叫"阿格里帕浴场"。到了哈德良时代，这座浴场依然还在使用。曾经身份低微的他，得到恺撒的提拔，一跃成为罗马帝国一人之下万人之上的人。阿格里帕为了表示感谢，计划建造"万神殿"（Pantheon），意思是"祭祀所有神的神殿"。于是，公元前15年前后，他在自己所建浴场的北侧，恺撒所建尤里乌斯选举会场西侧，建起了这座万神殿。

万神殿遭遇过几次火灾。虽说这座神殿是石结构建筑，但是，木材的使用量出乎意料地多。一旦下面的木板着起火来，架在列柱上面的梁、用木材支撑的天花板、用瓦片覆盖的屋顶就会坍塌下来。虽然受损不太严重的部分得到了修复，但是到了哈德良时代，万神殿几乎已经完全倒塌，重建是最好的方法。因此，后世的我们看到的万神殿，完全是哈德良重新建的。神殿正面刻着"M. AGRIPPA L. F. COS TERTIVM FECIT"，意思是马尔库斯·阿格里帕所建。这是哈德良为了对第一个

43.3 米

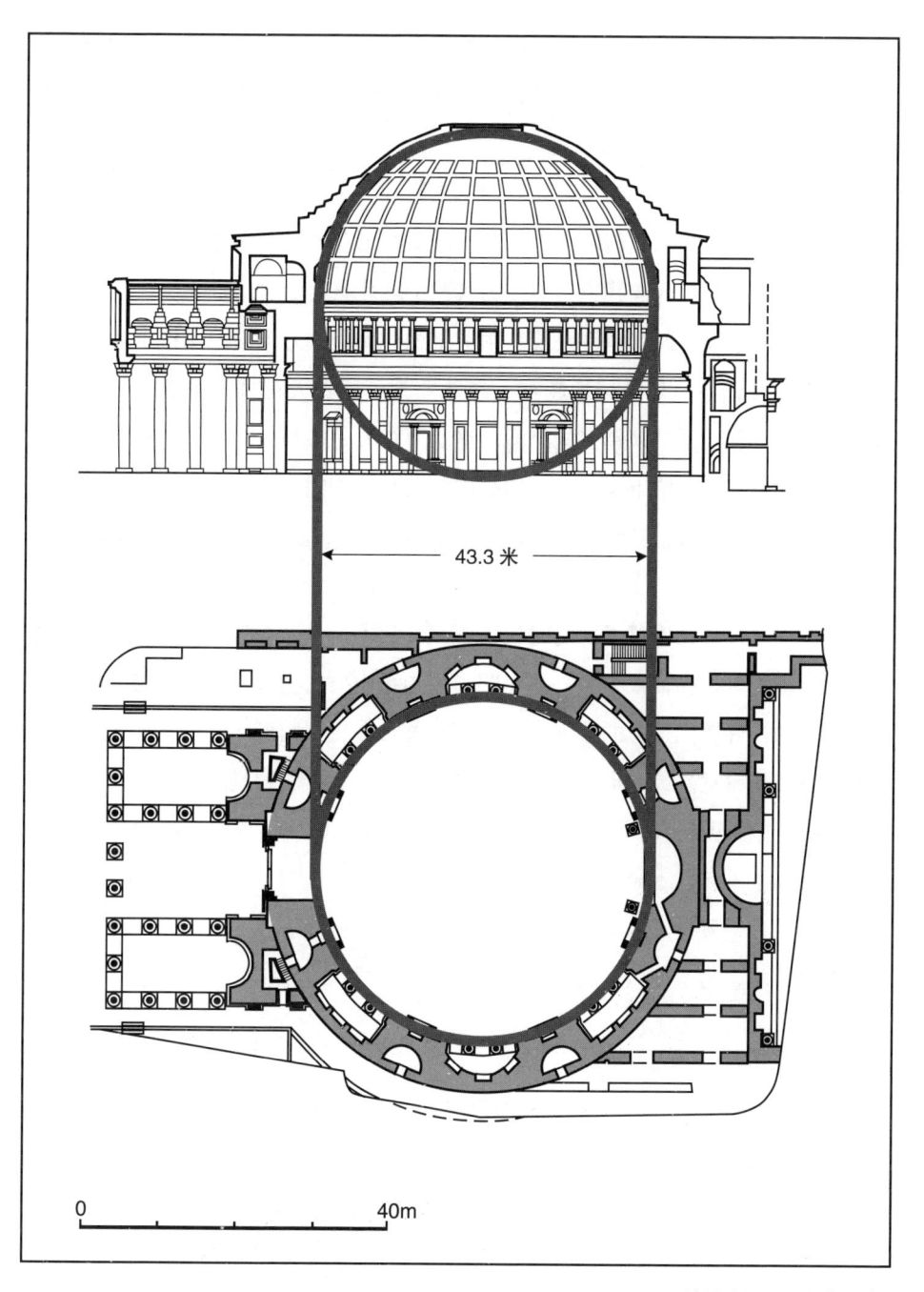

万神殿（平面图和截面图）

建造者表示尊重而刻上去的。而考古学的研究结果，也证实了阿格里帕建造的万神殿不是圆形而是方形的。哈德良在原万神殿的位置上，重建了一个式样完全不同的万神殿。

相比较用文字进行说明，不如看图更加直观。所以在这里我省去了说明。我想，不用一根木材、大胆创新方面，万神殿与圆形竞技场堪称绝世双璧。关于建筑，就连比常人更外行的我也不得不为其圆形之完美而由衷地赞叹。

从力学上来说，圆形也许是最牢固的结构。此外，万神殿中支撑半圆形屋顶的水泥天花板，不只是单纯地越往上越薄。为了减轻天花板的重量，在向上建筑的过程中，加入了越来越多的浮石。这座万神殿是多神教的象征。在基督教时代，这座神殿得以保留下来，一方面是因为其结构牢固，不容易毁坏；另一个原因是它被基督教用做了教堂。在诸神像合围而成的圆周边上，神像换成了耶稣和圣徒们的像。

现在，万神殿又恢复了罗马时代的原貌。它不再是基督教的教堂，雕像也基本拆除干净了。站在神殿中央，从半圆形屋顶正中央的洞口，眺望着与罗马时代完全一样的、好像染过似的蓝天，我想，哈德良在想到圆形的设计时，或许有一种想要飞翔的感觉。或许他在想自己真是个天才。在古代罗马时代，没有人认为"我是神"这种想法是对神的不敬。就在他这样想的瞬间，他已经超越了艺术爱好者，成为了一名艺术家。

直到现在，万神殿依然影响着众多建筑师。就好像现代竞技场，无论是棒球场还是足球场，为了使观众席不受风吹雨淋和日晒，设施都如同圆形竞技场的翻版似的。

哈德良别墅

罗马皇帝不仅享有绝对的权力，同时也拥有巨额的财富。首先，随着对外称霸的政治需求不断推进[《罗马人的故事5·恺撒时代（下）》中有详细描述]，富饶的埃及成了皇帝的私有领地；其次，经济活动发展的过程中，皇帝作为"地主"，来自帝国全境的农耕地的收益归他所有；再次，因为矿山都是国有的，因此从某种意义上来说，从矿山挖出来的金银铜铁等财富，也都属于皇帝。

此外，以行省税为首的各种税收，只要是来自皇帝行省，即属于皇帝管辖的行省，也要进入"皇帝公库"。当然，金银铜必须铸造成货币，又因为皇帝行省几乎都位于前线地带，所以，"Fiscus"（皇帝行省税）收入的一大半要用做边防

哈德良

经费，这也是实情。现在的英格兰和威尔士这两个地方在罗马时代是帝国边境，常驻3个军团，有总计1.8万名军团兵和人数几乎相等的辅助部队士兵，以及哈德良时代增添的临时士兵。我常常在想，仅靠这两个边境地区缴纳的"皇帝公库"的收入，有可能满足如此庞大规模的军队开支吗？然而，尽管这方面的开支数额巨大，皇帝作为大财主的这一事实却是不会改变的。

罗马始于城邦国家，它的真正主人是公民，而不是皇帝。皇帝只是受公民委托来行使权力的人。在罗马，作为掌权者的公民虽然把权力赋予了他们的领导者，但是他们绝不允许皇帝们利用自己手中的权力中饱私囊。这种情形在雅典也一样。伯里克利在雅典施行事实上的独裁统治长达30多年，但是他的个人财富没有丝毫的增加。尤里乌斯·恺撒虽然在政治斗争中不惜钱财，但是他没有把钱用于改建或建造私宅，就连去温泉资源丰富的那不勒斯西部度假时，他也选择了借住朋友的私人别墅。在成为罗马帝国最高权力者之后，恺撒只建过一个庭院，位于台伯河以西。就连这样一个庭院，他还特意留下遗言，要求自己死后赠与罗马公民使用。因为恺撒属于"体制"内的人，他是受"体制"约束的。与他相反，同时代的西塞罗因为不属于"体制"中人，不受任何约束，除

第二章　皇帝哈德良 | 255

了在罗马最高级的住宅区帕拉蒂尼山上拥有自己的宅邸之外，西塞罗还有8处别墅，其中位于拜亚的别墅曾经接待过恺撒。正因为他处于"体制"之外，没有一个人指责他奢华的生活。

　　进入帝制以后，因为上面提到的理由，皇帝的财源充足，拥有巨大的财富。第一代皇帝奥古斯都在帕拉蒂尼山上建了公馆和私宅，只是建筑非常简朴，值得称道的只有它所在的位置，因为帕拉蒂尼是当时的罗马最高级的住宅区。按照罗马人的生活方式，别墅是必不可少的。奥古斯都的别墅是其妻莉薇娅名下的别墅。他唯一花钱较多的是建在卡普里的别墅，但那是他用自己私属的伊斯基亚岛换取属于那不勒斯市的卡普里岛后建造的，而且新建的别墅本身既不奢侈也不华丽。

　　第二代皇帝提比略出身克劳狄乌斯家族，是罗马首屈一指的名门望族，门第显贵。在他登基前就已经有足够多的别墅，所以，除了在帕拉蒂尼山上修建了一座官邸之外，有名的就只有卡普里岛上的别墅了。同样，除了所处位置风景绝佳，其建筑的规模和豪华程度都不及普通元老院议员的别墅。

　　第三代皇帝卡利古拉既没有建私宅，也没有盖别墅，他把钱花在了建造豪华游艇上。这艘游艇就在内米湖上，却不能够让他逢凶化吉。游艇建成不到4年，他被杀了。

　　第四代皇帝克劳狄乌斯为人节俭，从不铺张浪费。但是皇后梅莎里娜热衷于假公济私之举，这也是他作为皇帝得到的评价欠佳的原因。

　　第五代皇帝尼禄因为在罗马市中心建造了黄金宫殿而出名。事实上，这座宫殿兼具官邸、公馆和私邸的用途，整个规划非常大胆且符合生态要求。宫殿内有一大片绿化带，还有大面积的人工湖、牧场。这座宫殿是为市民建的，向市民开放。但是，把它命名为"Domus"（宫殿）误导了人们的想法，成了问题的根源。"宫殿"的意思是建于市内的独立建筑，"别墅"的意思是建于郊外的独门独院的房屋。黄金宫殿是后世的人对它的意译，直译的意思是"光芒四射的私邸"。把最高权力授予尼禄的罗马公民对"Domus"的理解就是这个意思。于是，他们认为，既然皇帝建造了"光芒四射的私邸"，那么他就不再适合拥有最高权力。

经过一年半内战之后登基的韦斯帕芗以及继他之后的提图斯没有建官邸、公馆或者私邸，只建造了圆形竞技场。可以认为这也是他们顺利完成统治的原因之一。但是，随后登场的图密善皇帝与他们不同。

这位皇帝不仅兴建了大量公共建筑，同时在帕拉蒂尼山上也建了一座豪华建筑，兼具官邸、公馆以及私邸的用途，占地面积极大。整座建筑的规模之大，使得他之后的皇帝们无须对其进行扩建。此外，他在凉爽的山区阿鲁巴建了一座山庄，在海边的奇尔切奥建了一座华丽的别墅。不能不说，这一切直接影响到了他作为皇帝的评价。与尼禄皇帝一样，他遭到暗杀后被处以"记录抹杀刑"，肖像全部被毁。

接下来的一任皇帝涅尔瓦在位仅一年半时间，因年事过高去世。所以即使他有心建别墅也没有时间。但是，图密善死后登基的他，在因私开支方面一定行事谨慎。继涅尔瓦之后的图拉真为了不重蹈图密善的覆辙，与涅尔瓦一样，行事也很谨慎。

图拉真建造了无数公共建筑，甚至让人怯于统计。但是，一方面因为他出身于行省西班牙，同时，在当上皇帝之前，他一直在前线任职，所以我想，他在罗马很可能连私邸都没有，也没有建一座类似于私邸的建筑。他只是把图密善皇帝建的住宅等直接拿来用了。作为私人用途的建筑，他只建了一栋别墅，就在奇维塔韦基亚的港口附近。但是，根据小普林尼的说法，这栋别墅极其简朴。继他之后的是哈德良，这是一个有品位的人。

哈德良想要的别墅一定要符合他的趣味爱好，首先在地点的选择上，他非常慎重。市内他是绝对不会考虑的，他也没有选择罗马近郊，而是选择了距离罗马以东30公里处的提布尔（今蒂沃利）。

别墅建在蒂沃利，有这样几个好处：第一，因为不在首都罗马圈内，所以不必担心会引起民众的关注。一旦有什么情况，因为距离罗马不算太远，不会影响他的公务。第二，因为地处乡村，所以可使用的土地面积很大。第三，阿涅内河流经此地，用水方便。第四，有提布尔丁大道与首都相连，还有，从蒂沃利沿瓦勒利亚大道还可以直接到达亚得里亚海。

　　既然是皇帝，在巡回视察帝国各地的时候自不必说，就是在私邸度假期间，也是公务缠身。提比略后来一直住在建于卡普里岛悬崖上的别墅里，但是，到了波浪滔天的冬季，就要转移到米塞诺海军基地附近的别墅，因为从这里可以走陆路直达首都罗马。同时，位于海军基地附近，意味着还可以接到来自海路的报告或情报。哈德良建在蒂沃利的别墅以哈德良别墅（Villa Adriana）之名而闻名。与提比略在卡普里的别墅一样，这栋别墅内同样设有公务活动区。对于无法从公务中抽身的皇帝来说，是否有全线铺设的罗马大道直接与首都相连，是非常重要的一个条件。

　　根据印刻于所用砖块上的制造商商标可以推断出哈德良别墅动工建设的时间。根据研究人员的调查结果显示，最早的砖块是公元123年的。在砖块需求量极大的罗马，工厂接到的订单一定很大，而且交货期很紧，通常应该是刚做好就要送往施工现场。如果开工时间是公元123年，那么就是哈德良登基6年以后的事情。这个时期，他已经开始在帝国各地进行巡回视察，也就是说，他已经走在旅途中了。公元123年这一年，正是为了与帕提亚国王之间进行最高层谈判，从西班牙横越地中海到达叙利亚的那一年。

　　因此可以断定，在他当上皇帝回到罗马的公元118年，再到离开首都的121年，不到三年的时间里，他已经决定要建一座别墅，并且选定了地点，甚至设计好了基本格局。根据自己的喜好建一个休闲地一定是他很早以前的梦想。但是，就连公共建筑都不放手交给建筑师的哈德良，不可能把这项工作交给别人来做。因此还可以断定，他在视察帝国各地的时候，一定在考虑自己要建一座什么样的别墅。这座别墅从开工到完工耗时极长，建成后的别墅完全不同于罗马时代的任何一座别墅，说好听点是具有独创性，但是，严格来说，不过是一件业余爱好者的作品。

　　加上周边的土地，整座别墅规模宏大。现代美国大富豪保罗·盖蒂受这座别墅的影响，在美国西海岸的马里布也建了一座别墅，但是，规模只有它的五分之一左右。连世界上最强大最富有的美利坚合众国的大富豪，也只能做到罗马皇帝

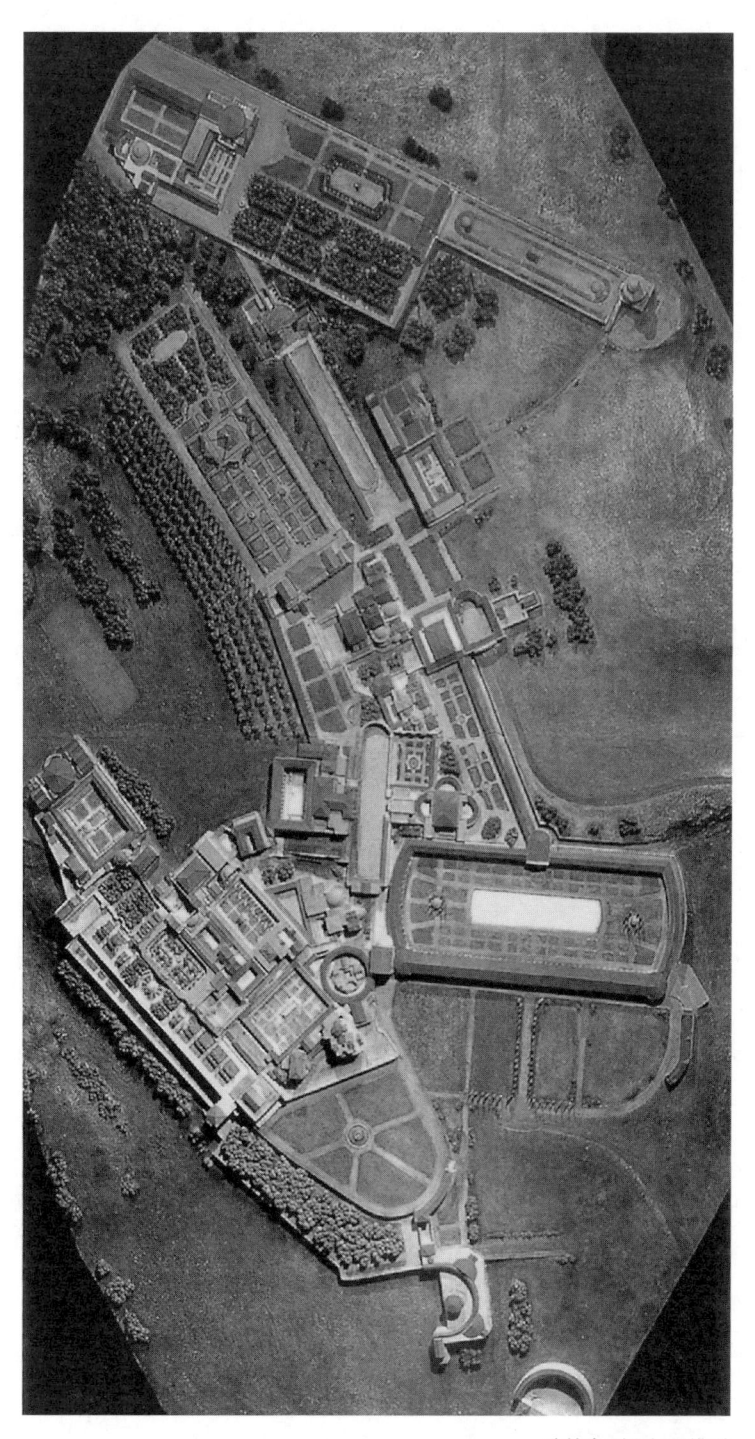

哈德良别墅复原模型

的五分之一的规模，想想还真有点意思。更何况，这两人手中掌握的权力……

哈德良皇帝开始第二次大范围旅行是在公元 128 年，距离别墅开工已经过去了 5 年时间。在这一阶段，别墅的结构应该还不明朗，因为这座别墅中的"哈德良风格"很大程度上源自他第二次巡回视察到过的地方。大概皇帝在视察帝国各地的过程中，随时都在向蒂沃利传递自己的想法。无论是纪念品，还是艺术作品，我想他都有很强的收集癖。

研究者们说，在蒂沃利的别墅建设中，哈德良仿造了很多他在视察帝国各地时所看到的、符合自己趣味的东西。哈德良要把符合自己兴趣爱好的世界引入别墅中，在这一点上，恺撒与他截然不同。恺撒认为，不管符合不符合自己的兴趣爱好，对他来说，世界就是家。难道这是行省出身的罗马人和纯粹的罗马人之间的不同？或者是这两个男人的"器量"不同？如此说来，我想起来了，尤里乌斯·恺撒是没有收集癖的。

按照罗马人的生活方式，"negotium"（工作）与"otium"（休闲）泾渭分明，非常清楚。普通市民通常都是日出而作，日落而息。上午工作，下午休息。条件还不错的市民，除了市内有一个家，通常在乡下也会有一个家，目的是为了确保农牧业的生产和收获。作为公众人物，皇帝却不能像市民那样把每一天的时间划分得如此一清二楚。但是，对于哈德良来说，他应该是把蒂沃利的别墅，包括别墅的建设过程看成了自己的"休闲"。也正因为如此，他才会在这座别墅中投入所有自己的嗜好。

但是，哈德良不是一个置工作于不顾的皇帝。在有关图拉真的章节中曾经介绍过一个插曲，我认为很值得回顾一番。

有一天，哈德良作为大祭司前往神殿主持祭祀仪式的途中，被一个女人拦住了。她要向皇帝请愿。皇帝说了一句"现在没有时间"，抬脚准备继续前行。那个女人于是对着他的背影喊了起来：

"既然这样，你没有权力统治我们！"

哈德良于是转身回到女人身边，听取了她的陈述。

再次"旅行"

公元128年夏季,已经52岁的哈德良开始了第二次漫长的旅行。第一次旅行是视察帝国西方,这次旅行的目的则是视察帝国东方。视察是一件耗时很长的事情,这一点,想必他从一开始就预料到了。所以,在离开首都罗马前,他接受了元老院一再表示要授予他的、10年来他一直在推辞的"国父"的称号,并授予了妻子萨宾娜"奥古斯塔"的封号,意思相当于"皇后"。作为最高统治者,因为他是公职人员,所以我想,他的"工作",与其说是"工作",不如说是"职责"更恰当。之所以接受"国父"的称号,也许是他自觉自己很好地履行了自己的职责。同时,也因为他认为自己没有必要向元老院和公民表明自己是一个多么谦虚的人。

船离开罗马外港奥斯提亚以后,首先向南驶去,穿过意大利本土和西西里岛之间狭窄而水流湍急的墨西拿海峡后转而向东,绕过伯罗奔尼撒半岛南侧,进入爱琴海域。从这里开始北上,目的地是他心向往之的雅典。

上一次逗留雅典是3年前的事情。这3年间,根据哈德良的指示,在"忒修斯的雅典"旁边,"哈德良的雅典"的建设工程已经接近尾声。资金的流动可以带动人的流动。虽然雅典不可能恢复到伯里克利时代那样,但是在哈德良振兴雅典的政策推动下,包括雅典在内的希腊各地一定呈现出了欣欣向荣的局面。哈德良在希腊各地巡回的过程中,在雅典逗留的时间加起来长达6个月之久。和上次一样,这一次他也参加了厄琉息斯秘仪。不同的是,这一次,他频频出席了公共建筑物的完工仪式。这些建筑物都是他上次逗留雅典期间下令建设的,其中有"奥林匹亚宙斯神殿"。这座建筑物象征了希腊的重振,为了纪念它的完工,哈德良发行了刻有"Olympeion"字样的货币,不是纪念币,而是用于日常流通的货币。它证明哈德良是把振兴希腊当成了一项国家大事来做的。

为了向哈德良表示感谢,雅典市民授予这位罗马皇帝"奥林匹乌斯"的称号。它意味着哈德良加入了居住在奥林匹斯山上的诸神行列。在这一点上,希腊和罗马不同。很多时候我们把希腊和罗马文明看做一个整体进行论述。但是,这件事情充分显示了在很多方面，希腊和罗马之间存在很大的差别。在罗马，尚在世的人是不允许神化的，相反，希腊人不反对神化一个活着的人。也许这是希腊更靠近东方的缘故，因为东方人普遍认为国王就是神。尽管哈德良在新旧雅典城之间的拱形门上，明白无误地写上了"哈德良的雅典"，但是他拒绝一切自己下令建设的建筑物上冠以自己家族的名称。对于这样一位皇帝，处于罗马统治之下的雅典市民能给予他的，或许就只有把他加到奥林匹斯山的诸神行列中了。哈德良理解雅典市民的感情，所以他欣然接受了雅典人神化自己的做法，虽然这一做法只在以雅典为中心的希腊境内有效。事实上，哈德良虽然成了诸神之一，但是他在奥林匹亚宙斯神殿内只拥有一个祭坛而已，没有自己的神殿。作为统治者，满足被统治者的愿望，接受馈赠也是统治上的一个策略。

视察希腊不仅安全而且舒适，这种感觉与视察前线基地不可同日而语。尽管如此，哈德良并没有带皇后萨宾娜同行。随行的人中，除了美少年安提诺乌斯，还有就是诗人弗罗鲁斯。在整个旅途中，弗罗鲁斯充当了他的聊天对象。他不愿意带那些不懂得欣赏希腊文化的人，即使是妻子也一样。在这一点上，他是一个非常固执的人。但是，他又与尼禄不同，因为尼禄只做自己感兴趣的事情。愉快的 6 个月过后重新开始处理的公务，对他来说，只是极其自然的工作内容的改变而已。

公元 129 年春天一到，他离开比雷埃夫斯港，从海上向小亚细亚西岸出发了。在以弗所上岸以后，一路上直奔小亚细亚北部。此次旅行的目的是视察以锡诺普为中心的、毗邻黑海的小亚细亚北部地区。随行的人中，没有一个来自皇宫中的、派不上用场的人。与以往一样，这次与皇帝同行的人以建设领域的专家为主，人数不多。一行人还去了特拉比松（今土耳其的特拉布宗）。这个城市位于黑海南岸各城镇的最东面，从这里再向东 50 公里就是亚美尼亚王国。这个地区没有罗马的军团基地，但是起源于希腊的这些城市依然属于罗马帝国统治的"核心"区域。

结束了对黑海地方的视察以后，哈德良沿着罗马帝国的边界向南进入了小亚细亚内陆，目的是视察萨塔拉和美利提尼（今马拉蒂亚）。与亚美尼亚王国接壤的罗马行省是卡帕多西亚，而萨塔拉和美利提尼则位于罗马防线的最前沿。前者是第十五阿波利纳里斯军团的驻扎基地，后者是第十二雷鸣军团的驻扎基地。为了向全帝国的人民告知皇帝已经来到这里，哈德良发行了货币，上刻"Exercitus Cappadocicus"（卡帕多西亚军团）。

有一篇短文可以帮助我们了解哈德良是如何视察国界线上的防御设施的。从前后内容来看，这篇短文可能出自这一时期伴随哈德良视察的弗拉维乌斯·阿里安之手。

> 我们来到了洛希尼岛。这是一个基地，驻扎着由辅助部队士兵构成的5个大队。我们一行首先视察了武器库，然后又看了围绕基地的屏障以及在屏障外侧的堑壕，接着看望了伤病员。离开病房后，去仓库了解了粮食的储备情况。同日，我们还视察了附近的城堡及要塞，检阅了骑兵的演习。在骑兵队基地，我们绕过基地屏障，从屏障外围视察了堑壕，同样也访问了医院，视察了粮库和兵器库。

此外，皇帝每到一个基地，应该都会向士兵演讲，激励大家。对于担任边境防卫任务的士兵们来说，他们每天都在紧张和焦虑中度过。所以，皇帝的到来本身就是对他们的一种激励。

阿里安是出生于小亚细亚比提尼亚行省尼科美迪亚的希腊人。他的名字中有弗拉维乌斯的家族名称，表明了他父亲那一代，在从韦斯帕芗到图密善时代里，因为弗拉维王朝某个皇帝的推荐，取得了罗马公民权。据说他的出生年份是公元95年前后，因此年龄比哈德良小20岁左右。他热爱以哲学为代表的希腊文化，为自己身上流淌着希腊人的血液而深感自豪。同时，他又是一位积极投身于罗马帝国事业的希腊人。他教养高深，思维清晰，还有敏锐的洞察力。哈德良非常欣赏他。在这次巡回之旅开始两年后的公元131年，哈德良任命他担任卡帕多西亚行省的总督，当时他只有36岁。前线的防卫任务很艰巨，哈德良连续6年没

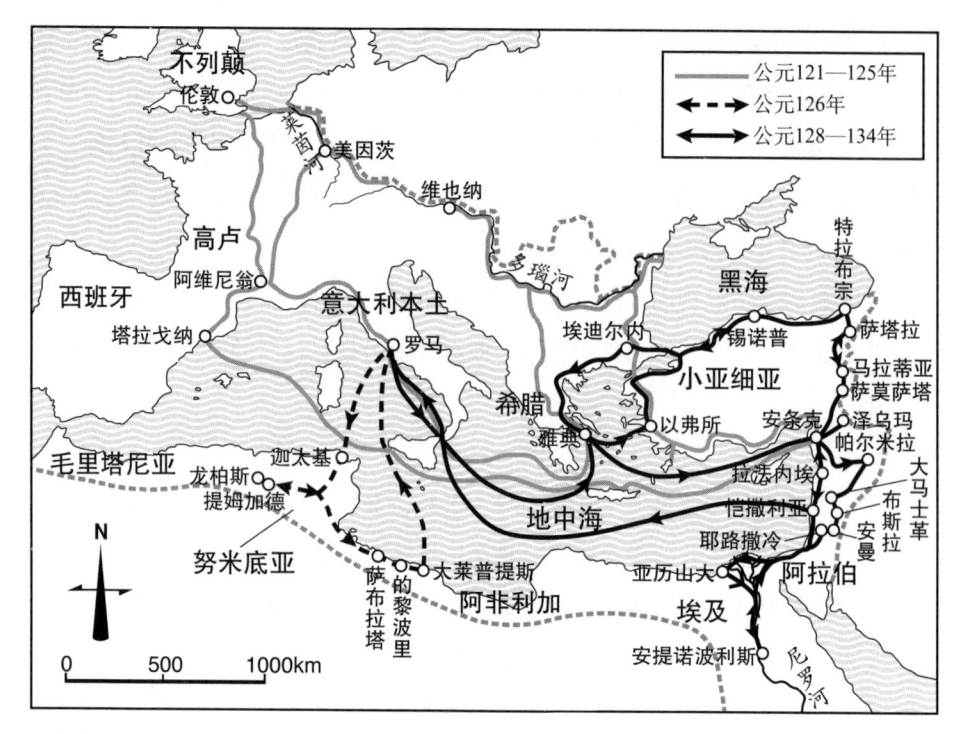

哈德良巡回视察之行

有撤换他。其间，他为击退来自东北部的蛮族的侵袭，立下了汗马功劳。在担任总督期间，阿里安根据自己的切身体会，发表了有关防卫问题的论述，并献给皇帝哈德良。上面引用的一文就摘自他的著作。

阿里安既是一位行政官员又是一员武将，深受哈德良的喜爱和重用。在顺利结束卡帕多西亚行省总督的任职后，皇帝没有把他调到其他前线继续承担前线的工作，而是把他派到了雅典负责行政事务。雅典是一个享有完全自治权的城市，它还有一个名字叫自由城市，罗马官员无权干涉其市政。所以，是年已经43岁的阿里安首先要做的事情是以个人的名义取得雅典的公民权。不惜牺牲一个有能力的武将，把阿里安送到雅典，反映了哈德良的真实想法。因为这位武将和他一样，对希腊文化有着非同一般的热爱，他认为雅典就应该交给这样的人来管理。一年

小亚细亚东部及叙利亚

后哈德良去世，继他之后的皇帝安敦尼·庇护也许认为把雅典交给阿里安不失为良策，所以，在其后很长一段时间里，阿里安都在雅典忠实地履行自己的职责。

取得雅典公民权以后，阿里安作为文人的才能开始显现出来。他敬重色诺芬，因为色诺芬与他一样文武兼备，也因此，阿里安的才能在讲述历史故事方面结出了丰硕的成果。《亚历山大大帝东征记》(*Anabasis Alexandri*)被认为是他的代表作。这部作品留存至今，共有 7 卷。即使在现代，它依然不失为一部关于亚历山大的阅读性强、可信度高的历史传记。作为历史传记，它与库尔提乌斯·鲁夫斯的《亚历山大史》(*Historiarum Alexandri Magni Librix*)一样，受到了很高的评价。

第二章　皇帝哈德良 | 265

让我们回过头来再接着说哈德良。结束了对卡帕多西亚前线基地的视察后，哈德良一行去了叙利亚。从卡帕多西亚到叙利亚只要一路南下即可到达。此行的目的是要在安条克过冬，时间是公元 129 年至 130 年的冬季。安条克是帝国东方与埃及的亚历山大齐名的大城市。哈德良是个从不肯浪费时间的人，所以可以想象，他在安条克逗留期间，一定视察了驻扎在叙利亚行省的军团基地。叙利亚与另一个大国帕提亚接壤，常驻有 3 个军团，其中 2 个军团的基地位于从小亚细亚到安条克的沿途。它们是第十四弗拉维军团基地和第四西提卡军团基地。前者位于幼发拉底河上游的萨莫萨塔（今土耳其东南部萨姆萨特），后者位于泽乌玛（今土耳其巴尔奇斯）。只有第三蔷薇军团的基地在安条克以南的拉法内埃（今叙利亚沙玛）。

罗马有 28 个军团，军团基地也有 28 个。除了视察军团基地，哈德良还要视察辅助部队的基地、骑兵部队的基地、城堡和警戒哨位等等。同时，他也一定视察了由期满退役士兵建设起来的殖民城市以及原住民的地方自治体，它们也是罗马防御体系的重要一环。虽说视察是哈德良自己要做的事情，但是无疑这是一件苦差事。

在视察某军团基地时，一天，在晚餐席上发生了这样一件事。与哈德良同行的人中有一个以讽刺诗见长的人，名叫弗罗鲁斯。他在席上即兴作了一首打油诗：

  我可不想做皇帝
  整日走在不列颠人中间
  往来于（边境）
  忍受斯基泰的严寒

哈德良当即回了一首：

  我可不想做弗罗鲁斯

整日进出廉价酒馆

徘徊于酒桶之间

忍受胖蚊子的叮咬

在这里我把拉丁文原文也写下来。因为只要用罗马发音就可以，所以很简单。

ego nolo Caesar esse,

Ambulare per Britannos ,

Latitare per ...

Scythicas pati pruinas

ego nolo Florus esse,

Ambulare per rabernas,

Latitare per popinas,

Culices pati rubunolus

　　这一时期，哈德良完成了一项极其重要的外交工作。不清楚具体地点在哪里，好像是幼发拉底河附近的某个希腊系小城。在这里，他邀请了中东所有地方的首领，据说连帕提亚国王也来了。罗马和帕提亚这两个东西方强国的最高权力者能够坐在一起，本身就有重大的意义，但是，哈德良的目的绝不仅止于此。一直以来，与这两个大国相邻的小国，常常见风使舵，投向两者中更强的一方。现在，让这些态度摇摆不定的中东地方首领出席帕提亚国王和罗马皇帝的友好会面活动，对他们的心理一定会产生影响。

　　14年前，图拉真攻陷帕提亚首都时，抓获了帕提亚的公主，并把她作为人质一直扣押在罗马。此时，哈德良把这位公主送还给了其父帕提亚国王。这次会面并非因为帕提亚方面出现反罗马的迹象，为处理这种局面而进行的。因此，罗马方面完全没有必要以返还人质为条件，要求帕提亚方面作出妥协。但是，哈德良归还了人质，由此可见其外交手段之高明。外交和战争一样，常常因为出其不意的战术，收到最佳效果。这次会谈的结果是确保了中东一带的和平。

公元130年，新一年的春季，哈德良离开安条克前往帕尔米拉。帕尔米拉位于地中海和幼发拉底河的接近正中间的地带，是叙利亚沙漠中心的一座城市。但是，就像它的名字——"棕榈（椰子树）之城"所表明的那样，它是个绿洲城市，是骆驼商队从东方运向西方的物资中转地，因而很繁荣。因为经济实力的雄厚，独立意识更强，又因为通商方面的有利条件，所以，帕尔米拉繁荣无论对帕提亚还是对罗马来说都是好事。但是帕尔米拉有一个不利因素，就是经常受到沙漠民族贝都因人的侵扰和掠夺。在贝都因人的意识中，掠夺不是罪孽，而是正业。然而，他们的这种正业一定会伤害到他人，一定会有人成为受害者。如果商队因为痛恨贝都因人的这种正业而选择其他通商路线的话，帕尔米拉就会彻底失去生命力。但是，帕尔米拉这个民族只会一心一意地从事经济活动，却不重视军事力量的发展。

罗马的势力发展到达幼发拉底河以后，担负起了保护帕尔米拉的责任。帕尔米拉自然而然地进入了罗马帝国的统治范围之内，同时贝都因人也被纳入罗马的统治之下。从此，帕尔米拉的富豪们不必再担心贝都因人的掠夺。顺便提一句，贝都因人的"正业"被禁止后，罗马帝国把他们编入防守边境的军队中，以此保证了他们的生活来源。

帕尔米拉是一座位于幼发拉底河防线的边境城市，对于罗马来说，它非常具有象征性。它不像其他防线的"屏障"，栅栏、堑壕、城墙和堡垒绵延相连，是封闭的"屏障"。这是一个开放的"屏障"，由联结瞭望塔、堡垒、军团基地以及通往各个军事要塞的大路构成。虽然这个"屏障"建在北非沙漠的前方，但是，幼发拉底河防线在防御敌人来袭的防御体系中，在保护，不，应该说是在鼓励人与物产交流方面，作为威慑力量，是一个成功的例子。只要守住帕尔米拉，就证明开放的"屏障"——幼发拉底河防线是有效的。在沙漠中，罗马大道呈放射状从帕尔米拉铺设到了安条克、大马士革及红海的亚喀巴。哈德良离开安条克后，只要选择走其中的一条大道即可。

结束了对帕尔米拉的访问后,哈德良选择了去大马士革。在沙漠中,罗马式大道几乎呈一条直线,从帕尔米拉到大马士革只有230公里的路程。

他在大马士革只是稍作停留而已。他选择这条路线的真正目的是前往波斯特拉(今布斯拉)基地,视察驻扎在阿拉伯行省(今约旦)的第三昔兰尼加军团。不用说,和视察其他基地时一样,他一定视察了这里所有的设施,观看了士兵的演习以及面对士兵作了演讲。他还发行了货币,上刻"Adventui Aug(usti) Arabiae"(皇帝视察阿拉伯)。当然,这是为了让帝国民众了解皇帝已经来到中东沙漠,正在这里视察这一事实。

罗马军团

至此,哈德良完成了对罗马帝国所有主要防线的视察,它们是莱茵河和多瑙河、不列颠、北非、联结黑海至红海的幼发拉底河防线。在视察过程中,皇帝除旧立新,重新整顿后的军事力量又是怎样的一种情形呢?我想就从犹太人写的《犹太战争史》中摘选一段来进行说明。篇幅略有些长,作者是弗拉维乌斯·约瑟夫斯:

在这一点上,我们对罗马人的见识只能表示敬意。他们甚至要求在军团基地劳动的奴隶也参加训练。对奴隶们进行军事训练的好处是,当敌人来犯时,他们也能拿起武器,加入防御作战中。事实上,罗马人制定的所有军事制度,让我们深深体会到他们之所以能守护这样一个辽阔的帝国,不是得益于运气,而是缘于他们坚强的意志和努力的结果。

战时,罗马士兵理所当然要拿起武器迎击敌人,但是他们不是只在需要的时候才拿起武器,在平时,它们也从不贪图享乐。武器就像他们身体的一部分,须臾不离。他们每天勤于训练和演习,从来不会等待在实战中检测自己的作战能力。

罗马军队的训练非常严格，其激烈程度与实战几无二致。不，应该说在演习中，他们的气势和严肃程度与实战完全一样。正因为如此，他们在实战中才能做到不会惊慌失措，不会自乱阵脚，不会抱怨身体疲劳，不会打乱作战阵型。正因为如此，他们才能百战百胜。罗马士兵和其他国家士兵之间的区别显而易见，没有一个敌人像他们那样过着严格的军团生活。对于罗马士兵来说，军事训练就是不流血的实战，实战就是伴随有流血牺牲的训练。这样说应该不会有错。

罗马的军团兵很少突袭敌人。他们在攻打敌人的时候，要做的第一件事情不是向敌人发起进攻，而是用栅栏围住一个地方修筑坚固的宿营地。他们会慎重选择修建宿营地的位置，从来不会盲目行事。营址确定后，全体士兵马上投入劳动。如果因为战时的需要，不得不在凹凸不平的地方修建宿营地时，他们会首先平整土地。因为地面不平坦，适合防御的四角形营地就无法充分体现其有效性。像这样，因为罗马士兵兼做工兵，所以他们在行军的时候，总要背负数量繁多的建筑工具。

无论是在共和制时期还是在帝制时期，就算只宿营一个晚上，也要修建牢固的宿营地，是罗马人一贯的做法。对他们的这一做法，现代战争的专家们给予了高度的评价。他们认为，一方面，士兵们知道一旦战况失利，自己有地方可退，就会在战斗中表现勇猛；另一方面，如果打了败仗，只要逃回宿营地，他们可以在这里平息内心的恐惧，恢复内心的平静，有利于在下次战斗中，表现更加勇敢，从而挽回失地。也就是说，虽然建造牢固而安全的宿营地时付出了辛苦，但是，它为士兵们提供了心理上的依靠，辛苦是有回报的。

犹太人继续评价罗马军队：

他们会在宿营地内搭建很多帐篷，用原木连起来的栅栏环绕在整个宿营地的外侧。瞭望塔建在栅栏做成的屏障的重要位置上，每个瞭望塔之间都配有重兵器，以投石器为主的各种重兵器随时可以投入使用。

四边形营地的每个边都有一个门，门的宽度适合可移动的重兵器及士兵们列队进出。

宿营地内的中央通道把营地一分为二。通常，中央通道的一边是仓库、病房和士官们的帐幕，另一半是士兵们的帐篷。军团长的帐幕既高又大，位于宿营地的正中央，就像神殿一样。

罗马人的宿营地变成固定基地后，完全可以进一步发展成为一座城市。士兵集合的地方可以用做广场，兵器修理所可以用做工匠的车间，审判违反军规的士兵以及军团长召集将官会议的会场可以用做大会堂，兼做法庭。就算只宿营一个晚上的营地，因为士兵们早就习以为常，所以无论是环绕宿营地的栅栏还是别的设施，其修建速度之快，整座宿营地之牢固，令人惊叹不已。如果需要，他们还会在栅栏外侧，挖一条深度和宽度都为4腕尺（约2米）的堑壕。这一切都与普通村落无异。

宿营地修建完成后，士兵们进入各自的帐篷。随后，由当天值勤的小队整齐有序地开展其他工作，包括分配柴薪、粮食、水等。

罗马军队规定士兵的一切行动要听从军号的指挥。在军号响起之前，任何人不得擅自提前进餐，就寝，四班倒的夜间岗哨、起床等也要听军号的号令。

天快破晓的时候，起床号响起。在第一声军号中起床的士兵们在各自的百人队队长面前列队。百人队队长清点士兵人数后，前去向他们的上司——大队长报告，然后，大队长带领百人队队长们一起前去向军团长报告，并接受军团长的指示，随后再把军团长的指示传达给士兵们。罗马军队这种上传下达的方式同样用于实战，所以在战斗中，即使改变战术，也能迅速而准确地传达下去。因此，无论是进攻还是撤退，罗马军队按照命令，都可以做到阵脚不乱。

出发离开宿营地的时候也要听从军号的号令。在军号的指挥下，所有人参加宿营地的拆除工作，没有一个人会偷懒。第一声军号是拆除、折叠并捆

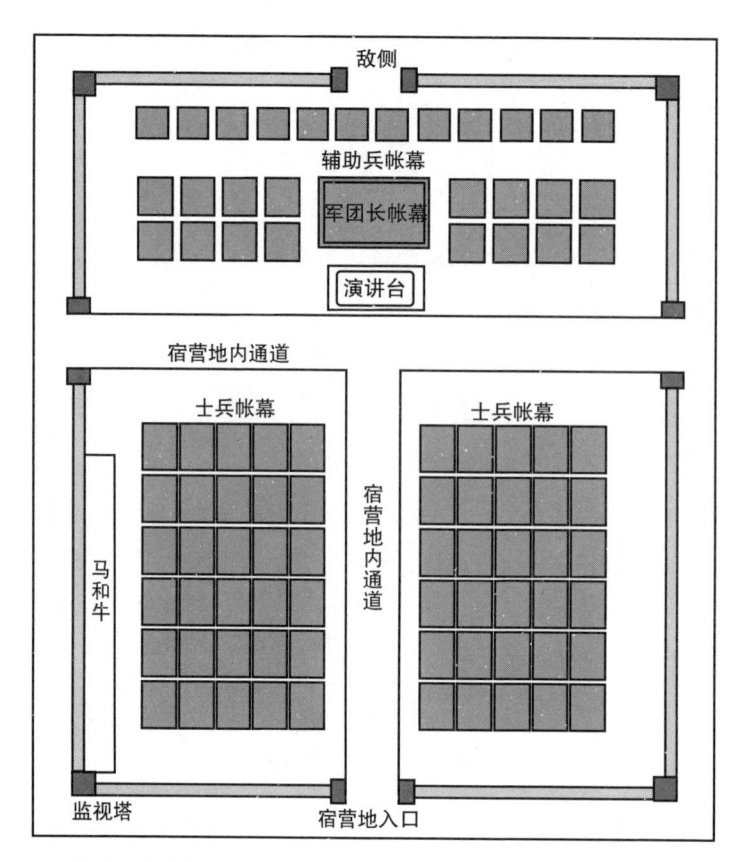

罗马军队宿营地略图

绑帐篷的命令。第二声军号是行李装车、推出重兵器、牵出马匹及牛的命令。这些事情完成后，军队在宿营地外集结。全体士兵队伍整齐，看上去就像参赛的马匹排成一条直线，准备冲向跑道一样。然后，第三声军号响起，这声军号是催促迟到者，同时命令百人队队长和大队长清点士兵是否全部到齐。最后，他们会点燃环绕宿营地的栅栏，因为他们认为与宿营地被敌人占用相比，不如重建更有利。

出发的准备工作完毕后，站在军团长右侧的发令员用拉丁语连续三次问大家是否已经作好战斗准备。每一次，士兵们都会斜着举起右手敬礼，同时齐声回答："准备完毕。"

之后行军开始。全体士兵就像在战场上坚守各自阵地一样，安静而有序地走在自己的位置上。军团兵佩带胸甲和头盔，腰的两侧佩剑，佩带在左侧腰部的罗马短剑比佩带于右侧腰部的短剑要长一些。走在司令官周围的是步兵部队，他们只拿长矛和圆形的盾。余下的军团兵除了投枪和长方形的盾以外，还要携带锯、镐、斧子、铁锁以及用于搬运的皮制宽运输带、可用来割皮的大型刀具，再加上三天的粮食等等，让人感觉他们背负的行李比牛或驴拉的辎重车还要重。

骑兵们右手拿长矛，剑佩带于右侧腰部，盾挂在马鞍的一侧，箭筒背在背上，装在箭筒内的箭又尖又长。骑兵们用的头盔和胸甲与步兵们用的是同一类东西（罗马人不按社会地位区分骑兵和步兵，只按他们的性质区分。作者是出生于犹太的犹太人，对于这位东方人来说，想必罗马人的这种做法一定让他深感惊讶）。骑兵的装备和战场上担任两翼进攻的骑兵一样，他们就走在司令官的周围。此外，在罗马军队里，由哪个军团走在队伍的最前面要通过抽签决定。

以上就是罗马人的军队在宿营地建设、行军方法以及装备方面的真实情形。同样，在战斗中他们也不会盲目行动。因为每一个计划都关系到相应的行动，而每一个行动都关系到下一个计划。正因为如此，他们极少出错，即使出错，他们也可以在很短的时间内加以改正。

罗马人认为，与预想之外的运气所带来的成功相比，宁可在周密的准备工作之后出错。他们的理由是，无计划的成功会让人忘记准备工作的重要性，而经过周密的准备后的失败是积累经验的有效途径，可以避免下一次重蹈覆辙。其次，凭借运气获得的成功不是哪个人的功劳，而经过周密准备后，尽管结果不好，但是至少心里很踏实，因为他作过努力，因为他充分考虑过对策。

罗马人通过军事活动，不仅锻炼了肌体，也锻炼了意志。军事训练帮助他们克服了恐惧心理，严厉的军规教给了他们集体生活的方式。在罗马的军队里，私自逃跑会被判死刑；即使是一丝小小的失误，如果影响到了整个军团的安全，也会受到重罚。士兵们最害怕的不是法律而是司令官。当然，司令官并非只会严厉对待士兵，对于值得称赞的士兵，他们从不吝惜褒奖之词以及奖励。他们很善于在严格和宽容之间找到平衡。无论在平时还是战时，罗马军队的士兵必须绝对服从指挥官，而这一点，正是罗马军队可以保证有序行动的重要因素。

战场上，罗马士兵不会擅自打乱战斗阵型，他们一定会和战友同进共退，就像一个整体。他们的耳朵不会遗漏任何一个命令，他们的目光不会离开军旗，他们的手脚会按指令迅速行动。即使在形势不利的情况下，如敌人在数量上占优势，敌人在战场上占主动等，甚至命运女神的意志都不能削弱他们的斗志。就好像他们完全相信，与运气相比，自己更强大、更可靠。

收集尽可能全面的情报，并以此为基础，对形势作出判断，制定战略计划，然后按计划行动。这就是罗马民族。他们在实施计划时的效率之高以及计划制定前考虑问题之周密着实令人赞叹。他们的帝国版图之所以可以东到幼发拉底河，西至大西洋，北及多瑙河和莱茵河，想来理应如此，不值得大惊小怪。可以毫不夸张地说，尽管他们所征服的地域如此辽阔，但是，与征服者所付出的努力相比，显然还不算大。

以上是我对罗马军队所作的详细描写。在这里，我没有丝毫赞美罗马军队的意思。相反，我是为了安慰那些被他们征服的人们，告诉他们，你们被征服不是因为你们自身的缺陷造成的，而是因为罗马人非同一般的素质。同时也是为了劝告那些试图挑起叛乱的人们，告诉他们，你们要对付的人是罗马人，从而让他们把叛乱的想法扼杀在萌芽之时。最后，我衷心希望我对罗马军队所作的描述，对那些关心罗马的人们有所帮助。

我知道这是犹太人对罗马军队的溢美之词，但是，这些文字留给我的印象好像罗马军队只是一架精巧的军事机器。然而，罗马军团兵不是纯粹的"齿轮"，而是活生生的人。在这里，我想介绍两块墓碑，它们属于战斗中阵亡的士兵。通常，罗马人的墓志铭上会有本人生前写过的话：

> 有生之时，我一直享受着畅饮的快乐，所以，你们在有生之年也要尽情畅饮。

> 我在心里默默起誓，为了和平我要尽我一己之力，我做到了。
> 我发誓要杀死达契亚人，我做到了。
> 我希望参加凯旋仪式并纵情享乐，我体会到了。
> 我想当首席百人队队长，得到相应的荣誉和回报，我得到了。
> 我想膜拜女神的胴体，我膜拜过了。

《犹太战争史》的作者感兴趣的是罗马军队的组织机制而不是罗马士兵的人性。

关于这位作者，我在《罗马人的故事 8·危机与克服》中已经作了详细描述。这位犹太人生活在公元 1 世纪后期，很可能与罗马人有过共同生活的经历。他曾经是反罗马的犹太军队的指挥官之一，与罗马军队有过正面交锋的经历。他亲眼见识过总司令官韦斯帕芗率领的罗马军队是如何镇压犹太叛乱的。上文是他对这支军队的评价，他用心观察并研究了罗马军队之所以强大的原因。

也许有人会说，约瑟夫斯看到的是公元 70 年前后的罗马军队，不是公元 130 前后哈德良改良后的罗马军队。但是，一个高效的组织与时间的推移没有关系，因为，对一支军队起决定作用的因素是它的效率性和功能性。

约瑟夫斯看到的是在犹太战争期间处于战争状态下的罗马军队。在图拉真时代，一直采取进攻态势的罗马军队大概与约瑟夫斯描述的韦斯帕芗时代的罗马军队一样，作为军队，充分展示了其威力。但是，到了哈德良时代，他要求罗马军队即使在和平时代也要保持这样的状态，而这种状态正是帝国维持不增加税收的、和平的唯一方法。我们知道，战时表现出色的军队在平时不一定强大，但是，如果一支军队在平时有着功能完善的组织机制，那么它在战时一定可以大展拳脚。哈德良耗费整个统治期间的大半时间视察帝国边境的目的，也是为了确立在和平时期也能有效发挥作用的防御体系。

罗马皇帝的职责是保障"安全"和"食物充足"，其中保障安全为先。因为只要安全有了保障，人们才能靠自己的双手获得所需的食物。统治者的责任就是向人们提供这样的生活环境。保障"食物充足"可以依靠个人的努力，而保障"安全"超越了个人努力的范围。哈德良的方针自始至终是要尽一切可能避免战争。他不惜付出比别人更多的努力来确立防御体系，是因为他深知要避免战争，在防卫上切不可掉以轻心。为此，尽管"整日行走在不列颠人中间，往来于（边境），忍受斯基泰的严寒"，他也不得不为之。而这一切，在普通人看来，的确怯于"想当皇帝"了。

从大马士革到红海的亚喀巴有一条全线贯通的罗马式大道，是图拉真皇帝时代铺设的。结束对幼发拉底河防线的要塞之一——波斯特拉军团基地的视察后，哈德良沿着这条大道去了费拉德尔菲亚（今约旦首都安曼）。到了这里，他没有继续向南，而是转身去了犹太行省，目的是为了视察罗马帝国的"火药库"——犹太的统治。

罗马在这个问题不断的行省常驻了2个军团。驻扎在北部的是第六铁壁军团，在南部的是第十夫累腾西斯军团。向犹太派驻军团是在公元70年以耶路撒冷沦陷而告终的犹太战争之后，只是，当时常驻犹太的罗马军团只有一个。图拉真皇帝统治末期，犹太再次发生叛乱。这次叛乱被镇压后，常驻军团增加到了2个。

哈德良要削减军团的数量。他没有打算编组新的军团来加强在犹太的军事力量，而现状又不允许他从其他防线调动军队。为此，他必须依靠现有的2个军团来控制暗流不断涌动的犹太地区。哈德良需要决定如何安置军团，基地设在何处。

他把第六铁壁军团的基地设在了犹太北部的希特波利斯，这里距离毗邻地中海、传统上一直亲罗马的城市恺撒利亚不远，如果与驻扎在波斯特拉（位于其他行省）的第三昔兰尼加军团联合起来共同作战的话，完全可以控制住犹太北部。

问题是第十夫累腾西斯军团的基地应该设在何处。这个军团负责的是包括耶路撒冷在内的犹太南部。公元70年犹太叛乱镇压后，韦斯帕芗皇帝把这个军团安置在了耶路撒冷市内，哈德良必须决定是否继续维持这一现状。

他没有选择维持现状。他在耶路撒冷北侧为第十军团另建了一个基地，并以该基地为中心，兴建了城镇，取名为"埃利亚卡匹托尔"。埃利亚是哈德良的家族名，所以，这个名称的意思就是哈德良之城。卡匹托尔是首都的罗马七丘之一，上面只建有神殿，祭祀以最高神朱庇特神为首的诸神。对罗马人来说这是个神圣的地方。耶路撒冷是犹太人的圣城。哈德良为距离这座圣城不远处的城市冠以这样一个名称，并把它作为军团基地，对此，当时的犹太人会怎么想呢？犹太教是一神教，不承认其他任何神。卡匹托尔山是罗马式多神教的象征，连失败者的诸神也会在得到"罗马公民权"后进入这里。哈德良给基地所在城市取这样一个名字，意味着他在一神教麦加的旁边建了一个多神教的城市。应该说，它反映了哈德良作为和平主义者的另一面。

同时，哈德良还下令禁止犹太教徒实施割礼，不，不是单纯的禁止。对于罪犯，他要求强行对其实施割礼，以表明自己极度鄙视此种行为。对犹太教徒来说，割礼是极其重要的一件事情。所谓割礼，就是用自己的身体来证明自己是犹太教徒。然而，对于不信仰犹太教的罗马人来说，这是一种不尊重身体、随意伤害肉体的野蛮习俗。

哈德良所做的这两件事情成了犹太人中暗流涌动的起因，只是当时这股暗流并没有喷发。前面已经提到，约瑟夫斯在文章中写的那些话，是对试图挑起叛乱的人提出的"忠告"。他的同胞，即犹太教徒，之所以没有起事并非因为看了他的"忠告"而犹豫不决，更不是因为他的"忠告"而放弃叛乱。犹太教徒深信自己是被神选中的民族，是正义的代表，是最优秀的人。因此他们最听不得其他民族的忠告。约瑟夫斯虽然是犹太人，但是在他们眼里，他是个叛徒，是把身体和灵魂都出卖给了罗马的叛徒。犹太人之所以没有马上起义，只是因为他们还没有作好起义的准备。

这是两件严重伤害犹太民族信仰的事情，那么，哈德良为什么胆敢这样做呢？还有，埃利亚卡匹托尔的第十军团基地内，很早就建有犹太教堂。然而，这座教堂也被哈德良拆除，取代它的是祭祀希腊罗马宗教中众神之首朱庇特的神殿。

难道是热爱希腊的罗马皇帝哈德良，与生活在东方的希腊人一样，也染上了反犹太的情绪？自古以来，居住在东方的希腊人和犹太人之间关系一向交恶。

原因之一是，在希腊时代，东方的统治者是希腊人，犹太人长期处于其统治之下。原因之二是，希腊人和犹太人都是在经济活动方面能力超群的民族，他们之间有利害冲突。第三个原因是，罗马成为统治者以后，希腊人非常合作，而犹太人因为宗教上的理由，坚决不予配合。

犹太人并不要求在罗马社会中享有平等的权利，他们向统治者罗马要求的只是在经济活动方面与希腊人享受平等的权利。原因是，如果他们要求社会中的平等权利，那么他们就必须承担与权利相应的义务，即公务、军务以及向罗马皇帝宣誓服从。但是，这样做会违背犹太教教义，因为犹太教要求教徒只服从自己的神。对他们来说，要求在经济活动方面享有平等的权利就足够了，因为单纯的经济活动并不意味着需要承担罗马人的义务。而希腊族居民通过承担相应的义务，表现出了对罗马帝国统治的服从，因此，他们极度反感犹太人的利己做法。

那么，哈德良难道只是因为和希腊人有相同的文化而在感情上也感染了希腊人的反犹太感情吗？或者对于他来说，自己为确立帝国防御体系四处奔波，而犹太教徒却坚持拒绝合作，这样的人实在太可恶？然而事实上，他并非讨厌所有犹太人。在当时，虽然人数不多，却也有一些犹太人选择和罗马人生活在一起，如约瑟夫斯，如在罗马军队中一步步高升的提贝里乌斯·亚历山大。哈德良深恶痛绝的只是那些坚决拒绝和罗马人生活在一起的、狂热的犹太教徒。

不知道是不是因为反应迟钝，对于哈德良显而易见的挑衅行为，犹太教徒在哈德良逗留当地期间，没有做出任何回应举动。这让哈德良误以为自己对犹太的打击已经完成，在犹太作短暂停留后出发去了埃及。此时，希腊王国之一的埃及已经非常稳定，在经过罗马两个世纪的统治后，这个辽阔的地域只要常驻一个军团就已经足够。维护经济富裕、国土辽阔的埃及只需要一个军团，与此相比，除了毗邻海岸的希腊系城市，罗马在贫穷而面积狭小的犹太巴勒斯坦，却需要常驻两个军团。针对这一情形，致力于提高防御体系效率的哈德良，一定比常人有更深的感触。

埃及

这次，哈德良把皇后萨宾娜也带到了埃及。应该说，对希腊文化毫无兴趣的人是不会对希腊的城市产生兴趣的。但是，当时的埃及虽然属于希腊文化圈，却充满了异国情调，几乎很少有人不被其深深吸引。尤其是近现代西欧人，其中最具有代表性的是英国人，他们对埃及的兴趣之浓，充分反映出埃及在欧洲人眼中有着极其浓厚的异国情调。也许哈德良认为，尽管萨宾娜对当地文化毫无兴趣，但是在她身边的罗马上流社会的夫人们，应该会很乐意来埃及。这是他对妻子萨宾娜极其难得的一次关照。

但是，哈德良终究是一个自制力很强的人。在埃及逗留期间，他没有把时间花在陪同妻子观光上，他视察了埃及行省长官全权负责的、位于行省首府亚历山大的行省统治机构，也视察了第二图拉真军团位于亚历山大不远处的尼科波尔基地。最后，才把已经所剩不多的时间花在了自己感兴趣的事情上。

其中一件他感兴趣的事情，根据史学家的说法，就是访问了著名的亚历山大图书馆，希腊的名字叫"Mouseion"（缪斯神庙）。

之所以把这里叫做"图书馆"是因为这里曾经收藏过埃及在托勒密王朝时期收集的万卷读本（卷轴）。只是，在公元前1世纪中叶，尤里乌斯·恺撒攻打亚历山大时，这些读本中的一大半被烧为灰烬。此时，图书馆中的读本很多是后来收集的，藏书不如以前那样多，但是，藏书的规模已经达到了不会辱没图书馆称号的程度。

有藏书的地方自然会吸引阅读这些书的人。所以，图书馆成为研究机构也是很自然的事情。埃及进入罗马统治的时代之后，拥有缪斯神庙的亚历山大成了与希腊的雅典、小亚细亚西部的帕加马和罗得岛不相上下的罗马世界最重要的知识中心之一。不，与以人文学科为主流的雅典和罗得岛相比，埃及的亚历山大除了人文学科，还有自然科学学科，应该说它是一个综合性的知识中心。

顺便提一下，公元前1世纪，罗马上流社会阶层认为"在雅典接受过教育的希腊人"水平最高。尤里乌斯·恺撒出身于名门望族中的名门望族，但是经济条件却不富裕。他的母亲奥雷利娅很有教养，也热衷于对儿子的教育，却没有能力为恺撒雇用希腊人做家庭教师，于是她请了一位高卢人做自己独生儿子的家庭教师。此人曾求学于亚历山大的缪斯神庙，就好比现代社会毕业于牛津、剑桥、普林斯顿、哈佛的印度人或新加坡人。根据历史学家蒙森的说法，作为"非本土人士"的这位高卢人，向"罗马史上唯一的创造型天才"尤里乌斯·恺撒传授了大量的知识，其中包括罗马人的母语拉丁语、当时的国际通用语希腊语、有助于开阔思维以及视野的哲学和历史、有助于逻辑性思维及表达的逻辑学和修辞学、能促进和谐感的数学和音乐等等。恺撒后来制定了人类历史上最早的有关医生和教师的法律。他规定，从事医疗行业的医生和从事教育事业的教师，不分民族、不分宗教、不分肤色，一律授予罗马公民权。也许正因为他是恺撒，才会致力于提高这两类人的社会地位及其经济待遇（有罗马公民权的人，不承担缴纳行省税的义务）。

实行帝制以后，罗马的皇帝们依然优先关照这些服务于罗马上层的研究机构，连图拉真皇帝的妻子普洛蒂娜也担任了希腊哲学研究所的名誉所长。她不是学者，人们只是期望她作为所长可以帮助研究所的发展。同样，哈德良对雅典的支持也是出于这样的理由。

皇帝以直接过问的方式保证了在亚历山大的缪斯神庙学习的研究者们的社会地位和经济收入。皇帝用他的私人领地——埃及行省收缴上来的税金支付这些研究者的年金。所以哈德良访问缪斯神庙实际上就是出资人访问受资助的机构。

为了对皇帝的到来表示欢迎，学者们举行了研讨会，即通过发表各自的研究成果进行学术交流的活动。哈德良作为学术圈外的人，在这种场合他本应该做的事情便只是倾听，但是他并不满足于只做一个倾听者。

罗马皇帝与学者们展开了辩论。他谈锋犀利，说得学者们哑口无语。记录下这一事件的史学家们认为哈德良是为了炫耀自己的学识。的确，在这种场合，皇帝最好的做法就是摆出认真倾听的姿态。我想，哈德良只是没有忍住罢了。

哈德良评价一个人的标准是这个人是否很好地在履行自己的职责。社会地位在他眼里只是第二个标准。对他来说，普通士兵也好，行省出身也罢，都不是左右他评价一个人的决定性因素。缪斯神庙的学者们从皇帝那里领取年金。所以在哈德良看来，既然搞研究可以拿到工资，那么就应该全力以赴从事研究。我想，这大概就是哈德良在驳倒学者们的论点时内心的真实想法。每个人履行自己职责的重要性，不只是体现在军队和行政界，学术界也一样。我想，这也是他的想法。

只是被哈德良驳得哑口无言的学者好像并没有理解他的本意。据说其中有一人后来说过这样的话：对一个身后有30个军团（实际上是28军团）的人，我们怎么可能驳倒他。但是，在著名学者和皇帝展开辩论的时候，在场旁听的学者中还是有人理解了哈德良的想法。其中一人叫托勒密。哈德良访问图书馆的时候，他年仅30岁。虽然我们没有确切的证据证明他领会了哈德良的意思，但是在随后的几年里，他发表了大量的著作，内容涉及天文学、数学、地理学等，是革命性的集各学科之大成。还有一人叫盖伦。哈德良访问缪斯神庙的时候，他在帕加马刚刚崭露头角。后来他出版了论述解剖学方法的著作。这部著作非常有名，后世的我们因此得以了解罗马时代的医学水平已有如此之高。这项研究成果就是他在亚历山大的缪斯神庙完成的。1300年后的列奥纳多·达·芬奇，对解剖产生兴趣就是缘于此人的这部著作。

缪斯神庙融合了人文科学和自然科学，在其后很长时间里，这个研究机构一直运转正常。哈德良虽然把他们驳得哑口无言，但是他没有停止提供资助。

这个插曲也说明，哈德良绝对不是一个容易相处的最高权力者。罗马时代的人所写的唯一一部关于哈德良的历史传记《皇帝传》的作者是这样评价哈德良的：

> 皇帝在诗歌和文学方面修养极高，同时，对数学、几何学及绘画的理解也有相当高的水平，他还热衷于学习演奏乐器和唱歌的技巧，而且从不背着人偷偷练习。
>
> 他唯一缺少的是拒绝放纵行乐的能力，甚至他还写过几首情诗，赞美他所爱的人。
>
> 在很多方面，他都是当之无愧的第一达人，甚至他可以熟练地使用角斗士的那些复杂而危险的武器。
>
> 他的性格很复杂。如果说他严厉，有时候却非常和蔼可亲；如果说他平易近人，有时候却性情乖僻；如果说他放纵行乐，有时候却坚持节欲生活；如果说他吝啬，有时候花起钱来却大手大脚；如果说他不诚实，有时候让你觉得再也没有人比他更诚实的了；如果说他不留情面甚至残忍，一转身他又表现得非常宽容。总之，变化不定是他一贯的风格。

这篇文章的最后部分，即"他的性格很复杂"之后的部分，被认为是讲述哈德良时必不可少的第一手史料。小说家尤瑟纳尔在《哈德良回忆录》中也引用了这段内容。至于"变化不定是他一贯的风格"这句话，大概没有一个人看到后不会哑然失笑吧。但是，哈德良难道真的只是一个变化不定的人吗？或是《皇帝传》的作者观测的视角值得推敲？我想以"和蔼可亲"为例加以说明。

《皇帝传》中写哈德良章节的作者也好，认可这一评价的读者也好，在他们看来，只有对所有人都表现出和蔼可亲才叫真正的和蔼可亲，否则就不是。然而，哈德良只对他认为值得和蔼相待的人才会表现出和蔼可亲。

神职人员这一类人对任何人都必须和蔼可亲，这是他们的职业所要求的。作为普通人，如果对所有人都和蔼可亲的话，难道不是意味着他对所有人都不和蔼可亲吗？也许因为哈德良是罗马皇帝，是最高权力者，所以人们才会要求他对所有人都表现出和蔼可亲。但是，他做不到。

该严厉的时候他会很严厉，该平易近人的时候他会平易近人，值得他亲切以待的人他会亲切以待，他认为不值得亲切以待的人他从不掩饰自己乖僻的一面。还有，可以纵乐的时候他会尽情享受，需要自制的时候他会变成禁欲者；需要吝啬的时候他从不顾忌别人的想法；应该给予褒奖的时候，他不惜给予重奖，甚至重到让人目瞪口呆的程度。认为无须坦诚以待的人，岂止是不坦诚，他甚至还会撒谎；认为值得以诚相待的人，他诚恳的态度让人觉得再也没有人比他更诚实的了；认为不值得宽恕的人，他会毫不留情地追查到底。相反，认可一个人的功绩时，他会表现出稳重、宽容和礼貌，甚至令人怀疑这个人是不是哈德良。

在忠实于自己的事情上，哈德良从不"变化不定"，而是"一贯如此"。

但是，按照哈德良式的这种"标准"，即便是同一个人，不同的场合完全有可能受到皇帝不同的对待。正因为这样，人们才会不知所措，结果就有了"变化不定是他一贯的风格"这样的评价。

我想再介绍一个插曲，也许会有助于大家对哈德良的了解。

即使到了现代，《罗马十二帝王传》（*De Vite Duodecim Caesarum*）依然是一部畅销书，广为人们传阅。这本书在日本很早就有译本。作者是苏维托尼乌斯，比哈德良大 6 岁左右，是在罗马任职的官员之一。他是小普林尼的朋友，所以他一定也是塔西佗的文人圈中的一位。人们知道他好像不是因为他是官员，而是因为他是作家。《罗马十二帝王传》从尤里乌斯·恺撒写到图密善共 12 位罗马皇帝。同现在一样，在当时就吸引住了为数众多的读者。顺便提一句，公元 300 年前后写的《皇帝传》讲述的是哈德良以后的皇帝，是苏维托尼乌斯作品的续本，但是不知道为什么，里面没有涅尔瓦和图拉真的内容。

不管怎样，苏维托尼乌斯生前不只是一个普通官吏，这是毫无疑问的。他是一个可以随时出入主人长期不在的皇宫的人。他的《罗马十二帝王传》与后来的《皇帝传》相比，闲话或流言蜚语的色彩很浓。想必作者对闲话的兴趣超乎常人，因此，他一定深受宫中女人们的欢迎，因为宫中女人都很喜欢闲话，喜欢流言蜚语。后来，哈德良免去了苏维托尼乌斯的职位，把他从皇宫中赶了出去。

理由是他对皇后萨宾娜的态度过于随便。对于他的遭遇，世人深表同情。他们认为这位家臣只是对皇帝并不爱的妻子态度熟稔了一些就给予这样的惩罚未免过于严厉。但是,哈德良尽管不爱萨宾娜,萨宾娜终究是皇帝的妻子。按照哈德良的想法,上对下可以不拘小节,相反,地位低的人对地位高的人必须做到有礼有节,有规有矩。

对于身边的人来说,像哈德良这种性格的人实在很难相处。只要对哈德良的想法理解不透,很容易被皇帝弄得不知所措,结果只好仰天大声喊着"变化不定是他一贯的风格",回过头来依然死心塌地地为他服务。也许皇后萨宾娜并非有意去了解什么,却也发现长时间留在哈德良身边是一件多么困难的事情。然而,尽管知道在他身边很难,依然有人不得不待在哈德良的身边。

美少年

来到埃及的皇帝好像例行活动一样乘船游览了尼罗河,这与其说是为了讨好皇后和那些追随皇后的贵妇们,倒不如说是为了满足自己的好奇心。在埃及,只要乘船在尼罗河上逆流而上,途中随时下船走进建在河畔的神殿,就可以看到应该看的一切。乘船游览尼罗河等同于游览名胜古迹,而且还有贵妇们同行。这次旅途一定不同于哈德良以往随行人数少又禁欲的旅行。

载着皇帝和皇后的华丽御用船队到达距亚历山大 300 多公里的尼罗河上游时,发生了一起突发事件。皇帝宠爱的美少年——那个无人不知、无人不晓的安提诺乌斯在尼罗河里溺水身亡。史学家们口径一致地说,哈德良得知这一消息后,像女人一样哭得死去活来,没有人能劝得住他。

那么,安提诺乌斯真的是不小心落水溺亡的吗?可在当时,罗马人中间很盛行游泳,所以他应该会游泳吧。而且,令人不可思议的是,同船旅行的人中竟然没有一人注意到他落水。

难道他不小心落水后,受到了据称是"尼罗河主人"的鳄鱼的袭击,当人们发现,并要救他上来的时候,他已经被咬死了?

或者安提诺乌斯是为了哈德良而作出的自我牺牲？因为占卜者预言哈德良有生命之虞。当然这个说法是基于哈德良亲自撰写的回忆录。如果真是这样的话，那么，他的死是他自己作出的决定。为了拯救心爱的人牺牲自己的生命，这样的爱称得上是至高无上的。

罗马社会不像苏格拉底时代的雅典，有恋童癖的男性是得不到公民权的。罗马权贵虽然可以有恋童癖，但是不能公然蓄娈童。哈德良无所顾忌地爱恋安提诺乌斯，让看重罗马传统的人们极度不满。罗马史学家在讲述哈德良的时候，好像都不愿意提及这件事情。安提诺乌斯溺亡事件，皇后以及随行的贵妇们是如何看的，我们不得而知。至少，皇后像什么事情都没有发生过一样，高高兴兴地继续她的尼罗河之旅。可以想象，对她来说，安提诺乌斯的死和一个用人的死没有区别，她也不会同情哈德良。也许她和她的随行贵妇们与《皇帝传》的作者一样，并不相信哈德良的说法，说安提诺乌斯是为了让他远离死亡而作出的自我牺牲。

既然死于事故的可能性极小，也不是自我牺牲，那么安提诺乌斯为什么要自杀呢？

从保留至今的众多雕像中，我们可以想象，公元131年安提诺乌斯死的时候，他的年龄应该还不到25岁。我们不知道这位少年与哈德良相识是什么时候，在哪个地方。假设是在哈德良去他的出生地比提尼亚的时候，即公元124年，那么，当时安提诺乌斯只有15岁上下。在其后的7年间，哈德良一直把这位出生于小亚细亚的希腊美少年带在身边。

安提诺乌斯的雕像数量极多。看到这些雕像，感觉他的确很美，美到几乎无可挑剔，甚至让人会有性的冲动。但是他的表情很呆板，看上去一点也不机灵，才智几乎为零。看上去顶多只是一个娇嫩的美少女换成了少年的形象而已。再看哈德良充满智慧的肖像，难免让人猜想，也许正是因为他们的不相配才成就了他们如此融洽的关系。但是，哈德良是一个非常不擅长与人相处的人。

后来的研究者中有人认为安提诺乌斯自尽的原因是他从少年成长为青年后，感觉自己的容颜日渐衰退，因此害怕失去哈德良的宠爱，于是选择了在哈德良

第二章　皇帝哈德良　｜　285

尚未厌倦自己的时候结束自己的生命。对普通的年轻人来说，20岁上下的年纪，别说是容貌衰退，应该正是不断增色的时候。但是对于安提诺乌斯这样因为少年的美貌而得宠的人来说，这个年龄也许是开始走下坡路的分水岭。

但是，如果安提诺乌斯不是男性而是女性的话，他的心境又会是怎样的呢？

女人要留住男人的心，最好的方法不是一直待在他的身边，而是和他保持距离，而且是去一个永远不可能追到的地方。哈德良是一个情绪极不稳定的人，在他身边，一定少不了看到他大发雷霆。即使有时候看上去非常和蔼可亲，人们也弄不懂这个时候，他为什么会这样和蔼。

安提诺乌斯

安提诺乌斯是比提尼亚出身的希腊人，阿里安也是比提尼亚出身的希腊人，但是他们不是同一类人。阿里安是前线的司令官，又是文人，哈德良与他之间有很多共同的话题，从希腊文化到罗马军队的防御体系等等。皇帝格外垂爱这位年轻的部下，但是，他们之间是知性的关系。但是，皇帝和美少年的关系不同。尽管安提诺乌斯会漫不经心地写几首诗，会弹竖琴，还有一张让人觉得无与伦比的完美的侧脸。但是，光靠这些很难长期吸引哈德良。而且，希腊美少年已经到了年龄和肉体都趋向成熟的时期。

那么会不会是安提诺乌斯为了永远留住哈德良的爱才选择死的呢？如果是这样的话，我们只能说他如愿以偿了。

安提诺乌斯死后，哈德良像个女人一样哭得昏天黑地，让人不知如何是好。但是，他没有一味地沉浸在悲伤之中。首先，他神化了已故的安提诺乌斯。在埃及有一个传说，凡是被居住在尼罗河中的鳄鱼吃掉的人都会变成神，所以人们很容易接受哈德良的决定。其次，哈德良在事故发生地的对岸，建了一座城市，命名为"安提诺波利斯"（安提诺乌斯之都），还让希腊系的埃及人大批移居此地。人们很高兴移居到安提诺波利斯，无须哈德良采取强制措施，因为皇帝建的这座城市充满了希腊情调。接着，哈德良又铺设了一条从尼罗河畔的这个城镇穿过沙漠，到达苏伊士湾的罗马式大道。这条大道沿着海湾一直延伸至红海。这样一来，安提诺波利斯就可以作为一个物资中转站而变得繁荣起来。因为来自东方的物资要运到亚历山大，首先要从红海进入尼罗河，再在尼罗河上顺流而下经过安提诺波利斯。虽然哈德良像女人一样失声痛哭一场，但是上述举措绝对符合哈德良的作风，是帝国最高统治者经过冷静思考后作出的决定。

这一时期，哈德良也实现了自己少年时代以来的梦想，他终于骑着阿拉伯产的骏马捕猎了狮子。好像为了挑战55岁的年龄一样，他充分展示了自己的体力。也许哈德良本人比任何人都更愿意相信，安提诺乌斯的死就是为了让自己避免将要临头的灾难而作出的牺牲。

安提诺乌斯死后，哈德良恢复了视察工作。皇后和跟随她同来的一行人出发回罗马后，离开已经开工建设的安提诺波利斯的皇帝又变成了一个人。他首先去了叙利亚的安条克，从那里进入小亚细亚，北上到达黑海，再从黑海向西，前往希腊，最后来到了雅典。沿途，他又建了一座城市，命名为"哈德良波利斯"。现代土耳其的第三大城市埃迪尔内就是他建的这座城市，埃迪尔内是"哈德良"的土耳其语读音。

在雅典，很容易找到优秀的雕刻家。皇帝让他们雕刻了大量已故安提诺乌斯的雕像，好像为了永远留住心爱的人的美丽一样。安提诺乌斯的雕像完全没有宗教的感觉，有的只是感官的刺激，在经过漫长的基督教时代，现在依然保存下来如此之多，可见当初雕刻的数量之多该是多么惊人。哈德良把这些雕像送到了希腊以东的罗马世界，但是，在罗马好像只有他的私邸"哈德良别墅"中有，其他地方完全看不到安提诺乌斯的雕像，而且也看不出他有什么举动要让帝国西方的人们去信仰已经神化的这位宠儿。由此可见，无论内心多么悲伤，他依然没有忘记自己应该照顾罗马人对这件事的看法。

然而，这个时期降临在哈德良身上的不幸并不只是他失去了自己宠爱的年轻人。这件事情过后不久，一直以来暗潮涌动的犹太人的反叛终于爆发了。在雅典逗留期间获知这一消息的哈德良，不顾此时已经进入冬季，毅然回到安条克。他要收集精确的情报并根据这些情报制订对策。

犹太叛乱

无论如何我都认为禁止割礼和建设"埃利亚卡匹托尔"是哈德良有意为之的事情，是在挑衅犹太教徒。不管其他民族如何认为，对于犹太教徒来说，割礼是他们证明自己存在的一种仪式。罗马人允许失败者信仰自由，因此禁止割礼违背了罗马的这一方针。自从罗马与犹太人直接有了关系以后，200年来，无论是共和制末期的最高权力者还是进入帝制以后的皇帝们，没有一个人禁止割礼。不仅如此，第一代皇帝奥古斯都以后，罗马一直采取了承认犹太教徒特殊性的政策。除了割礼问题，更没有人在犹太教徒视为圣城的耶路撒冷眼皮底下建设军团基地，还取了"埃利亚卡匹托尔"这样一个含义明确的名字。纵观哈德良的整个统治，我们知道他有极强的洞察力，因此，他绝无可能不了解犹太的特殊性。事实上，后来通过对犹太人采取"隔离"政策，解决了犹太问题以后，虽然没有明确解除割礼的禁令，但是，哈德良已经不再要求严守这一禁令，甚至采取默认的态度对此放任自流。我想，他真正的用意并非永远禁止犹太教徒行割礼。

在这200年间，虽然时有冲突，罗马对犹太教徒几乎始终如一采取了宽容政策。允许他们在多神教的罗马世界里信仰一神教，允许他们有割礼的习惯，允许他们因为信仰一神教而不承担帝国公职和军职的义务，允许他们在其他人工作的星期天休息。总之，从他们的生活习惯到其他的一切，罗马都接受了他们的特殊性。但是我们不能忘记，这一宽容政策的背后有一个明确的条件，那就是，绝不允许有反帝国统治的行为。图拉真皇帝把阿拉伯（今约旦）纳入了行省行列，之后，哈德良皇帝确立了从黑海到红海的帝国东方防线。犹太位于阿拉伯行省以里，因此，在罗马统治下，要稳定犹太这个地方，帝国的防线战略就变得越来越重要。

《罗马人的故事8·危机与克服》已经讲过，在罗马帝国内选择"与众不同"的生活方式的犹太教徒倘若居住在黑海以北，罗马人在安全问题上不会太在意他们。但是，他们居住的地方北面是叙利亚行省，东面是阿拉伯行省（今约旦），南面和西面是属于埃及行省的区域。更糟糕的是，生活在这里的犹太教徒并不安分。

当然，这不是说所有的犹太教徒都高举创建一神教国家的标语来反抗罗马。事实上，他们中间的分化态度非常强烈。只要规模像样些的城市，一定会有犹太人的居住区。生活在那些东方城市的犹太人，虽然与生活在同一个城市的希腊系居民时有冲突，但是他们接受和罗马帝国共生共存的现状。只有那些居住在犹太本土的犹太人，坚持维护犹太教的纯粹性，也许与其他文明接触越少越容易保持纯粹性吧。正因为这个原因，反抗罗马的运动总是发端于犹太本土，确切地说，是发端于犹太教的中心耶路撒冷。

公元131年秋天爆发的犹太叛乱有两位领袖：他们是巴尔·科赫巴（Bar Kokhba）和拉比·阿基巴（Rabbi Akiba）。前者自称救世主，是这次叛乱的直接指挥者。后者是犹太教的祭司，他不只是参与叛乱，他还宣扬这是一场圣战，从宗教方面来支持科赫巴。巴尔·科赫巴在希伯来语中的意思是"星星的孩子"，所以他才自称救世主。对此，拉比·阿基巴大声叫好，说："他才是犹太之王！他就是救世主！"

人类社会中常常会出现这样一种情形，不仅限于犹太人，那就是，当激进势力开始强大的时候，保守势力就会退缩。这个时期，在耶路撒冷，原本为数不少的稳健派渐渐失去势力，他们或者投向激进派的阵营，或者找亲朋好友帮忙离开耶路撒冷去国外。这一年是公元131年，罗马军队在耶路撒冷的驻兵好像只是分队，规模很小。驻扎在犹太的两个军团中，一个在北部的加利利地方，另一个第十军团因为埃利亚卡匹托尔城尚未建成，一部分在南部，大部分在恺撒利亚。巴尔·科赫巴轻而易举地占领了耶路撒冷。身在雅典的哈德良就是在这个时候获悉

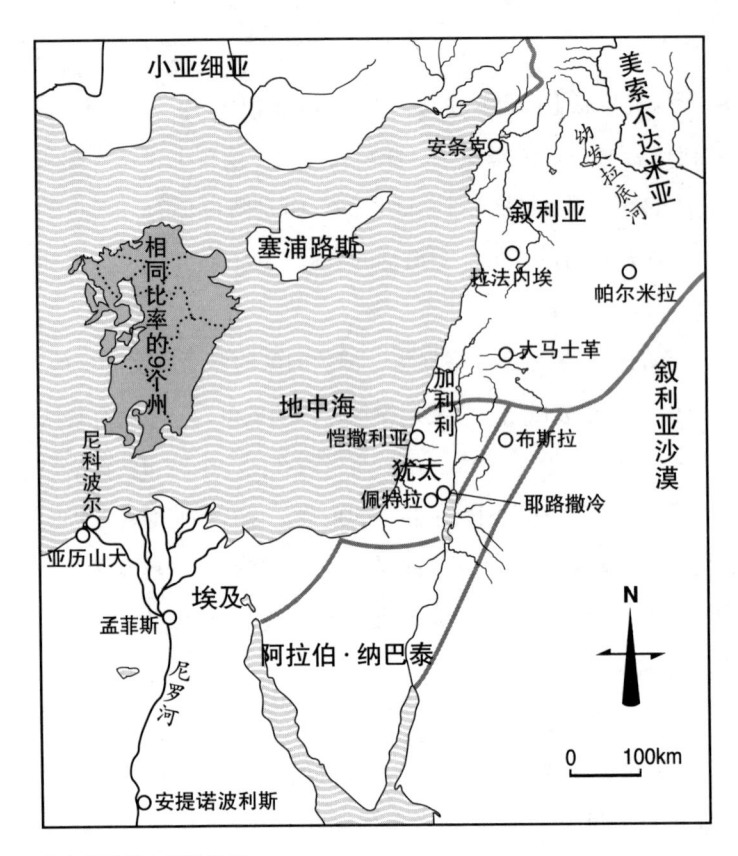

战争前的犹太周边地区

这一紧急报告的。

第二年，即公元132年，已经控制了耶路撒冷的科赫巴铸造了银币和铜币。发行货币是表示独立的最直接的象征。货币表面刻的是"耶路撒冷"，背面刻的是"以色列解放元年"。后来，人们在发掘出来的这些货币中，还发现了刻有"次年"字样的货币。当时在耶路撒冷流通的罗马货币很多，有韦斯帕芗、图密善、涅尔瓦、图拉真以及哈德良多位皇帝的货币，因为在罗马帝国，即使皇帝换了，刻有各位皇帝头像的货币依然通用。科赫巴要求大家把这些货币拿来，用锤子砸扁刻有皇帝头像的一面，然后还给大家。他没有想过要把这些货币熔化后再铸造成新货币。

　　这次叛乱没有严密的计划，没有资金，甚至没有考虑过兵力的问题。但是很显然，在叛乱初期它成功了。居住在海外的犹太人纷纷加入志愿兵行列，也有人提供了武器。

　　他们筹集武器的办法非常巧妙。当地有兵器制造业者，罗马军团基地与他们签署了武器买卖合同。根据合同，犹太人制造业者要把制成后的武器送到基地。但是在制造过程中，他们做了手脚，出来的成品变成了次品。罗马军队不会接受次品，尤其是在哈德良视察之后，即使很小的一点瑕疵，也不会放过。于是制造业者就把这些所谓的次品，也就是罗马军队不接受的兵器，暗地里转手卖给了科赫巴。

　　同时，犹太商人也积极配合叛军，大大地削弱了罗马军队的战斗力。他们按照购买合同，把葡萄酒送到罗马军团的基地，但是，他们在酒中掺了毒。很多士兵喝了这种酒后虽然没有死去，却病倒了。

　　像这样，连商人也在支持叛军。其结果是，在犹太巴勒斯坦的罗马军队补给彻底中断。此外，地震的发生也让犹太人似乎看到了罗马帝国崩溃在即。

　　哈德良是在叙利亚安条克接到这些报告的。他制订了反击计划。

　　理所当然，他决定派出驻扎在犹太的第六铁壁军团和第十夫累腾西斯军团2个军团。只是，罗马军队的2个军团通常应该有1.2万名士兵，但是这2个军团因为缺员补充不及时以及病患者众多，能上战场的只有1万人左右。就算加上辅助部队中的2个骑兵大队和4个步兵大队，也只有1.4万人。他把指挥这支队伍的任务交给了犹太行省总督路福斯。

　　接着，他命令第三蔷薇军团离开北方相邻的叙利亚行省出兵犹太，并决定由叙利亚行省总督马尔凯鲁斯担任指挥。该军团基地位于距离犹太并不很远的拉法内埃（今叙利亚沙玛）。

　　同时，他命令驻扎在阿拉伯行省的第三昔兰尼加军团从东方相邻的约旦出兵。作为辅助部队，贝都因的2个大队加入了这个军团。

　　他还从位于西南方向的埃及调遣了一个军团，在叙利亚大马士革编组的辅助

第二章　皇帝哈德良　| 291

兵一个大队也加入了这个军团。

除此之外，他又向莱茵河、达契亚行省、多瑙河各前线也下达了按分队规模集结的命令。这时候的罗马军队依然是一支多民族的混合军队，由罗马人、高卢人、西班牙人、色雷斯人、希腊人、加拉太人、阿拉伯人还有与叛乱无关的犹太人构成，总兵力大约有4万人。

皇帝哈德良把总指挥权交给了不列颠行省总督尤里乌斯·塞维鲁斯。因为出兵的命令已经下达，所以这一人选大概是哈德良一开始就已经定下的。按常理，在罗马军队中，叙利亚行省总督马尔凯鲁斯的地位绝对高于不列颠行省总督塞维鲁斯，但是，他的这个决定是向尼禄学的。之前的一次犹太叛乱中，当时的尼禄皇帝就提拔了韦斯帕芗为总司令官，原因是他在征服不列颠的过程中名声大震。

提拔塞维鲁斯的理由也和尼禄的时候一样，因为在对付游击战方面，他经验丰富。也许你会认为喀里多尼亚（后来的苏格兰）山野多雨，而犹太的沙漠很干旱，两者完全没有相同之处。但是这只是表象。事实上，苏格兰多森林，犹太的沙漠中岩洞随处可见，两个地方对于一个外来的人来说，都像是迷宫，只有熟知地形的当地人才能进出自如。此外，这两个地方还有一个共同点，那就是，无论是在喀里多尼亚还是在巴勒斯坦，都不可能采用会战的方式，因为会战方式只适用于平原。

塞维鲁斯必须穿越帝国，从最西北长途跋涉来到最东南。前线司令部一定是等到塞维鲁斯到来后，才从安条克移师恺撒利亚的。哈德良决定不上战场，但是他也去了恺撒利亚，并且一直在那里逗留到战争结束。出生于大马士革的建筑师阿波罗多洛斯也出现在这个前线司令部，此人曾经参加过先皇图拉真发动的几次战争，只是这个时候的他已经老态尽显。他之所以来这里，是因为哈德良交给了他一个任务，改良耶路撒冷攻防战中将要使用的攻城武器。也许战斗正式打响的时候，哈德良已经清楚地预料到了战争的结束。这次犹太叛乱与公元70年的那次叛乱一样，以耶路撒冷的沦陷而告终。

镇压犹太北部加利利叛乱的行动好像非常顺利。军队在挺进犹太中部后，塞维鲁斯改用地毯式搜索的战术，把全军分成了小规模的部队。这种战术虽然耗时长，但是成功率极高。罗马军队开始正式反击的时间，再早也应该是在公元132年夏季以后，而犹太战争一直持续到第二年的133年年底。

犹太教徒叛乱时，经常会出现一种现象，这个时候也出现了。教条主义者常常会有过激的行为，因为他们努力要做到纯粹，为此，他们绝不允许有一丝一毫的不纯。其宿命就是过激行为的不断激化。

巴尔·科赫巴不能原谅放弃割礼的人们，不管他们与哈德良的禁令是否有关。他禁止没有接受过割礼的男子出入耶路撒冷，否则一律处斩。这就是说，要在耶路撒冷居住，条件是必须接受过割礼。

犹太人的保守稳健派中，有不少人用从头冲水的洗礼方式来替代割礼。但是，自称救世主的科赫巴和支持他的阿基巴都拒绝这样的洗礼方式。

在犹太人中，用洗礼代替割礼的人大多数是基督教徒，他们并不承认科赫巴是救世主。因为对他们来说，唯一的救世主就是耶稣基督。于是，那些自认为正统的犹太教徒开始了对基督教徒的迫害。科赫巴和他的追随者们非常偏激，他们的行为已经超出了一般意义上的迫害程度，他们是要消灭基督教。

尽管犹太人中既有犹太教徒也有基督教徒，但是到公元70年耶路撒冷沦陷时，他们之间已经出现不和，开始分离，只是还没有走到决裂的地步。然而，以公元132年为界，犹太教徒和基督教徒彻底决裂，互为敌人。这种状态一直持续到20世纪，不，也许到现在，这种悲剧性的敌意依然没有完全消失。

犹太人战争看似进展缓慢，但是，罗马军队在这个过程中可谓稳扎稳打，步步紧逼。到了公元134年初，耶路撒冷沦陷，犹太战争宣告结束。与64年前一样，一把火把耶路撒冷彻底烧毁了。

持续了两年的这场战争中，犹太人占领过的50个要塞遭到破坏，985个村落被烧毁，多达50万名犹太人被杀，俘虏被卖身为奴，价格等于或低于家禽的售价。卖后剩余的俘虏被送到加沙，被迫从事繁重的体力劳动，重建被他们自己破坏的城市。

尽管如此，叛乱之火并没有完全扑灭。位于耶路撒冷西南的佩特拉成了公元2世纪的"马萨达"（马萨达是公元70年的犹太战争中，犹太人最后负隅顽抗的

第二章　皇帝哈德良　｜　293

地方。——译者注）。但是到了公元136年，这里也被彻底毁灭。巴尔·科赫巴战死，拉比·阿基巴被捕并死于刑讯。

与当年的马萨达一样，对于罗马人来说，犹太人在佩特拉的最后抵抗只是小事一桩，完全不是问题。他们认为公元134年年初，耶路撒冷的沦陷已经宣告了犹太战争的结束。皇帝哈德良给罗马元老院写了一封亲笔信，告知他们战争已经结束。只是，信中全然没有表现出取得战争胜利后的喜悦，只是很平淡地写了一句话："你们和你们的儿子健在令人高兴，在这里，我也要向你们报告，我和我的士兵们也都安好。"

不少研究者推测可能是罗马方面付出的代价也很大。但是没有任何史料可以证明这一点。犹太方面的史料只是盛赞巴尔·科赫巴是犹太的英雄，认为战争结局应该归咎于犹太民族的宿命，因为公元136年9月26日，在佩特拉进行抵抗的最后一点星火熄灭的时间，正巧与公元70年耶路撒冷沦陷是同一天。犹太的史料中没有任何有关罗马方面损失的记录，只说罗马士兵因为喝了有毒的葡萄酒，病倒者很多。按照我的想象，可能是因为哈德良太累了。当时的他已经58岁，而且在两年半前他就不再巡察各地，一直待在前线司令部。

犹太人的大流散

皇帝虽然把作战的指挥权放手交给了手下经验丰富的将领，但是耶路撒冷沦陷后，他没有把犹太战争的战后处理权交给别人。此时，犹太已经不再叫做犹太，巴勒斯坦成了它的正式名称。

耶路撒冷的名字也随之消失，变成了埃利亚卡匹托尔。根据罗马的市政规划，哈德良对耶路撒冷市区进行了重建。令人啼笑皆非的是，现在的耶路撒冷市区基本轮廓保留了犹太民族曾经的最大敌人哈德良所建的城市原貌。罗马人所建的城市中，中央大道一定自北向南贯穿市区。现代的耶路撒冷，始于大马士革的中央大道，就是这样一条大道。除此之外，哈德良时代留下的其他印记也随处可见。对于犹太教徒来说，耶路撒冷始终是他们的圣城。然而，圣城现在的情形，却是哈德良为了彻底杜绝犹太教徒叛乱而采取的激进措施形成的。不能不说这是历史的讽刺。

因为公元134年结束的犹太民族叛乱，让哈德良对犹太教徒实施了让犹太人大流散的政策，把犹太教徒彻底逐出了耶路撒冷。

"大流散"（Diaspora）这个词同时有"播撒种子"的意思，所以它不是单纯的贬义词。犹太人与希腊人相似，自古就有很强烈的"散居"倾向。只要有利可图，他们可以移居到任何地方，然后在那里建立起只属于自己的社区。他们会移居到其他民族所建的城市，但是不会融入那个民族中去。这时候，他们的"散居"是自发的，不是被迫的。

强制"流散"犹太人最早要追溯到公元前700年，是亚述的命令。第二次是在公元前600年前后，这次移居的目的地是巴比伦，历史上称为"巴比伦之囚"。如果要追溯更遥远的古代，还有摩西率领在埃及为奴的犹太人成功返回祖国的传说。

此后再也没有发生过强制性让犹太人"大流散"的事件，直到哈德良再一次采取这一措施。但是，这次犹太人的大流散与亚述、巴比伦时期不同，当时犹太人"大流散"还有一个目的，就是集中优秀的劳动力。哈德良实施的"大流散"只是禁止犹太人居住在耶路撒冷，不指定流散后的居住地，犹太人可以去任何一个他们愿意去的地方。流散的对象也不是所有犹太人，只限于犹太人中的犹太教徒，并且只禁止他们生活在耶路撒冷。因为耶路撒冷常常成为反罗马的源头。

哈德良的这条禁令不针对居住在耶路撒冷之外的犹太人，即此时更名为巴勒斯坦的犹太教徒，也不适用于生活在包括首都罗马在内的、巴勒斯坦以外的犹太教徒。在这一点上，哈德良遵从了罗马帝国自奥古斯都皇帝以来采取的对犹太的政策，即只要不反对罗马帝国的统治，罗马便可以承认犹太人的习惯。但是尽管如此，居住在耶路撒冷以外的犹太教徒恐怕已经牢牢记住了历史的教训：只要反对罗马，等待他们的就是"流散"。因为在哈德良的统治初期，已经有过这样的先例，当时塞浦路斯的犹太人发动叛乱，杀戮当地居民。结果，哈德良一纸禁令,犹太人从此不得再进入塞浦路斯。

就这样,犹太人失去了自己的祖国。犹太人大流散政策经元老院决议通过,于公元135年正式生效,并一直持续到20世纪中叶以色列建国。就这样,搅得哈德良心神不安的犹太问题得到了彻底解决。从此,犹太教徒再也没有发起过大规模的叛乱。

研究罗马史时,已经再无必要提及犹太民族。但是通过回顾以往的历史,我想,或许对我们理解罗马人与犹太人的关系会有一点帮助。

罗马人和犹太人

公元前63年,在出征东方期间,庞培成为了第一个与犹太正式接触的罗马人。由于这位罗马将军名震地中海,而当时的犹太内讧不断,于是,犹太人请他进行调解。庞培提出,犹太人应该重新认识政教一体的统治体系。

罗马的宗教没有教典,因此没有专门的祭司阶层。所谓祭司,就是向普通信徒传授、讲解教典(或者圣经)的人。犹太教是以教典为依托的宗教,因此,祭司阶层的权力很大,他们认为政治应该依据教典来实施。而在罗马,既没有教典也不存在祭司阶层,政教分离非常自然。

庞培作为罗马人所提出的政教分离方案自然遭到了犹太人的拒绝。于是,这位罗马将军认为既然如此,就只有通过武力来征服犹太了,于是他向耶路撒冷发起了进攻。经过三个月的对抗,犹太最终屈服于罗马的统治。庞培下令摧毁了环绕耶路撒冷的城墙,犹太归入叙利亚行省总督管辖之下,但是承认其自治。

公元前47年,尤里乌斯·恺撒在征战埃及的归途中经过犹太。这个时候的他,在与庞培及其追随者的抗衡中胜出,正在一步步地确立自己在罗马世界中最高权力者的地位。此前一年,他在亚历山大停留期间,已经同意犹太人在经济活动方面享有与希腊人同等的权利。在政治方面,恺撒的想法也与庞培有所不同。

恺撒接受了犹太人的请求，让犹太教的最高祭司做犹太自治政府的领袖。他认为在犹太政教可以不分离。当然这一宽容政策的条件是犹太人不反罗马。据说三年后，恺撒遭到布鲁图及其同伙的暗杀后，很多犹太人流下了伤心的眼泪。

奥古斯都以恺撒描绘的伟大蓝图为基础创立了罗马帝国。我在想，如果他像继承恺撒的其他很多想法一样，继承了恺撒对犹太的政策的话，其后罗马与犹太的关系是不是会完全不同呢？

对疆域辽阔的罗马帝国如何实行统治，是以庞培为首的罗马元老院和恺撒发生激烈冲突的分歧所在。元老院派坚持沿用元老院体制，认为国家应该由罗马社会的精英，即300位（进入帝制时期后增加到了600位）元老院议员来统治。在政治史上，这种体制叫寡头政治。恺撒与他们针锋相对，他的理由是：首先，300人合议进行统治的效率极其低下；其次，这种体制不可避免地会出现元老院阶级的僵化，导致不同阶层之间流动性的丧失；再者，因为罗马帝国作为统一的命运共同体，实施的政策是同化包括曾经的战败者在内的所有人。领导者阶层一成不变的体制不利于维持帝国的长治久安。

假若支持元老院体制的庞培、西塞罗和布鲁图等人所代表的共和制一派在斗争中获胜的话，罗马会不会一直维持共和国的政体呢？或者会不会成为像后来的英国和法国那样，属于本土统治殖民地类型的帝国呢？然而，胜利者是恺撒。通过本土和行省一体化，他使帝国成为一个命运共同体，使罗马走上了一条普通的帝国之路。

站在伟大设计者的角度去看，普通帝国的罗马是这样的。

罗马征服西方的这一时期，西方还没有统一的国家，部族数量众多，相互间纷争不断。罗马征服当地部族后，承认他们居住的村落及其周边地区为地方自治体，享有自治权。同时给部族首领和家人以世袭的罗马公民权，把他们接纳到帝国之中。此外，在每个重要的位置建设殖民城市，作为罗马军团兵期满退役后定居的地方。那个时代的"高速公路"——罗马大道遍布各地，联结当地人居住的地方自治体和罗马人居住的殖民城市。在帝国的西方，罗马实施统治的核心就是地方自治体和殖民城市。

在被罗马人征服以前,东方的历史与西方不同。希腊以东,城邦国家和王国的历史很长。罗马人非常善于协调与不同民族之间的关系。他们会根据不同情况,采取不同的对策。在东方,可以供士兵期满退役后定居的殖民城市极少,这样的城市是帝国潜在的防御基地。于是,罗马人把统治的重心放在了城邦和王国上。希腊系各城市继承了城邦传统,非常配合罗马的统治。在罗马统治之下,希腊人不仅享有充分的自治权,而且与近邻城市发生争执时,罗马人会出面调解;当他们受到外敌入侵时,罗马人会出面保护自己。因此,对希腊人来说,他们很愿意接受罗马的统治。此外,对于那些习惯中央集权制即王权的地方,罗马采取的政策是把王国变成罗马的同盟者,纳入罗马的统治之下。不用说,帝国的大动脉——纵横交织的罗马式大道也遍布了东方各地。

中央集权和地方分权并存就是罗马帝国的真实写照。正因为如此,恺撒作为罗马帝国的第一位伟大设计者,才会认为犹太的特殊统治形式完全可以接受。

当然,不同于"普通"的"特殊"无疑是异类。犹太民族有着自己是上帝选民的思想,他们坚定地相信自己是一神教徒,不承认任何其他神。《犹太战争史》的作者约瑟夫斯为了替犹太民族辩护,写下了《反阿皮翁》一文。其中有这样一段话:

> 法律规定,希望在犹太人的法律下生活的其他民族,我们表示欢迎。但是,不遵守犹太人的法律,只想得到生活的便利,拒绝他们才是正确的做法。

在这一点上,历史学家塔西佗的说法代表了同时代罗马人的看法:"犹太教徒对于和他们的生活方式不同的人,即使表面上并未表露,内心总是怀有强烈的憎恶感。"塔西佗甚至断言说,犹太教不是宗教,只是迷信,因为它完全否认他人的神。

现实生活中的犹太人以上帝不允为由,拒绝承担公职和服兵役的义务,却在经济方面要求平等的权利。在罗马共同体的其他成员看来,这样的民族实在令人难以接受。尤其是希腊系居民,他们对犹太系居民最没有好感。因为他们辛辛苦苦建设起来的城市,不知什么时候住进了犹太人;他们好不容易发现的一条航路,犹太人使用起来心安理得。犹太人不但不会开发新的航路,甚至连危险的海域都不去,他们只想着如何卖掉货船运来的物资挣钱。帝国东方的暴乱,可以说几乎都发生在希腊系和犹太系之间。为此,罗马不得不经常为这两个民族之间的纷争出面进行调停。克劳狄乌斯皇帝《致亚历山大公民的一封信》就是其中一例。

统治者的职责之一是调解其统治下的人们之间的矛盾。因此,在这方面,罗马从来不辞辛苦。但是,对于自由的理解,希腊人和罗马人与犹太人不同。

如果你认为自由中还有选择的自由,那么你所持的就是希腊和罗马的自由观念。但是,对于犹太教徒以及近代基督教徒来说,他们的自由中没有选择的自由。对他们来说,自由就是遵循神的教诲建设国家。也许你认为免除了他们的公职及服兵役义务,也同意他们有周六和周日,就是给了他们自由。但是,对他们来说,只要他们要的那种自由得不到承认,就是没有自由。

既然犹太人是这样一个民族,那么全面接受他们的特殊性,即按照他们的愿望,允许其在巴勒斯坦建设政教一体的国家又有何不可呢?有上帝选民思想的犹太人并不想把自己的生活方式渗透到其他民族中去,我们甚至很少听说犹太教徒的传教活动。因为他们认为犹太教徒的人数过多,上帝选民的珍贵之处就会被弱化。既然这样,允许他们在帝国的某个地方建立一个祭司阶层统治的国家又有什么不可以的呢?如果犹太人满足于此,并且愿意稳定下来的话,那么,对于帝国的统治来说不也算是一件好事吗?正因为他们在犹太本土无法实现这种自由,所以,居住在帝国东方各城市的犹太人才会带着怨愤不时地揭竿造反。

在经济权利方面,恺撒让犹太人享有了和希腊人同等的权利,他的这一政策很值得我们思考。犹太人的生活方式从来都是围绕宗教的,所以常常陷于孤立。对犹太人来说,他们与帝国相连的"血脉"就是经济活动。恺撒认为有必要阻止犹太民族的封闭倾向。当然,他这样想不是出于人道的考虑,而是因为他知道封闭是导致关系激化的温床。

继恺撒之后的奥古斯都，几乎在所有问题上都继承了恺撒的思想，唯独在犹太问题上，他的想法与恺撒相左。奥古斯都是一位罕见的"政治人物"。作为政治人物，他甚至超过了恺撒，但是他构思不出真正具有战略意义的伟大蓝图。他认为对于犹太这一特殊群体，实施间接统治才是上策。于是，犹太人中的希律王成了统治犹太的真正主人。由希律王统治犹太还有一个好处，希律王是个专制君主，他绝不允许以最高祭司为首的祭司阶层对政治指手画脚。所以，只要希律王的统治能够持续，在犹太就有可能实现政教分离。我想奥古斯都作为西方人，也许他和其他西方人一样，认为统治必须做到政教分离。

奥古斯都对犹太问题的处理方法决定了其后罗马帝国对犹太的政策。希律王死后，犹太人要求恢复神圣统治，奥古斯都一口拒绝。他选择了从罗马派遣长官，对犹太实施直接统治。但是，他给了犹太人更多的自由，甚至连司法权也予以认可，当然杀人除外；还成立了由70位长老组成的议会，并对该议会提供支持。

奥古斯都一定以为自己已经给了犹太人足够的自由，然而，犹太人依然认为自己没有"自由"。这实在是一个不幸的误会。

研究罗马和犹太问题的学者大体可以分为两类：一类着眼于犹太是怎样受到罗马帝国的压迫；另一类着眼于罗马对犹太采取的政策是如何的宽容。我认为无论从哪个角度研究罗马和犹太问题，他们做的都是无用功。因为不管犹太人如何坚称自己深受罗马人的压迫，罗马人永远也不会理解；相反，不管罗马人如何强调自己对犹太人已经宽容之极，犹太人依然一如既往地疾呼"我们要自由"。

尤其是继奥古斯都之后的提比略皇帝，他过于顾虑犹太人感受的种种做法让人觉得那不过是善意的无为之举，从一开始就是错误的。但是，就像历史学家塔西佗记述的那样，无疑，"提比略统治期间，犹太是太平的"。也许因为皇帝的态度如此，罗马的官员们也纷纷效仿，他们为了不刺激犹太人，一味地维护犹太人，甚至不惜违反罗马的司法制度，处死了耶稣基督，因为正是控制了耶路撒冷、对犹太社会有强大影响力的祭司阶层强烈要求处死这位自称救世主的犹太年轻人。

随着时代的变迁，当初致力于为希腊人和犹太人进行调解的罗马人也在改变。罗马人的改变或许与犹太人态度的强硬程度成正比。尽管如此，除了卡利古拉皇帝时代发生的事件（《罗马人的故事 7·臭名昭著的皇帝》中有详细描述）之外，罗马对犹太人采取的政策始终是宽容的。例如，继卡利古拉皇帝之后的皇帝克劳狄乌斯再度尝试了由犹太人统治犹太的方式。遗憾的是，犹太方面对罗马的敌意非但没有减弱，反而更加强烈。与此同时，罗马方面的焦虑感也在增强。它体现在，派往犹太的官员们对犹太的统治越来越严厉，引起的后果就是在尼禄皇帝末期，爆发了大规模的犹太叛乱。自恺撒遭暗杀以后的 110 年间，罗马与犹太之间的关系一路磕磕绊绊地走来，到了这个地步，对于犹太所提出的建设政教合一国家的要求，罗马已经不可能作出让步了。而犹太人依然坚持只有满足这一条件，对他们来说，才是真正的自由。公元前 1 世纪起，罗马以统治者的姿态登上历史舞台，把此前的统治者希腊人赶下了台。为此，犹太人曾一度对罗马人心怀感激。然而，到了公元 1 世纪的这个时候，曾经的感激已彻底变成了敌意。

后来先后成了罗马皇帝的韦斯帕芗和他的儿子提图斯对犹太的叛乱都实施了镇压。其间，因为尼禄皇帝的死以及其后的内乱，镇压中断了一年半。但是，他们的镇压给罗马带来了导致耶路撒冷沦陷的犹太战争。这场战争始于公元 66 年，终于公元 70 年秋天。关于这场战争的经过，我在《罗马人的故事 8·危机与克服》中已经作了描述，所以在这里略去不提。但是，这场战争发生之前和以后，犹太的情形出现了翻天覆地的变化。

第一，耶路撒冷自治机构"70 人长老议会"被迫解散。

第二，此前，罗马在耶路撒冷连一个中队也没有派驻，此后则派驻了一个军团。这意味着罗马不再承认犹太自治，而要对其实行直接统治。

第三，无论居住在犹太本土还是生活在海外的犹太人居住区，凡是犹太教徒，作为义务，每人每年要捐献 2 德拉克马的香火钱。犹太战争之前捐献的对象是耶路撒冷大神殿。在此之后，韦斯帕芗皇帝把捐献对象改成了罗马的朱庇特神殿。事实上，韦斯帕芗没有太复杂的想法，他只是想借此对犹太祭司阶层实行经济制裁，从而阻止犹太人的反罗马活动。但是，对犹太教徒来说，这一规定触犯了他们的神，是他们难以接受的屈辱。

希腊的德拉克马与罗马的银币等值。如果研究者们所说的每人2德拉马克正确的话，那么也就是每人2银币。在韦斯帕芗时代，军团兵的年薪是225银币。所以2银币相当于一个士兵年薪的1/112。10年后，到了图密善皇帝统治的时候，士兵的年薪提高到了300银币，所以犹太人捐献的金额，在公元84年以后，只是一个士兵年薪的1/150。罗马时代，消费者购物需要缴纳营业税（或消费税），税率是1%。所以从金额上来说，只要没有穷到吃不上饭，对任何一个犹太人来说都不是什么负担。然而，问题不在金额上。

"摩西十诫"中的第一诫就是除了犹太人的神，不能把其他任何东西当做神。作为犹太教徒，他们必须遵守这一戒律。因此对他们来说，尽管金额不大，但是由于捐献的对象是朱庇特神，所以这种行为本身已经违反了戒律的规定。

由于献给罗马卡匹托尔山上的朱庇特神殿的捐款只向犹太教徒征收，所以，人们给这一捐款取了一个名称叫"犹太人税"。这个说法深得犹太人的赞同。因为犹太人更愿意把一年一度向朱庇特神捐献的2德拉克马看做是罗马向犹太人征收的税而不是捐献。站在他们的立场上，这种心情很容易理解。但同时，我想这也是罗马人和犹太人之间的文化摩擦。

尽管如此，按塔西佗的说法，"在韦斯帕芗、提图斯、图密善、涅尔瓦以及图拉真的统治期间，犹太都是太平的"，只是，这种太平不过是犹太人把怨愤压在心底的、表面上的"太平"而已。

图拉真皇帝对待犹太人的态度非常理性，因此在犹太人眼里，他也是一位好皇帝。尽管如此，当图拉真专注于攻打帕提亚的时候，他们还是乘机举起了反旗。公元115年，犹太发动起义，激起了罗马人的极大愤怒。罗马人最憎恨毁约和乘人之危的行为。再加上，有消息说，在这次叛乱中犹太人与敌人帕提亚暗中勾结。如果罗马方面得到的这个情报属实，显然这是卖国行为。这次叛乱除了犹太本土，还波及了塞浦路斯以及昔兰尼加等海外的犹太人居住区。这一情况促使罗马果断采取了措施。继图拉真之后的哈德良首先着手解决的问题之一就是镇压犹太人的这次叛乱。

这一时期，"和平"暂时得到了恢复。我想这一定是哈德良的想法：他想通过清除涌动于地下的反叛岩浆，来彻底解决犹太问题。如果恺撒之后的皇帝们采用了他的方式，罗马与犹太之间的关系很可能是另一番景象。然而，到哈德良执政时，距离恺撒时代已经过去 170 年。罗马对犹太采取的政策，唯一的目的已经变成了维持帝国的秩序。对于哈德良来说，他能做的事情也只有这一件。他对待犹太教徒的态度是无所忌惮的，他不仅禁止犹太教徒实行割礼，而且还建起了一座名叫"埃利亚卡匹托尔"的城市。为了惩罚为此敢于造反的犹太人，他毫不犹豫地对犹太人采取了"大流散"的政策，把犹太教徒全部逐出耶路撒冷。

有研究者批评哈德良在打压犹太教徒势力的同时，助长了基督教徒的势力。但是，这样说并不公平。哈德良没有打压所有的犹太教徒，他打压的只是反对罗马统治的犹太教徒。对于那些愿意接受罗马统治的犹太教徒，他没有采取任何打压措施。在犹太激进派与罗马之间的矛盾不断升级的过程中，基督教徒和犹太教徒彻底决裂。基督教徒并不反对罗马的统治，因此他们可以继续居住在耶路撒冷。

有一点可以确定：不管犹太人是否起来反抗罗马的统治，哈德良对犹太教徒的感情始终是冷漠的，他对犹太人的处世理念深恶痛绝。犹太教徒认为，真理只属于他们，独一无二的神就是他们的真理。在哈德良看来，他们的这种处世理念是视而不见人类社会多样性的态度，是过于自我的表现。他无法接受犹太人对信仰其他诸神的人们所表现出来的轻慢，无法接受犹太人因为崇拜自己的神而憎恨人类的偏见。由于深受希腊罗马文明的影响，哈德良有这样的想法非常自然。因为希腊哲学的本质是不墨守成规，可以随时提出质疑。如果这一时期的基督教徒与犹太教徒一样，也起来反抗罗马，发动叛乱的话，我想哈德良一定会毫不犹豫地同样对他们实施镇压。

攻占耶路撒冷的公元 134 年春，皇帝哈德良离开恺撒利亚，乘船返回罗马。途中没有再去别的任何地方。这时距离他离开首都已经 6 年多了，他的统治也已经过去了 17 年。回国途中，他一定在想自己该做的事情都已经完成。

晚年

5月底，哈德良已经回到首都罗马，所以，他一定是在公元134年年初，攻占耶路撒冷后马上对战后处理作出指示，然后就踏上了回国的旅途。罗马元老院一致通过用凯旋仪式来欢迎皇帝相隔6年后的归来，但是哈德良拒绝了。他把这一荣誉让给了塞维鲁斯——这位始终坚守在前线指挥犹太战争的总司令官。当然，塞维鲁斯虽然得到了这份荣誉，但是他的凯旋仪式规格远远低于作为最高司令官的哈德良的凯旋仪式。他没有能够乘坐由四匹白马拉的战车，只是骑在一匹白马上。因为罗马实行帝制以后，只有作为罗马全军最高司令官的皇帝才有资格乘坐由四匹白马拉的战车出现在凯旋仪式上。一支军队的司令官，只能像共和制时代那样，接受规格低一些的凯旋仪式。为塞维鲁斯举行凯旋仪式应该是在两年之后，因为在罗马军队占领佩特拉，犹太叛乱之火最终灰飞烟灭以后，塞维鲁斯才得以回到首都。在这期间，元老院通过了皇帝提出的法案，彻底驱逐在耶路撒冷的犹太教徒，使犹太人"大流散"正式成为罗马帝国的政策。尽管如此，有关禁止犹太教徒实行割礼这一明显带有侮辱性质的规定，一句话也没有提及。

在与相隔6年回到首都的哈德良接触后，元老院议员中的大多数人感觉他变了，只是这个时候的他，变化还不是很大，至少还没有人认为他像换了一个人一样。

就像其后《皇帝传》的作者评价的那样，在没有真正了解他的人看来，哈德良从来就是一个性格复杂的人。如果说他严厉，有时候却非常和蔼可亲；如果说他平易近人，有时候却性情乖僻；如果说他放纵行乐，有时候却坚持节欲生活；如果说他吝啬，有时候花起钱来却大手大脚；如果说他不诚实，有时候让你觉得再也没有人比他更诚实的了；如果说他不留情面甚至残忍，一转身他又表现得非常宽容。这就是哈德良。然而，在结束第二次巡回视察，又解决了犹太问题后，他从"变化不定"变成了"一意孤行"，在常人眼里，他的性格缺陷暴露无遗。他变得严厉，变得怪癖，为了一己私利，他不惜大把花钱。同时，他又表现得异常吝啬、不诚实、冷酷无情。这一阶段的罗马社会正值从"壮年"（Virlitas）迈入"老年"（Senilis）的转型期。

绝大多数研究者试图从他年事渐高的角度去解释他性情的变化。的确，自制力减弱是老年人普遍的特征之一。但是，公元134年哈德良回罗马的时候，他只有58岁。到138年去世的时候，他也不过62岁而已。虽然古代因为幼儿死亡率高，导致平均寿命偏低，但是到了七八十岁依然身体健康的也大有人在。

罗马时代的史学家们把哈德良的改变归结为疾病。《皇帝传》中有这样的内容："在巡回视察帝国全域的过程中，很多时候要在暴雨、严寒或酷暑中跋涉，这些严重损害了皇帝的健康，最终使他倒在了床上，一病不起。"

当然，这样说并不意味着哈德良回国后直到去世的4年间，是在病床上度过的。事实上，他依然带病坚持履行自己的职责，没有人可以质疑他对国事的关心。同时，在满足个人爱好方面，他也投入了一定的时间和精力，只是他再也无法掩盖体力的衰退。

从年轻时候起，哈德良对自己的健康一直充满自信，即使有时候体力透支也能很快恢复。对于渐渐变老的他来说，或许是因为自己再也不能像以前那样随心所欲地行动，所以内心产生了焦虑，结果导致性情大变。总之，这个时期，哈德良痛恨自己的身体。他的晚年与生来多病的奥古斯都全然不同。

但是，我认为除了年龄和疾病以外，导致哈德良改变的原因还有一个——那就是该做的事情他都已经做完。因为需要他做的工作已经全部结束，曾经紧绷的神经突然松弛下来，他感到极度不适。一直以来，性格自我的他突然失去了精神支柱。

当他一心一意履行皇帝职责时，他非常注意维护自己的权力。因为要做自己想做的事情，权力必不可少。为了保证权力在握，他必须控制自己的情绪。换句话说，他有所顾忌。但是现在，职责已经完成，于他而言，权力已经没有那么重要，他不再需要像从前那样有所顾忌，不再需要在意元老院及民众对自己的评价。作为一名统治者，哈德良看重的是业绩而不是他人的评价。如果与业绩相比，他更看重评价的话，在言行举止方面，他一生都会小心翼翼的。

在这里我想介绍两个逸闻,来认识一下不再有所顾忌的哈德良。

种种迹象表明,发生这件事的地点可能是圆形竞技场。既然是圆形竞技场,那一定是在举行角斗士比赛。角斗士比赛是罗马人最狂热的两项赛事之一。这一天,圆形竞技场淹没在5万多名观众发出的阵阵欢呼声中。哈德良忍受不了这种喧闹,他叫来时刻跟随在皇帝身边待命的布告官,要他下令全场安静。布告官心想,如果按照皇帝的要求命令观众安静的话,观众一定会对皇帝心生反感。于是,布告官走到贵宾席前面,向观众张开了双手。观众以为皇帝要发布什么消息,一下子安静下来,等待皇帝说话。布告官说:"这就是皇帝想要的。"

得到的回应是观众们的哄堂大笑。哈德良这才意识到自己的命令有失考虑,他向布告官表示了谢意。

还有一件事情发生在一个叫"大竞技场"(意大利语叫 Circo Massimo)的大型比赛场馆,这里可容纳的人数是圆形竞技场无法相比的。最初,尤里乌斯·恺撒对这一赛场进行改造后,可容纳15万人,后来图密善和图拉真也对其进行了改造,可容纳人数多达25万人。2000年以后的现在,作为赛场,它的规模之大依然罕见。在这个"大竞技场"进行的比赛是最受大家欢迎的战车竞速比赛,战

马赛克上留下的骑兵像

车由四匹或两匹马拉着。为了举行这种比赛，必须保证有大量的赛马、战车和驭手，所需费用很大。同时还要有类似于现代一级方程式赛车的团队组织，比赛就在这些队之间进行。主要的参赛队有四个，分别用白、红、蓝、绿四种颜色来区分。比赛中，选手要同时驾驭四匹马，所以他们必须有高超的驾驭能力。各队都会物色擅长驾驭马匹的年轻人，也会收买有一定天赋的奴隶，训练他们成为优秀的驭手。在罗马，最受欢迎的运动项目——战车竞速比赛的每个队都已经具备了完美的商业组织架构。

比赛开始后，战车要沿着宽大的跑道奔跑7圈，然后向终点冲刺。从上午到晚上，每个队都需要参加若干场比赛。这天的比赛结果是一名驭手成为了最后的胜者。

现场观众情绪激昂，齐声高呼"自由"，声浪一阵高过一阵涌向坐在贵宾席的哈德良。他们是要哈德良把那位驭手从奴隶的身份中解放出来，给他自由。

在如此氛围的赛场里，布告官即使喊破嗓子也无济于事。再加上这天的布告官好像没有在圆形竞技场时的那个布告官机灵，他把皇帝的话写在告示板上，举着这块板绕场走了一圈。告示板上写的是：

> 诸位，这个奴隶不属于你们任何人，你们没有权力要求解放他，也没有权力要求我违背法律，解放这个奴隶。

顿时，巨大的赛场观众席上陷入了一片寂静。哈德良说得没错。但是，观众们认为，不管怎样总该为这位驭手做点什么。他们觉得，以前的哈德良一定会满足观众的愿望。

四驾战车竞速比赛的明星驭手与角斗士一样不全是奴隶。驭手的收入很高，受此诱惑，选择这一危险职业的罗马公民也不在少数。就算哈德良用自己的钱买下这名奴隶给他自由，这位驭手继续驭手生涯的可能性极大，他的主人无须担心会失去这样一位优秀的驭手。事实上，既然这位明星驭手表现如此出色，他的主人应该还会给他加薪。因为在罗马，奴隶也有挣钱的机会，所以才

第二章　皇帝哈德良　| 307

有"解放奴隶"这一阶层。他们中的大多数人就是用自己挣的钱买回自由的前奴隶。在这种情况下，如果哈德良出手买下这位奴隶，不只是这位驭手本人，观众也会对他感激不尽，一切将会非常圆满。然而，哈德良此时表现出来的是性情乖僻的一面。

因为该做的都已经做完，哈德良也因此变得性情古怪。能让他的内心安宁下来的地方只有建于蒂沃利的"哈德良别墅"，意大利语不发"H"音，所以叫"Villa Adriana"。

哈德良别墅里汇聚了皇帝哈德良很多回忆。所谓回忆，就是希望想起来的事情。所以收集在这里的，不是哈德良曾经亲眼所见、亲身所到之地的全部。首先，在蒂沃利别墅的回忆里，没有建于不列颠的哈德良长城，但是有吕克昂，一个因创建者是亚里士多德而闻名的雅典高等教育机构；有雅典市的市议会——普吕坦内安国会厅；有充满异国情调的埃及老人星（Canopus）。当然，他收集在别墅里的这些建筑模型，没有仿照原样，他只是根据这些建筑及建筑所在地留给他的印象，把它们做成了具有象征意义的形状。研究者们很想弄清楚这些东西的意思，但是我想除了哈德良，大概没有人能够真正明白它们的含义。这栋别墅结构复杂，完全不同于当时的罗马式别墅，非常符合哈德良的"复杂性格"特征。

这里还有数量庞大的美术品，大概是哈德良在视察帝国的旅途中购买的。这些美术作品几乎都是希腊鼎盛时期的雕像仿制品。只是虽说是仿制，其技术水平之高令人叹为观止。不管它们是在不断制造雕像仿制品的希腊得到的，还是哈德良把优秀的雕刻家送到罗马后在罗马制造的，总之，这些美术品都称得上是杰作，充分显示了哈德良对美术作品的审美能力。

别墅里没有祖先们的肖像，这也是这栋别墅有别于罗马人普通别墅的地方。然而，别墅里见不到创造罗马历史的祖先们，不正是行省出身的皇帝哈德良的特点吗？

同样，这栋别墅里也几乎看不到罗马精英们喜欢摆在家里的希腊哲学家、诗人及悲剧作家们的肖像。取而代之的是，哈德良的别墅里有很多男性和女性的雕

哈德良别墅一角（复原模型）

像，其中有裸体雕像也有着装的雕像。

希腊人相信最美莫过于人体之美，而裸体又是最能体现美的形式。但是，用裸体形象来体现美的特权，只有诸神才有。因此，如果现实生活中的人想表现裸体美，就要雕刻成诸神的形象。例如，如果把带箭筒的皮带从右肩挂到左腋下，就用阿波罗的形象；如果拿着一串葡萄，就用狄俄尼索斯的形象。罗马人承袭了希腊人的这种想法。因此，如果罗马皇帝的雕像是裸体像，那一定是他死后被神化后的作品。哈德良收藏的艺术作品中，几乎没有历史伟人像，因此，裸体雕像中没有先皇们的雕像。除了希腊诸神，裸体雕像只有安提诺乌斯年轻貌美的形象。

除了安提诺乌斯的雕像，阿波罗和狄俄尼索斯的雕像看上去也是"感官冲击"远比"知性感受"要强烈得多。我想，如果可以把希腊鼎盛时期的雕刻家菲狄亚斯和普拉克西特列斯都雕刻过的阿波罗像，或者，哈德良时代上好的希腊时代的亚历山大大帝的雕像仿制品摆在眼前的话，比每天与一个活着时做事任性、有时还会说傻话的年轻人一起生活，应该更能感受到恬静、愉悦吧。

哈德良别墅内，无论是铺设了图案漂亮的彩色大理石地面的、只放了少量必不可少的家具的室内，还是蓄有引自附近河流的、干净而清澈的水的池畔，都矗立着沉默的美丽雕像。遗憾的是，这个别墅的主人已经无法步履轻盈地徜徉其间了。没有用人的搀扶，哈德良连走下台阶来到庭院都力不从心。此时的哈德良，就连他的不开心也会引发人们的同情之心。体力的衰退在不断加速。对他来说，更要命的是，他亲自建立的"内阁"统治机构组织齐全，不仅在他离开首都期间运转正常，而且，在他回到罗马，病倒在床上以后，这一帝国统治机构依然一如既往地履行着它的职责。因为他出色的组织能力，已经60岁的哈德良除了在别墅深居简出，没有一件事情需要他操心。

工作可以分为两种类型：一种是日复一日的工作，另一种是连贯的工作。后者的缺点是工作结束后，就会无所事事。此时的哈德良需要做的事情只剩下一件，那就是决定皇位继承人。

继承人问题

公元136年，回到本土将要满两年了，已经60多岁的哈德良知道自己不能再拖延继承人的人选问题了。体力的衰退早已难以掩饰，继续拖延就是不尽职责的行为。他与皇后萨宾娜没有生育子女，收谁为养子意味着此人将是皇位继承人。

这是众所周知的事实，它成了元老院中有权势的人一见面就会聊起的话题。但是，并非人人手中都有"王牌"。自以为握有"王牌"因而表现得比谁都活跃的人，就是哈德良的姐夫塞尔维亚努斯。

哈德良唯一的姐姐叫多米西娅·波利娜，她的丈夫就是这位塞尔维亚努斯。

他与图拉真和哈德良一样，也是出身于西班牙行省的罗马人，年龄比图拉真大 8 岁，比哈德良大 31 岁。在图拉真被涅尔瓦指定为继承人，从而成为罗马全军最高司令官后，他受命在图拉真曾经的任职地高地日耳曼担任总督。涅尔瓦去世，图拉真登基的时候，作为高地日耳曼的总督，他协助推迟回罗马的新皇帝加固莱茵河防线。或许，他也曾率领军团参加过图拉真指挥的达契亚战争。只是，此人好像并不具备出类拔萃的军事才能，因此也没能成为在图拉真发动的战争中战功赫赫的将军。另一方面，也正因为如此，他才得以避免卷入哈德良登基伊始就肃清四位将军的那起事件中去。作为罗马社会的精英，他当然也担任过"光荣的职务"，并担任过其中的最高职位——执政官。在图拉真时代，他当选过两次，哈德良时代当选过一次。共三次担任执政官的经历，再加上现任皇帝是他的内弟，因此他理所当然地成为元老院中最有权势的人之一。正是这一切，让塞尔维亚努斯变得狂妄自大。

从性格上来看，哈德良对待家人非常冷漠。我们找不到有关他生母去世的年份和他姐姐去世的年份的记录。如果哈德良对她们特别挂念或做过什么的话，应该逃不过喜欢写随笔的史学家们的笔墨。比哈德良大 30 多岁的姐夫塞尔维亚努斯大概并不了解哈德良的性格。在位皇帝哈德良的姐夫有一个孙子，也就是哈德良外甥的儿子，叫皮达尼乌斯·弗斯克斯，当时的年龄大概是十七八岁。

塞尔维乌斯坚信自己的这个孙子才是继承皇位的不二人选。我们不知道他都做了些什么。也许他利用自己是元老院实力派的身份，呼吁元老院议员拥立弗斯克斯；也说不定他一次次地召集秘密集会。总之，他的这些动作很快传到了哈德良的耳朵里。

哈德良极度厌恶背地里搞小动作的人。他对自己的绝对主导能力非常自信，因此他最讨厌有人瞒着他自作主张。虽然这不是谋害皇帝的阴谋，但毕竟插手到皇帝自己的事情。塞尔维亚努斯的举动触怒了哈德良，他派了一队近卫军到塞尔维亚努斯家，以谋杀皇帝的罪名，赐塞尔维亚努斯和他的孙子自尽。

元老院议员们好像当头被浇了一盆冷水。一位已经 90 岁高龄的老人和一位刚举行完成人仪式的年轻人被迫自尽。临死前，他们甚至连接受审判并作出辩解的机会也被剥夺了。组织专家把罗马法编纂成集，并完成了这项集大成工作的正是哈德良本人。其中就有一条法律规定不得以叛国罪提起诉讼。皇帝本人践踏了自己定的法律，这让元老院议员们想起了哈德良登基之初肃清四位最有影响力的元老院议员的旧事。他们的态度于是变得激愤起来。

事实上，哈德良有一个人选，他早就在考虑是否让此人来继承皇位。为了给群情激愤的元老院一个交代，也为了转移人们的注意力，不再关注自己杀害姐夫及其孙子的这一事实，皇帝公布了继承人的姓名。此人叫凯奥尼乌斯·康茂德，据说当时年龄在30岁上下。成为哈德良的养子后，改名叫埃里乌斯·恺撒。他的出生地是托斯卡纳地区，当时叫伊特鲁里亚，所以他是意大利本土出身的罗马人。他的妻子是哈德良登基之初被肃清的四人之一——尼格里努斯的女儿，两人育有一个6岁的儿子。

对于这一人选，元老院的反应很冷淡。甚至有议员说哈德良之所以选他为继承人，就因为他是美男子。也有议员好像对一切了如指掌似的，到处散布说，他是哈德良爱上安提诺乌斯之前喜欢过的人。埃里乌斯·恺撒有一双蓝眼睛。当听到2000年前美男子的条件是有一头金发一双碧眼，也许你会觉得好笑，然而在罗马时代，蓝眼睛就是美男子的条件。

埃里乌斯成为哈德良的养子，意味着将成为下一任皇帝。事实上，他不只是个美男子，他的言谈举止和气质也非常优雅，同年代的其他年轻人无法与他相提并论。除此之外，他也不像元老院议员们评论的那样是个性格软弱的人。他喜欢优雅的、有品位的人和物；他善于言辞，演讲非常精彩，让听者心悦诚服。在反对他的人们列举的理由中，有一条是他爱好奥维德和马提雅尔的文学作品。但是，与冗长的维吉尔文学和过于庄重的贺拉斯文学相比，他不过是偏爱充满机智的奥维德和马提雅尔文学而已，而这仅仅是个个人爱好的问题。除了文学，他在其他方面也很有教养，完全有资格成为一国之主。此外，他还是个非常看重家庭的男人。以我的想象，哈德良之所以选择他，或许是处于补偿的心理——补偿自己为稳固权力基础，在登基之初肃清的四个人。因为埃里乌斯·恺撒当上皇帝后，他的儿子将顺理成章地成为继承人。此时只有6岁的这个少年身上，流淌着被肃清的四人之一——尼格里努斯的血液。

很难想象，像元老院指责的那样，这一人选只是哈德良一时的想法。在宣布埃里乌斯为养子的同时，哈德良也让他分享了皇帝的特权——"护民官特权"和"全军最高司令权"。同时为了与市民同庆继承人的诞生，哈德良花费 3 亿塞斯特斯举办了角斗士比赛和战车竞速活动，还发行了银币，正面为埃里乌斯的侧脸，背面为慈爱女神。我想，哈德良是真心诚意地想让埃里乌斯·恺撒来继承他以自己的健康为代价进行重建后的帝国。

埃里乌斯·恺撒

然而这位被认为是合适人选的年轻人，身体不好。按照现代医学的解释，很可能他患了结核病。哈德良认为疾病是老年人的专利，所以他不理解年轻患者的痛苦，也没有一丝一毫的同情心。他坚信只要锻炼，身体一定会恢复。

公元 137 年，又是新的一年。这一年，当选执政官的埃里乌斯·恺撒被派往前线。因为哈德良指示他应该积累指挥军团的经验。他去的前线不是科隆、美因茨这样已经城市化了的地方，也不是安条克这样能保证舒适生活的城市，而是潘诺尼亚行省的布达佩斯。布达佩斯虽然有完善的基地，但是，它是位于多瑙河畔的最前线基地。在罗马军团基地中，这是地势和气候等自然条件较为恶劣的基地之一。

基地生活给埃里乌斯的健康造成了毁灭性的打击。他以在罗马过冬为由，在经过不到一年时间后，回到了意大利本土。此时，本来就羸弱的他，身体变得更加弱不禁风。在第二年即公元 138 年 1 月 1 日举行的元老院会议上，按惯例，他应该向皇帝发表感恩演讲，感谢他指定自己为继承人。然而，就在这天的前一个晚上，他突然大口吐血，再也没有能够醒过来。

哈德良以新年伊始的 1 月 1 日不宜服丧为由，禁止为他举办国葬仪式，而且，他此时已经很常见的火爆脾气大发，说："我竟然会倚靠这座即将倾倒的墙。"他对自己非常生气，甚至说出了特别没有教养的话，他说："白白浪费了3亿塞斯特斯。"但是，埃里乌斯作为皇位继承人得到"恺撒"的称号虽然只有一年多一点的时间，哈德良还是下令用符合这一称号的规格为他下葬，让他进入了就在不久前刚刚动工建设的新皇帝陵园中。因为奥古斯都建设的皇帝园陵已经满了，这才有了新的皇帝陵园建设。这个陵园（Mausoleum）到了文艺复兴时期被改造成法王厅的城堡，叫"圣天使堡"，现在依然矗立在台伯河的西岸。

埃里乌斯·恺撒去世后，哈德良必须尽早决定新的继承人。

好像在十几年前，哈德良就已经注意到一个少年。他就是马可·奥勒留，哈德良之后的第二代皇帝。当时他的名字叫马可·阿尼厄斯·维勒斯。他是出生于西班牙的、深得哈德良信任的、两度担任过执政官的马可·阿尼厄斯的孙子。马可·奥勒留出生在罗马，父亲早亡，从小由祖父抚养。在罗马长大的这位少年刚满6岁就进入了骑士阶级，8岁被选为祭司之一。当然，他之所以小小年纪能像这样平步青云，一定是借助了皇帝的力量。当上皇帝以后，他用希腊语写过一部《沉思录》。从小他就是个勤勉好学之人，尤其醉心于希腊哲学流派之一的斯多葛派。皇帝哈德良揶揄这位少年探求真理的想法，甚至在他姓氏前加了"热爱真理"，给他取了个绰号叫"热爱真理的阿尼厄斯"。但此时，这位"热爱真理的阿尼厄斯"只有16岁。40岁登基的哈德良无法接受太年轻的皇帝。

公元138年1月24日是哈德良62岁的生日。这一天，早已不再邀请朋友熟人为自己举办生日庆宴的哈德良，邀请了一个人。接受邀请前往蒂沃利别墅的就是安敦尼。安敦尼的父亲出生于纳尔榜南西斯行省，现在的法国南部。他本人则出生于罗马近郊的拉努维奥，这年他52岁。当然他在元老院中占有一席之地，而且还是"内阁"的常任成员。也就是说，哈德良在巡回视察帝国期间，安敦尼是长期留守罗马的、值得信赖的人之一。他有一个女儿，儿子已经去世。

哈德良向安敦尼表示有意收他为养子，但是有一个条件，安敦尼必须把快满17岁的热爱哲学的阿尼厄斯和已经去世的埃里乌斯·恺撒快满8岁的儿子路奇乌斯收为养子。对此，安敦尼只回答了一句"让我考虑一下"，之后向皇帝表示了生日的祝福。

一个月后，安敦尼再次到来，告诉哈德良愿意接受他提出的条件。于是哈德良立刻宣布，收安敦尼为养子，安敦尼收阿尼厄斯和路奇乌斯为养子。同时，他利用临时措置法，即可以不征求元老院的同意，由皇帝决定的法律，修改了有关养父与养子关系的法令。罗马法规定养父和养子之间必须有一定的年龄差，虽然我们不清楚具体是多少岁，而哈德良和安敦尼之间只有10岁的年龄差。

指定安敦尼为继承人的这一决定受到了元老院的欢迎，因为大家都对安敦尼颇有好感。就这样，继承人问题一解决，哈德良作为皇帝的职责全部完成了。

迎来死亡

温暖的春天开始降临到蒂沃利的哈德良别墅，但是住在里面的人一点也开心不起来。我们不清楚哈德良到底患的是什么病，因为古人说的病名靠不住。但是，可以肯定的是，他的病情在不断加重。此时的他，即便有用人搀扶，也已经无法行走，要去开阔而漂亮的庭院里呼吸室外空气，只能躺在四个用人抬的轿子上。

罗马时代的男人，特别是一个包括自己在内的所有人都认为是精英的男人，在感觉自己已经失去了作为一个人的价值后，会认为活着是一种耻辱。对于周围的人来说，罗马统治阶层的男性们在这种时候选择绝食而死，完全可以理解。

服侍这位年老体衰的皇帝的用人中有一个年轻的奴隶，因为做事稳重、机灵，引起了哈德良的注意。有一天，皇帝叫来这位奴隶，把自己的短剑交给他，命令他用这把短剑刺向自己的胸膛。年轻的奴隶惊呆了，他流着眼泪乞求皇帝原谅，说自己无论如何不能这样做。哈德良很失望，但是没有强求。

年轻的奴隶担心皇帝哪天又会要求自己杀死他，于是向安敦尼报告了这件事。安敦尼大吃一惊，连忙赶往蒂沃利劝导皇帝："应该有尊严地接受病痛带来的一切后果。"

哈德良勃然大怒。他很气恼，他恨自己因为身体的原因，不得不听这样的劝解。他更生奴隶的气，口口声声说他犯了死罪。原因是他急急忙忙向安敦尼报告了这件事。他还向周围的人乱发脾气。安敦尼担心这个年轻奴隶的安全，甚至把他藏匿了起来。

但是，哈德良并没有放弃自杀的念头。每次安敦尼都会赶往蒂沃利，到了后来，他甚至不再劝说，而是哀求他："您要是这样做的话，我就会变成弑父的罪人。"他收走了哈德良的短剑。

这让哈德良再次大动肝火。事实上，他已经几次三番地尝试用短剑自尽，无奈连刺入自己胸膛的力气都没有。他痛切地感到自己体力的极度衰弱。在他看来，收走短剑，意味着他已经被当成一个没有思想的孩子。

蒂沃利别墅有一位御医，是希腊人。他是哈德良视察帝国之旅时随队的医生。哈德良非常严厉地命令这位忠实侍奉自己的御医为自己调制毒药，同时命令他对任何人严加保密。既然是皇帝命令，御医就有服从的义务。但是在这件事情上，服从等于犯罪。御医很苦恼，他既不能服从哈德良的命令，又不能违抗他的命令，再加上要求他这样做的是自己长期侍奉左右、内心非常敬佩的人，因此，他也不能告诉安敦尼。结果，第二天一早，人们发现御医已经死去，他喝下了自己调制的毒药。

这件事终于让哈德良幡然醒悟，他再也不想方设法结束自己的生命了。他只能自己一个人生闷气，而要让自己开心起来，唯一的办法就是尽快让病好起来，只是彻底痊愈绝无可能。于是，哈德良把无法向任何人发泄的怒气发向了元老院。

这个时期，元老院议员们经常受到来自蒂沃利的指控。对此，安敦尼首先会提交法庭，然后，一次次地拖延审判。元老院议员们对哈德良的看法已经彻底改变，原因就在哈德良不断地指控他们。《皇帝传》的作者写道：哈德良"已遭所有人嫌弃"。安敦尼劝说这位"父亲"换个环境，去海边住些日子。因为蒂沃利别墅虽然很大也很舒适，但是吹不到海风。

那不勒斯向西20公里处的海湾有皇帝的别墅。这栋别墅最早属于共和制末期的哲学家西塞罗所有。西塞罗死后，奥古斯都从他儿子的手中买过来，成了皇帝的私人别墅。其后的皇帝们一次次地对其进行修缮，现在已经变成一座非常宏伟的别墅。这一带温泉资源丰富，从共和制时代开始，罗马上流社会阶层的人们纷纷来这里建别墅。所以，作为度假胜地，这里非常出名。维苏威火山喷发导致庞贝以及周边城市被埋以后，在开阔的那不勒斯湾，位于维苏威另一侧的波佐利、拜亚、米塞诺一带，作为度假胜地，也受到了罗马人的追捧，名气越来越大。

哈德良离开蒂沃利别墅后，沿着提布提那大道前往罗马。他一定是坐轿子去的，而且一定用布帘把轿子围得严严实实。他从东面进入首都罗马，没有停留，向南直接穿城而过。罗马人是现代化道路的创始者，但是在当时，他们还没有环线的概念。所以要通过一座城市，必须穿行市内。

从罗马向南沿奥斯提亚大道来到海边后，不清楚哈德良是沿海岸线继续南下，还是选择了沿笔直的阿皮亚大道到达特腊契纳的。但是，有一点可以肯定，从特腊契纳向南到那不勒斯湾，他应该走的是沿海岸南下的图密善大道。这条大道是图密善皇帝铺设的，是去海湾最近、也是最舒适的一条大道。公元前8世纪，处于向海外发展高峰期时期的希腊人在意大利半岛建设的第一个城市是库马。选择图密善大道前往库马，海湾就在它的前面。此时是初夏时节，是包括卡普里在内的南国那不勒斯一带最美、也是最舒适的季节。

在拜亚别墅住下来后，哈德良看着海面平静、犹如染过色的碧海，脑子里想了些什么我们不得而知。但是，我们知道他作了一首诗：

> Animula vagula blandula,
> Hospes comesque corporis,
> Quae nunc abibis in loca,
> Pallidula rigida nudula,

Nec ut soles dabis iocos.

翻译过来，意思大概是这样的：

我可爱的灵魂已经穷途末路，
一直以来，我的灵魂都是肉体高贵的宾朋，
如今却变得如此阴冷、灰暗，
我想该去那个世界的时刻到了，
那个没有快乐、听不到你曾经最喜欢的玩笑的世界。

等到安敦尼接到消息从罗马赶来后，哈德良终于闭上了眼睛。时间是公元138年7月10日，哈德良享年62岁零5个月16天，统治罗马帝国21年。

民众的反应如何我们不得而知，但是，元老院议员们听到皇帝去世的消息后应该是兴高采烈的。

新皇帝召集元老院会议，宣告了哈德良的死讯，同时提出神化先皇的建议，却遭到为数不少的议员的反对。

哈德良之前的皇帝中，除了提比略生前坚辞自己死后被神化，没有被神化的只有卡利古拉、尼禄和图密善三人。元老院反对神化哈德良，意味着他将被列入臭名昭著的皇帝行列。尼禄和图密善两位皇帝更是在死后受到了"记录抹杀刑"的处罚。对罗马人来说，没有一件事情比受到这种处罚更耻辱的了。一个人如果被元老院处以"记录抹杀刑"，那么，他生前的一切业绩都会从记录中删去，他的肖像会遭到毁坏，碑文上的名字也会被抹去。元老院没有给哈德良这样的处罚，但是既然有尼禄和图密善的先例，反对把他神化，事实上离"记录抹杀刑"也只差一步之遥了。安敦尼含着眼泪不断恳求议员们神化先皇。

好像是元老院不忍心辜负新皇帝的殷殷期望，结果，神化哈德良的决议最终得以通过。如果这时候元老院固执地坚持反对神化哈德良，并顺着这一势头决定处以"记录抹杀刑"的话，哈德良为重建帝国所付出的一切心血早就消失在历史的一隅，不会传到后世。因为这件事情，安敦尼得到了一个外号叫"庇护"，意思是"慈悲的人"，也因此，"安敦尼·庇护"成了历史上的安敦尼正式称呼。

安敦尼·庇护统治的第 5 年，也就是哈德良去世后的第 5 年，即公元 143 年，出身于小亚细亚的哲学家阿里斯·艾利斯泰迪斯应邀前来参加 4 月 21 日举行的建国纪念活动，他向皇帝安敦尼和与皇帝并排而坐的元老院议员进行了一场演讲。我想介绍其中的两段话：

> 对于我这样的希腊人，不，对于其他任何民族来说，现在，要去一个地方旅行，非常自由、安全而且容易。只要是罗马公民权所有者，连证明身份的文件都不再需要申请。不，甚至不一定是罗马公民，只要是生活在罗马帝国统治之下的人们，自由和安全都可以得到保证。

> 荷马曾经说过这样的话："地球属于每一个人。"罗马把诗人的这个梦想变成了现实。你们罗马人测量并记录下了纳入你们保护之下的所有土地。你们在河流上架设了桥梁，在平原甚至在山区铺设了大道。无论居住在帝国的何处，完善的设施让人们的往来变得异常容易。为了帝国全域的安全，你们建起了防御体系。为了不同人种、不同民族的人们和谐地生活在一起，你们完善了法律。因为这一切，你们罗马人让罗马公民之外的人们懂得了在有序稳定的社会里生活的重要性。

邀请阿里斯·艾利斯泰迪斯演讲是为了庆祝罗马建国，所以也许你会认为他是闻名全帝国的著名学者，年龄应该和皇帝安敦尼·庇护一样 50 岁出头，或者与先皇哈德良一样，已经 60 多岁。然而，艾利斯泰迪斯在作上述演讲的时候，只有 26 岁。也就是说，皇帝和元老院没有邀请著名学者，而是邀请了这位出身于小亚细亚、其学识刚刚崭露头角的年轻学者。由此，我们知道了上面两段颂词不是出自已经在享受既得权益的中老年人之口，而是出自下一代年轻人之口。

当然这些话是说给罗马当时的统治者们听的。但是，说这些话的时候，离哈德良去世只有 5 年。所以，我想，这些话应该最适合刻到哈德良的墓碑上。就像 1800 年以后，有研究者说："不是行省人民派代表到罗马诉说自己的要求，而是皇帝下到行省倾听行省民众的心声。"

第三章
皇帝安敦尼·庇护
（138年7月10日—161年3月7日在位）

NON UNO DIE
ROMA AEDIFICATA EST

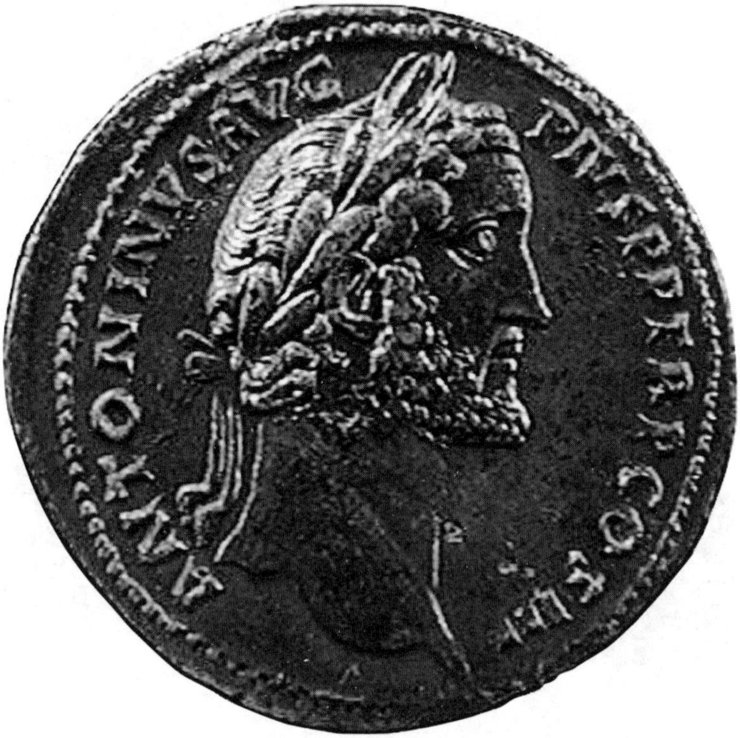
ANTONINVS AVG

幸福的时代

要讲述这位皇帝的统治,像图拉真和哈德良的章节那样按年代顺序几乎是不可能的。至于为什么不可能,我想,您在阅读的过程中,自然会了解。一句话,因为没有值得大书特书的事件——也就是新的事情,这也是他作为皇帝实施统治的特点。

后来的人们把从涅尔瓦登基的公元96年,历经图拉真、哈德良和安敦尼·庇护,到公元180年马克·奥勒留去世的这个时期叫做"五贤帝时代"。与五贤帝同时代的罗马人也把这个时期称做"黄金世纪"(Saeculum aureum)。然而,真正配得上用"黄金的"(aureum)这个词来形容的三位皇帝就是图拉真、哈德良和安敦尼·庇护。如果用皇帝的名字作为书名来写他们的话,可以用副标题对他们进行评价如下:

图拉真——"至高无上的皇帝"(Optimus Princeps)。
哈德良——"和平的罗马和永恒的帝国"(Pax Romana et Aeternitas Imperii)。
安敦尼·庇护——"稳定的秩序"(Tranquilitas Ordinis)。

从"稳定的秩序"这一说法我们可以了解到,在安敦尼·庇护统治的23年间,是用稳定的秩序统治帝国全域的时期。但是,稳定的秩序很难出"新",同时,这一时期的皇帝也没有任何丑闻。如果有哪怕只是些微的"新"或"丑闻",喜欢写随笔的编年史作家一定会欣喜若狂。既没有戏剧性的生活,又与丑闻无缘,不仅同时代的史学家们,对于后世的传记作家来说,写安敦尼都是一件"无从下手"的事情。因此,直至今日,关于他的传记,除了《皇帝传》中有一个章节之外,我们完全找不到。原因就在于他没有任何能激起同时代人好奇心的举措,在他统治期间,也没有发生任何能激起后世学者及作家产生好奇心的事件。

但是,他是一位真正的"贤帝"。按照意大利文艺复兴时期的政治思想家马基雅弗利的说法,一位领袖必须具备三个条件,那就是"能力"(Virtu)、"运气"（Fortuna）和"时代的适应性"（Necessita）。马基雅弗利认为，即使有能力也有运气，但是，如果不能顺应时代要求的话，就不是好的领袖。

与图拉真、哈德良一样，安敦尼·庇护完全满足这三个条件，虽然他与前两者从性质上来说并不相同。对于被统治者来说，所谓幸福的时代也许就是在满足这三个条件的前提下，不同"类型"的领袖更替的时代。

在日本曾经有一个时期，每次进行国会议员选举时，都会有人说："与其推荐那些自己想出人头地的人，倒不如推荐推荐者愿意推荐的人。"事实证明，这句话直到现在都没有失去它的意义。如果套用这个标准的话，我想图拉真应该属于"想出人头地的人"和"推荐者愿意推荐的人"各占一半的类型，哈德良显然百分之百属于"想出人头地的人"的类型，而接下来要讲述的安敦尼·庇护皇帝则百分之百是属于"推荐者愿意推荐的人"这一类型。只是有一点我们不能忘记，安敦尼·庇护继承皇位的时候，正是最适合"推荐者愿意推荐的人"来统治罗马帝国的时代。

安敦尼·庇护出生于尼马苏斯（今尼姆）。在登基后，他的正式名字改成了"Imperator Caesar T. Aelius Hadrianus Antoninus Augustus Pius"。尼马苏斯位于罗讷河附近，属于现在的法国南部、当时的纳尔榜南西斯高卢行省。在罗马时代的高卢，它是重要的城市之一，因嘉德水道桥（Le Pont du Gard）而闻名。这座高架引水桥在2000年后的今天依然还在。尼姆的原住民是高卢人，罗马承认高卢人的村落为"地方自治体"。它不像图拉真和哈德良的出生地——意大利卡那样，是作为罗马军团兵期满退役后居住的殖民地而兴建起来的城市。也就是说，在尤里乌斯·恺撒的推荐下，进入元老院的这位出生于尼姆的人不是来自意大利本土，而是"罗马化了的高卢人"。不同于图拉真和哈德良的祖先，安敦尼·庇护的祖先是被罗马征服的高卢人。

作为行省出身的罗马皇帝，图拉真和哈德良是第一代，安敦尼·庇护应该处于第三或第四代。他是祖父那一辈移居到意大利本土的，在尼姆早就已经没有房子和土地了。

事实上，与当时的人相比，现在的我们似乎更关注皇帝的行省出身身份。在罗马时代，除了第一代皇帝不得不时刻提醒自己是出身行省以外，后来，几乎没有人在意自己的出生地了。也许全帝国包括行省在内的人民，一致认为帝国是一个大家庭（拉丁语叫 familiar）。事实上，安敦尼·庇护家族虽然是行省出身的罗马公民，但是到了他这一代，作为罗马公民已经是第三或第四代了，所以在他身上完全看不到一丝一毫行省的痕迹。他的祖父和父亲都担任过执政官，出身于这样一个家庭，他很自然地认为自己就是罗马人。

他出生在图密善皇帝最鼎盛的时期。公元86年9月19日，后来的这位皇帝在首都罗马沿阿皮亚大道南下30公里左右的拉努维奥诞生。也许是父亲因公务总不在家的原因，他的少年时代是在祖父家度过的。祖父离世，父亲也去世后，他的外祖父担负起了养育他的责任。外祖父的别墅位于从首都罗马沿罗马古道向北20公里的拉鲁芬。这里就是他从少年到青年时期生活过的地方。这位年轻人接受了全面的教育，而且长得既健康又漂亮，深受大家的喜爱。他还继承了包括祖父和外祖父在内的众多亲属的遗产。在进入元老院之前，安敦尼已经是罗马屈指可数的富翁之一。对于罗马人来说，遗产不一定只留给直系亲属，它也可以作为奖励，留给同族中前途在望的年轻人。正因为如此，奥古斯都提出了古代最早的"遗产税"，并使之成为罗马国家的税收之一。这一税种通称"二十分之一税"，只向罗马公民征收。但是如果继承人为直系亲属，则免征遗产税。

这一时期，一个出身元老院阶级的年轻人理所当然要走担任"光荣的职务"的发展道路，成为帝国的精英。安敦尼在图拉真统治期间的公元111年当选了财务检察官，公元116年进入元老院，同时当选了法务官。他当选执政官是在公元120年，此时已经进入哈德良的统治时代。其后，在负责国家行政的"内阁"中任职多年。"内阁"是皇帝哈德良因为长期离开本土视察帝国各地，而授权负责国家行政的一个机构。在49岁到50岁的那一年，他以前执政官的身份，出任了亚细亚行省的总督。其间，他广施善政，获得了一致好评，被认为是元老院人事安排中最成功的案例之一。

可以看出，安敦尼的职业生涯不是源自皇帝的任命，而是典型的元老院人事安排。也就是说，安敦尼完全没有在前线执行公务的经验。去行省任职也只是一次，而且还是在小亚细亚西部。这里的文明程度之高，在帝国境内屈指可数。罗马没有在这里驻扎军团兵，甚至连官邸警备都由当地的辅助部队的士兵担任。罗马皇帝是罗马全军的最高司令官，也是帝国安全保障的最高责任人。不能不说，作为皇帝，他完全没有军队指挥的经验，是一大缺憾。

幸运的是，安敦尼继承的罗马帝国已经非常稳固，因为图拉真确立了多瑙河防线，哈德良又对帝国境内左右防御体系进行了整顿。的确，他不适合做乱世的皇帝。但是，统治一个和平的帝国，他完全可以胜任。因为他只要管理好正常的行政就可以。哈德良一定很清楚这一点，所以才会指定安敦尼做自己的继承人。而安敦尼本人又比任何人都清楚自己统治的这个帝国现状，所以，他才有可能在继前两位皇帝之后，成为又一位贤帝。

一个人登上最高权力者的位置后，通常会对人事进行大幅度的调整，尤其是意大利本土中唯一的一支军事力量——近卫军团的指挥官，皇帝通常会任命自己的心腹。但是，安敦尼既没有调整其他人事，也没有撤换近卫军团指挥官，他完全延续了哈德良安排的人事。至于近卫军团长官，在任的时间更是长达20年，直到他主动提出辞呈希望隐退，才换成安敦尼选出的人。安敦尼·庇护之所以没有调整人事，一方面是因为哈德良的人事安排非常合理，因为他始终贯彻一条，即在合适的位置上安排合适的人选。另一方面是因为安敦尼的用人观。他认为一个人只要长期担任一项工作，一定可以把工作做好。他自始至终贯彻了自己的这一想法。由此可以看出，安敦尼·庇护还是一位相当固执的人。

有一次，妻子芙斯汀娜因为他的小气对他发了一通牢骚。对此，皇帝这样告诫妻子：

"你真是个愚蠢的人。我现在是帝国之主，不再是从前那些东西的主人了。"

他还说过这样的话：

"没有必要的情况下，浪费属于国家所有的资产，是最卑劣最无耻的行为。"

正因为安敦尼·庇护的想法如此，所以在和市民们同庆皇帝登基时，他没有像以往的皇帝那样，动用皇帝公库的钱来发放"一次性赏金"（congiarium），而是用他自己的个人财产发放。居住在首都罗马的公民权所有者（仅限17岁以上的男子）有 20 万人，加上驻扎在帝国防线的军团兵 16.8 万人，当时，接受"赏金"的人数多达 36.8 万人。据说每人拿到了 75 第纳尔银币，所以，这一次安敦尼的个人财产支出总额高达 2760 万第纳尔银币。

皇帝的日常生活没有改变，与登基前、担任元老院议员的时候完全一样，虽然富裕却不奢华。首先他没有建宏伟的别墅，而仅仅满足于使用已有的别墅和成为皇帝后继承下来的皇帝别墅。事实上他的确也没有新建的必要，因为已有的别墅中，仅安敦尼最喜欢去的别墅就有 8 处。只是不知道为什么，有 3 处他从来不去，那就是哈德良建在蒂沃利的别墅、图密善建在奇尔切奥的别墅和提比略隐居的卡普里岛上的别墅。虽然以我的审美观，我认为这 3 处别墅比其他任何别墅都要漂亮。

世人评价安敦尼是个没有欲望的人，我完全不同意。我认为，说这样的话，只能证明此人极其缺乏想象力。因为安敦尼的做法非常符合他的性格，虽然他的统治方法与哈德良不同，但是并不影响他取得丰硕的成果。52 岁的新皇帝登基后不久，公布了他的想法。

他宣布，自己不会去帝国各地进行巡回视察，他会留在首都罗马和意大利本土对帝国进行统治。

他的理由有两条：

一、首都罗马是帝国的中枢，留在这里便于了解更多的情况，可以根据这些情况，制定政策或采取紧急措施。

二、减轻皇帝出行目的地城市或地方自治体的经济负担。

关于第一条理由，我完全同意安敦尼的说法。因为它关系到建立一个更加有效的组织，以便及时了解情况、传递命令。前面讲过，皇帝了解情况的途径大体分两类：一是来自以行省总督为首的国家公职人员的汇报，二是来自行省的请愿。

在哈德良章节的最后部分，艾利斯泰迪斯于公元 143 年所作的演讲中，还说过这样的话：

总督作为行省统治的责任人，在决定一项政策或接到行省人民的请愿时，只要有一丝疑问，马上就会给皇帝写信，请求指示。这就是罗马帝国。在皇帝的指示到达之前，总督只会一味地等待，就好像合唱团演员等待指挥举起指挥棒一样。

如同军事才能出色的指挥官那样，罗马人都清楚收集情报的重要性。因此，他们对于情报传递的安全性和速度方面格外用心。在历代皇帝的努力下，那个时代，在情报传递的安全性和速度这两大要素方面，罗马帝国的国营邮政体系已经达到了较高的水平。陆地上传递情报，走当时的"高速公路"——由罗马式大道构成的交通网，一个驿站接一个驿站地骑马送往目的地。海上传递情报的时候，船只一进入港口，马上换乘最早出港的其他船只送往目的地。这种传递方法同样适用于普通邮件。艾利斯泰迪斯说：

只要能保证消息的传递，无论皇帝在何处，都不会影响他对帝国的统治。即使他身在帝国边境，仅靠书信也可以实施统治。因为皇帝的信一写好，就会有一个好像长了翅膀的使者（希腊语读法叫 Hermēs，拉丁语叫 Mercurius），会迅速而安全地把它送到目的地。

关于安敦尼提出的第二个理由，如果他不去帝国各地进行巡回视察的目的之一，只是为了减轻当地经济负担的话，那么哈德良实在太可怜了。的确，为了迎接皇帝一行的到来，一点费用不花是不可能的。但是，哈德良巡回视察的地方，绝大部分是边境地区，是皇后不会陪同去的地方。而随行的人中，又是以技术人员为主，几乎都是不需要花钱的人。视察军团基地的时候，他们住的帐篷与士兵们住的一样；需要留在城市里过冬的时候，有总督官邸就住官邸，没有总督官邸，就住在当地城里的权贵人家里，而且自始至终都是这样做的，因此，当地的所谓"经济负担"极轻。不但如此，皇帝视察的结果，如果需要完善防御体系，需要铺设大路、架设桥梁，军团兵就要承担起这些工程。因为军团兵的薪酬自有国家开支，所以，应该说，在经济方面，获益的是皇帝视察的目的地。

因此，我认为安敦尼·庇护的这个理由不过是一个借口，因为他的真实想法不便说出来。首先，因为哈德良皇帝长时期不在包括首都罗马在内的意大利本土，对此，本土居民一定心存不满，安敦尼·庇护要消除大家的这种不满；其次，是为了自身的健康。哈德良上了年纪后，身心备受煎熬。对此，安敦尼一一看在眼里。哈德良41岁当上皇帝，而安敦尼登基的时候已经52岁。而且，安敦尼可能与《皇帝传》的作者看法一致，他认为使哈德良痛苦万分的疾病，就是长期巡回视察帝国边境的旅途劳顿造成的。提比略很长寿，他登基的时候已经56岁，统治帝国长达23年。他在统治帝国期间，就不曾离开过意大利本土一步。因此，大概安敦尼认为要长寿必须善待自己的身体。另一方面，经过哈德良重建后的帝国一切正常，无须皇帝亲自出马前往各地监督检查。就这样，安敦尼·庇护活到了75岁，比62岁去世的哈德良长寿许多。

安敦尼·庇护几乎全盘继承了先皇的业绩，只对某些他认为不太合适的地方作了微调。而违背先皇意志的事情，他只做过两件，很难说这算不算微调的范畴。

其一，安敦尼·庇护刚登基就下了一道赦免令，撤销了哈德良在执政末期对元老院的无理指控。这件事情他做得顺情合理，既无损养父的名誉，也没有宣扬自己施行善政的意图。不会让人产生误解，以为他是在"纠正"先皇的暴政。他在撤销先皇指控的时候说，如果"父亲"活着，一定也会这样做。他的这一言行让元老院议员和罗马公民们更加觉得他是个"慈悲的人"（庇护）。

违背先皇意志的第二件事情是，按照哈德良的要求，他收了阿尼厄斯和路奇乌斯为养子。但是，哈德良还为这两位少年指定了未婚妻。他把曾经指定为继承人却因病去世的埃里乌斯·恺撒的儿子的姐姐配给了17岁的阿尼厄斯（后来的马可·奥勒留皇帝），把安敦尼的女儿配给了路奇乌斯（埃里乌斯·恺撒的儿子），并且定下了婚约。只是，对于8岁的路奇乌斯来说，他的未婚妻年纪太大了。虽然安敦尼·庇护知道自己应该尊重哈德良对年纪轻轻、30岁就吐血而死的埃里乌斯·恺撒的哀惜之情，但是他现在只剩下这一个小女儿了，因为两个儿子早夭，大女儿也在生产时死亡。他认为，从年龄上来看，女儿和阿尼厄斯结婚显然更合适。而且，他好像也想过，继自己之后的皇帝应该是阿尼厄斯，路奇乌斯要在阿尼厄斯之后。如果把女儿嫁给阿尼厄斯，那么自己的骨肉就是下一任皇帝的妻子。

当然，安敦尼没有擅自决定这件事情。他不是一个会把这种事强加于人的人，他叫来阿尼厄斯，征求了他的意见。这年已17岁、未来的"哲学家皇帝"经过考虑，同意了"父亲"的想法。

人格高尚的人

皇帝安敦尼·庇护做事从来不会擅作主张，无论是出台政策还是法案，一定会跟"内阁"或"法庭之友"这些智囊团商量。当然，他这样做并非是因为他不知道该如何作决断才征求智囊团意见的。对于如何统治罗马帝国，他有自己的理解和想法。一方面，因为他是继哈德良之后的皇帝，所以，有必要表现出对他人的尊重，避免独断专行。同时，通过"征求意见"，使自己的想法成为一项政策的做法也符合他的性格。

根据《皇帝传》以及其他历史书籍的描述，安敦尼是这样一个男人。

安敦尼·庇护

他是位美男子，长得很帅。即使在人潮涌动的人群里，他依然惹人注目。他身材修长，即使上了年纪以后，依然保持了很好的体形。但是，因为他个子高，终究没有能够避免高个子容易出现的佝偻症状。为了矫正驼背，他在托加里面穿了一件紧身衣。

他举止大方，性格开朗、行事稳重，说话声音低沉，演讲浅显易懂。他的演讲不会让听众为之狂热，却能深入人心。与其说他是演讲达人，不如说是座谈高手更准确。

他是个非常有教养的人,正因为如此,他极其重视教育。对于两位年轻的继承人,他甚至亲力亲为地负责培养。哈德良曾经推荐迦太基出身的学者弗龙托进入元老院,并全权委托他负责教育年轻的阿尼厄斯。而安敦尼则把另一个继承人路奇乌斯的教育任务也交给了这位迦太基人。

安敦尼·庇护处理任何事情都好像春日里和煦的阳光一般。他非常擅长采用

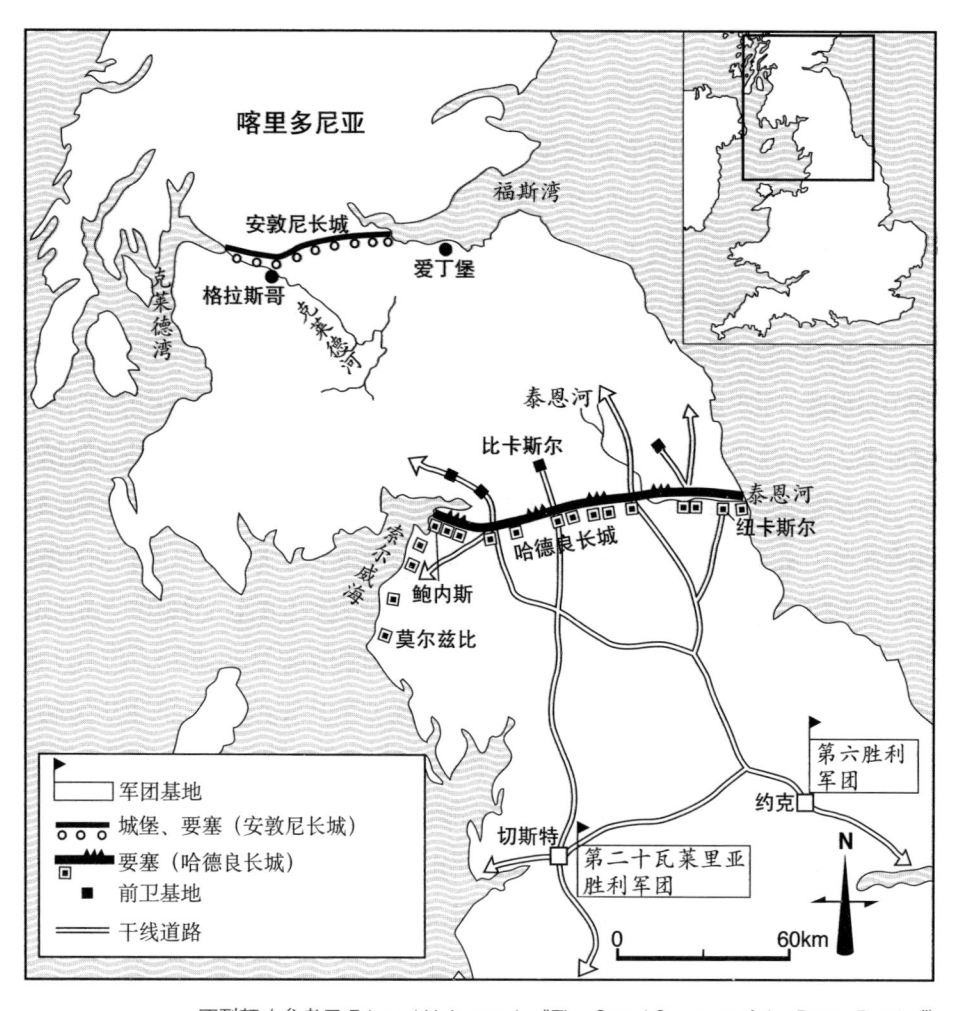

不列颠(参考了 Edward N. Luttwak, "The Grand Strategy of the Rome Empire")

平衡的策略，不会把问题扩大，也没有丝毫的虚荣心。毫无疑问，他是一位真正的保守主义者。

犹太教徒叛乱的原因之一，是哈德良强制执行的禁止割礼法。公元134年耶路撒冷沦陷以及随后对犹太教徒实施"大流散"之后，哈德良不再提这一禁令。到了安敦尼时代，这一禁令实际上已经形同虚设。安敦尼明确解除了这一禁令，但是他没有解除犹太教徒不得居住耶路撒冷的禁令。也就是说，他只解除了禁止割礼法，而"大流散"犹太人的法令依然有效。这一法令决定了犹太民族在其后1800年的历史。

罗马皇帝最大的职责是保障帝国边境的安全。为此，哈德良曾经亲赴前线地区，视察并重整了帝国所有的防御体系。皇帝安敦尼除了继承哈德良重建的防御体系，只建了一个冠以他的名字的前线防御体系，那就是"安敦尼长城"。安敦尼长城位于哈德良长城以北120公里处，长达60公里。在这条长城以北、相互呼应的瞭望塔最前端，还建了一个最前哨基地，感觉好像要深入苏格兰内陆一样。公元139年至142年，由于当地民众叛乱，驻扎在不列颠的3个军团被牢牢地困在那里。安敦尼长城和这个前哨基地，就是在镇压了当地民众的叛乱后建起来的。

建设安敦尼长城的目的只是为了巩固防线，而不是为了取代哈德良长城。如果在当时，安敦尼长城成为帝国罗马的国界线，那么位于此长城以内的爱丁堡、格拉斯哥应该难逃被罗马化的命运。但是，罗马人既没有把自己的高速公路网延伸到那些地方，也没有把位于约克和切斯特的2个军事基地迁至那里。结果，喀里多尼亚（后来的苏格兰）被留在了罗马文明圈以外。

有一份记录保留至今，那是关于安敦尼·庇护皇帝时代罗马军团驻扎地的记录。当然，这些防御体系都是哈德良确立的，他不过是原样保留下来而已。但是，我们可以从中了解到，在帝国的鼎盛期，明确专事防守的哈德良和安敦尼时代，罗马是如何实现安全保障的。罗马统治者们认为"和平"不是理想，而是今世应该享受的利益，因此，精神和物质方面的投资一样都不能少。按现代的说法，就是作为威慑力量，军事力量必不可少。

军团配置一览表

	行省名称	军团数	军团名称	基地（当时地名）	基地（现在地名和所在国家）
莱茵河防线	Britannia（布里塔尼亚）	3	II Augusta	Isca Silurum	卡莱奥恩/英国
			XX Valeria Victrix	Deva	切斯特/英国
			VI Victrix Pia Fidelis	Eburacum	约克/英国
	Germania Inferior（低地日耳曼）	2	I Minerva	Bonna	波恩/德国
			XXX Ulpia	Castra Vetera	克桑腾/德国
	Germania Superior（高地日耳曼及日耳曼长城）	2	VIII Augusta	Argentorate	斯特拉斯堡/法国
			XXII Primigenia Pia Fidelis	Mogontiacum	美因茨/德国
多瑙河防线	Pannonia Superior（远潘诺尼亚）	3	X Gemina	Vindobona	维也纳/奥地利
			XIV Gemina	Carnuntum	佩特罗内拉/奥地利
			I Adiutrix	Brigetio	苏尼/匈牙利
	Pannonia Inferior（近潘诺尼亚）	1	II Adiutrix	Aquincum	布达佩斯/匈牙利
	Moesia Inferior（远米西亚）	2	IV Flavia	Singidunum	贝尔格莱德/塞尔维亚
			VII Claudia	Viminacium	科斯托拉茨热/塞尔维亚
	Molesia Inferior（近米西亚）	3	I Italica	Novae	斯维什托夫/保加利亚
			XI Claudia	Durostorum	锡利斯特拉/保加利亚
			V Macedonica	Troesmis	依格里扎/罗马尼亚
	Dacia（达契亚）	1	VIII Gemina	Apulum	阿尔巴尤利亚/罗马尼亚
幼发拉底河防线	Cappadocia（卡帕多西亚）	2	XII Fulminata	Melitene	马拉蒂亚/土耳其
			XV Apollinaris	Satala	萨达库/土耳其
	Syria（叙利亚）	3	XIV Flavia	Samosata	萨姆萨特/土耳其
			IV Scythica	Zeugma	巴尔奇斯/土耳其
			III Gallica	Raphaneae	沙玛/叙利亚
	Palaestina（巴勒斯坦）	2	VI Ferrata	Scythopolis	贝特谢安/以色列
			X Fretensis	Aelia Capitolina	耶路撒冷/以色列
	Arabia（阿拉伯）	1	III Cyrenaica	Bostra	布斯拉/叙利亚

(续)

行省名称	军团数	军团名称	基地（当时地名）	基地（现在地名和所在国家）
Aegyptus(埃及)	1	II Traiana	Nicopolis	亚历山大东北/埃及
Numidia（努米底亚）	1	III Augusta	Lambaesis	龙柏斯/阿尔及利亚
Hispania（西班牙）	1	VII Gemina	Legio	莱昂/西班牙

合计 28 个军团　Legionaris（军团兵）……16.8 万人　（主要战斗力）
　　　　　　　　　Augiliaris（辅助兵）……14 万人左右　（辅助部队及有特殊技能的兵力）
　　　　　　　　　Numerus（临时士兵）……3 万—4 万人

此外，除了米塞诺、拉韦纳、弗雷瑞斯等军港以外，还在多佛尔海峡、莱茵河、多瑙河、黑海等地配置了海军。其组织构成除了海军士兵、划桨手、舵手，还有医生，与陆地的作战军团相似。

作为威慑力量，只要军备完善，那些试图挑起叛乱反对罗马帝国的人，就不敢贸然行动，他们必须先考虑清楚后果。也许正因为如此，安敦尼·庇护统治的 23 年间，罗马军团需要认真对付的只有前面提到过的不列颠。而在其他防线，虽然偶尔会有外敌侵扰，但是，皇帝接到报告总是在事情解决之后。还有，帕提亚国王受到来自国内的压力时，虽然照例会对罗马表现出强硬姿态，但是，只要安敦尼写信与其沟通，问题就可以得到解决。因为与哈德良相比，安敦尼·庇护更受东方专制君主们的欢迎，甚至远在里海附近的地方部族首领在安敦尼统治期间访问了罗马，并表示愿意归顺罗马帝国，而在哈德良时代，他们却拒绝访问罗马。一切似乎都很顺利，帝国子民每天生活在讴歌和平的生活中，享受着繁荣经济所带来的和平果实。

然而，天灾从来不顾及人类的辛勤努力。在安敦尼 23 年的统治期间，首都罗马发生了一次大火灾，造成 340 户人家无家可归；安条克发生了地震和火灾，市内部分地区不得不进行重建；火灾造成了迦太基市内受损等等。由于天灾不断，尤其是处于地震带上的小亚细亚西部和罗得岛发生的地震，让皇帝不得不下令成立赈灾委员会。此外，台伯河曾经洪水泛滥，阿拉伯行省瘟疫流行，法国南部的纳博讷也遭遇了火灾。

每当发生这类灾害,罗马人通常采用罗马式的解决办法。这种方法是自第二代皇帝提比略确立以后一直沿用的。它分三个步骤实施:首先,皇帝拨款发放给受害者;然后,从附近的军团基地调遣军团兵及辅助部队士兵,进行基础设施的恢复建设;最后,罗马皇帝发布临时措置法,就是根据受灾情况,在若干年内,免征行省税的制度。通常,免征年数为3至5年。

安敦尼统治期间的特点是诸事顺利,他只需要按部就班地管理行政即可。当然,诸事顺利是因为皇帝从不放松监管的结果。通常,当经济状况保持良好发展势头时,公职人员的数量就会增加。但是,安敦尼在国库持续盈余的情况下,也不会忘记财政的节流。对于那些拿空饷的人,他会毫不犹豫地予以开除。因为安敦尼不管做什么事都会把理由放在明处。对于这种情况,他的理由是这样的:

"对于国家来说,不承担责任而领取报酬的行为,就是无耻的浪费行为。"

抒情诗人米索米德(Mesomedes)出生于克里特岛,哈德良曾经为他发放年金,安敦尼果断削减了他的年金。理由是他没有发表作品,难以认定他是否具备领取年金的资格。

他坚持认为,把私有财产用于公共事业是那些富裕家庭应尽的职责。他的这种私有财产观也体现在小事上。与图拉真、哈德良一样,他也是一位频繁出入公共浴场的皇帝,只是,每次他都会给赤身相处的人们小小的惊喜。那就是皇帝去公共浴场的当天,对去浴场的所有人免收入场费。作为休闲设施,公共浴场的门票很便宜,金额本身并不大。但是免费这种事情对任何人来说都是值得高兴的。为此,安敦尼去浴场的日子,入浴者人数急增,使得属于元老院阶级和骑士阶级的人们避之唯恐不及。

安敦尼认为皇帝是公仆中的公仆,所以他认为皇帝做什么、怎么做,都应该起到表率的作用。对于他来说,做什么已经不是问题,因为前两任皇帝几乎把一切都做好了。所以,继他们之后的他,要做的事情只有一件,就是专心思考应该怎么做。

安敦尼认为,任何事情必须做到条理清楚、简单明了。同时,公正和透明是绝对条件。在人事安排方面,他尽可能避免为了情面而任人唯亲。因为他与熟人或朋友相处绝对平等,所以,他的熟人和朋友也不好强求这位皇帝。

但是,如果因此说他是一位完完全全的民主主义者,我只能说那也是罗马式的民主主义。哈德良曾经坚辞了10年的"国父"称号,安敦尼在登基一年后就接受了。而且,他一当上皇帝,就把皇后的封号"奥古斯塔"给了妻子芙斯汀娜。我想,他是真心诚意地想做罗马帝国全体人民之"父"的。他没有"做什么",但是他要通过"怎么做"来表明自己的这一立场。

登上皇位后的第三年,皇后芙斯汀娜去世。安敦尼用妻子的遗产和自己的资产,设立了一个基金,叫芙斯汀娜基金会。冠以亡妻之名的这个基金会向出身卑微的少女提供结婚资助。

像这样说不出任何缺点且人格高尚的人,往往会让人感觉很无趣。但是安敦尼不同,他的言行举止总是稳重中透着幽默,没有人因为他是皇帝而对他敬而远之。

皇宫举行宴会时,他经常邀请同盟国的君侯及行省的权贵们。以安敦尼为主人的宴请,应该是皇帝的筵席,却常常变成田园别墅里的晚餐会。每当这时,他会用自己的别墅或山庄所产的肉、鱼、蔬菜及果实等做成一道道菜肴供大家品尝。每上一道菜,他都会一一向客人解释材料是哪里弄来的。葡萄成熟的季节里,他会和众多罗马人一样,放下工作前往别墅,穿着短衣和农民们一起劳动。看着采摘下来的葡萄酿成葡萄酒,是皇帝安敦尼最开心的事。顺便提一句,与爱好狩猎的哈德良不同,安敦尼·庇护喜欢垂钓。总之,在安敦尼身上可以感受到一种完美乡绅的气息。

绅士的言行举止必须有风度,必须稳重。批评他人的时候,也要注意自己的态度。有一次,他看到未来的哲学家皇帝马可·奥勒留因为一位家庭教师去世而哭泣。身担"父亲"职责的他教导"儿子",说:

"要控制感情,有时候凭借贤者的哲学、皇帝的权力都没有用。这种时候,只能想着自己是个男人,努力自我控制。"

哲学家弗龙托虽然是迦太基人,但是他受哈德良的委托,负责身为未来皇帝的这位年轻人的教育。当年轻人长大、以马可·奥勒留之名登基后,他给这位曾经的学生写过一封信，信中对已故的哈德良和安敦尼作了比较：

> 很难说我对哈德良怀有亲近感。他是一个思维清晰的人。面对他，我只有努力让自己不要拂逆他的想法。站在他面前，就好像站在战神马尔斯或冥界之神普路同面前一样，我总是紧张万分。为什么会有这样的感觉呢？因为亲近感必须以自信和亲密为前提。他与我之间没有这样的亲近感，因此在他面前，我没有自信。我从心里尊敬他，但是，无论如何不能说我对他有亲近感。
>
> 但是安敦尼不同。我像热爱太阳一样，像热爱月亮一样，不，我好像热爱人生、热爱爱人的呼吸一样爱他。我总是坚信，他对我也有亲近感，就像我对他怀有亲近感一样。

从这段文字中可以看出，哈德良和安敦尼·庇护留给人们的印象是如此的不同。但是，所谓史实，在没有得到验证的情况下，是不能用做参考的。要验证史实，最简单的方法就是进行比较。比较他实际接触两位皇帝时的年龄和地位。弗龙托出身旧迦太基，年轻时来到罗马，是一位成功的辩护律师。受哈德良之托，负责未来皇位继承人之一马可·奥勒留的教育是在公元138年。

这一年，哈德良62岁，因为疾病，性情变得越发暴躁，让伺候在他身旁的人们总是提心吊胆。虽然他把皇帝的权限分了一半给继承人安敦尼，但是无疑，哈德良依然是统治帝国已经20年的最高权力者。

这个时期来到哈德良面前的弗龙托，据说出生于公元100年前后。所以当时年龄大概在38岁上下。38岁的人面对62岁的老人，通常都会有点紧张，更何况对方还是罗马皇帝。而且，因为高龄和疾病，哈德良怎么可能会气定神闲地对待他呢？

公元143年，皇帝安敦尼·庇护把另一个"儿子"路奇乌斯的教育也委托给了他。所以这位罗马皇帝与出身于迦太基的教育家之间，很可能接触较多。另外，哈德良和弗龙托之间年龄相差24岁，而安敦尼和弗龙托的年龄差只有14岁。

顺便提一句，老师弗龙托和学生马可·奥勒留之间的年龄差是 20 岁。

考虑到存在这些不同的因素，因此，要掩盖哈德良和安敦尼的性格差异几无可能。按照哈德良的性格，即使在他身体好的时候，也不会让对方感受到阳光般的温暖，从而消除紧张感；也不会让对方感觉月光般的宁静清澈，从而平静下来。但是，正因为他性格如此，他才能成就真正意义上的重建，也就是改革。人格完满的人没有一位能够成为改革的推动者。

但是，能够让人产生亲近感是一种"美德"，是马基雅弗利所提出的、作为领袖的三大条件之一。这个词的词源是拉丁语，应该是 Virtus。与"力量"的译法相比，把"Virtus"译成"德行"应该更适用于那些让人有亲近感的人。比较而言的话，用在哈德良身上，把"Virtus"翻译成"力量"更加合适，用在安敦尼·庇护身上的话，也许翻译成"德行"更合适。

那么，马可·奥勒留是怎么看待哈德良和安敦尼·庇护的呢？这两个人和他的关系都非常密切。前者从他小时候起就给了他很多关照，后者毫无保留地为他提供了作为皇位继承人必须积累经验的机会。从《沉思录》中，我们可以了解到他对哈德良和安敦尼的看法。

马可·奥勒留

出自罗马最高权力者之手的《沉思录》，是继尤里乌斯·恺撒的《高卢战记》和《内战记》之后出版并留存下来的唯一一部著作。当然，苏拉、提比略、克劳狄乌斯、图拉真、哈德良和塞普提米乌斯·塞维鲁也都写过回忆录或战记。但是，在帝国末期和随后的中世纪基督教时代，这些著作消失殆尽，留存至今的只有恺撒和马可·奥勒留的作品。在这部《沉思录》中，马可·奥勒留从自己向谁学习了什么开始写起，除了祖父、父亲、母亲、家庭教师（包括弗龙托）、哲学家等，对安敦尼·庇护的着笔也很多。但是，没有提及哈德良，虽然是他要求安敦尼收自己为养子，以便自己继承皇位的。也许不提哈德良，正是这位哲学家皇帝对哈德良的认识。

关于安敦尼，后世称之为"哲学家皇帝"的马可·奥勒留是这样写的。虽然有点长，我还是作了全文引用：

我从父亲那里学到了很多。

决定一件事情时，要慎重、稳健，同时要有持久的恒心；不追逐社会名利而热爱工作，对工作要有耐心；应树立这样的态度：只要有利于公共利益，任何建议都要认真听取；公正地评价每个人的成绩；根据实际情况评价一个人的能力，并据此判断应该对其严厉处置还是宽厚以待；没有同性恋的性倾向（很显然，这一点是针对哈德良作出的评价）。

他一心为公，从不强行要求他人陪同自己一起用晚餐或去别墅，一切由朋友们自己决定。若有人因公务或私事拒绝邀请，缺席晚餐会或不去别墅，他既不会表现不愉快，也不会心存芥蒂，对他们的态度一如既往。

他处理政务时很慎重，虚心聆听他人的忠告或建议。作决定时，为了避免受周围人的意见左右，他亲自了解情况。与友人相处，他不受一时情绪波动的影响，因此始终与朋友保持了良好的关系。

他满足于做自己能做的事情，因此自始至终可以做到平心静气。他不断培养自己的预知能力，不管预知的事情多么微不足道，也要力争处理完好。他从来不会因为做某件事而成为人们茶余饭后议论的对象。他不喜欢毫无意义的鼓掌喝彩和阿谀奉承，这类事情会令他徒生烦恼，他认为没有这种烦恼才能更好地履行自己的职责。

他时刻关注国家的各种需求，尽力避免浪费国家财政，为此也承受了来自民众的不满。

他不是失去理智的信徒。他信仰诸神，但不依赖诸神。

他不会为了讨好他人而无原则地赞美他们，向他们提供不合理的帮助。对任何事情，他都是有节制的，可以说他是一个非常规矩的人。因为他不是为了面子做事，而是凭良心做事。因此反而容易达到目的。

幸运女神很关照他，所以在他的一生中，他才能做到谦虚，才会没有那么多亟待他去解决的事情。

对于他这样的人，没有一个人可以攻击他，说他是诡辩家，说他不知廉耻，说他是形式主义者。非但如此，他是一个思想成熟的人，很完美，没有虚荣心，完全可以管理好自己和他人。

他尊重真正的哲学家，蔑视徒有虚名的哲学家，无论他们在社会上的名气有多大，也不会被他们的说教所蛊惑。

友善与稳重是决定他举止得体的两大要素。他很注意自己的健康，当然这并非因为他贪恋人生，他只是希望在有生之年可以很好地享受人生。在健康方面，他不会做任何毫无意义的事情，通常情况下，他会选择尽可能地自行康复。只有在迫不得已的情况下才会求助医生或药品。

他从不妒忌有才能的人，这是他最大的德行。他会为有才能的人们提供机会和相应的位置，让他们可以充分施展自己的才能。这些才能包括演讲的才能，熟悉法律知识以及其他民族风俗习惯的才能，战略上的才能，等等。正因为有了皇帝的支持，这些人才有可能一展自己的才华。他的这种做法遵循了罗马自古以来的优良传统。因为皇帝以身作则，所以，古人的优良传统在罗马领导层中间也得以复兴。

我还从他那里知道了优柔寡断、考虑不周所带来的严重后果；学到了在同一个地方重复同一种行为的重要性；学到了遭受沉重打击时，先退一步，休息之后再采取行动的权宜做法；学到了尽可能不要有秘密，如果必须保密，只限国家大事；学到了在为公民提供娱乐活动、建造公共设施、向公民和士兵发放一次性赏金时要谨慎行事，把东西和数量控制在必要的范围之内。

在私人生活方面，我从他那里也学到很多。入浴必须在结束一天的工作之后；在私人官殿和别墅的建设方面，不投入过多的精力和热情；不过分关注饮食；不关心衣服的数量和色彩；对照顾自己生活起居的奴隶不以貌取人。

他在拉鲁芬时给我写的信中告诉我，在对拉鲁芬的别墅列柱走廊进行维修时，为了避免浪费，他是怎样要求的。还有，在对图斯库鲁姆的别墅进行维修时，他也努力避免出现同样性质的浪费。

皇帝安敦尼从来都是公私分明，举止合宜，没有厚颜无耻的行为，不会言辞激烈地伤害他人。有一个词叫"事无巨细"，对任何事情他都要经过深思熟虑，所以他的言谈举止总是恰如其分，而这又使得他的言行充分表现出和谐、有序和一以贯之。

每次想到他，色诺芬笔下的苏格拉底就会浮现在我的脑海里。也就是说，他是一个不仅懂得享受快乐的人，也是一个有自制力的人。虽然大多数人往往会经不住诱惑，控制不住自己，从而过度沉溺于享乐之中。

到了迟暮之年，他的健康和耐心开始衰退，但是他仍然懂得如何用稳重沉着来弥补肌体的衰老。就像我其中的一位老师克劳狄乌斯·马克西穆斯说过的那样，他是一个清正廉洁的人，一个有不屈精神的人。

由此可以看出，马可·奥勒留皇帝一句未提哈德良的原因是不言自明的。此外，他还让我想起了一件事，就是安敦尼·庇护时代兴建的公共建筑少之又少。原因是两位前任皇帝，尤其是图拉真皇帝大兴土木，该建的基本上都已经建起来了。

被称为"哈德良陵园"（Mausoleum Hadriani）的皇帝陵园建于台伯河西岸，完成于哈德良去世一年后的公元139年。这项工程在哈德良生前已经动工，安敦尼继续这项工程，并完成了它的建设。后来成为法王厅城堡、被叫做"圣天使堡"的这个陵园中，埋葬了公元137年去世的皇后萨宾娜，138年初去世的埃里乌斯·恺撒，同年夏天去世的哈德良。后来，安敦尼的妻子芙斯汀娜也葬于此。20年后，安敦尼也在这里拥有了自己的陵寝。

根据哈德良的意见，他还在台伯河上建了一座桥，可以直接通往"皇帝陵"。安敦尼给这座石桥取名为"埃里乌斯桥"（Pons Aelius），与陵墓一样，意思是"哈德良的桥"。埃里乌斯是哈德良的家族名字。

除了这座桥，完全是在安敦尼皇帝时代新建的建筑物还有一个，那就是祭祀神化的哈德良的神殿。这座神殿位于万神殿附近，现在被用做税务机关等办公的地方。这座神殿没有完全保存下来，只剩下位于神殿右侧的科林斯式圆柱，而且

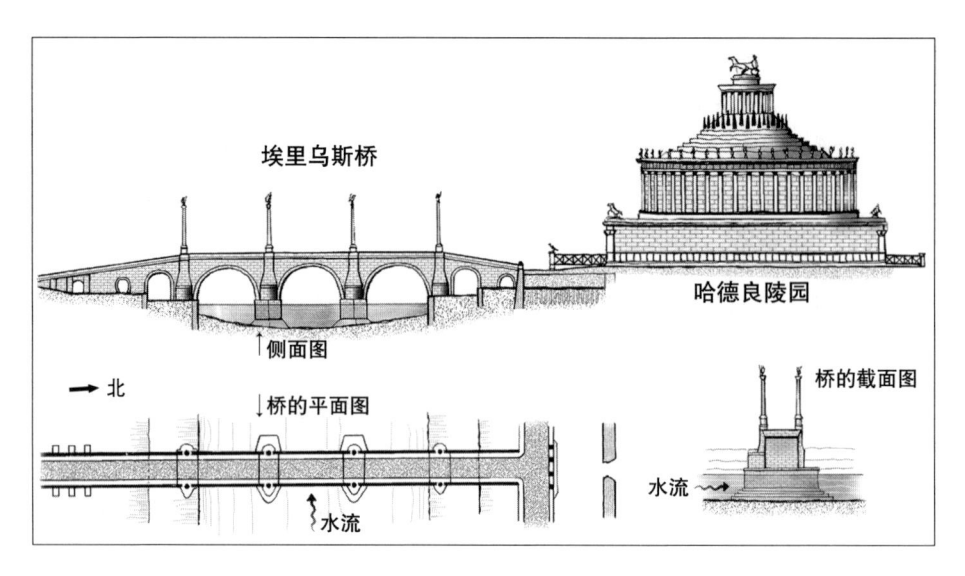

哈德良陵园和埃里乌斯桥（复原图，摘自 Vittorio Galliazzo,"I Ponti Romani"）

是 11 根圆柱与圆柱之间被水泥填埋。这座神殿建成于公元 145 年，即哈德良去世 7 年之后。朝东的入口前面有一个广场。

如果说"神君哈德良神殿"（Templun divus Hadriani）和供奉其他诸神的神殿有什么不同，那一定是装饰墙面的 38 个人物的浮雕，它们寓意着构成罗马帝国的 38 个行省。现在，罗马和那不勒斯的美术馆中只保留下其中的 16 个。任何人看到这些浮雕都会联想到，帝制时代的行省已经与共和制时代的行省完全不同，后者是屈服于罗马的，而帝制时代的行省之间却是平等的。行省人民不再是被征服的民族，他们同征服者罗马人已经完全融合在一起。卡拉卡拉皇帝时代，也就是公元 212 年，罗马帝国境内的所有自由民都得到了罗马公民权，此时距离哈德良神殿完工不过 67 年而已。

哈德良把其统治期间的绝大部分时间用在了视察帝国全域之上。所以，用寓意着各行省的浮雕来装饰他的神殿最合适不过了，甚至让我不能不猜想这是哈德良自己的主意。

除了这些，在安敦尼时期新建的公共建筑就没有了。就像马可·奥勒留说的那样，安敦尼非常满足于对已有建筑、大道、桥梁和引水渠等进行修缮维护的工作。这样的工作虽然重要却显得缺乏创新精神。

经过了幸运又幸福的23年之后，时间到了公元161年。这年春天的某一天，皇帝在拉鲁芬的别墅里吃过晚饭后不久，突然呕吐不止，把吃下去的东西全部吐了出来。这天夜里和第二天一整天，高烧不退。这年已经40岁的马可·奥勒留和29岁的路奇乌斯·维鲁斯这两位皇位继承人马上从首都罗马赶了过去。第3天，又叫来了近卫军团指挥官。再过半年就满75岁的安敦尼只说了一句话"国葬不要太隆重"，随后安详地闭上了眼睛。

罗马人认为，年老去世是很自然的事情，只有死者亲人会哀悼死者。但是安敦尼虽然是寿终正寝，元老院议员和意大利本土公民及行省人民却像死了一个年轻人似的，为他深深悲伤。所有人都为"安敦尼·庇护"（慈悲的安敦尼）之死而感到惋惜。

"国父"

作为安敦尼·庇护皇帝这一章节的结束篇，在这里我要再次提到在哈德良皇帝章节的最后部分介绍过的阿里斯·艾利斯泰迪斯，这位出生于小亚细亚的希腊学者当时刚满25岁。在皇帝安敦尼和元老院议员面前，他作了这样的演讲：

> 罗马世界终于在辽阔的疆域内实现了民主统治。我们可以认为，它是曾经的希腊城邦国家扩大了规模后的国家。领导者阶层集中了公民中有才华的一部分人，他们的出生地遍及所有行省，也就是说，统治帝国全体人民的这些人才来自帝国各地。
>
> 他们有的生为罗马公民权所有者，有的是后来取得罗马公民权的。由于他们杰出的才能以及由行政和军事构成的完美组织机构——由于这些代表帝国的人和组织机构的作用——罗马实现了对辽阔帝国的统治。

第三章　皇帝安敦尼·庇护　｜　343

战争只有边境地区才会发生，帝国内部的纷争早已结束。帝国内到处洋溢着和平、繁荣和幸福，甚至让人觉得生活在帝国之外的、在部族纷争中度日的人们看上去是如此的可怜。

罗马的门户向所有人开放。不同人种、不同民族、不同文化相互交融构成了罗马世界。生活在这个世界里的人们可以在各自的领域勤奋工作。皇帝主持祭祀仪式，庆祝全帝国人民共同的节日。不同民族、不同宗教也可以自由举行只属于他们自己的祭祀活动。这一宽容的做法维护了每个人的尊严和正义。

尽管人种、民族不同，文化各异，但是罗马通过制定适用于所有人的法律，实现了以法律为基础的共存共荣。同时，罗马还保证人们享受更多的权利，让人们知道，与罗马共存共荣对他们来说是一件多么有幸的事情。

罗马世界是一个大家庭，这个大家庭让生活在其中的人们时时意识到自己就是罗马帝国这一大家庭中的一员。

这是公元143年所作的演讲，这里说的是安敦尼统治进入第5年的罗马帝国。因此，也许有人会说，用这样的演讲内容来总结安敦尼·庇护的统治并不合适。

的确如此。因为在这次演讲之后，安敦尼的统治又持续了18年。但是，与罗马的道路网从兴建到完成的经过相比，这个结尾"完全合适"。

无论是概念还是铺设工程的彻底性，罗马的道路网可以看做是古代的高速公路网。罗马道路网从公元前312年开始兴建，到哈德良皇帝统治时期的公元130年前后完成，历时整整4个半世纪。罗马世界的形成与此相似。尤里乌斯·恺撒最先向行省人民开放元老院议席，把行省纳入命运共同体。继他之后的皇帝们虽然程度有所不同，但是在延续他的基本方针方面保持了政策的一贯性。

为了让被征服的民族认可（拉丁语叫consensus）罗马的这种生活方式，这种生活方式必须能给他们带来利益。这与罗马大道是一样的。虽然罗马大道是以方便军团行军为目的而铺设的，却为周边地区的经济发展提供了便利。

一个组织机构无论多么完善，随着时间的推移，也会不可避免地老化，无法跟上时代的步伐。因此，必须通过改革，维持并提高组织机构的效率。本书讲述的几位皇帝中，图拉真通过征服达契亚成功地巩固了多瑙河防线。通过巡回视察帝国全境，并对帝国实施重建的哈德良是担负起"改革"重任的人。继他们之后的安敦尼，他的任务不是"改革"，而是"巩固"改革成果。

假如艾利斯泰迪斯所作的这次演讲不是在公元143年的罗马建国纪念日，而是在安敦尼去世前的公元160年4月21日，我想，出生于小亚细亚的这位希腊人说的话很可能一样。

希腊人的历史和罗马人的历史最明显的不同是，前者是城邦国家之间争斗的历史，后者虽然时有权力之争，却没有城市间或部族间的争斗。

在罗马帝国，无论热爱希腊文化的皇帝尼禄和图密善多么努力，终究没有能够把奥林匹亚式的竞技会引入罗马。因为罗马人不能接受希腊人的理念：为了四年一度的体育、文化及音乐比赛，希腊人甚至可以暂时休战，汇聚到奥林匹亚。罗马征服各地以后，在帝国的西方，部族变成了"地方自治体"；在帝国的东方，"城市"享有市内自治权。在罗马的统一管理之下，部族间的抗争和城市间的争斗已经成为过去。我不怕被人说固执，我还要一次次地重复这样的话：对人类来说，最重要的莫过于保障安全和粮食。保障粮食的前提是安全必须得到保障。因此，和平才是最重要的。

与哈德良不同，安敦尼在统治帝国期间一直留在首都罗马。但是，他想要的统治，不，不只是想法，他要实行的统治，就是确保罗马帝国是一个大家庭，生活在帝国境内的全体人民都是这一大家庭的成员。

"国父"是授予皇帝的尊称，哈德良曾经推辞了很久，终于在10年之后接受了。因为他认为"国父"的称号是对皇帝作出的成绩给予的表彰。相反，安敦尼几乎在登基之时就接受了"国父"的称号，表明了安敦尼对这一称号的理解就是其字面的意思"Pater Patriae"。

尽管都是罗马皇帝，但是图拉真和哈德良作为统治者是对帝国实施了统治，而安敦尼始终在扮演父亲的角色。马可·奥勒留皇帝描述的安敦尼难道不是一位理想的父亲形象吗？

大事年表

年份(公元)	罗马帝国			其他地方
	意大利本土	西方行省	东方行省	
53		9月18日，马尔库斯·乌尔庇乌斯·图拉真在西班牙南部贝提卡行省的意大利卡出生。		
54	皇帝克劳狄乌斯去世，尼禄即位。			
55	历史学家塔西佗出生。			（日本）倭奴国向后汉朝贡，接受金印(57)。（中国）东汉第一代皇帝光武帝薨，明帝即位（57）。（中国）洛阳城西创建白马寺(67)。
61		不列颠人起义反对罗马，遭到罗马军队镇压。		
66			第一次犹太战争(～70)。	
68	尼禄自杀。加尔巴、奥托、维特里乌斯相继登基皇位。			
69	第九代皇帝韦斯帕芗即位，开启了弗拉维王朝。			
70			罗马军队攻陷耶路撒冷。	
75	图拉真以"穿红披肩的大队长"的身份，随同任命为行省总督的父亲赴叙利亚任职。			

(续)

年份（公元）	罗马帝国 意大利本土	罗马帝国 西方行省	罗马帝国 东方行省	其他地方
76		1月24日，普布利乌斯·埃里乌斯·哈德良在图拉真的出生地——西班牙的意大利卡出生。		
77	图拉真调任至驻扎于莱茵河防线的军团。			
79	韦斯帕芗去世，**长子提图斯即位**。维苏威火山喷发。			
81	提图斯去世。9月14日，**弟弟图密善登基**。图拉真当选财务检察官。			（中国）《汉书》完成。
83	图拉真进入元老院。			
86	按照监护人图拉真和阿提安的安排，10岁的哈德良来到罗马。9月19日，安敦尼（后来的安敦尼·庇护）在罗马南部的拉努维奥出生。	哈德良之父去世。		
87	图拉真当选法务官。	图密善攻打达契亚失败。		
88		图拉真被任命为驻扎西班牙的第七杰米那军团军团长。尤利安努斯根据图密善的命令，横渡多瑙河，向达契亚发起进攻，洗刷了前耻。但是没有乘胜攻打达契亚人的老巢。		
89		高地日耳曼军团司令官萨腾尼努斯叛乱。皇帝命令在西班牙的图拉真前去镇压。萨腾尼努斯自尽，叛乱结束。		
90	因皇帝的推荐，图拉真当选公元91年度的执政官。	根据监护人的安排，哈德良回到出生地意大利卡。		（中国）班超出任西域都护（91）。

大事年表 | 347

(续)

年份（公元）	罗马帝国			其他地方
	意大利本土	西方行省	东方行省	
92		图拉真被任命为高地日耳曼军团司令官，并兼任当地行省总督。		（中国）《汉书》作者班固死于狱中。
93	哈德良被召回罗马，就任行政官职，负责审查公民权、继承权。			
94		哈德良被派到布达佩斯军团基地，担任"穿红披肩的大队长"。图密善与达契亚缔结和平条约。		（中国）班超出使西域，50多国归附汉朝。
96	9月18日，皇帝图密善遭暗杀，享年44岁。元老院推荐**涅尔瓦为第十二代皇帝**。元老院通过决议，对图密善处以"记录抹杀刑"惩罚。		哈德良调任至位于远米西亚行省的第五马其顿军团。	
97	10月27日，涅尔瓦指定图拉真为继承人。			（中国）班超派遣甘英出使大秦（罗马帝国）。
98	图拉真和涅尔瓦共同担任执政官。1月27日，皇帝涅尔瓦去世，享年71岁。塔西佗撰写《阿格里科拉传》。塔西佗开始撰写《日耳曼地方志》（~100）。	1月28日，哈德良前往科隆，给图拉真带去了涅尔瓦去世、**图拉真即位第十三代皇帝**的消息。图拉真继续在莱茵河前线逗留。冬季，图拉真前往多瑙河沿岸。		
99	夏末，图拉真以皇帝的身份，首次回到首都罗马。			
100	9月，小普林尼就任候补执政官。			
101	哈德良当选财务检察官。3月25日，图拉真离开罗马，攻打达契亚。	第一次达契亚战争爆发。		（柬埔寨）在湄公河下游建立扶南国。

348 | 罗马人的故事 9：贤君的世纪

(续)

年份 (公元)	罗马帝国			其他地方
^	意大利本土	西方行省	东方行省	^
102	哈德良被任命为《元老院纪事》负责人。哈德良与图拉真侄女的女儿萨宾娜结婚。冬季,图拉真回到罗马,举行了凯旋仪式。元老院授予图拉真"德基乌斯"的称号。	与达契亚和谈达成协议(第一次达契亚战争结束)。达契亚成为罗马事实上的行省。		
103		横跨多瑙河的图拉真大桥建成完工。		(中国)蔡伦发明造纸术。
105	6月4日,图拉真离开罗马,再次前往达契亚。	春季,达契亚撕毁和约,袭击罗马军宿营地。第二次达契亚战争爆发,哈德良作为驻守波恩的第一密涅瓦军团军团长参战。		(印度)《摩奴法典》完成。
106	哈德良当选法务官。塔西佗开始撰写《同时代史》(-109)。图拉真凯旋回罗马。达契亚被纳入罗马行省之列。	春天,罗马军队再次渡过多瑙河,攻入达契亚境内。夏天,达契亚首都萨米泽杰图萨沦陷。达契亚国王德凯巴鲁斯自杀。达契亚居民被迫移居到北部边境(第二次达契亚战争结束)。	罗马吞并阿拉伯(今约旦),建立阿拉伯·纳巴泰行省。	
107	年初,为图拉真举行凯旋仪式。哈德良被任命为远潘诺尼亚行省总督。图拉真的心腹苏拉去世。			(日本)倭国国王帅升等向东汉献生口。
108	哈德良当选下一年度的执政官。			
110			帕提亚国王帕科鲁去世。围绕亚美尼亚王国的王位,帕提亚和亚美尼亚矛盾激化。	

大事年表 | 349

(续)

年份（公元）	罗马帝国			其他地方
	意大利本土	西方行省	东方行省	
111	安敦尼当选财务检察官。		图拉真把比提尼亚行省从元老院行省变成皇帝行省。秋季，小普林尼作为行省总督前往比提尼亚任职（~113年春），与图拉真互通书信。	
112	元旦，图拉真广场竣工。		雅典市授予哈德良"雅典执政官"的称号。	
113	5月，描绘达契亚战争的图拉真记功柱对外开放。图拉真利用亚美尼亚和帕提亚之间的矛盾，决定远征帕提亚，10月27日离开罗马。		哈德良被任命为叙利亚总督，与远征帕提亚的图拉真同行。	
114	夏天，元老院授予图拉真"至高无上的皇帝"称号。		春天，图拉真离开叙利亚行省首府安条克向帕提亚进军。罗马军队与帕提亚交锋，占领美索不达米亚北部。亚美尼亚成为罗马行省。	
115	塔西佗开始执笔《编年史》（~117）。元老院一致通过授予图拉真"帕提亚库斯"的尊称。		从春季到秋季，罗马军队到达底格里斯河。犹太一带发生叛乱。叛乱波及埃及、昔兰尼加、塞浦路斯。	
116	安敦尼进入元老院，并当选法务官。		冬天，罗马军队冬营地所在地安条克发生大地震，图拉真受轻伤。罗马军队占领帕提亚首都泰西封。帕提亚国王奥斯罗埃斯逃离沦陷的首都。罗马实现了最大的帝国版图。年末，到达波斯湾的图拉真为过冬回到安条克，美索不达米亚发生叛乱。	

350 | 罗马人的故事9：贤君的世纪

(续)

年份（公元）	罗马帝国			其他地方
	意大利本土	西方行省	东方行省	
117	图拉真的骨灰送回罗马。为他的骨灰举行了凯旋仪式。	不列颠发生布里甘特人起义，驻扎于此的罗马军团被歼。	图拉真病倒。7月底，把身后事托付给哈德良后，离开安条克，踏上了回罗马的旅途。8月9日，哈德良获悉自己被图拉真收为养子的消息。同日，皇帝在西里西亚的塞留斯去世，享年63岁。**哈德良即位第十四代皇帝**。8月11日，东方军团的将士们向哈德良宣誓忠诚。11月，哈德良率领军团离开东方战线。	
118	哈德良的监护人、近卫军团指挥官阿提安命令近卫军团兵杀死四位前执政官。7月，哈德良回到罗马。哈德良宣布滞纳税金一笔勾销。			
120	安敦尼当选执政官。			
121	哈德良离开罗马前往高卢。开始第一次巡回视察之旅。	4月26日，马可·阿尼厄斯·维勒斯（后来的皇帝马可·奥勒留）出生。哈德良从里昂途经日耳曼长城，视察莱茵河防线。		
122	图拉真的妻子普洛蒂娜去世。	哈德良从莱茵河河口来到不列颠，下令建设哈德良长城；从夏季到秋季，横渡多佛尔海峡，进入高卢，建设阿维尼翁城。接到普洛蒂娜的死讯后，在其出生地尼姆为她建造神殿。冬天到达西班牙，在塔拉戈纳过冬。	埃及发生暴乱。哈德良命令埃及行省长官镇压叛乱。	

大事年表 | 351

(续)

年份 (公元)	罗马帝国			其他地方
	意大利本土	西方行省	东方行省	
123	在罗马近郊蒂沃利动工兴建"哈德良别墅"。	春天,接到帕提亚局势不稳的消息后,哈德良变更计划,向叙利亚出发。	解决了与帕提亚之间的危机后,哈德良视察了小亚细亚。第二年,哈德良从小亚细亚前往色雷斯,视察多瑙河防线,直到维也纳。	
124			秋天到第二年春天,哈德良在雅典逗留。建造宙斯神殿。	
125	春天,哈德良离开希腊,访问西西里后,夏末回到罗马。			
126	春天,哈德良前往非洲,开始第二次巡回视察之旅。夏天,结束对非洲的视察后,哈德良回到罗马。哈德良命令法学家涅拉修·普利斯库斯等三人开始编纂罗马法令的集大成。			
128	夏天,哈德良出发,开始第三次巡回视察之旅(视察东方)。		哈德良到达雅典。	
129			哈德良离开雅典,视察小亚细亚、叙利亚。在安条克过冬。	
130	12月15日,路奇乌斯·凯奥尼乌斯·维鲁斯(后来的皇帝路奇乌斯·维鲁斯)在罗马出生。		哈德良视察犹太。在耶路撒冷近郊建城市"埃利亚卡匹托尔",禁止犹太教徒行割礼。视察犹太之后,前往埃及。	

(续)

年份 (公元)	罗马帝国			其他地方
	意大利本土	西方行省	东方行省	
131	按哈德良的要求编纂的《罗马法大全》完成。		在埃及游览尼罗河途中，深受哈德良宠爱的美少年安提诺乌斯溺水身亡。哈德良离开埃及，经过安条克、土耳其，前往雅典。秋天，犹太教徒以耶路撒冷为中心，在巴尔·科赫巴和拉比·阿基巴的领导下，发动叛乱。	
132			年初，科赫巴占领耶路撒冷。哈德良从雅典前往安条克。罗马军队反攻开始。	（中国）东汉的张衡发明浑天仪和地震仪。
134	春天，哈德良返回罗马。		年初，罗马军队攻陷耶路撒冷，结束了犹太教徒叛乱。哈德良把参加叛乱的犹太教徒逐出耶路撒冷，犹太行省改名为"巴勒斯坦"。	
135			安敦尼就任亚细亚行省总督（～136）。	
136	哈德良以暗杀皇帝的罪名，处死姐夫塞尔维亚努斯及其孙子。哈德良收埃里乌斯·恺撒为养子，并指定其为皇位继承人。		9月26日，参加叛乱的犹太教徒固守的最后堡垒佩特拉沦陷。	
137	埃里乌斯·恺撒当选执政官，被派往潘诺尼亚前线。哈德良的妻子萨宾娜去世。为参加第二天在元老院举行的会议而回到罗马的埃里乌斯·恺撒于除夕之夜吐血身亡。			

大事年表 | 353

(续)

年份（公元）	罗马帝国			其他地方
	意大利本土	西方行省	东方行省	
138	1月24日，哈德良生日那天把安敦尼叫到别墅，表示要收他为养子。2月，安敦尼答应做哈德良的养子，并按哈德良的要求，收马可·奥勒留和路奇乌斯·维鲁斯为养子。哈德良把马可·奥勒留的教育托付给弗龙托。7月10日，皇帝哈德良在海湾的别墅去世，享年62岁。**安敦尼即位第十五代皇帝。**围绕神化哈德良的问题，安敦尼和元老院意见相左。为哈德良辩护的安敦尼被叫做"安敦尼·庇护"（慈悲的安敦尼）。			
139	哈德良陵园建成完工。	不列颠土著叛乱。		
140	安敦尼·庇护的妻子芙斯汀娜去世。			
142		不列颠叛乱被镇压。安敦尼·庇护在哈德良长城以北建设安敦尼长城。		
143	安敦尼·庇护把路奇乌斯·维鲁斯的教育托付给弗龙托。			（印度）贵霜王朝的迦腻色伽一世即位。
145	"神君哈德良神殿"完工。			
161	3月7日，皇帝安敦尼·庇护在罗马近郊的拉鲁芬别墅去世，享年75岁。			

参考文献

一、原始资料（为方便读者查阅，也将翻译的著作列入）

阿普列尤斯（Lucius Apuleius，约125—约180年）

Metamorfosi/Asinus aureus，*Della Magia*，*Apologia*

阿里安（Flavius Arrianus，约95—175年）

《亚历山大大帝东征记》，*Historia India*

《亚历山大大帝东征记及印度志》，大牟田章译注，东海大学古典丛书，1966年

《亚历山大大帝东征记 附印度志》（上、下），大牟田章译，岩波文库，2001年

阿里斯德岱斯（Publius Aelius Aristides Theodorus，117—约185年）

Panēgyrikos eis Rhōmēn

盖伦（Claudius Galenus，129—199年）

Corpus Medicorum Graecorum

苏维托尼乌斯（Gaius Svetonius Tranquillus，约69—122年后）

《十二皇帝传》，*De viris illustribus*，《罗马皇帝传》（上、下），国原吉之助译，岩波文库，1986年

塔西佗（Publius Cornelius Tacitus，约56—约120年）

《编年史》，《同时代史》，《日耳曼地方志》，《阿格里科拉传》，*Dialogus de*

oratoribus

《编年史》（上、下），国原吉之助译，岩波文库，1981 年

《同时代史》，国原吉之助译，筑摩书房，1996 年

《日耳曼　阿格里科拉》，国原吉之助译，筑摩学艺文库，1996 年

保萨尼亚斯（Pausanius, 143—176 年）

Descriptio Graeciae

《希腊游指南》（上、下），马场惠二译，岩波文库，1991—1992 年

斐洛（Philon Judaeus，公元前 30 年前后—公元 45 年）

De vita contemplaiva

大普林尼（Gaius Plinius Secundus, 23—79 年）

《博物志》

《普林尼博物志》，大槻真一郎编，八坂书房，1994 年

小普林尼（Gaius Plinius Caecilius Secundus, 61、62—约 113 年）

《小普林尼与图拉真皇帝之间的往来信函》

《颂词》，《普林尼书信集》，国原吉之助译，讲谈社学术文库，1999 年

普鲁塔克（Plutarchus，约 50—120 年后）

《英雄传》

《普鲁塔克英雄传》（共 12 卷），河野与一译，岩波文库，1952—1956 年

《普鲁塔克英雄传》（上、中、下），村川坚太郎编，筑摩学艺文库，1966 年

弗龙托（Marcus Cornelius Fronto，约 100—约 166 年）

Epistulae

马提亚尔（Marcus Valerius Martialis, 38 ~ 41—约 103 年）

Epigrammata，*Liber spectaculorum*，*Xenia*

尤维纳利斯（Decimus Junius Juvenalis，约 50—约 130 年）

Saturae

约瑟夫斯（Josephus Flavius, 37、38—100 年）

Bellun Judaicum，*Antiquitates Judaicae*，*Contra Apionem*，*Vita*

《犹太战记》(1、2),新见宏译,山本书店,1975—1981年

《犹太战记》(3),秦刚平译,山本书店,1982年

《犹太古代志》(共11卷),秦刚平译,山本书店,1979—1984年

《反阿皮翁》,秦刚平译,山本书店,1977年

《自传》,秦刚平译,山本书店,1978年

二、后世撰写的历史书、研究书专著

ABRAMSON, E., *Roman Legionaries at the Time of Julius Caesar*, London, 1979.

ALBERTARIO, E., *Introduzione storica allo studio del Diritto Romano Giustinianeo*, Milano, 1935.

ALEXANDER, W.H., *The "Psychology" of Tacitus*,《Classical Journal》47, 1952.

ALFIERI, N., *I fasti consulares di Potentia*,《Athenaeum》26, 1948.

ALFÖLDI, A., *The Moral Barrier on Rhine and Danube*,《Congress of Roman Frontier Studies》, 1949.

AMATUCCI, A.G., *La letteratura di Roma imperiale*,《Storia di Roma》25, Bologna, 1947.

ARANGIO RUIZ, V., *Pubblicazioni della Società Italiana per la ricerca dei papiri Greci e Latini in Egitto*, Firenze, 1933.

ARIAS, P.E., *Domiziano. Saggio storico con traduzione e commento della "Vita" di Svetonio*, Catania, 1945.

ARNOLD, E.V., *Roman Stoicism*, Cambridge, 1911.

AUDOLLENT, A., *Carthage romaine*, Paris, 1901.

BAATZ, D., *Der römische Limes. Archäologische Ausflüge zwischen Rhein und Donau*, Berlin, 1975; *Die Wachttürme am Limes*, Stuttgart, 1976.

BADIAN, E., *Roman Imperialism in the Late Republic*, Pretoria, 1967.

BALLIF, Ph. & PATSCH, C., *Die römischen Strassen in Bosnien und der Herzegowina*, Wien, 1893.

BARADEZ, J.L., *Fossatum Africae*, Paris, 1949; *Organisation militaire romaine de l'Algérie antique et l'evolution du concept défensif de ses frontières*,《Revue internationale d'histoire militaire》13, 1953; *L'Enceinte de Tipasa: Base d'opérations des troupes venues de Pannonie sous Antonin Le Pieux*,《Quintus Congressus

Internationalis Limitis Romani Studiosorum〉.

BARCLAY, J.M.G., *Jews in the Mediterranean Diaspora: From Alexander to Trajan*, University of California Press, 1996.

BARKER, P., *The Army and Enemies of Imperial Rome*, London, 1972.

BAVIERA, G., *Le due scuole dei giureconsulti romani*, 〈Scritti giuridici〉, Palermo, 1909.

BEGUIN, P., *Psychology et verité historique, Réflexions sur un récent ouvrage de critique tacitéenne*, 〈Antiquité Classique〉 23, 1954.

BELL, H.I., *Jews and Christians in Egypt*, London, 1924.

BENNETT, J., *Trajan, Optimus Princeps*, Indiana University Press, 1997.

BESNIER, M., *L'île Tibérine dans l'antiquité*, Paris, 1901.

BETTI, E., *Diritto Romano*, Padova, 1935.

BIANCHI BANDINELLI, R., *Roma, L'arte romana nel centro del potere*, Milano, 1969.

BIONDI, B., *Il diritto romano*, 〈Storia di Roma〉 20, Bologna, 1957.

BIRLEY, A.R., *Hadrian's Wall: An Illustrated Guide*, Ministry of Public Building and Works, London, 1963; *Hadrian: The Restless Emperor*, Routledge, 1998.

BIRLEY, E.B., *The Brigantian Problem and the First Roman Contact with Scotland*, 〈Roman Britain and the Roman Army (RBRA)〉 pp. 31-47; *Britain after Agricola and the End of the Ninth Legion*, 〈RBRA〉 pp. 25-28; *Britain under the Flavians: Agricola and His Predecessors*, 〈RBRA〉 pp. 10-19; *Hadrianic Frontier Policy*, 〈Carnuntina〉 pp. 26-33; *Alae and Cohortes Milliariae*, 〈Corolla Memoriae Erich Swoboda Dedicata〉 pp. 54-67; *Hadrian's Wall and Its Neighbourhood*, 〈Studien zu den Militärgrenzen Roms〉 pp. 6-14.

BLAKE, M.E., *Ancient Roman Construction in Italy: from the Prehistoric Period to Augustus*, Washington, 1947; *from Tiberius through the Flavians*, Washington, 1959; *from Nerva through the Antonines*, Philadelphia, 1973.

BLOCH, H., *I bolli laterizi e la storia edilizia romana*, Roma, 1947.

BOATWRIGHT, M.T., *Hadrian and Cities of the Roman Empire*, Princeton University Press, 2000.

BOESWILLWALD, E., CAGNAT, R. & BALLU, A., *Timgad, une cité africaine sous l'Empire romain*, Paris, 1892-1905.

BOETHIUS, A. & WARD PERKINS, J.B., *Etruscan and Roman Architecture*, Harmondsworth, 1970.

BONFANTE, P., *Storia del diritto romano*, Milano, 1923.

BOWERSOCK, G.W., *A Report on Arabia Provincia*, 〈Journal of Roman Studies〉

61, 1971; *Limes Arabicus*, 《Harvard Studies in Classical Philology》80, 1976.
BRAND, C.E., *Roman Military Laws*, London, 1968.
BREEZE, D.J. & DOBSON, B., *Hadrian's Wall*, London, 1980.
BRIZZI, G., *I sistemi informativi dei Romani*, Wiesbaden, 1982; *Studi militari romani*, Bologna, 1983; *Annibale, strategia e immagine*, Perugia, 1984.
BROGAN, O., *The Roman Limes in Germany*, 《Archaelogical Journal》92, 1935.
BRUCE, J.C., *Handbook to the Roman Wall*, Newcastle, 1966.
BRUÈRE, R.T., *Tacitus and Pliny's Panegyricus*, 《Classical Philology》49, 1954.
BURN, A.R., *The Government of the Roman Empire from Augustus to the Antonines*, London, 1952.
CAGNAT, R., MERLIN, A. & CHATELAIN, L., *Inscriptions Latines d'Afrique*, Paris, 1923.
CAGNAT, R. & GAUCKLER, P., *Les monuments historiques de la Tunisie*, Paris, 1898.
CAMPBELL, J.B., *The Emperor and the Roman Army*, Oxford, 1984.
CARY, M., *The Geographic Background of Greek and Roman History*, Clarendon Press, Oxford, 1949.
CASSON, L., *Ships and Seamanship in the Ancient World*, Princeton University Press, 1971.
CASTAGNOLI, F., CECCHELLI, C., GIOVANNONI, G. & ZOCCA, M., *Topografia e urbanistica di Roma*, 《Storia di Roma》22, Roma, 1958.
CASTAGNOLI, F., *Topografia e urbanistica di Roma antica*, Bologna, 1969.
CHAPOT, V., *La frontière de l'Euphrate de Pompée à la conquête arabe*, Paris, 1907; *The Roman World*, London, 1928.
CHARLESWORTH, M.P., *Trade Routes and the Commerce of the Roman Empire*, Cambridge University Press, 1926.
CHATELAIN, L., *Inscriptions Latines du Maroc*, Paris, 1942.
CHEESMAN, G.L., *The Auxilia of the Roman Imperial Army*, Oxford, 1914.
CLARKE, M.L., *The Roman Mind. Studies in the History of Thought from Cicero to Marcus Aurelius*, London, 1956.
CLAUSETTI, E., *L'ingegneria militare dei Romani*, Roma, 1942.
COARELLI, F., *Roma (I grandi monumenti)*, Verona, 1971.
COCHRANE, C.N., *Christianity and Classical Culture. A Study of Thought and Ac-

tion from Augustus to Augustine, Oxford, 1940.

COLLINGWOOD, R.G., *Roman Britain*, Oxford, 1934.

CONDE de AQUIAR, *Italica*, Barcelona, 1929.

CONNOLLY, P., *The Roman Army*, London, 1975; *Greece and Rome at War*, London, 1981.

COOK, S.A., ADCOCK, F.E. & CHARLESWORTH, M.P. (ed.), *The Cambridge Ancient History, vol. X: The Augustan Empire, 44 B.C.-A.D. 70*, Cambridge, 1952; *vol. XI: The Imperia Peace, A.D. 70-192*, Cambridge, 1956.

CORBIER, M., *L'aerarium Saturni et l'aerarium militare*, Paris, 1975.

Corpus Inscriptionum Latinarum, Berlin, 1891-1916.

COSTA, E., *Crimine e pene*, Bologna, 1921.

CREMA, L., *L'architettura romana*, Torino, 1959.

CROOK, J., *Consilium Principis. Imperial Councils and Counsellors from Augustus to Diocletian*, Cambridge, 1955.

DAVIES, O., *Roman Mines in Europe*, Oxford, 1935.

DAVIES, R.W., *The Daily Life of the Roman Soldier under the Principate*, 《Aufstieg und Niedergang der Römischen Welt》1.

DECEI, A., *Le pont de Trajan à Turnu-Severin*, 《Anuarul inst. stud. clas.》1, 1932.

DEGRASSI, A., *I fasti consolari dell'impero romano, 30 B.C.-A.D. 613*, Roma, 1952; *L'amministrazione delle città*, 《Guida allo studio della civiltà romana antica》, Napoli, 1959.

DELBRÜCK, H., *History of the Art of War I*, Westport-London, 1975.

DE MARTINO, F., *Storia economica di Roma antica*, Bari, 1980.

DESSAU, H., *Inscriptiones Latinae Selectae vol. I-III*, Berlin, 1954-55.

DEVIJVER, H., *Prosopographia militiarum equestrium*, Louvain, 1976-87.

DIESNER, H.J., *Kriege des Altertums*, Berlin, 1971.

DILL, S., *Roman Society from Nero to Marcus Aurelius*, London, 1905.

DIVINE, A.D., *The Northwest Frontier of Rome. A Military Study of Hadrian's Wall*, London, 1969.

DONNADIEU, A., *La Pompéi de la Provence: Fréjus*, Paris, 1927; *Fréjus: le port militaire de Forum Iulii*, Paris, 1935.

DRINKWATER, J.F., *Roman Gaul*, London, 1983.

DURRY, M., *Les cohortes prétoriennes*, Paris, 1968.

ESPÉRANDIEU, E., *Inscriptions Latines de la Gaule I, II*, Paris, 1928-29.

FENTRESS, E.W.B., *Numidia and the Roman Army*, Oxford, 1979.

FERRI, S., *Arte romana sul Reno*, Milano, 1931; *Arte romana sul Danubio*, Milano, 1933.

FINK, R.O., *Roman Military Records on Papyrus*, Princeton, 1971.

FORBES, R.J., *Studies in Ancient Technology I-VI*, Leiden, 1955-58.

FORNI, G., *Il reclutamento delle legioni da Augusto a Diocleziano*, Milano-Roma, 1953; *Contributo alla storia della Dacia romana*, 《Athenaeum》 36, 1958-59; *Limes*, Roma, 1959; *Sull'ordinamento e impiego della flotta di Ravenna*, 《Atti Conv. Int. Studi Antichità di Classe》, Faenza, 1968; *Esperienze militari nel mondo romano*, 《Nuove questioni di storia antica》, Milano, 1968; *Esercito e marina di Roma antica*, Amsterdam, 1987; *Estrazione etnica e sociale dei soldati delle legioni nei primi tre secoli dell'impero*, 《Aufstieg und Niedergang der Römischen Welt》 1.

FRANK, T. (ed.), *An Economic Survey of Ancient Rome, II, Egypt* (JOHNSON), Baltimore 1936; *III, Britain* (COLLINGWOOD), *Spain* (VAN NOSTRAND), *Sicily* (SCRAMUZZA), *Gaule* (GRENIER), Baltimore 1937; *IV, Africa* (HAYWOOD), *Syria* (HEICHELHEIM), *Greece* (LARSEN), *Asia Minor* (BROUGHTON), Baltimore 1938; *V, Rome and Italy of the Empire* (FRANK, T.), Baltimore 1940; *VI, General Index* (BROUGHTON & TAYLOR), Baltimore 1940.

FREIS, H., *Die cohortes urbanae*, 《Epigraphische Studien》, Bonn, 1967.

FRERE, S.S., *Britannia: A History of Roman Britain*, London, 1967.

FROVA, A., *The Danubian Limes in Bulgaria and Excavations at Oescus*, 《Congress of Roman Frontier Studies》, 1949.

GABBA, E., *Sulla storia romana di Cassio Dione*, 《Riv. Stor. Ital.》 67, 1955; *Storici greci dell'impero romano da Augusto ai Severi*, 《Riv. Stor. Ital.》 71, 1959; *Per la storia dell'esercito romano in età imperiale*, Bologna, 1974; *Tecnologia militare antica*, 《Tecnologia, economia e società nel mondo romano》, Como, 1980.

GARBSCH, J.G., *Der Spätrömische Donau-Iller Rhein Limes*, Stuttgart, 1970.

GARZETTI. A., *L'Impero da Tiberio agli Antonini*, 《Storia di Roma》 6, Istituto di studi romani, Bologna, 1960; *Problemi dell'età traianea: Sommario e testi*, Genova, 1971.

GATTI, C., *Riflessioni sull'istituzione dello stipendium per i legionari romani*, 《Acme》 23, 1970.

GATTI, G., *Il viadotto della via Aurelia*, 《Bullettino Comunale》 68, 1940.

GEIGER, F., *Philon von Alexandreia als sozialer Denker*, Stuttgart, 1932.

GIARDINI, A., *Società romana e produzione schiavistica*, Bari, 1981.

GIUFFRÉ, V., *La letteratura "De re militari,"* Napoli, 1979; *Il diritto militare dei Romani*, Bologna, 1980.

GIUFFRIDA IENTILE, M., *La pirateria tirrenica, Momenti e fortuna*, Roma, 1983.

GONELLA, G., *Pace romana e pace cartaginese*, Istituto di studi romani, 1947.

GOODENOUGH, E.R., *The Politics of Philo Iudaeus. Practice and Theory, with a General Bibliography of Philo*, New Haven, 1938.

GRANT, M., *Roman Coins as Propaganda*, 《Archaeology》 5, 1952; *Roman Imperial Money*, Edinburgh, 1954.

GRAY, W.D., *A Political Ideal of the Emperor Hadrian*, 《Annual Report of the American Historical Association》, 1914.

GRENIER, A., *Manuel d'archéologie gallo-romaine*, Paris, 1934.

GRILLI, A., *Il problema della vita contemplativa nel mondo greco-romano*, Milano, 1953.

GSELL, S., *Les monuments antiques de l'Algérie*, Paris, 1901; *Inscriptions Latines d'Algerie I*, Paris, 1932.

GUEY, J., *Essai sur la guerre parthique de Trajan*, Bucarest, 1937.

HAMMOND, H., *Pliny the Younger's Views on Government*, 《Harvard Studies in Classical Philology》 49, 1938.

HARMAND, L., *L'Occident romain: Gaule, Espagne, Bretagne, Afrique du Nord (31 B.C.-A.D. 235)*, Paris, 1960.

HATT, J.J., *Histoire de la Gaule romaine*, Paris, 1959.

HEITLAND, W.E., *Agricola: A Study of Agriculture and Rustic Life in the Greco-Roman World from the point of view of labour*, Cambridge, 1921.

HIGHET, G., *Juvenal the Satirist*, Oxford, 1954.

HOFFILLER, V. & SARIA, B., *Antike Inschriften aus Jugoslavien I, Noricum und Pannonia Superior*, Zagreb, 1938.

HOHL, E., *Die Historia Augusta und die Caesares des Aurelius Victor*, 《Historia》 4, 1955.

HOPKINS, K., *Conquerors and Slaves*, 〈Sociological Studies in Roman History〉, Cambridge, 1978.

HUMBLE, R., *Warfare in the Ancient World*, London, 1980.

ILARI, V., *Gli Italici nelle strutture militari romane*, Milano, 1974; *L'interpretazione storica del diritto di guerra romano fra tradizione romanistica e giusnaturalismo*, Milano, 1981.

Inscriptiones Graecae vol. I-XIV, Berlin, from 1873.

Inscriptiones Italiae, l'Unione Accademica Nazionale (ed.), Roma, from 1931.

JALABERT, L., MOUTERDE, R. & MONDÉSERT, C., *Inscriptions grecques et latines de la Syrie I-V*, Beyrouth, 1929-59.

JARRETT, M.G. & MANN, J.C., *Britain from Agricola to Gallienus*, 〈Bonner Jahrbücher〉 170, 1970.

JENS, W., *Libertas bei Tacitus*, 〈Hermes〉 84, 1956.

JOHNSON, R., *Roman Forts of the 1st and 2nd Centuries in Britain and the German Provinces*, London, 1983.

JORDAN, H. & HÜLSEN, Ch., *Topographie der Stadt Rom im Alterthum I, 1-3; II*, Berlin, 1878-1907.

JULLIAN, C., *Histoire de la Gaule vol. V, VI*, Paris, 1920.

KALINKA, E. & HEBERDEY, R., *Tituli Asiae Minoris*, Vienna, 1944.

KENNEDY, D.L., *Archaeological Explorations on the Roman Frontier in North-East Jordan*, Oxford, 1982.

KEPPIE, L.J.F., *The Making of the Roman Army*, London, 1984.

KROMAYER, J. & VEITH, G., *Antike Schlachtfelder*, Berlin, 1903-12; *Heerwesen und Kriegsführung*, München, 1928.

LACEY, R.H., *The Equestrian Officials of Trajan and Hadrian*, Princeton, 1917.

LANCIANI, R., *Storia degli scavi di Roma I-VI*, Roma, 1902-04; *L'antica Roma*, Roma, 1970; *La distruzione di Roma antica*, Milano, 1971.

LANDER, J.L., *Roman Stone Fortifications*, Los Angeles, 1984.

LAUR-BELART, R., *The Late Limes from Basel to the Lake of Constance*, 〈Congress of Roman Frontier Studies〉, 1949.

LAZZATI, G., *Apologia di Aristide*, Venegono, 1938.

LEPPER, F.A., *Trajan's Parthian War*, Oxford, 1948.

LEVI, A., *Storia della filosofia romana*, Firenze, 1949.

LEVI, M.A., *La Politica estera di Roma antica*, 〈Istituto per gli studi di politica internazionale〉, Milano, 1942; *Aspetti sociali della poesia di Giovenale*, 〈Studi Funaioli〉, Roma, 1955.

LIBERATI, A. & SILVERIO, F., *Organizzazione militare: esercito, vita e costumi dei romani antichi 5*, Roma, 1988.

LUGLI, G., *Roma antica, Il centro monumentale*, Roma, 1946; *Il Vaticano nell'età classica*, Firenze, 1946; *Fontes ad Topographiam veteris urbis Romae pertinentes*, Roma, 1952-69; *La tecnica edilizia romana*, Roma, 1957; *Itinerario di Roma antica*, Milano, 1970.

LUTTWAK, E.N., *The Grand Strategy of the Roman Empire*, Baltimore-London, 1979.

MacDONALD, W., *The Architecture of the Roman Empire*, New Haven, 1965.

MacMULLEN, R., *Proceedings of the International Congresses of Roman Frontier Studies*: 1. Newcastle 1949. *The Congress of Roman Frontier Studies*, Durham, 1952; 2. Carnuntum 1955. *Carnuntina. Ergebnisse der Forschung über die Grenzprovinzen des römischen Reiches*, Gratz, 1956; 3. Rheinfelden 1957. *Limes-Studien. Vorträge des 3. internationalen Limes-Kongresses in Rheinfelden*, Basel, 1959; 4. Nitra 1957. *Limes Romanus-Konferenz*, Bratislava, 1959; 5. Zagreb 1961. *V Congressus Internationalis Limitis Romani Studiosorum*, Zagreb, 1963; 6. Stuttgart 1964. *Studien zu den Militärgrenzen Roms. Vorträge des 6. internationalen Limeskongresses in Süddeutschland*, Köln-Gratz, 1967; 7. Tel Aviv 1967. *Roman Frontier Studies 1967: Proceedings of the Seventh International Congress of Frontier Studies*, Tel Aviv, 1971; 8. Cardiff 1969. *Roman Frontier Studies 1969. Eight International Congress of Limesforschung*, Cardiff, 1974; 9. Mamaia 1972. *Actes du IX congrés international d'études sur les frontières romaines*, Bukarest, 1974; 10. Bonn 1974. *Studien zu den Militärgrenzen Roms II: Vorträge des 10. internationalen Limeskongresses in der Germania Inferior*, Bonn, 1977; 11. Budapest 1976. *Limes. Akten des XI internationalen Limeskongresses*, Budapest, 1977; 12. Oxford 1979. *Papers presented to the International Congress of Roman Frontier Studies*, Oxford, 1980; 13. Aalen 1983. *Studien zu den Militärgrenzen Roms III. 13 internationalen Limeskongress*, Stuttgart, 1986.

MAGIE, D., *Roman Rule in Asia Minor*, Princeton, 1950.

MANN, J.C., *A Note on the Numeri*, 〈Hermes〉 82, 1954; *Legionary Recruitment* and Veteran Settlement, London, 1982; The Role of the Frontier Zone in Army Recruitment, 《Quintus Congressus Internationalis Limitis Romani Studiosorum》.

MANNA, M.G., Le formazioni ausiliarie di guarnigione nella provincia di Numidia da Augusto a Gallieno, Roma, 1970.

MANNI, E., Recenti studi sulla Historia Augusta, 《Par. Pass.》 8, 1953.

MARCHESI, C., Della Magia, Bologna, 1955.

MARCHETTI, M., Le provincie romane della Spagna, Roma, 1917.

MARENGHI, G., Caratteri e intenti del Periplo di Arriano, 《Athenaeum》 35, 1957; Sulle fonti del Periplo di Arriano, 《St. Ital. Fil. Class.》 29, 1957; Periplus maris Euxini, 《Collana di studi greci diretta da V. De Falco》 29, Napoli, 1958.

MARQUARDT, J., De l'organisation militaire chez les Romains, Paris, 1891.

MARIN & PEÑA, M., Instituciones militares romanas, Madrid, 1956.

MARSDEN, E.W., Greek and Roman Artillery, Oxford, 1971.

MATTINGLY, H., Coins of the Roman Empire in the British Museum I (Augustus to Vitellius), London, 1923; II (Vespasian to Domitian), 1930; III (Nerva to Hadrian), 1936; IV (Antoninus Pius to Commodus), 1940.

MERLIN, A., Inscriptions Latines de la Tunisie, Paris, 1944.

MIDDLETON, P., The Roman Army and Long-Distance Trade, 《Trade and Famine in Classical Antiquity》, Cambridge, 1983.

MIHAILOV, G., Inscriptiones Graecae in Bulgaria repertae I, II, Sofia, 1956-58.

MOMIGLIANO, A., An Unsolved Problem of Historical Forgery. The Scriptores Historiae Augustae, 《Journ. Court. & Warb. Inst.》 17, 1954.

MOMMSEN, T., Digesta. Corpus Iuris Civilis (ed.), Berlin, 1902; Le provincie romane da Cesare a Diocleziano, Torino-Roma.

NASH, E., Pictorial Dictionary of Ancient Rome, London, 1968.

NESSELHAUF, H., Tacitus und Domitian, 《Hermes》 80, 1952.

OLIVER, J.H., The Ruling Power. A Study of the Roman Empire in the Second Century after Christ through the Roman Oration of Aelius Aristides, Philadelphia, 1953.

ORGEVAL, B.d', L'empereur Hadrien: Oeuvre législative et administrative, Paris, 1950.

OSGOOD, R.E. & TUCKER, R.W., Force, Order, and Justice, The Johns Hopkins

Press, 1967.

PACKER, J.E., *The Forum of Trajan in Roma: A Study of the Monuments*, University of California Press, 1997.

PARETI, L., *Storia di Roma e del mondo romano*, Torino, 1960.

PARIBENI, R., *L'Italia imperiale da Ottaviano a Teodosio*, Milano, 1938; *Optimus Princeps*, Messina, 1969.

PARKER, H.M.D., *The Roman Legions*, Chicago, 1980.

PARKER, S.Th., *Romans and Saracens. A History of the Arabian Frontier*, Winona Lake, 1986.

PASSERINI, A., *Legio*, 《Dizionario Epigrafico》 4, Roma, 1949; *Le forze armate*, 《Guida allo studio della civiltà romana antica》, Roma, 1959; *Le coorti pretorie*, Roma, 1969.

PELLATI, Fr., *I monumenti del Portogallo romano*, 《Historia》 5, 1931.

PEPE, L., *Marziale*, Napoli, 1950.

PETERSEN, H.E., *Governorship and Military Command in the Roman Empire*, Harvard University, 1953.

PHILLIPS, E.D., *Three Greek Writers on the Roman Empire, Aristides, Crisostomus, Plutarcos*, 《Class. & Med.》 18, 1957.

PICHLER, F., *Austria romana*, Wien, 1902-04.

PIGHI, G.B., *Lettere latine d'un soldato di Traiano*, Bologna, 1964.

PIPPIDI, D.M., *Periplus maris Euxini*, 《Athenaeum》 36, 1958.

PLATNER, S.B. & ASHBY, Th., *A Topographical Dictionary of Ancient Rome*, Oxford, 1929.

POIDEBARD, A., *La trace de Rome dans le désert de Syrie*, Paris, 1934.

RAMSAY, A.M., *The Speed of the Roman Imperial Post*, 《Journal of Roman Studies》 15, 1925.

RECHNITZ, W., *Studien zu Salvius Iulianus*, Weimar, 1925.

REDDÉ, M., *Mare nostrum*, Paris-Roma, 1986.

RÉMONDON, R., *Palmyra under the Aegis of Rome*, 《Journal of Roman Studies》 53, 1963.

REYNOLDS, P.K.B., *The Vigiles of the Ancient Rome*, Oxford, 1926.

RICCOBONO, S., *Corso di Diritto Romano*, Milano, 1933-35.

RICHARDS, G.C., *The Composition of Josephus' Antiquities*, 《Classical Quartery》

33, 1939.

RICKMAN, G., *Roman Granaries and Store Buildings*, Cambridge, 1971.

ROBERTSON, A.S., *The Antonine Wall*, 《Congress of Roman Frontier Studies》, 1949.

ROMANELLI, P., *Leptis Magna*, Roma, 1925; *La vita agricola tripolitana attraverso le rappresentazioni figurate*, 《Afr. Ital.》 3, 1930; *Storia delle province romane dell'Africa*, Roma, 1959.

ROSSI, L., *Trajan's Column and the Dacian Wars*, London, 1971.

ROSTAGNI, A., *Storia della letteratura latina II: L'impero*, Torino, 1952.

ROSTOVTZEFF, M., *La vie économique des Balkans dans l'antiquité*, 《Rev. internat. des ét. balc.》, 1935.

ROSTOVZEV, M., *Storia economica e sociale dell'impero romano*, Firenze, 1933.

ROWELL, H.T., *The Honesta Missio from the Numeri of the Roman Imperial Army*, 《Yale Classical Studies》 6, 1939.

ROXAN, M., *Roman Military Diplomas*, London, 1985.

SALWAY, P., *The Frontier People of Roman Britain*, Cambridge, 1965.

SCAZZOSO, P., *Plutarco interprete barocco della romanità*, 《Paideia》 12, 1957.

SCHÖNBERGER, H., *The Roman Frontier in Germany: An Archaeological Survey*, 《Journal of Roman Studies》 59, 1969.

SCHWARTZ, J., *Note sur la famille de Philon d'Alexandrie*, 《Ann. Inst. Phil. Hist. Or.》 13, 1953.

SCIVOLETTO, N., *Plinio il Giovane e Giovenale*, 《Giorn. It. Fil.》 10, 1957.

SEABY, H.A., *Roman Silver Coins II, I-2: Tiberius to Domitian. Nerva to Commodus*, London, 1955.

SERAFINI, A., *Studio sulle Satire di Giovenale*, Firenze, 1947.

SHERWIN-WHITE, A.N., *The Letters of Pliny: A Historical and Social Commentary*, Oxford, 1966; *The Roman Citizenship*, Oxford, 1973.

SIRAGO, V.A., *La proprietà di Plinio il Giovane*, 《Antiquité Classique》 26, 1957; *Funzione politica della flotta misenate*, Puteoli, 1983.

SPEIDEL, M.P., *Exploratores. Mobile Elite Units of Roman German*, 《Epigraphische Studien》 13, Köln-Bonn, 1983.

STARK, F., *Rome on the Euphrates, the Story of a Frontier*, New York, 1968.

STARR, Ch.G. Jr., *Civilization and the Caesars. The Intellectual Revolution in the*

Roman Empire, Ithaca, 1954; *Aurelius Victor, Historian of Empire*, 《Amer. Hist. Rev.》 61, 1955-56; *The Roman Imperial Navy*, Cambridge, 1960.

STRAUB, J., *Studien zur Historia Augusta*, Bern, 1952.

STRONG, E., *Art in Ancient Rome*, London, 1930.

SUTHERLAND, C.H.V., *Coinage in Roman Imperial Policy, 31 B.C.-A.D. 68*, London, 1951.

SWOBODA, E., *Traian und der Pannonische Limes, Empereurs romains d'Espagne*, Centre nationale de la recherche scientifique.

SYME, R., *Some Friends of the Caesars*, 《American Journal of Philology》 77, 1956; *Tacitus I, II*, Oxford, 1958.

TCHERIKOVER, V., *The Jews in Egypt in the Hellenistic-Roman Age in the Light of the Papyri*, Jerusalem, 1945.

TERZAGHI, N., *Storia della Letteratura latina da Tiberio a Giustiniano*, Milano, 1934.

TOYNBEE, J., *The Hadrianic School*, Cambridge, 1934; *Roman Medallions, their Scope and Purpose*, 《Num. Chron.》, 1944.

TOZER, H.F., *A History of Ancient Geography*, Cambridge, 1935.

TRACY, S., *Philo Iudaeus and the Roman Principate*, Williamsport (U.S.A.), 1933.

TRAUB, H.W., *Pliny's Treatment of History in Epistolary Form*, 《Transactions and Proceedings of the American Philological Association》 86, 1955.

VALENTINI, R. & ZUCCHETTI, G., *Codice topografico della città di Roma I-IV*, Roma, 1940-53.

VAN BERCHEM, D., *On Some Chapters of the Notitia Dignitatum Relating to the Defense of Gaul and Britain*, 《American Journal of Philology》 76, 1955.

VENDRAND-VOYER, J., *Normes civiques et métier militaire à Rome sous le Principat*, Clermont-Ferrand, 1983.

VIDMAN, L., *Fasti Ostienses*, Praha, 1957.

VIELMETTI, C., *I discorsi bitinici di Dione Crisostomo*, 《St. It. Fil. Class.》 18, 1941.

VIERECK, H.D.L., *Die römische Flotte. Classis Romana*, Herford, 1975.

VITUCCI, G., *Ricerche sulla praefectura urbi in età imperiale (sec. I-III)*, Roma, 1956.

VON FRITZ, K., *Tacitus, Agricola, Domitian and the Problem of the Principate*, 《Classical Philology》 52, 1957.

WAGNER, W., *Die Dislokation der römischen Auxiliarformationen in den Provinzen Noricum, Pannonien, Moesien und Dakien von Augustus bis Gallienus*, Berlin, 1938.

WARD PERKINS, J.B. & REYNOLDS, J.M., *The Inscriptions of Roman Tripolitania*, Roma, 1952.

WARRY, J., *Warfare in the Classical World*, London, 1980.

WATSON, G.R., *The Pay of the Roman Army: The Auxiliary Forces*, 《Historia》8, 1959; *The Roman Soldier*, New York, 1981.

WEBSTER, G., *The Roman Imperial Army*, London, 1974.

WESTERMANN, W.L., *The Slave Systems of Greek and Roman Antiquity*, 《Mem. Amer. Philos. Soc.》40, Philadelphia, 1955.

WEST, L.C., *Imperial Roman Spain: The objects of trade*, Oxford, 1929.

WETHERED, N.H., *The Mind of the Ancient World. A Consideration of Pliny's Natural History*, London, 1937.

WHEELER, R.E.M., *The Roman Frontier in Mesopotamia*, 《Congress of Roman Studies》, 1940.

WHITE, L.T., *The Transformation of the Roman World: Gibbon's Problems after Two Centuries*, University of California Press, Berkeley, 1966.

WHITTAKER, C.R., *Trade and Frontiers of the Roman Empire*, 《Trade and Famine in Classical Antiquity》, Cambridge, 1983.

WICKERT, L., *Die Flotte der römischen Kaiserzeit*, 《Würzburger Jahrbücher f. die Altertumswiss.》, 1949-50.

WILKES, J.J., *Dalmatia: History of the Provinces of the Roman Empire*, London, 1969.

图片版权

金币图　大英博物馆（伦敦/英国）© The Trustee of the British Museum

金币图　新潮社写真部摄

金币图　大英博物馆（伦敦/英国）© The Trustee of the British Museum

p.016　新潮社写真部摄

p.034　罗马市议会议事堂（罗马/意大利）樱井绅二摄

p.048　大英博物馆（伦敦/英国）© The Trustee of the British Museum

p.050　罗马文明博物馆（罗马/意大利）樱井绅二摄

p.052　图拉真记功柱（罗马/意大利）樱井绅二摄

p.055　罗马文明博物馆（罗马/意大利）樱井绅二摄

p.058　同上

p.059　同上

pp.060—061　同上

p.067　同上

p.072　慕尼黑州立古代博物馆（慕尼黑/德国）© Koppermann

p.077　大英博物馆（伦敦/英国）© The Trustee of the British Museum

p.079　绘峰村胜子绘

p.089　罗马文明博物馆（罗马/意大利）樱井绅二摄

p.094　同上

p.110　大英博物馆（伦敦/英国）© The Trustee of the British Museum

p.118　贝内文托凯旋门（贝内文托 / 意大利）樱井绅二摄

p.119　峰村胜子绘

p.145　大英博物馆（伦敦 / 英国）© The Trustee of the British Museum

p.160　濑户照绘

p.162　新潮社写真部摄

p.170　罗马国立美术馆（罗马 / 意大利）su concessione del Ministero per i Beni e le Attività Culturali – Soprintendenza Archeoligica di Roma

p.170　乌菲兹美术馆（佛罗伦萨 / 意大利）樱井绅二摄

p.175　大英博物馆（伦敦 / 英国）© The Trustee of the British Museum

p.214　峰村胜子绘

p.218　同上

p.223　同上

p.231　大英博物馆（伦敦 / 英国）© The Trustee of the British Museum

p.242　峰村胜子绘

p.255　罗马国立美术馆（罗马 / 意大利）© Alinari Archives, Florence

p.260　哈德良别墅（蒂沃利 / 意大利）樱井绅二摄

p.286　乌菲兹美术馆（佛罗伦萨 / 意大利）樱井绅二摄

p.306　罗马国立美术馆（罗马 / 意大利）樱井绅二摄

p.109　同上

p.309　哈德良别墅（蒂沃利 / 意大利）樱井绅二摄

p.313　大英博物馆（伦敦 / 英国）© The Trustee of the British Museum

p.322　博洛尼亚考古博物馆（博洛尼亚 / 意大利）© Museo Civico Archeologico di Bologna

p.330　罗马国立美术馆（罗马 / 意大利）© Alinari Archives, Florence

p.342　峰村胜子绘

地图制作：综合精图研究所（p.014, p.023, p.054, p.074, p.075, p.096, p.101, p.107, p.109, p.111, p.115, p.116, p.155, p.183, p.201, p.205, p.216, p.221, p.240, p.251, p.253, p.264, p.265, p.272, p.290, p.331）

图书在版编目（CIP）数据

罗马人的故事 9：贤君的世纪 /（日）盐野七生著；计丽屏译 . —北京：中信出版社，2012.11（2018.11 重印）
ISBN 978-7-5086-3610-8

I. ①罗⋯ II. ①盐⋯ ②计⋯ III. ①古罗马－历史 IV. ①K126

中国版本图书馆 CIP 数据核字（2012）第 242873 号

Roma Jin No Monogatari Ⅸ : Kentei No Seiki by Nanami Shiono
Copyright © 2000 Nanami Shiono
Original Japanese edition published by SHINCHOSHA Publishing Co., Ltd
Chinese translation rights arranged with SHINCHOSHA Publishing Co., Ltd
through EYA Beijing Representative Office
Simplified Chinese translation rights © 2012 by China CITIC Press
本书仅限中国大陆地区发行销售

罗马人的故事 9：贤君的世纪

著　　者：[日] 盐野七生
译　　者：计丽屏
策划推广：中信出版社（China CITIC Press）
出版发行：中信出版集团股份有限公司
　　　　　（北京市朝阳区惠新东街甲 4 号富盛大厦 2 座　邮编　100029）
　　　　　（CITIC Publishing Group）
承　　印：三河市西华印务有限公司

开　　本：787mm×1092mm　1/16　　印　张：23.75　　字　数：280 千字
版　　次：2012 年 11 月第 1 版　　　 印　次：2018 年 11 月第 31 次印刷
京权图字：01-2010-4510　　　　　　 广告经营许可证：京朝工商广字第 8087 号
书　　号：ISBN 978-7-5086-3610-8/K · 263
定　　价：42.00 元

版权所有 · 侵权必究
凡购本社图书，如有缺页、倒页、脱页，由发行公司负责退换。
服务热线：010-84849555　　服务传真：010-84849000
投稿邮箱：author@citicpub.com